Brannath/Futschik/Krall
Statistik im Studium der Wirtschaftswissenschaften

Statistik im Studium der Wirtschaftswissenschaften

Eine Einführung anhand von Beispielen

von

Werner Brannath

Andreas Futschik

Christoph Krall

3., überarbeitete Auflage

Wien 2010

facultas.wuv

Bibliografische Information Der Deutschen Nationalbibliothek
Die Deutsche Nationalbibliothek verzeichnet diese Publikation in der Deutschen Nationalbibliografie; detaillierte bibliografische Daten sind im Internet über http://dnb.d-nb.de abrufbar.

3., überarbeitete Auflage 2010

facultas.wuv Universitätsverlag, Berggasse 5, 1090 Wien, Österreich

Satz und Druck: Facultas Verlags- und Buchhandels AG
Printed in Austria
ISBN 978-3-7089-0489-4

Vorwort

Dieses Buch ist als Hilfmittel zur Prüfungsvorbereitung und als Begleitmaterial für Übungen aus Statistik gedacht. Es enthält Musterbeispiele mit ausführlich ausgearbeiteten Lösungen, anhand derer der Lehrstoff erklärt wird, sowie einen kurzen Abriss der Grundlagen. Jedem Kapitel folgt ein Reihe von Übungsbeispielen (teilweise mit Lösungen).

Stofflich umfasst das Buch jenes Material, das gewöhnlich in Lehrveranstaltungen zur Statistik für Wirtschaftswissenschaftler behandelt wird. Es beginnt mit einer Einführung in die deskriptive Statistik. Danach folgt Material zur Wahrscheinlichkeitsrechnung sowie zu Zufallsvariablen und wichtigen diskreten und stetigen Verteilungen. Der Hauptteil des Buches befasst sich dann mit der statistischen Datenanalyse. Anhand wichtiger Schätz- und Testverfahren soll zunächst ein Einblick in die statistische Denkweise vermittelt werden. Danach folgen Kapitel zur Einfach- und Mehrfachregression, zur Varianzanalyse, zur Zeitreihenanalyse sowie zur Indexrechnung. Mit der zweiten Auflage wurde das Buch um ein Kapitel mit Vorschlägen für kleinere Projekte erweitert. Die Projekte können z.B. im Rahmen eines Proseminars realisiert werden.

Für die dritte Auflage wurde der Inhalt an einigen Stellen zum besseren Verständnis ergänzt, umformuliert und umstrukturiert. Weiters wurde das Kapitel zur Zeitreihenanalyse wesentlich erweitert, das Kapitel über Konzentrationsmessung herausgenommen, dafür gibt es erheblich mehr Übungsbeispiele.

Die Lektüre des Buches erfordert größtenteils nur Kenntnisse aus der Schule. Eine Ausnahme stellt vielleicht das Kapitel zur Mehrfachregression dar, welches das Rechnen mit Matrizen erfordert. Dieses wird jedoch in der Regel in einer einführenden Mathematikvorlesung besprochen und sollten zum Zeitpunkt der Behandlung des Kapitels bekannt sein. Wir glauben, dass man Statistik nur durch Übung lernt und hoffen, dass unser Buch das Eindringen in die statistische Denkweise erleichtert.

Wir möchten uns bei allen Studierenden und Kollegen bedanken, die durch zahlreiche Hinweise zur Verbesserung der ersten und zweiten Auflage beigetragen haben. Insbesondere danken wir Emma Brannath, Christian Cenker, Markus Hochradl, Herbert Nagl, Martin Posch und Volker Stix. Wir danken auch Irene Klein für ihre Illustrationen. Zu besonderem Dank sind wir Andreas Schamanek verpflichtet, der uns bei der Realisierung der Graphiken stets hilfreich zur Seite stand.

Wien, im August 2010 W. Brannath, A. Futschik & C. Krall.

Inhaltsverzeichnis

Kapitel 1

Einleitung

Um im modernen Wirtschaftsleben erfolgreich zu sein, ist das Sammeln von Informationen unentbehrlich. In den meisten Betrieben werden auch tatsächlich freiwillig (manchmal auch gezwungenermaßen für das Finanzamt oder das statistische Amt) Daten gesammelt. Wie folgendes Zitat belegt, werden allerdings oft nicht die richtigen Daten gesammelt, bzw. die vorhandenen Daten nicht hinreichend analysiert, um die richtigen Schlüsse zu ziehen.

> ... after many years of experience in industry, [my perception is] that gross inefficiencies, major tactical and strategic errors, and expensive mismanagement of the enterprise result from a collective inability to learn from relevant data[1].

Die Statistik befasst sich mit der Frage, wie man Daten bestmöglich sammelt, analysiert und interpretiert. Daher ist es naheliegend, dass Statistikkenntnisse hilfreich sind, wenn im Wirtschaftsleben Entscheidung-en getroffen werden müssen.

> Now what do business people need to know about data and statistics? They need to have an appreciation for what it means to manage by data: how to collect it, how to sample it, how to view it, how to model it, how to draw inferences, how to assess uncertainty, and how to integrate statistical analyses into the larger context of the business problem. ... In short, business people need a level of statistical savvy that is probably comparable to what they have when scrutinizing a budget report or digesting a business case in a sophisticated fashion.[2]

[1] Jon Kettenring, *Bellcore, Morristown, USA*. In: Internat. Statistical Review 65 (2), 1997.

[2] Jon Kettenring, ibid.

Die hier erwähnten Fähigkeiten sind also sehr wichtig, wenn Daten statistisch analysiert werden sollen. Eine statistische Untersuchung besteht aus mehreren Schritten.

Ablauf einer statistischen Untersuchung:

1.) Planung der Untersuchung: Zunächst ist es wichtig, sich über die Ziele einer Untersuchung klar zu werden. Unklare Vorstellungen über die Ziele führen oft dazu, dass Daten, die sich schlussendlich als wichtig erweisen, nicht erhoben werden.

2.) Sammeln von Daten: Da die Anwendung eines statistischen Verfahrens bestimmte Voraussetzungen an die Daten erfordert, ist die Methode der Datenerhebung entscheidend für die spätere Analyse. Es ist insbesondere wichtig, auf eine zufällige Auswahl der Stichprobe zu achten, d.h. insbesondere: es darf keine Gruppe aus der Grundgesamtheit durch die Stichprobenauswahl über- oder unterrepräsentiert sein. Zur Festlegung der Stichprobengröße ist ein Abwägen von Erhebungskosten und gewünschter Präzision erforderlich. Im Kapitel 5 werden wir unter anderem diskutieren, wie viele Beobachtungen, für eine bestimmte Schätzpräzision erforderlich sind.

3.) Datenexploration: Dieser Schritt hat den Zweck, die Struktur und Qualität der gesammelten Daten mit Hilfe von Maßzahlen, Tabellen und Graphiken zu beurteilen. Dabei werden die Daten auf Fehler (z.B. Tippfehler), ungewöhnliche Werte, fehlende Werte und auch auf interessante Strukturen untersucht. Verfahren zur *Datenexploration* finden sich in Kapitel 2.

4.) Inferenzstatistik: Zur Schätzung von Parametern (und zur Beurteilung der Schätzgenauigkeit), sowie zum Testen von Hypothesen steht eine Reihe von Verfahren zur Verfügung. (Siehe Kapitel 5 und die Folgekapitel.) Vor der Anwendung eines Verfahrens ist jeweils zu untersuchen, ob die Modellvoraussetzungen des Verfahrens erfüllt sind.

5.) Interpretation: Am Ende einer Untersuchung steht die Interpretation und Präsentation der Ergebnisse. Oft wird ein Abschlussbericht verfasst.

Echte Datensätze werden in aller Regel mit Hilfe von Statistikprogrammen analysiert. Zur Durchführung der Berechnungen und zur Erstellung von Graphiken stehen kommerzielle statistische Programmpakete (wie z.B. SPSS, SAS oder S-PLUS) sowie R als open source Programm zur Verfügung. Das folgende Beispiel soll die einzelnen Schritte einer praktischen statisti-schen Untersuchung veranschaulichen.

Beispiel: Lauda Air versucht sich im Wettbewerb der Fluglinien durch besonders guten Service zu profilieren. ("Service is our success".) Die Servicequalität wird mit Hilfe von regelmäßigen Kundenbefragungen untersucht. In einer Studie, die in Zusammenarbeit mit dem Inst. für Betriebswirtschaftslehre der Uni Wien[3] durchgeführt wurde, sollte geklärt werden, wie die dabei gesammelten Daten am besten für das Management zusammengefasst werden können.

Der Weg zu diesem Ziel kann in die oben angeführten fünf Schritte gegliedert werden. Die folgende Aufstellung enthält die in den einzelnen Schritten zu lösenden Probleme.

zu 1.) Nachdem die Informationsbedürfnisse des Managements durch Gespräche genauer abgeklärt sind, stellt sich als erste Aufgabe die Gestaltung des Fragebogens. Dabei ist etwa zu überlegen, ob die Fragen klar formuliert sind und ob auf die Erhebung wichtiger Daten vergessen wurde. Eine Pilotstudie mit kleinerem Stichprobenumfang, kann helfen, solche Fehler zu vermeiden.

zu 2.) Als nächstes ist die Auswahl der Stichprobe zu klären. Hier ist zu überlegen, wie viele Fragebögen verteilt werden sollen. Es ist auch wichtig, die Flüge, bei denen Fragebögen verteilt werden, zufällig auszuwählen. Würde z.B. die Kundenzufriedenheit für eine bestimmte Destination immer nur am Wochenende und nie an Arbeitstagen erhoben, so wäre der Anteil der befragten Geschäftsreisenden viel niedriger, als bei Berücksichtigung aller Flüge. Falls z.B. Geschäftsreisende andere Ansprüche als Touristen stellen, führt diese Vorgehensweise zu verzerrten Ergebnissen.

zu 3.) Nachdem geeignete Daten erhoben wurden, kann man mittels Computer Tabellen und Graphiken erstellen. Damit können unplausible Ergebnisse (z.B. unmögliche Werte aufgrund von Eingabefehlern) entdeckt und korrigiert werden. Ungewöhnlichen Ergebnissen (z.B. Flüge mit besonders schlechter Zufriedenheit) und auffälligen Strukturen kann nachgegangen werden, was mitunter zu interessanten Erkenntnissen führt.

zu 4.) Statistische Verfahren erlauben es, interessante Fragen zu beantworten. Beispiele: Ist die Zufriedenheit mit der Sauberkeit im Flugzeug auf allen Routen gleich, oder gibt es–über rein zufällige Schwankungen hinausgehende–Unterschiede? Hat sich die Zufriedenheit gegenüber dem Vormonat verschlechtert? Hängt die Zufriedenheit auch vom eingesetzten Flugzeugtyp ab? (Wenn das nicht so ist, könnten

[3]U. Wagner, H. Reisinger: "Die Anwendung statistischer Methoden in der Markt- und Meinungsforschung in Österreich", Österreichische Zeitschrift für Statistik 26 (1), 1997.

die Zufriedenheitswerte über alle Flugzeugtypen aggregiert präsentiert werden.) Fragen dieser Art können mit Hilfe statistischer Tests geklärt werden. (Siehe Kapitel 6.)

zu 5.) Schlussendlich bleibt die Aufgabe, die Ergebnisse aus den vorhergehenden Untersuchungen in einem Bericht an den Auftraggeber auf verständliche Weise zusammenzufassen. Aus den gewonnenen Erkenntnissen können Vorschläge für ein verbessertes Berichtswesen der Fluglinie erstellt werden.

Eine reale statistische Analyse besteht also aus mehreren Teilschritten. Die Beispiele in den folgenden Kapiteln behandeln statistische Verfahren, die man in den einzelnen Schritten anwenden kann, sowie einige Grundlagen zum besseren Verständnis der Verfahren. Wir hoffen, dass Sie mit diesem Buch das Grundwissen über statistische Methoden erwerben, welches Ihnen bei Projekten in ihrem weiteren Studium und Berufsleben von Nutzen ist.

Notation: Beispiele, welche Berechnungen erfordern, sind in der Form *Kapitel-Abschnitt* nummeriert. So steht z.B. 3-5 für das fünfte Beispiel des dritten Kapitels. Formeln werden mit (*Kapitel.Abschnitt*) nummeriert. Bei Berechnungen signalisiert das Zeichen "=" Gleichheit bei entsprechender Rundung. Das Zeichen ":=" soll als Zuweisen per Definition gelesen werden.

Kapitel 2

Beschreibung von Daten

In diesem Kapitel geht es um die Beschreibung von empirisch erhobenen Daten. Größere Datenmengen sind schwer zu überblicken. Weil ein Bild leichter als eine Ansammlung von Zahlen zu interpretieren ist, sind grafische Darstellungen sehr populär.

```
1238 5760 1540 3456
1345 7103 2405 7467 3454
3543 7296 4923 5780 4234
8483 5670 5671 2331 4035
7568 1206 3741 1462 7747
4076...
```

$\Rightarrow$

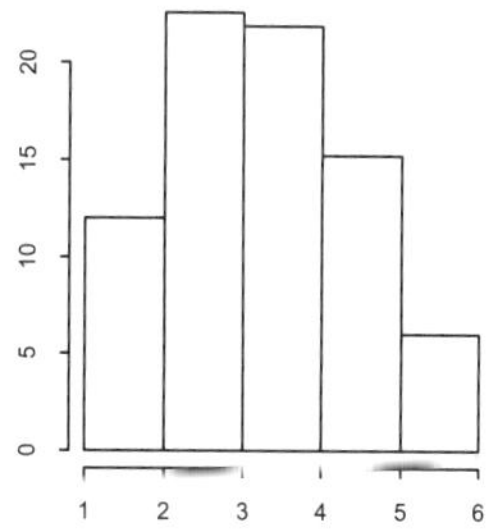

„Ein Bild sagt mehr als 1000 Zahlen."

Weitere Möglichkeiten, sich einen Überblick über Daten zu verschaffen, bieten das Erstellen von Tabellen und das Berechnen von Maßzahlen. Damit können relevante Informationen in den Daten auf wenige Zahlen komprimiert werden.

Die erwähnten Möglichkeiten zur Datenaufbereitung sind oft nicht Endzweck, sondern werden dazu verwendet, einen ersten Überblick über eine Stichprobe zu verschaffen (*Explorative Datenanalyse*). Die so gewonnenen Informationen sind sehr hilfreich, um ein geeignetes Verfahren für eine komplexere statistische Analyse auszuwählen.

Anhand von Beispielen werden wir einige Methoden der *deskriptiven Statistik* kennenlernen und deren Anwendungsbereich diskutieren.

2.1 Tabellen und grafische Datenaufbereitung

Merkmale wie Lieblingsfach, Automarke, Haarfarbe..., die zwar durch einen Zahlenwert codiert werden können, bei denen die Zuordnung zu den einzelnen Merkmalsausprägungen aber willkürlich ist, nennt man *nominalskaliert*. Neben der Häufigkeitstabelle sind Kreis- und Balkendiagramme beliebte Darstellungsformen für nominalskalierte Merkmale. Diese werden auch bei *ordinalskalierten* Merkmalen verwendet. Das sind Merkmale bei denen der Zahlenwert nur eine Reihung darstellt. Beispiel: Das Merkmal "erreichter Platz bei einem Skirennen" ist ordinalskaliert. Platz 1 ist besser als Platz drei, und Platz 2 ist besser als Platz 4. Obwohl $3 - 1 = 4 - 2$ ist, kann daraus nicht geschlossen werden, dass der Unterschied zwischen dem Ersten und dem Drittplatzierten gleich dem Unterschied zwischen dem Zweiten und dem Vierten ist.

2–1 20 Schüler werden befragt, welches von den drei Fächern Mathematik, Deutsch und Englisch sie am liebsten mögen. Der mit der Ergebnisreihe

$$1, 3, 2, 2, 2, 3, 1, 1, 3, 3, 3, 1, 3, 2, 2, 1, 3, 3, 2, 1$$

(Mathematik... 1, Deutsch... 2, Englisch... 3) konfrontierte Schuldirektor schlägt vor, ein *Balkendiagramm* und ein *Kreisdiagramm* (heißt auch Tortendiagramm) zu diesen Daten zu erstellen. Erstelle die gewünschten Diagramme!

(1)

(2)

(3)

Lösung: Kreisdiagramme eignen sich besonders zum Ablesen des Anteils, den eine Gruppe an der Gesamtheit hat. Bei Balkendiagrammen ist das Vergleichen und Ordnen der einzelnen Gruppen nach der Größe einfacher.

Zur Lösung erstellen wir zunächst eine Häufigkeitstabelle:

Lieblingsfach	1	2	3
Anzahl	6	6	8

Die Balkenhöhen ergeben sich unmittelbar aus den Häufigkeiten. Das Balkendiagramm vermittelt allerdings nur dann optisch einen richtigen Eindruck, wenn die Balkenhöhe bei 0 beginnt! Für das Kreisdiagramm berechnen wir die relativen Häufigkeiten und daraus, durch Multiplizieren mit 360°, die Winkel.

Lieblingsfach	1	2	3
rel. Häufigkeiten	0.3	0.3	0.4
Winkel	108°	108°	144°

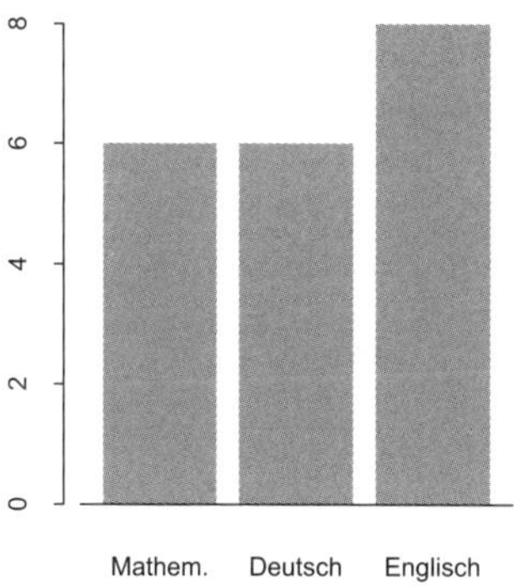

Balkendiagramm

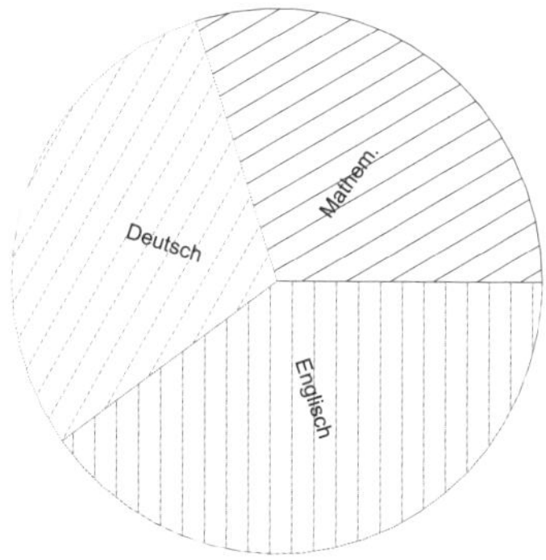

Kreisdiagramm

♣

Merkmale, bei denen das Bilden von Differenzen der Werte sinnvoll ist, nennt man *intervallskaliert.* (z.B. Temperatur: Differenzen sind sinnvoll, nicht jedoch Aussagen der Form: „20 Grad sind doppelt so warm wie 10 Grad".) Hat die Skala einen absoluten Nullpunkt (z.B. Größe, Alter, Temperatur in Kelvin), so ist außerdem auch das Bilden von Quotienten sinnvoll. Man spricht dann von *verhältnisskalierten* Merkmalen. Man nennt ein Merkmal auch *metrisch skaliert* (oder kurz metrisch), wenn es intervall- oder verhältnisskaliert ist. Metrisch skalierte Merkmale können entweder *diskrete* oder *kontinuierliche* Wertebereiche haben. Beispiele für diskrete Merkmale sind etwa die Punktezahl bei einem Test, die nur ganzzahlige Werte annehmen kann, oder die Schuhgröße, die in Vielfachen von $1/2$ gemessen wird. Ein kontinuierlich (oder stetig) skaliertes Merkmal ist etwa die Füllmenge einer Wasserflasche in Litern, die jeden beliebigen Wert aus dem Intervall $[0, 1]$ annehmen kann.

Für metrisch skalierte Merkmale ist das (Flächen-) Histogramm eine beliebte und oftmals verwendete Darstellungsform. Ein Flächenhistogramm ist einem Balkendiagramm ähnlich, jedoch werden die Daten hier in Klassen aggregiert. Insbesondere für kontinuierlich skalierte Merkmale, bei denen jeder einzelne Wert im Allgemeinen höchstens einmal angenommen wird, ist die Zusammenfassung von Werten in einem Intervall zu einer Klasse naheliegend und sinnvoll für die grafische Darstellung von

Häufigkeiten. Im Unterschied zum Balkendiagramm enthält die Breite der Flächenstücke Information - sie repräsentiert die Länge des Intervalls, aus dem Messungen zur jeweiligen Klasse zusammengefasst werden. Unterschiedliche Klassenbreiten wird man dann verwenden, wenn die Messungen in verschiedenen Teilbereichen des Wertebereichs unterschiedlich dicht liegen; Bereiche großer Dichte wird man feiner unterteilen, während Bereiche mit sehr niederer Dichte zu einer Klasse zusammengefasst werden, um leere Klassen zu vermeiden. Aufgrund der frei wählbaren Klassenbreite wird die Häufigkeit einer Klasse durch die Fläche der Balken wiedergegeben, nicht durch die Höhe (wie beim Balkendiagramm).

In diesem Buch werden wir stets als Konvention annehmen, dass die obere Klassengrenze zur jeweiligen Klasse gehört. Wir bedienen uns zudem stets der im folgenden Beispiel verwendeten Notation.

Klasse	Klassen-grenzen	Klassen-breiten	Klassen-mitten	Absolute Häufigkeit
1	$a_0 < a_1$	$b_1 = a_1 - a_0$	$x'_1 = (a_0 + a_1)/2$	h_1
2	$a_1 < a_2$	$b_2 = a_2 - a_1$	$x'_2 = (a_1 + a_2)/2$	h_2
$\vdots$	$\vdots$	$\vdots$	$\vdots$	$\vdots$
i	$a_{i-1} < a_i$	b_i	x'_i	h_i
$\vdots$	$\vdots$	$\vdots$	$\vdots$	$\vdots$
k	$a_{k-1} < a_k$	$b_k = a_k - a_{k-1}$	$x'_k = (a_{k-1} + a_k)/2$	h_k
Summe				H

Tabelle 2.1: Notation für klassifizierte Daten. In jeder Klasse i gilt für das Merkmal x, dass $a_{i-1} < x \leq a_i$. Die Klassengrenze a_i gehört also zur Klasse i.

Klasse	Relative Häufigkeit	Histogramm-Balkenhöhe	Kumulierte Häufigkeit absolut	relativ
1	$f_1 = h_1/H$	$f_1^* = f_1/b_1$	$H_1 = h_1$	$F_1 = f_1$
2	$f_2 = h_2/H$	$f_2^* = f_2/b_2$	$H_2 = H_1 + h_2$	$F_2 = F_1 + f_2$
$\vdots$	$\vdots$	$\vdots$	$\vdots$	$\vdots$
i	f_i	f_i^*	H_i	F_i
$\vdots$	$\vdots$	$\vdots$	$\vdots$	$\vdots$
k	$f_k = h_k/H$	$f_k^* = f_k/b_k$	$H_k = H_{k-1} + h_k$	$F_k = F_{k-1} + f_k$

Tabelle 2.2: Notation für klassifizierte Daten. (Die angegebene Histogrammbalkenhöhe führt zu Histogrammen mit Fläche 1. Beachte, dass $H_k = H = h_1 + h_2 + \cdots + h_k$ ist.)

2–2 Aus der österreichischen Volkszählung 1991 wurde unter anderem die Bevölkerungsverteilung nach dem Alter ermittelt. Diese ist in Tabelle 2.3 zusammengefasst.

a) Zeichne vergleichbare (Flächen-)Histogramme der Bevölkerungsverteilung, getrennt für Männer und Frauen!

b) Fasse nun die Personen zwischen 50 und 100 zu einer Altersklasse zusammen und erstelle ein Histogramm für die weibliche Bevölkerung. Welche Probleme ergeben sich, wenn die relativen Häufigkeiten *fälschlicherweise* als Balkenhöhen aufgetragen werden?

Alters-	Geschlecht	
klasse	männlich	weiblich
0–10	469429	445588
10–20	484889	459349
20–30	690168	657110
30–40	587161	566517
40–50	507743	500300
50–60	425058	437746
60–70	336424	454012
70–80	172162	319400
80–100	80955	201775
Insgesamt	3753989	4041797

Tabelle 2.3: Altersverteilung der österreichischen Bevölkerung 1991.

c) Erstelle ein *Histogramm* für die weibliche Bevölkerung, das auf der Klasseneinteilung 0–20, 20–60 und 60–100 beruht. Lege dann ein *Häufigkeitspolygon* über das Histogramm.

d) Zeichne Summenpolygone zu den Daten in der Tabelle und ermittle grafisch (ungefähr) den Median[1], getrennt für Männer und Frauen.

Lösung: Zur Lösung erstellen wir die folgende Tabelle. (Vgl. Tab. 2.1 und 2.2.)

[1]Der Median ist eine Zahl m, die erfüllt, dass sowohl mindestens 50% der Beobachtungen kleiner gleich m sind, als auch mindestens 50% der Daten größer gleich m sind. Der Median wird in Abschnitt 2.2 genauer besprochen, die Berechnung kann nach Formel (2.20) erfolgen.

Alters-klasse	rel. Häufigkeiten (f_i)		kum. rel. Häufigk. (F_i)		Klassen-breiten b_i
	männlich	weiblich	männlich	weiblich	
0–10	0.125	0.110	0.13	0.11	10
10–20	0.129	0.114	0.25	0.22	10
20–30	0.184	0.163	0.44	0.39	10
30–40	0.156	0.140	0.59	0.53	10
40–50	0.135	0.124	0.73	0.65	10
50–60	0.113	0.108	0.84	0.76	10
60–70	0.090	0.112	0.93	0.87	10
70–80	0.046	0.079	0.98	0.95	10
80–100	0.022	0.050	1.00	1.00	20

a) Um vergleichbare Histogramme zu erhalten, normieren wir auf Fläche 1. Das erreicht man, indem man die relativen Häufigkeiten f_i in obiger Tabelle durch die Klassenbreiten b_i dividiert und die resultierenden Größen als Balkenhöhen f_i^* aufträgt. Man erhält als Histogramme:

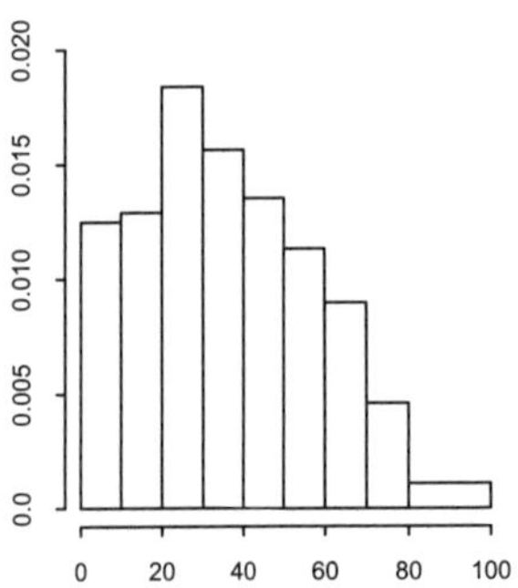

Männer

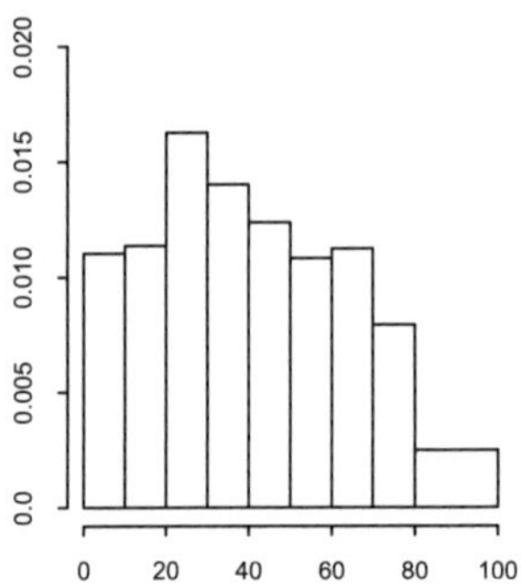

Frauen

Die Normierung auf Fläche 1 hat auch den Vorteil, dass die Einheiten der y-Achse als "relative Häufigkeit pro Einheit der x-Achse" interpretiert werden können. In unserem Beispiel sind die Einheiten der x-Achse Jahre. Daher kann z.B. beim Histogramm zur männlichen Bevölkerung aus der Balkenhöhe von 0.0184 zur Altersklasse 20–30 geschlossen werden, dass auf jedes Lebensjahr zwischen 20 und 30 im Mittel 1.84% (relative Häufigkeit: 0.0184) der männlichen Bevölkerung entfallen. Je höher ein Histogrammbalken ist, desto höher ist die Personendichte in der zugehörigen Klasse, d.h. desto mehr Personen entfallen im Mittel auf jedes Lebensjahr. Dieser Sachverhalt erklärt, warum die Balkenhöhen f_i^* auch als Klassendichten bezeichnet werden.

b) Für die neu gebildeten Klassen berechnen wir wieder die relativen Häufigkeiten, Breiten und Klassendichten f_i^*.

Klasse	f_i	b_i	f_i^*
0–10	0.110	10	0.011
10–20	0.114	10	0.011
20–30	0.163	10	0.016
30–40	0.140	10	0.014
40–50	0.124	10	0.012
50–100	0.349	50	0.007

Betrachten wir nun das links abgebildete nach den obigen Angaben korrekt erstellte Histogramm. Von der Struktur her sieht es dem korrespondierenden Histogramm aus a) ziemlich ähnlich. Dagegen suggeriert das rechte Histogram, bei dem fälschlicherweise die relativen Häufigkeiten f_i als Balkenhöhen aufgetragen wurden, dass es wesentlich mehr Frauen im Alter zwischen 50 und 100 Jahren gibt, als zwischen 0 und 50. Das entspricht offensichtlich nicht den Tatsachen.

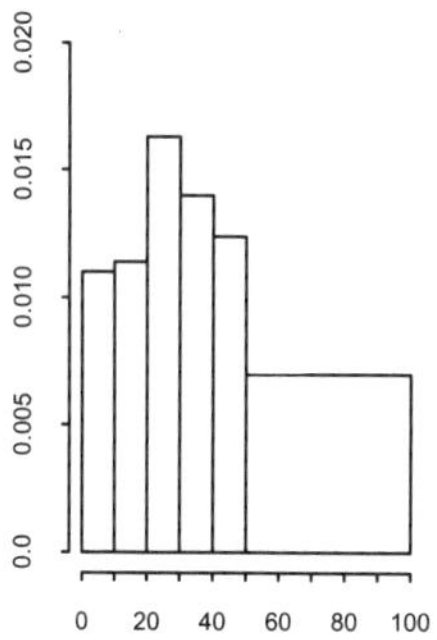

korrektes Histogramm

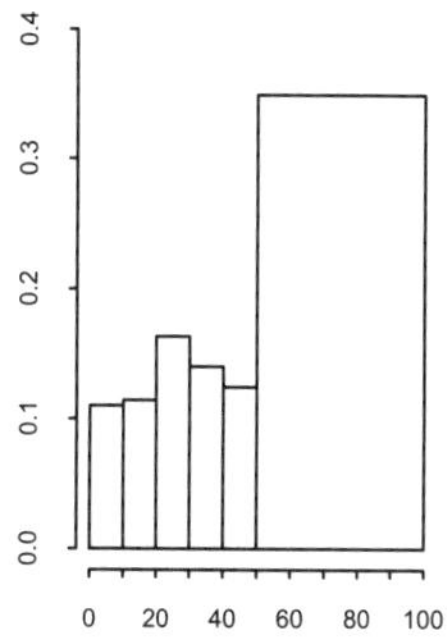

falsches Histogramm

c) Die folgende Tabelle enthält relativen Häufigkeiten, sowie die Klassenbreiten und Klassendichten f_i^*.

Klasse	f_i	b_i	f_i^*
0–20	0.224	20	0.011
20–60	0.535	40	0.013
60–100	0.241	40	0.006

Für das Häufigkeitspolygon verbindet man die Balken an den Klassenmitten, also die Punkte (x_i', f_i^*) $(1 \leq i \leq k)$, durch Geradenstücke. Die ersten und letzten Klassenmitten, also (x_1', f_1^*) und (x_k', f_k^*), werden schließlich – soweit sinnvoll – mit den Punkten $(a_0 - b_1/2, 0)$ bzw. $(a_k + b_k/2, 0)$ verbunden. In unserem Fall ergeben sich die Punkte $(-10, 0)$, $(10, 0.011)$, $(40, 0.013)$, $(80, 0.006)$ und $(120, 0)$. Beim Verbinden der Punkte ist zu beachten, dass eine Fortsetzung des Polygons unter das Alter von 0 Jahren sinnlos ist und daher unterbleiben sollte.

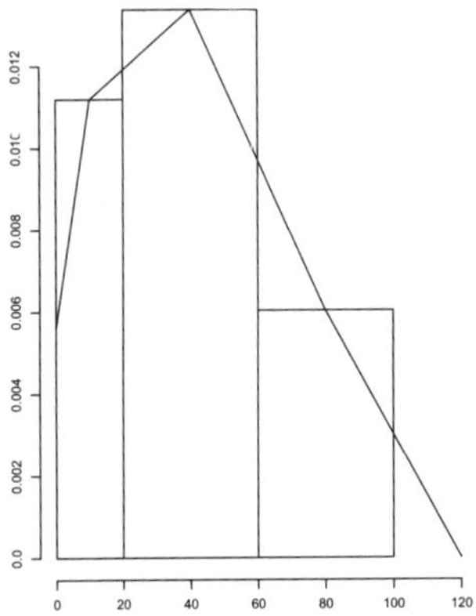

Histogramm mit Häufigkeitspolygon

d) Durch Verbinden der Punktepaare (a_i, F_i) für $0 \leq i \leq k$ (wobei $F_0 := 0$) ergeben sich die Summenpolygone:

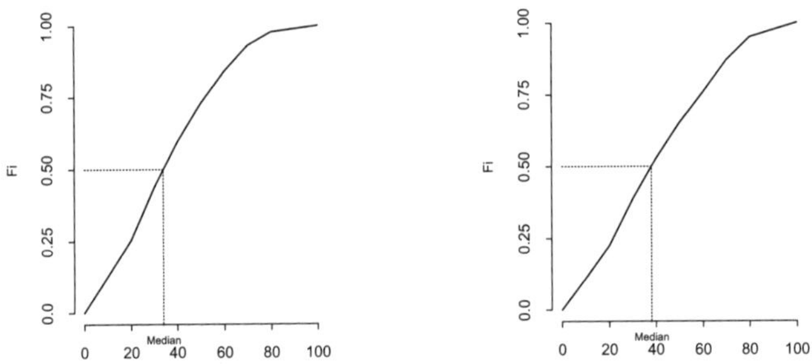

Männer Frauen

Durch Ablesen von der Kurve bei 0.5 auf der y-Achse sieht man, dass der Median (das 50% Quantil) für Männer bei ca. 34 Jahren und für Frauen bei ca. 38 liegt. (Die exakte Berechnung des Medians bei klassifizierten Daten ist in Aufgabe 2–16 diskutiert.)

♣

Wie wir im obigen Beispiel gesehen haben, kann das Summenpolygon zum Ablesen des Medians bzw. allgemeiner zum Ablesen von Quantilen[2] verwendet werden. Von der x-Achse kann außerdem der Anteil der Beobachtungen abgelesen werden, der in ein interessierendes Intervall fällt:

> Anteil für Intervall $(a, b]$ ist gleich
>
> (Summenpolygon bei b) - (Summenpolygon bei a).

2–3 Bei einem Tortenwettessen mit 60 Teilnehmern bekam jeder eine Sachertorte zu essen. Von jedem Teilnehmer wurde festgestellt, welchen Anteil der Torte er essen konnte. Die Verteilung dieser Essleistungen findet sich in folgendem Histogramm. (Die Essleistung (Tortenanteil) ist auf der horizontalen Achse, die Klassendichte auf der vertikalen Achse aufgetragen.)

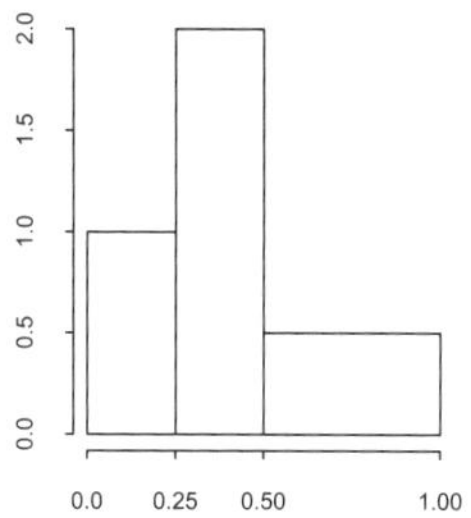

Essleistung (Tortenanteil)

Wie viele der 60 Teilnehmer schafften es, mindestens die Hälfte der vorgesetzten Torte zu essen?

Lösung: Beim vorliegenden Histogramm ergibt die Summe aller Balkenflächen eins. Daher ist die relative Häufigkeit für eine Klasse gleich der zugehörigen Balkenfläche, also gleich dem Produkt von Balkenhöhe und Klassenbreite. (Wäre die Fläche des Histogramms ungleich eins, müssten wir das Ergebnis noch durch die Histogrammfläche dividieren, um die gesuchte relative Häufigkeit zu erhalten.) In unserem Fall erhalten wir für die von 0.5 bis 1 gehende Klasse eine relative Häufigkeit von 1/4. Durch Multiplikation mit 60 ergibt sich als Lösung eine absolute Häufigkeit von

[2]Ein $100\alpha\%$ Quantil ist eine Zahl q, die erfüllt, dass sowohl mindestens $100\alpha\%$ der Beobachtungen kleiner gleich q sind, als auch mindestens $100(1-\alpha)\%$ der Daten größer gleich q sind. Quantile werden im nachfolgenden Abschnitt "Maßzahlen" näher behandelt, die rechnerische Ermittlung von Quantilen für klassifizierte Daten kann nach Formel 2.20 erfolgen.

15 Personen. ♣

Histogramm, Summenpolygon und Häufigkeitspolygon geben die Verteilung von Klassenhäufigkeiten wieder; wollen wir Urdaten, d.h., die Daten, die (noch) nicht in Klassen zusammengefasst sind, beschreiben und darstellen, so führen wir folgende Bezeichnungen ein:

Notation:

- Beobachtungen: $x_1, x_2, \ldots, x_n$ ($n \ldots$ Anzahl der Beobachtungen.)
- $x_{[1]} \leq x_{[2]} \leq \cdots \leq x_{[n]}$ bezeichnet die der Größe nach sortierten Beobachtungen. ($x_{[1]}$ ... kleinste Beobachtung aus $x_1, \ldots, x_n$, $x_{[2]}$ zweitkleinste Beobachtung u.s.w.) Beispiel: Für $x_1 = 3$, $x_2 = 5$, $x_3 = 3$, $x_4 = 1$ ist $x_{[1]} = 1$, $x_{[2]} = 3$, $x_{[3]} = 3$, $x_{[4]} = 5$.
- $F_n(x)$ bezeichnet die *empirische Verteilungsfunktion:* Zur Berechnung an einem Punkt x ermittelt man jenes j, für das $x_{[j]} \leq x$ und $x_{[j+1]} > x$ und setzt

$$F_n(x) = j/n. \tag{2.1}$$

  Die empirische Verteilungsfunktion $F_n(x)$ an der Stelle x ist auch gleich der durch n dividierten Anzahl der Beobachtungen x_j, die kleiner oder gleich x sind.

Bei klassifizierten Daten haben wir Summenpolygone zur Beschreibung der Verteilung verwendet. Wenn die Daten nicht in Klassen zusammengefasst sind, so kann stattdessen die *empirische Verteilungsfunktion* verwendet werden. Stellen die Beobachtungen eine Stichprobe dar, dann kann die empirische Verteilungsfunktion als Approximation der tatsächlichen unbekannten Verteilung[3] in der Grundgesamtheit aufgefasst werden.

[3] Verteilungsfunktionen werden in Kapitel 4.1 und 4.2 besprochen.

2–4 Bei einer Prüfung für angehende Betriebswirte ergaben sich folgende Noten:

Note	1	2	3	4	5
h_i	4	8	12	7	3

Zeichne die empirische Verteilungsfunktion zu den Daten und bestimme mit deren Hilfe den Anteil der Studenten mit Noten zwischen 2 und 4.

Lösung: Der Wert der empirischen Verteilungsfunktion F_n an der Stelle x ist gegeben durch die relative Häufigkeit der Beobachtungen mit Wert kleiner oder gleich x. Nach Formel (2.1) erhält man:

Note i	1	2	3	4	5
$F_n(i)$	4/34	12/34	24/34	31/34	1

Der Anteil an Studenten mit Noten von 2 bis 4 beträgt $F_n(4) - F_n(1) = 31/34 - 4/34 = 27/34$.

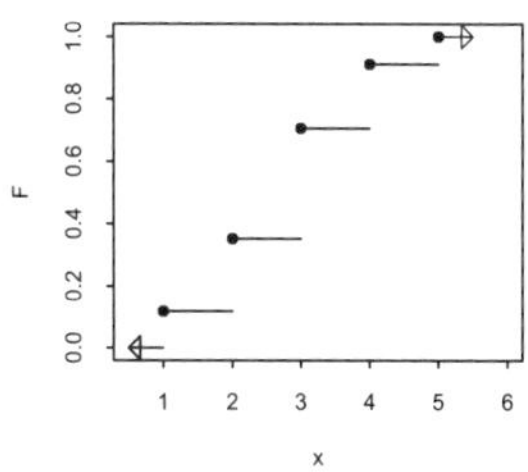

Empirische Verteilungsfunktion

♣

2–5 Ein Kontrollor ermittelte folgende Zeitintervalle (in Min.) zwischen den Ankünften öffentlicher Autobusse an einer Station.

10.8, 8.5, 10.5, 8.3, 10.6, 8.6, 11, 11.7, 9.6, 10.5,

9.1, 11.5, 9, 10.2, 10.1, 9.9, 10.6, 11.4, 10.4, 9.9

a) Erstelle ein *Stamm & Blatt*–Diagramm (engl. *stem & leaf plot*) zu den Daten und erkläre es.

b) Zeichne ein *Box & Whisker–Diagramm* und erkläre die Darstellung.

Lösung:

a) Das *Stamm & Blatt*–Diagramm verbindet die Informationen einer Tabelle mit der eines Balkendiagramms. Der Doppelpunkt trennt die letzte Dezimalstelle von den vorhergehenden.

```
 8 : 356
 9 : 01699
10 : 12455668
11 : 0457
```

Interpretationsbeispiel: Die gemessenen Zeitintervalle lagen dreimal zwischen 8 und 9 Minuten. Sie betrugen 8.3 min, 8.5 min sowie 8.6 Minuten. Zweimal trat eine Wartezeit von 10.6 Minuten auf.

b) *Box & Whisker*–Diagramme sind beliebte Darstellungsformen, da sie einerseits einen grafischen Überblick über die zugrunde liegenden Daten liefern und anderseits wichtige Maßzahlen direkt ablesbar sind. Mittels vieler statistischer Programmpakete können *Box & Whisker*–Diagramme automatisch erstellt werden.

Die äußeren Abgrenzungen ("whiskers") geben Maximum und Minimum der Beobachtungen an. Das Rechteck ("box") dazwischen wird vom 1. und 3. Quartil begrenzt und umfasst somit die Hälfte der Beobachtungen. Die Trennlinie innerhalb des Rechtecks liegt am Median. Die dargestellten Maßzahlen werden in Abschnitt 2.2 näher besprochen. Insbesondere erfolgt die Berechnung der Quartile nach Formel (2.9), wobei erstes Quartil (bzw. drittes Quartil) dem 25%–Quantil (bzw. 75%–Quantil) entsprechen. Der Median entspricht dem 50%–Quantil und kann auch nach (2.3) bzw. (2.4) ermittelt werden. Die resultierenden, im Box & Whisker Diagramm markierten Zahlenwerte finden sich in den Beispielen 2–13 und 2–7.

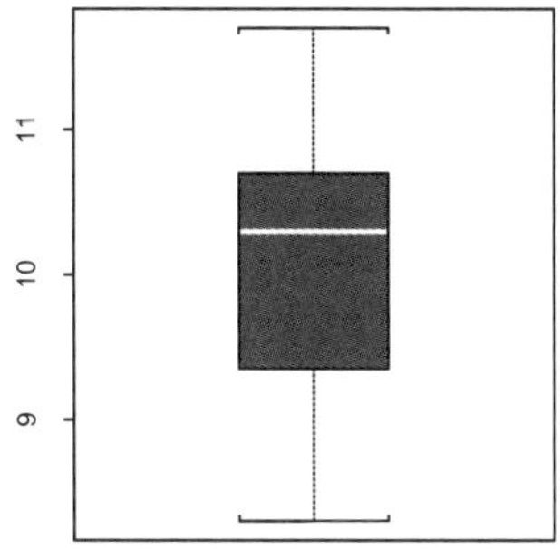

♣

2–6 Welche grafische Darstellungsform würden Sie bei folgende Daten verwenden:

a) Die Anzahl der Morde pro 10000 Einwohner in 8 amerikanischen Großstädten erhoben 1998.

b) Liebstes Hobby von 100 Studentinnen.

c) Lebensdauer von 100 Batterien der Marke "Lebenslang".

d) Die Zufriedenheit mit der Taschentuchmarke "Tröpfelein". aus einer Umfrage bei 100 Männern und 100 Frauen mit den möglichen Antworten "gut", "naja" und "schlecht".

e) Der Nitratgehalt im Trinkwasser in 50 Brunnen einer Region.

Lösung: Merkmale a), c) und e) sind metrisch skaliert. Für metrisch skalierte Merkmale sind als Darstellungsformen geeignet: Histogramm, Häufigkeitspolygon, Summenpolygon, empirische Verteilungsfunktion, *Stamm & Blatt*–Diagramm, *Box & Whisker*–Diagramm. Merkmale b) ist nominalskaliert, und d) ist ordinalskaliert. Zur Darstellung nominal- und ordinalskalierter Merkmale sind Kreis- und Balkendiagramme geeignet. Insbesondere eignen sich Kreisdiagramme gut zum Ablesen von Anteilen. ♣

2.2 Maßzahlen

Oft möchte man die interessante Information aus einer Datenerhebung in wenige Kenngrößen zusammenfassen. Die gebräuchlichsten Kenngrößen von Häufigkeitsverteilungen metrisch skalierter Merkmale sind Lagemaßzahlen und Streuungsmaßzahlen. Daneben werden hier auch Maßzahlen für die Schiefe einer Verteilung behandelt. Wie im Abschnitt über die grafische Darstellung werden wir auch hier mit der Analyse der (nicht klassifizierten) Urdaten beginnen und dann die entsprechenden Formeln für die klassifizierten Daten angeben.

Wir fassen zunächst die Formeln für die Lagemaßzahlen nicht klassifizierter Daten zusammen. Die wichtigsten Lagemaßzahlen sind das arithmetische Mittel und der Median.

Arithmetisches Mittel:

$$\bar{x} = \frac{1}{n}\sum_{i=1}^{n} x_i = (x_1 + x_2 + \cdots + x_n)/n \qquad (2.2)$$

Median:

für ungerades n: $$\tilde{x} = x_{[(n+1)/2]}\,, \qquad (2.3)$$

für gerades n: $$\tilde{x} = (x_{[n/2]} + x_{[(n+2)/2]})/2\,. \qquad (2.4)$$

Das arithmetische Mittel $\bar{x}$ ist gleich dem Wert der Beobachtungen einer (hypothetischen) Stichprobe mit n identischen Beobachtungen, der zum gleichen Gesamtwert $\sum_{i=1}^{n} x_i$ führt.

Der Median ist eine Zahl, so dass mindestens die Hälfte der Daten kleiner oder gleich und mindestens die Hälfte der Daten größer oder gleich dieser Zahl sind. Im Gegensatz zum arithmetischen Mittel ist der Median im Allgemeinen nicht eindeutig bestimmt - wenn n gerade ist, so erfüllt jeder beliebige Wert zwischen $x_{n/2}$ und $x_{(n/2)+1}$ die Definition. Die in (2.4) gewählte Konvention ist nur eine von vielen Möglichkeiten, einen Median zu definieren.

2–7 Man betrachte noch einmal die Fahrzeiten aus Beispiel 2–5.

a) Berechne arithmetisches Mittel und Median der Fahrzeiten.

b) Der Kontrolleur hat zusätzlich ein außergewöhnlich großes Zeitintervall von 65.3 Minuten ermittelt, es aber als Ausnahme bewertet und daher unberücksichtigt gelassen. (Ausnahmewerte werden in der Statistik als *Ausreißer* bezeichnet.) Wie groß sind Mittelwert und Median, wenn dieses Zeitintervall berücksichtigt wird.

Lösung:

a) Die Summe der Werte beträgt 202.2, und daher ist der Mittelwert $\bar{x} = 202.2/20 = 10.11$. Durch Sortieren der 20 Beobachtungen erhält $x_{[10]} = 10.2$ und $x_{[11]} = 10.4$ und daher als Median $\tilde{x} = (10.2 + 10.4)/2 = 10.3$.

b) Das arithmetische Mittel beträgt nun $\bar{x} = (202.2 + 65.3)/21 = 12.74$, der Median ist $\tilde{x} = x_{[11]} = 10.4$. Man beachte, dass sich der Mittelwert viel stärker verändert als der Median.

♣

Im Falle von metrisch skalierten Merkmalen wird normalerweise empfohlen, das arithmetische Mittel bei annähernd symmetrischen Verteilungen und den Median bei schiefen Verteilungen zu verwenden. Schiefe Verteilungen werden wir in diesem Kapitel etwas später erklären (siehe Abschnitt nach (2.17)). Für ordinalskalierte Daten verwendet man den Median.

Neben dem arithmetischen Mittel und dem Median gibt es weitere Lagemaßzahlen, die in spezifischen Situationen angewendet werden, in denen sie zu einem besser interpretierbaren Mittelwert führen. So wird etwa das geometrische Mittel $\tilde{x}_G$ auf Daten angewendet, die Wachstumsraten (der Bevölkerung, des Kapitals, des Stromverbrauchs etc.) aufeinanderfolgender Perioden darstellen. Für solche Daten hat das geometrische Mittel die folgende natürliche Interpretation: $\tilde{x}_G$ ist jene konstante Rate, die zum gleichen Gesamtwachstum geführt hätte, wäre die Wachstumsrate in allen betrachteten Perioden gleich gewesen.

Geometrisches Mittel:

$$\tilde{x}_G = (x_1 x_2 \cdots x_n)^{1/n} . \qquad (2.5)$$

2–8 Die folgende Tabelle enthält die Inflationsraten eines Landes in fünf aufeinanderfolgenden Jahren.

Jahr	91	92	93	94	95
Inflation	5.2%	4.2%	2.4%	2.8%	6.8%

Wie hoch war die mittlere Inflation?

Lösung: Man berechnet das geometrische Mittel der Wachstumsfaktoren:

$$\tilde{x}_G = (1.052 \cdot 1.042 \cdot 1.024 \cdot 1.028 \cdot 1.068)^{1/5} = 1.04268.$$

Die mittlere Inflation im Zeitraum 1991–1995 betrug daher rund 4.3%. ♣

Eine weitere Lagemaßzahl, die sich beispielsweise zur Berechnung mittlerer Geschwindigkeiten eignet, ist das (gewichtete) harmonische Mittel. Wenn Häufigkeiten für die einzelnen Ausprägungen eines metrisch skalierten Merkmals gegeben sind (wie etwa in Beispiel 2–11), berechnet man das arithmetische Mittel am einfachsten über die gewichtete Version (2.8).

Weitere Lagemaßzahlen:

2. Das *harmonische Mittel*:

$$\tilde{x}_H = \frac{n}{\frac{1}{x_1} + \frac{1}{x_2} + \cdots + \frac{1}{x_n}} \tag{2.6}$$

Gewichtetes harmonische Mittel: Für vorgegebene Gewichte $w_1, w_2, \ldots, w_n$ ($w_i \geq 0$ und $\sum_{i=1}^{n} w_i = 1$) bildet man

$$\tilde{x}_H(w) = \frac{1}{\frac{w_1}{x_1} + \frac{w_2}{x_2} + \cdots + \frac{w_n}{x_n}} \tag{2.7}$$

Das harmonische Mittel $\tilde{x}_H$ ist das gewichtete harmonische Mittel mit Gewichten $w_i = 1/n$ ($i = 1, \ldots, n$).

Weitere Lagemaßzahlen:

3. *Gewichtetes arithmetische Mittel:* Für vorgegebene Gewichte $w_1, w_2, \ldots, w_n$, ($w_i \geq 0$ und $\sum_{i=1}^{n} w_i = 1$) bildet man

$$\bar{x}(w) = \sum_{i=1}^{n} w_i \cdot x_i \,. \tag{2.8}$$

Das arithmetische Mittel ist das gewichtete arithmetische Mittel mit Gewichten $w_1 = \cdots = w_n = 1/n$.

4. *Modalwert*: Der am häufigsten auftretende Zahlenwert aus $x_1, \ldots, x_n$.

2–9 Ein LKW hat drei Streckenabschnitte zu bewältigen. Der erste Abschnitt ist 150 km lang. Die Durchschnittsgeschwindigkeit des LKW beträgt auf diesem Abschnitt 100 km/h. Der zweite Abschnitt ist 240 km lang und kann nur mit einem Durchschnittstempo von 60 km/h bewältigt werden. Der dritte Abschnitt ist 100 km lang und kann vom LKW mit einer durchschnittlichen Geschwindigkeit von 80 km/h befahren werden.

Welche durchschnittliche Geschwindigkeit hat der LKW auf der gesamten Strecke? Welches Lagemaß wenden wir hier auf die drei Geschwindigkeiten 100 km/h, 60 km/h und 80 km/h an?

Lösung: Die durchschnittliche Geschwindigkeit ist jene Geschwindigkeit, die bei einem über die gesamte Strecke konstanten Fahrtempo zur gleichen

Gesamtfahrzeit geführt hätte. Sie ergibt sich daher als

$$\frac{Gesamtstrecke}{Gesamtzeit} = \frac{150+240+100}{(150/100)+(240/60)+(100/80)} = 72.6\ km/h.$$

Dieser Wert entspricht dem gewichteten harmonischen Mittel (2.7) der Geschwindigkeiten, wobei $w_1 = 150/(150+240+100) = 0.3061$, $w_2 = 240/(150+240+100) = 0.4898$ und $w_3 = 100/(150+240+100) = 0.2041$. Hätten die betrachteten Streckenabschnitte die gleichen Längen gehabt, so hätte sich das gewöhnliche (ungewichtete) harmonische Mittel (2.6) ergeben. ♣

2–10 Ein Büro kauft drei Sorten von Kopierpapier. Ein Paket der Sorte A kostet 4 Euros, die Preise für Sorte B und C betragen 5 bzw. 10 Euros. Von jeder Sorte wird Papier für 2000 Euros bestellt. Wieviel wird im Durchschnitt für ein Papierpaket ausgegeben? Wie hoch wäre der Durchschnittspreis, wenn von Sorte C nur für 1000 Euros bestellt würde?

Lösung: Zur Lösung dividiert man den insgesamt ausgegebenen Geldbetrag durch die Zahl der insgesamt angeschafften Pakete. Zum selben Ergebnis führt das harmonische Mittel nach (2.6):

$$\tilde{x}_H = \frac{3}{1/4+1/5+1/10} = 5.45\text{Euros}$$

Falls von Sorte C nur für 1000 Euros bestellt wird, liefert das gewichtete harmonische Mittel (2.6) den Durchschnittspreis. Die Gewichte ergeben sich durch Berechnung der auf die einzelnen Papiersorten entfallenden Ausgabenanteile: $w_1 = w_2 = 2000/5000 = 0.4$, $w_3 = 1000/5000 = 0.2$. Insgesamt erhalten wir $\tilde{x}_H(w) = 1/(\frac{0.4}{4} + \frac{0.4}{5} + \frac{0.2}{10}) = 5\,\text{Euros}$. ♣

2–11 Die folgende Tabelle gibt an, bei wieviel Prozent der Kunden einer Mobiltelefon-Gesellschaft es wie oft im letzten Halbjahr zu Zahlungsverzögerungen (in Tagen) gekommen ist.

Zahlungsvz.	0	1	2	3	4	5	6
Prozent	55	21	10	8	3	2	1

Zu wie vielen Zahlungsverzögerungen kam es im Durchschnitt?

Lösung: Die durchschnittliche Zahl erhält man mit dem gewichteten arithmetischen Mittel (2.8), das Gewicht eines jeden Wertes ist dabei die relative Häufigkeit, mit der er auftritt: $\bar{x}(w) = 0.55 \cdot 0 + 0.21 \cdot 1 + 0.1 \cdot 2 + 0.08 \cdot 3 + 0.03 \cdot 4 + 0.02 \cdot 5 + 0.01 \cdot 6 = 0.93$.

Das gewichtete arithmetische Mittel wird unter anderem in Kapitel 11 eine wichtige Rolle spielen. ♣

2–12 Berechne eine geeignete Lagemaßzahl zu den Daten aus Aufgabe 2–1.

Lösung: Arithmetisches Mittel und Median sind ungeeignete Kennzahlen für nominalskalierte Daten. Daher ermitteln wir den Modalwert, d.h. den am häufigsten auftretenden Wert. In unserem Beispiel ist das 3 (Englisch). ♣

Quantile verallgemeinern den Median. Ein $100\alpha\%$-Quantil legt einen Wert fest, so dass mindestens $100\alpha\%$ der Daten unterhalb und mindestens $100(1-\alpha)\%$ der Daten oberhalb dieses Wertes liegen, und zwar auch für Bruchteile α ungleich 0.5. Am häufigsten verwendet man das 25%-Quantil (unteres bzw. erstes Quartil) und das 75%-Quantil (oberes bzw. drittes Quartil). Wie beim Median ist Definition (2.9) der Quantile nur eine von mehreren Möglichkeiten, und zwar eine besonders einfache.

$100\alpha\%$–**Quantil**

Bestimme zunächst $n \cdot \alpha$ und die nächstgrößere ganze Zahl $< n \cdot \alpha >$. (Beispiel: Für $\alpha = 0.23$ und $n = 10$ ist $n \cdot \alpha = 2.3$ und $< n \cdot \alpha >= 3$.)

$$\hat{Q}(\alpha) = \begin{cases} x_{[<n\cdot\alpha>]} & , n \cdot \alpha \text{ gebrochene Zahl,} \\ (x_{[n\cdot\alpha]} + x_{[n\cdot\alpha+1]})/2 & , n \cdot \alpha \text{ ganze Zahl.} \end{cases} \tag{2.9}$$

Der Median ist der Spezialfall des 50%–Quantils, d.h. $\tilde{x} = \hat{Q}(0.5)$.

2–13 Berechne das erste und dritte Quartil der Zeitintervalle aus Beispiel 2–5, und zwar ohne wie auch mit dem Ausreißer aus Beispiel 2–7.

Lösung: Wir verwenden Formel (2.9). Erstes Quartil ohne Ausreißer: $n \cdot \alpha = 20 \cdot 0.25 = 5$. Durch Sortieren der 20 Beobachtungen erhält man $x_{[5]} = 9.1$ und $x_{[6]} = 9.6$ und daher $\hat{Q}(0.25) = 9.35$. Drittes Quartil ohne Ausreißer: $20 \cdot 0.75 = 15$ und $\hat{Q}(0.75) = (10.6 + 10.8)/2 = 10.7$. Erstes Quartil mit Ausreißer: $21 \cdot 0.25 = 5.25$ und $< 5.25 >= 6$, daher $\hat{Q}(0.25) = x_{[6]} = 9.6$. Drittes Quartil mit Ausreißer: $21 \cdot 0.75 = 15.75$, daher $\hat{Q}(0.75) = x_{[16]} = 10.8$. ♣

Neben der Lage von Daten ist oft auch die Variabilität in einem Datensatz von Interesse. Zur Abschätzung der Variabilität stehen eine Reihe von Streuungsmaßzahlen zur Verfügung.

Streuungsmaßzahlen:

1. Varianz:

$$s^2 = \frac{1}{n-1}\sum_{i=1}^{n}(x_i - \bar{x})^2 = \frac{1}{n-1}\sum_{i=1}^{n} x_i^2 - \frac{n}{n-1}\bar{x}^2 \qquad (2.10)$$

2. Standardabweichung:

$$s = \sqrt{s^2} \text{ (aus (2.10))} \qquad (2.11)$$

3. Spannweite:

$$x_{[n]} - x_{[1]} \qquad (2.12)$$

4. Quartilsabstand: (Siehe Quantilsformel aus (2.9).)

$$\hat{Q}(0.75) - \hat{Q}(0.25) \qquad (2.13)$$

Streuungsmaßzahlen *(Fortsetzung)*:

5. Variationskoeffizient: (Standardabweichung bezogen auf das arithmetische Mittel)

$$v_s = \frac{s}{\bar{x}} \qquad (2.14)$$

Die Varianz kann als Hilfsgröße aufgefasst werden, die nur schwer direkt interpretierbar ist. Für viele (aber nicht alle) Datensätze liegen ungefähr 68% der Werte nicht weiter als eine Standardabweichung vom Mittelwert entfernt. Ca. 95% der Werte befinden sich innerhalb einer Distanz von zwei Standardabweichungen vom arithmetischen Mittel. Diese Regel gilt für Daten, die annähernd einer Normalverteilung folgen; das sind Daten, deren Histogrammdarstellung im Umriss gut durch eine Normalverteilungskurve approximiert wird. Die Normalverteilung ist in der Statistik von großer Bedeutung. Sie wird in Abschnitt 4.2.1 näher besprochen.

Der Variationskoeffizient ist eine relative Streuungsmaßzahl, die nur für verhältnisskalierte Merkmale sinnvoll ist. Er wird hauptsächlich verwendet, um die Variabilitäten eines Wertes in verschiedenen Populationen miteinander zu vergleichen. Zudem hat er den Vorteil, unabhängig von der Einheit der Messgröße zu sein. Er beschreibt die Streuung in Anteilen des Mittelwerts. Ein Variationskoeffizient von 0.5 bedeutet also, dass die Streuung 50% des Mittelwerts beträgt. Z.B. sind sowohl der Erwartungswert als auch die Varianz des Wasserverbrauchs der Stadt Wien in mehreren aufeinanderfolgenden Jahren sicher größer als in dem Dorf Schratthausen im Walde. Trotzdem kann die relative Schwankung des mittleren Verbrauchs miteinander verglichen werden. Auch eignet er sich zum Vergleich von Beobachtungen, die in verschiedenen Maßeinheiten (oder verschiedenen Skalen, Währungen, etc.) festgehalten wurden. Analog zur Standardabweichung gilt für Daten, die gut durch die Normalverteilung approximiert werden, dass ca. 68% der Beobachtungen im Bereich von $\bar{x}(1 - v_s)$ bis $\bar{x}(1 + v_s)$ liegen (und ca. 95% im Bereich von $\bar{x}(1 - 2v_s)$ bis $\bar{x}(1 + 2v_s)$).

Die Spannweite liefert die Länge jenes Bereichs der von allen Daten aufgespannt wird, der Quartilsabstand jene Länge, die von den zentral gelegenen 50% der Beobachtungen aufgespannt wird. Bisweilen wird auch die mittlere absolute Abweichung vom Median $\tilde{x}$

$$\frac{1}{n}\sum_{i=1}^{n}|x_i - \tilde{x}| \tag{2.15}$$

als Streuungsmaßzahl betrachtet.

2–14 Ein Botendienst bringt jeden Tag Post von der Betriebszentrale zu einer bestimmten Filiale. Der Fahrer notierte an zehn Tagen die benötigte Zeit in Minuten:

32, 27, 29, 25, 34, 28, 36, 30, 32, 39

a) Berechne das arithmetische Mittel der Fahrzeiten.

b) Berechne den Median der Fahrzeiten.

c) Berechne *Varianz* und *Standardabweichung* der Beobachtungen.

d) Berechne den *Variationskoeffizienten.*

e) Berechne *Spannweite* und *Quartilsabstand* der Beobachtungen.

f) Berechne die *mittlere absolute Abweichung.*

g) Am 11. Tag benötigte der Botendienst aufgrund einer technischen Störung 72 Minuten zur Arbeit. Berechnen Sie nun den Median, das arithmetische Mittel, die Standardabweichung sowie den Quartilsabstand basierend auf den 11 Zeitbeobachtungen. Diskutieren Sie die Veränderung der Ergebnisse!

Lösung:

a) $\bar{x} = 31.2$. (Formel (2.2).)

b) Hier ist $n = 10$, also gerade. Nach Formel (2.4) beträgt der Median $(30 + 32)/2 = 31$. (Zur Berechnung des Medians müssen die Beobachtungen zunächst der Größe nach sortiert werden!)

c) Nach Formel (2.10) beträgt die Varianz 18.4. Für die Standardabweichung ergibt sich nach (2.11) $\sqrt{18.4} = 4.29$. Die Standardabweichung ist leichter zu interpretieren als die Varianz, da sie die gleiche Dimension wie die Beobachtungswerte besitzt.

d) Der Variationskoeffizient beträgt nach (2.14) rund 0.14.

e) Nach Formel (2.12) beträgt die Spannweite $39 - 25 = 14$. Sie gibt die Größe des Bereichs an, der von den Daten aufgespannt wird. Für den Quartilsabstand berechnet man zunächst gemäß Formel (2.9) das erste Quartil $\hat{Q}(0.25) = 28$ und das dritte Quartil $\hat{Q}(0.75) = 34$. Als Abstand ergibt sich 6. Interpretation: In dem zentralen Bereich von 28 bis 34 befinden sich 50% der Beobachtungen.

f) Mit (2.15) erhalten wir für die mittlere absolute Abweichung 3.4.

g) Der Mittelwert verändert sich bei Hinzunahme einer untypischen Beobachtung stärker als der Median. Man sagt auch, dass das arithmetische Mittel sensibler auf Ausreißer reagiert. Ebenso wird die Standardabweichung stärker von Ausreißern beeinflusst als der Quartilsabstand. Die Ergebnisse: $\bar{x} = 34.9$, Median: $\tilde{x} = 32$, $s = 12.96$, Quartilsabstand: $36 - 28 = 8$.

♣

Eine weitere bisweilen benutzte Größe zur Beurteilung der Form einer Verteilung liefern *Schiefemaße*. Zur Berechnung verwendet man die k-ten Momente

$$m_k = \frac{1}{n} \sum_{i=1}^{n} (x_i - \bar{x})^k \; . \tag{2.16}$$

Schiefe:

1. Schiefe:

$$\alpha_3 = \frac{m_3}{m_2^{3/2}} = \sqrt{n}\frac{\sum_{i=1}^{n}(x_i - \bar{x})^3}{\left[\sum_{i=1}^{n}(x_i - \bar{x})^2\right]^{3/2}} \tag{2.17}$$

2. Eine alternative Schiefemaßzahl:

$$\alpha_3' = \frac{3(\bar{x} - \tilde{x})}{s}, \tag{2.18}$$

wobei $\tilde{x}$ der Median der Beobachtungen ist.

Die Schiefekoeffizienten α_3 bzw. α_3' geben an, wie stark sich die Verteilung der Daten von einer *symmetrischen Verteilung* unterscheiden. Eine *symmetrische Verteilung* klingt links und rechts ihres Modalwerts (Gipfel) gleich schnell ab (siehe unteres Histogramm (a)). Bei symmetrischen Verteilungen sind Mittelwert und Median identisch. Eine *rechtsschiefe Verteilung* klingt links ihres Modalwertes schneller (steiler) ab als rechts. Sie wird daher auch *linkssteil* genannt (siehe Histogramm (b)). Ihr Mittelwert ist größer als ihr Median. Eine *linksschiefe* Verteilung klingt rechts vom Modalwert steiler ab als links (*rechtssteil*; siehe Histogramm (c)). Ihr Mittelwert ist kleiner als ihr Median.

Histogramm einer

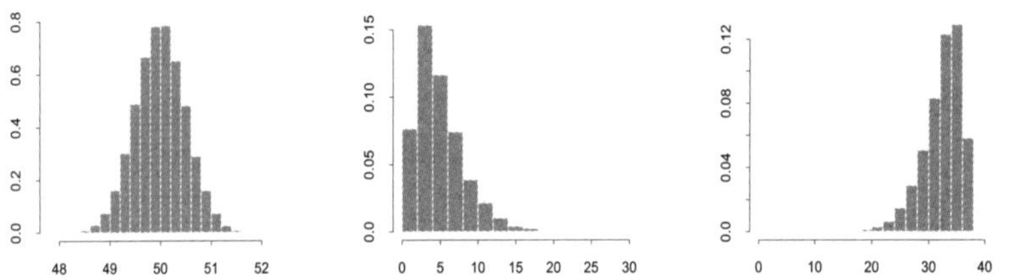

(a) symmetrischen Verteilung — *(b) rechtsschiefen Verteilung* — *(c) linksschiefen Verteilung*

Für symmetrische Verteilungen sind die Schiefekoeffizienten (ungefähr) gleich Null. Wenn α_3 bzw. α_3' positiv sind, deutet das auf eine rechtsschiefe Verteilung hin (je positiver die Koeffizienten, desto rechtsschiefer die Verteilung). Ein negativer Schiefekoeffizient spricht für eine linksschiefe Verteilung (je negativer die Koeffizienten, desto linksschiefer die Verteilung).

2–15 Betrachte nochmals die Daten zu Aufgabe 2–14. Ist die Verteilung der Beobachtungen eher links- oder rechtsschief?

Lösung: Dazu berechnen wir die Schiefe nach (2.17) und nach (2.18). Wir erhalten $\alpha_3 = 0.37$ bzw. $\alpha_3' = 0.14$. Da die Koeffizienten positiv sind, spricht das für eine rechtsschiefe Verteilung. ♣

Wenn Daten in *klassifizierter* Form vorliegen, kann man mittels der unten eingeführten Formeln (2.19)–(2.23) den Mittelwert, die Standardabweichung und den Median der Urdaten approximativ rekonstruieren. Da bei der Klasseneinteilung Information verloren geht - wir wissen nun nicht mehr die genauen Messwerte, sondern nur mehr, in welchem Intervall ein Messung liegt - können die genauen Maßzahlen aus den klassifizierten Daten nicht mehr genau ermittelt werden, sondern nurmehr approximativ. Diese ist natürlich umso genauer, je feiner die Klasseneinteilung ist. Hier die Approximationen:

Lagemaßzahlen für klassifizierte Daten:
(Siehe Tabelle 2.1 und 2.2 für die Notation.)

1. *Arithmetisches Mittel:*

$$\bar{x}_k = \sum_{i=1}^{k} x_i' f_i \tag{2.19}$$

(wobei x_i' die Klassenmitte der i-ten Klasse ist; das arithmetische Mittel ist also das gewichtete arithmetische Mittel der Klassenmittelpunkten, wobei die Klassenhäufigkeiten die Gewichte sind).

2. α*–Quantil* für $0 < \alpha < 1$: Bestimme zunächst jenes i, so dass $F_i \geq \alpha$ und $F_{i-1} < \alpha$, wobei $F_0 := 0$ gesetzt wird. Daraus erhält man das gesuchte Quantil:

$$\hat{Q}_k(\alpha) = a_{i-1} + b_i \frac{\alpha - F_{i-1}}{f_i} \tag{2.20}$$

(a_{i-1} die untere Klassengrenze und b_i die Klassenbreite).

3. *Median*: Spezialfall des α–Quantils für $\alpha = 0.5$.

4. *Modalklasse*: Eine Klasse j mit maximaler Histogrammbalkenhöhe f_j^* nennt man Modalklasse. (Der höchste Histogrammbalken muss nicht immer eindeutig sein!)

2–16 a) Berechne das arithmetische Mittel und den Median für die Altersverteilungen der Frauen in Aufgabe 2–2b).

b) Berechne außerdem Varianz und Standardabweichung.

c) Wie verändern sich die Werte unter Verwendung der genaueren Einteilung in 2–2a) ?

Lösung:

a) Zunächst berechnen wir die Klassenmitten:

Klasse	0–20	20–60	60–100
Klassenmitte x'_i	10	40	80

Unter Verwendung der relativen Häufigkeiten, die schon in der Lösung zu Aufgabe 2–2b) berechnet wurden, erhält man mit Formel (2.19) ein arithmetisches Mittel von rund $\bar{x}_k = 42.9$.

Median: Mittels der Tabelle in der Lösung zu 2–2 b) bestimmen wir die kumulierten relativen Häufigkeiten

Klasse	0–20	20–60	60–100
F_i	0.224	0.759	1

.

Wir gehen gemäß Formel (2.20) ($\alpha = 0.5$) vor: Die Medianklasse ist 2, da $F_2 = 0.759 \geq 0.5$ und $F_1 = 0.224 < 0.5$. Mit $a_1 = 20$ und $b_2 = 40$ erhält man rund 40.6 als Median.

b) Unter Verwendung von $\bar{x}_k$ aus a) ergibt sich eine Varianz von = 579 (Formel (2.21)) und eine Standardabweichung von = 24 (Formel (2.22)).

c) Arithmetisches Mittel: $\bar{x}_k = 40.5$, Median: = 38.1, Varianz: $s_k^2 =$ 565.1, Standardabweichung: $s_k = 23.8$.

♣

Streuungsmaßzahlen für klassifizierte Daten:

1. Varianz: (Mit $\bar{x}$ aus (2.19).)

$$s_k^2 := \sum_{i=1}^{k} (x'_i - \bar{x})^2 f_i \qquad (2.21)$$

2. Standardabweichung:

$$s_k = \sqrt{s_k^2} \quad (s_k^2 \text{ aus 1.}) \qquad (2.22)$$

Streuungsmaßzahlen für klassifizierte Daten:

3. Quartilsabstand:

$$\hat{Q}_k(0.75) - \hat{Q}_k(0.25) \tag{2.23}$$

2–17 Berechne den Quartilsabstand zu Aufgabe 2–3!

Lösung: Zunächst lesen wir vom Histogramm die relativen Häufigkeiten (=Balkenflächen) ab und berechnen daraus die kumulierten relativen Häufigkeiten.

Klasse	f_i	F_i
0–0.25	0.25	0.25
0.25–0.5	0.5	0.75
0.5–1	0.25	1

Daraus ermitteln wir nach (2.20) $\hat{Q}_k(0.25) = 0.25$ und $\hat{Q}_k(0.75) = 0.5$. Somit erhalten wir nach (2.23) einen Quartilsabstand von 0.25. ♣

2.3 Präsentation von Daten in den Medien

Moderne Software erlaubt es, viele der besprochenen Grafiken und Maßzahlen mit wenig Mühe am Computer zu erstellen. Die Aufgabe der Auswahl einer Darstellungsform, welche die relevante Information aus den Daten korrekt und möglichst vollständig wiedergibt, bleibt aber beim Menschen. Das führt dazu, dass manche Diagramme sehr irreführend sein können. Oft stehen dann Maßzahlen im Widerspruch zu den grafisch suggerierten Aussagen. Die folgenden beiden Aufgaben enthalten zwei Beispiele aus den Medien.

2–18 Eine Zeitschrift präsentierte in etwa die folgende Grafik zur Beschreibung der Entwicklung der Fahrgastzahlen der Wiener Verkehrsbetriebe (Quelle: 24 Stunden für Wien, Nr. 107). Kritisiere diese grafische Darstellung!

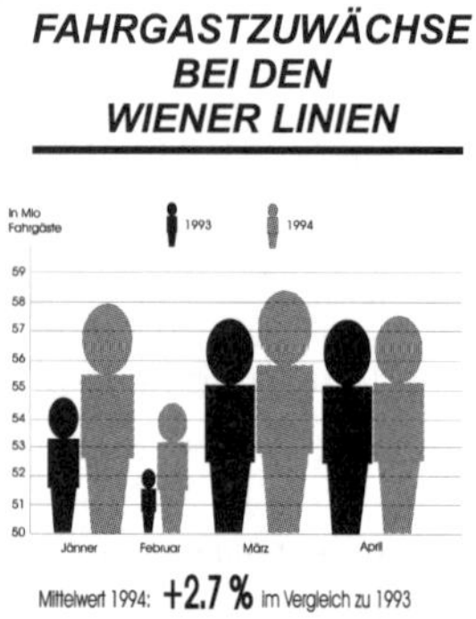

Lösung: In der Grafik wurden die Fahrgastzahlen erst ab 50 Millionen aufgetragen. Außerdem wurde nicht berücksichtigt, dass die Figuren Menschen (also dreidimensionale Wesen) repräsentieren. Eine Person mit doppelter Körpergröße (siehe z.B. Februar) hat achtfaches Volumen und suggeriert daher eine entsprechende Fahrgastzunahme. Beide Sachverhalte bewirken, dass die Grafik eine Fahrgastzunahme suggeriert, die weit höher als die angegebene prozentuale Steigerung ist. ♣

2–19 Im Zuge der Debatte zur Abschaffung der Todesstrafe für Mord in Großbritannien präsentierte eine Zeitung ungefähr folgende Grafik als Argument für die Todesstrafe (vgl. Chatfield, 1995).

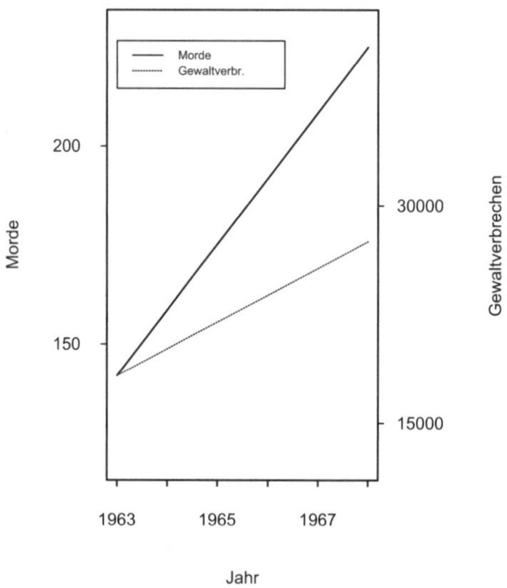

Warum ist dies grafische Darstellung schlecht?

Lösung: Durch die Verwendung zweier Koordinatensysteme in einer Grafik (siehe die Achsenbeschriftungen links und rechts) wird suggeriert, dass die Anzahl der Morde von 1963 auf 1968 stärker zugenommen hat, als die Zahl von Gewaltverbrechen. Eine genauere Betrachtung der Grafik zeigt, dass das Gegenteil zutrifft. ♣

2.4 Beispiele zum Üben

2.4.1 Aufgaben

2–20 In einem Versicherungsunternehmen besteht ein Team aus vier Arbeitnehmern, welche im Mittel die folgenden Zeiten (in Stunden) zur Bearbeitung eines Versicherungsfalles benötigen:

Arbeitnehmer	A	B	C	D
benötigte Zeit	2	3	3	5

Wie lange benötigt das Team im Mittel zur Bearbeitung eines übernommenen Falles? Welcher Mittelwert ist zur Bearbeitung der Fragestellung geeignet?

2–21 Die folgende Tabelle enthält Daten der österreichischen Volkszählungen 1951 und 1991.

	Privathaushalte mit ... Personen						
Jahr	1	2	3	4	5	≥ 6	Insges.
1951	386004	598769	489728	330290	183777	216591	2205159
1991	893529	837116	533437	449915	179839	119170	3013006

a) Zeichnen Sie Kreisdiagramme zum Vergleich der Verteilung der Haushaltsgrößen.

b) Bestimmen Sie die durchschnittliche Haushaltsgröße im Jahre 1991, unter der (unrealistischen) Annahme, dass es keinen Haushalt mit mehr als 6 Personen gab. Vergleichen sie die Lösung mit jener zu Aufgabe 2–33. Inwieweit beinflusst die getroffene Annahme die Ergebnisse.

2–22 Berechne einen Schiefekoeffizienten für folgende Stichprobe von Beobachtungen:

$$12, 12, 5, 14, 1, -9, 10, 4$$

Ist ihre Verteilung eher rechts- oder linksschief?

2–23 Folgende Tabelle basiert auf Daten aus dem Jahr 1990 und enthält eine Einteilung der 232800 österreichischen landwirtschaftlichen Betriebe in Größenklassen nach der Nutzfläche in Hektar. Berücksichtigt wurden nur Betriebe mit mindestens einem Hektar und höchstens 80 Hektar Nutzfläche.

Nutzfläche in ha	1–5	5–10	10–20	20–50	50–80
Anteil der Betriebe in %	37.3	20.6	23.9	15.2	3

Zeichnen Sie ein Histogramm und ein Summenpolygon zu den Daten. Ermitteln Sie dann anhand des Summenpolygons (ungefähr) den Median der Betriebsgrößen.

2–24 Die Flugline ADUAL–AIR hat für eine Flugroute folgende Tabelle für die Verspätungen beim Abflug ermittelt:

Minuten	0-10	10–20	20–30	30–50	50–90
Anzahl	100	80	60	50	20

Berechne das arithmetische Mittel der Verspätungen!

2–25 Fünf Freunde feiern eine Party und trinken dabei jeweils einen Liter Wein. Bei der Heimfahrt werden alle fünf kontrolliert und müssen sich einem Alkoholtest unterziehen. Dabei wurden folgende Promillewerte ermittelt:

$$2.2,\ 1.6,\ 2.4,\ 1.8,\ 1.9$$

a) Zeichnen Sie die empirische Verteilungsfunktion zu den Messungen.

b) Welchen Wert nimmt die empirische Verteilungsfunktion an den Stellen 1.8 und 2.5 an? Ermitteln Sie daraus jenen Anteil der Freunde, deren Alkoholgehalt im Blut mehr als 1.8 und höchstens 2.5 betrug!

2–26 Ein Film wird 100 zufällig ausgewählten Testpersonen gezeigt, welche eine Bewertung auf einer Skala von 0–20 abgaben. Die folgende Tabelle fasst die Bewertungen zusammen.

Punkte	0-2	2-5	5-8	8-11	11-14	14-17	17-20
Anzahl	2	15	23	26	21	10	3

Berechne den Quartilsabstand zu den Daten.

2–27 Die folgende Tabelle enthält die Verzinsung eines Bankguthabens in 5 aufeinanderfolgenden Jahren.

Jahr	92	93	94	95	96
Verzinsung	1.2%	3.5%	4.4%	4.8%	6.1%

Wie hoch war die mittlere Verzinsung?

Beschreibung von Daten...

2–28 Welche Lagemaßzahlen kann man in den folgenden Situationen berechnen?

a) Gewichte aus einer Stichprobe von 50 Konservendosen „Pfirsichtraum" mit symmetrischer Verteilung.

b) Einkommen der 200 Arbeitnehmer eines Betriebs mit schiefer Verteilung.

c) Religionsbekenntnisse der Bewohner einer bestimmten Stadt.

d) Wertveränderung (in %) einer Aktie in fünf aufeinanderfolgenden Jahren.

2–29 Nach einer Umfrage wurden die monatlichen Ausgaben von 100 dreiköpfigen Familien für Hygiene- und Körperpflegeprodukte folgendermaßen zusammengefasst:

≤ 100	$100 - 500$	$500 - 1000$	> 1000
6	48	38	8

a) Berechnen Sie den Median der Ausgaben.

b) Welche Probleme treten bei der Berechnung des arithmetischen Mittels auf?

2–30 Um eine bestimmte Strecke zurückzulegen gibt es zwei Möglichkeiten. Entweder mit dem PKW:

1/2 der Strecke Autobahn (durchschnittlich 130 km/h),

1/4 der Strecke durch Städte (durchschnittlich 35 km/h),

1/4 der Strecke Landstraße (durchschnittlich 60 km/h),

oder mit der Bahn:

1/2 der Strecke Land (durchschnittlich 100 km/h),

1/2 der Strecke Brücken und Tunnels (durchschnittlich 60 km/h).

Mit welcher Möglichkeit erreicht man die größere Durchschnittsgeschwindigkeit?

2–31 Von 14 Männern im Alter von 20–30 Jahren wurden die Körpergewichte in kg gemessen:

72, 75, 78, 61, 64, 86, 92, 85, 69, 75, 89, 76, 81, 82.

Erstellen Sie ein *Stamm & Blatt*–Diagramm sowie ein *Box & Whisker*–Diagramm.

2–32 Ermitteln Sie den Median der Daten in Aufgabe 2–23 rechnerisch.

2–33 Betrachte nochmals die Volkszählungsergebnisse von Aufgabe 2–21. Dazu ist noch bekannt, dass im Jahre 1951 6856756 Personen und 1991 7660464 Personen in Privathaushalten lebten. Berechne für 1951 und 1991 jeweils die mittleren Haushaltsgrößen! Wie groß sind die Haushalte mit mehr als 6 Personen im Mittel?

2–34 Berechnen Sie den Median, das arithmetische Mittel und die Varianz zu folgender Stichprobe von Beobachtungen:

$$7,\ 12,\ 5,\ 14,\ 1,\ -9,\ 10,\ 4.$$

2–35 In einem Betrieb wurde folgende Einkommensverteilung (in 1000 EURO) erhoben:

von–bis	1–1.4	1.4–2	2–3	3–5	5–9
Anzahl	80	120	40	50	20

a) Zeichne ein Histogramm mit Gesamtfläche 1. Wie hoch ist der Balken der ersten Klasse?

b) Wie lautet das Verhältnis der Höhe des Balkens der zweiten Klasse zur Höhe des Balkens der ersten Klasse?

c) Berechnen Sie den Median der Einkommen des Betriebs!

2–36 Betrachten Sie die Daten aus 2–23, und berechnen Sie arithmetisches Mittel und Standardabweichung der Betriebsgröße!

2–37 Bei welchen der sechs angegebenen Kurven kann es sich prinzipiell um Summenkurven handeln? (Auch die Achsenbeschriftung beachten!)

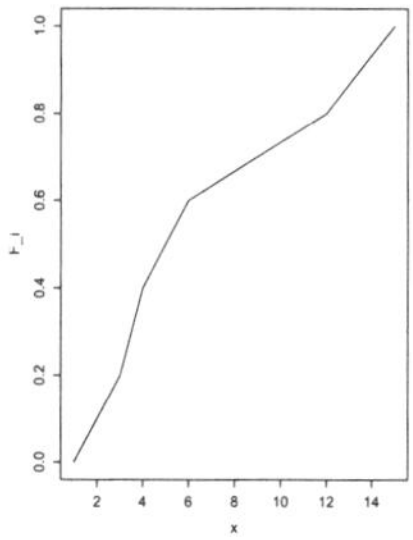

(a)

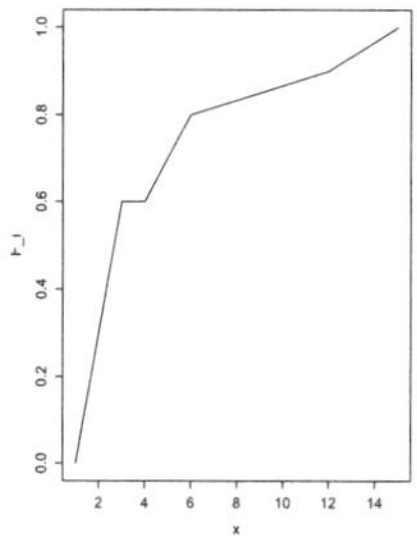

(b)

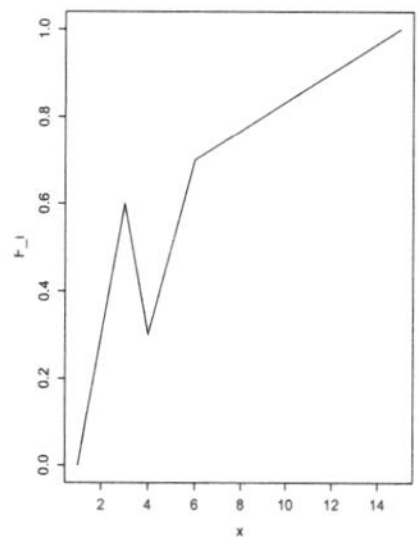

(c)

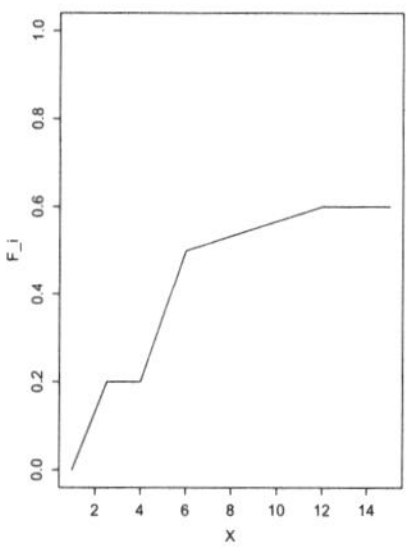

(d)

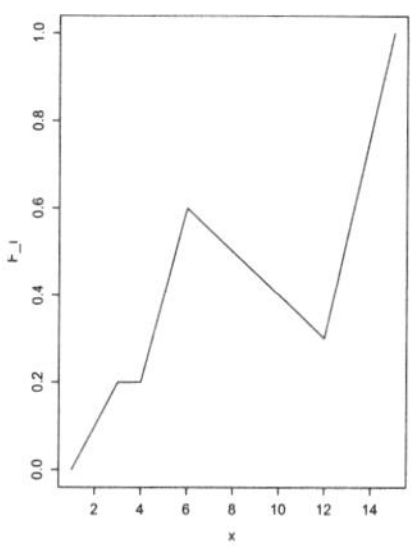

(e)

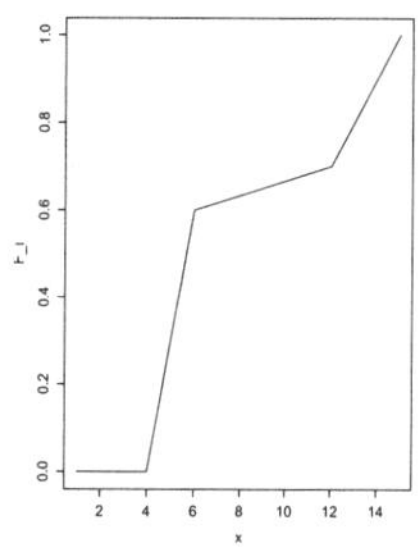

(f)

2–38 Eine Aktie wies in vier aufeinanderfolgenden Jahren folgende prozentualen Wertveränderungen (der Kurse am Jahresende) auf:

$$+20\%,\ +112\%,\ +5\%,\ -14\%$$

a) Wenn der Emissionspreis (Anfangspreis) 10 EURO betrug, wie groß waren die Kurse am Ende der ersten vier Jahre? Stellen Sie dieses Kurse grafisch dar.

b) Wie hoch war die mittlere Wertveränderung (in Prozent)?

c) Angenommen für eine andere Aktie war die Wertveränderung in jedem Jahr die gleiche. Wir groß ist die jährliche Wertveränderung, wenn Emissionspreis und Wert der Aktie am Ende des vierten Jahres die gleichen sind wie in a).

2–39 Eine Familie teilt Ihre Monatsausgaben von 2200 EURO folgendermaßen auf:
Nahrung: 400 EURO, Wohnen: 800 EURO, Freizeit: 300 EURO, Bekleidung: 200 EURO, Sparen: 500 EURO. Wenn Sie ein Kreisdiagramm zeichnen wollen, welchen Winkel hat der Abschnitt für die Nahrung? (Ganzer Kreis = 360°.)

2–40 Betrachten Sie das folgende Histogramm mit Fläche 1:

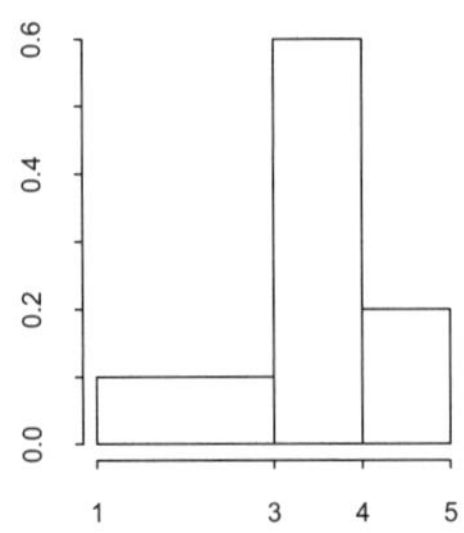

a) Wie groß ist die relative Häufigkeit der Klasse von 1–3 ?

b) Wenn man die ersten beiden Klassen zusammenfasst, welche Höhe hat dann der Balken der neu entstandenen Klasse?

c) Berechnen Sie den Median zum Histogramm!

2–41 Betrachte nochmals Beispiel 2–3. Wie viele der 60 Teilnehmer konnten nur höchstens 1/4 der vorgesetzten Torte essen?

2–42 Ein Unternehmen bestellt regelmäßig Büromaterial. Dabei ergaben sich Wartezeiten zwischen Bestellung und Lieferung, die in folgender Tabelle zusammengefasst wurden:

	Wartezeit in Tagen					
	0-1	1-4	4-8	8-12	12-20	20-50
h_i	1	6	8	16	16	30

Erstellen sie ein Flächenhistogramm zur Darstellung der Häufigkeitsverteilung der Wartezeiten!

2–43 Die folgende Tabelle gibt die Durchschnittsgeschwindigkeit von Usain Bolt über Abschnitte von jeweils 20 m bei seinem Weltrekordlauf (2009) (Quelle: APA):

Abschnitt	Durchschnittstempo (km/h)
0 - 20 m	$24,9$
20 - 40 m	$41,1$
40 - 60 m	$43,1$
60 - 80 m	$44,7$
80 - 100 m	$43,4$

Berechnen Sie seine Durchschnittsgeschwindigkeit!

2–44 Gegeben sind folgende klassifizierten Daten:

Klasse	0-30	30-35	35-40	40-50
abs. Häufigkeit h_i	8	47	36	9
rel. Häufigkeit f_i				
F_i				
Klassenbreite				
Balkenhöhe für Histogramm				
Klassenmittelpunkt x_i'				

a) Vervollständigen Sie die Tabelle!

b) Ermitteln Sie den Mittelwert!

c) Ermitteln Sie die Varianz!

d) Ermitteln Sie grafisch den Median und das 3. Quartil!

e) Ermitteln Sie rechnerisch den Median und das 3. Quartil!

f) Zeichnen Sie das Histogramm und das Summenpolygon!

2–45 Eine Oktave besteht aus den Halbtonschritten C, cis, d, dis, e, f, fis, g, gis, a, ais, h, c. Die Frequenz von c ist doppelt so gross wie die von C. Wie groß ist das Frequenz-Verhältnis zweier aufeinanderfolgender Halbtöne im Mittel?

2–46 Eine Aktie hat nach drei Jahren 20 % Wertsteigerung erfahren. In den ersten beiden Jahren waren die Gewinne 2% und 5%. Wie groß war die Wertsteigerung im 3. Jahr? Wie groß war die *durchschnittliche* Verzinsung über die drei Jahre?

2–47 Der Notendurchschnitt ist eine beliebte Größe zur Charakterisierung der Leistung einer Schulklasse. Ist er auch sinnvoll?

2.4.2 Lösungen

2–21: a) Relative Häufigkeiten und Winkel:

Jahr	Personen im Haushalt 1	2	3	4	5	≥ 6
	relative Häufigkeiten					
1951	0.175	0.272	0.222	0.15	0.083	0.098
1991	0.297	0.278	0.177	0.149	0.060	0.040
	Winkel in Grad					
1951	63°	98°	80°	54°	30°	35°
1991	107°	100°	64°	54°	21°	14°

Daraus erhält man folgende Kreisdiagramme:

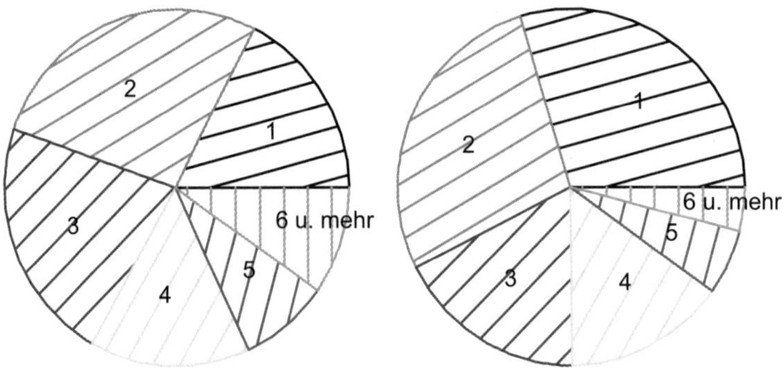

b) $\bar{x} = 2.5$.

2–23: Das Flächenhistogramm findet man unten neben dem Summenpolygon. Zur Ermittlung des Summenpolygons benötigen wir die kumulierten relativen Häufigkeiten F_i:

i	1	5	10	20	50	80
F_i	0	0.373	0.579	0.818	0.97	1

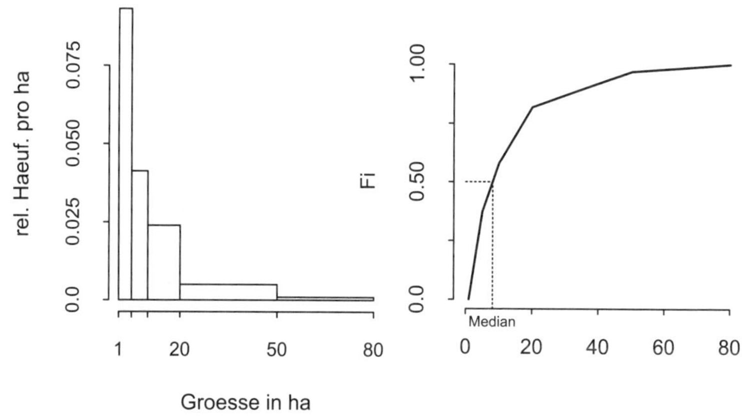

Flächenhistogramm *Summenpolygon*

Durch Ablesen von der Kurve bei $y = 0.5$ sieht man, dass der Median nahe bei 8 liegt.

2–25: a) Empirische Verteilungsfunktion:

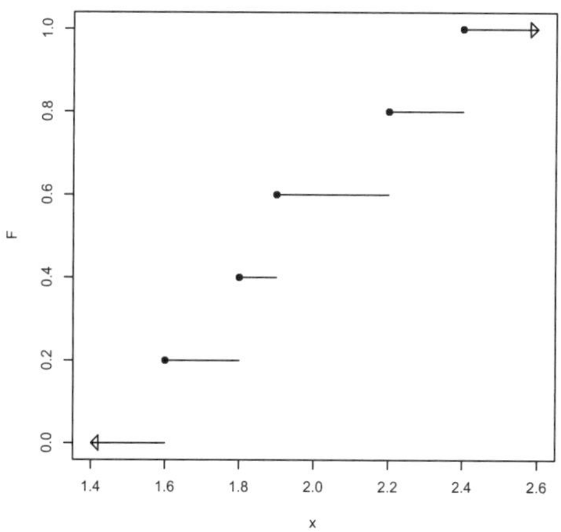

b) Durch Ablesen aus obiger Grafik findet man: $F_n(1.8) = 0.4$, $F_n(2.5) = 1$. Der gesuchte Anteil ist

$$F_n(2.5) - F_n(1.8) = 0.6.$$

2–27: Mittlere Verzinsung: 3.987%.

2–29: a) Median: 466.67.

b) Die Klassen ganz außen sind sogenannte offene Randklassen. Ohne zusätzliche Annahmen kann man deren Klassenmitten, die in die Berechnung des arithmetischen Mittels eingehen, nicht bestimmen.

2–31:

```
6 : 149
7 : 25568
8 : 12569
9 : 2
```

Stamm und Blatt

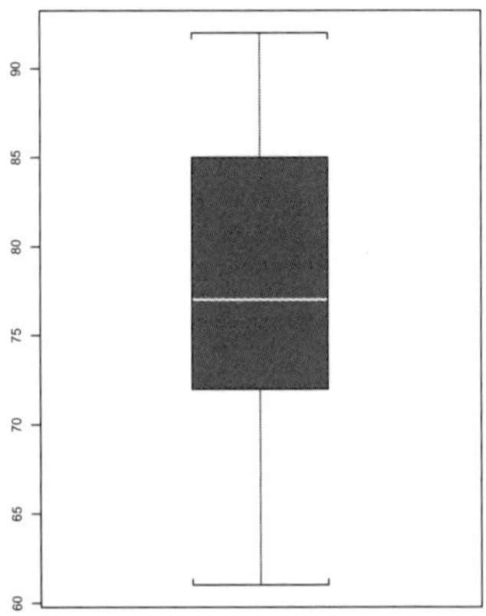

Box & Whisker–Diagramm

2–33: Zur Berechnung der mittleren Haushaltsgröße ermitteln wir zunächst die durchschnittliche Größe der Haushalte, die 6 und mehr Personen umfassen: Sie betrug 7.22 (1951) bzw. 6.56 (1991). Damit erhält man als mittlere Haushaltsgröße 3.11 (für 1951), bzw. 2.54 (für 1991).

2–35: a) Höhe: 0.645.

b) Verhältnis: 1:1.

c) Median: 1.775.

2–37: Summenkurven sind: (a), (b) und (f). Die Kurven (c) und (e) sind nicht monoton wachsend, während (d) nicht von 0 bis 1 geht.

2–39: Einen Winkel von 65.5°.

2–41: 15 Personen.

2–43: $37.56 km/h$.

2–45: 1.06.

2–47 Nein. Schulnoten sind ordinalskalierte Merkmale, daher ist die Durchschnittsbildung nicht sinnvoll. Aussagekräftiger sind Median und die beiden Quartile.

Kapitel 3

Wahrscheinlichkeitsrechnung

In Kapitel 2 haben wir gesehen, wie man große Datenmengen durch grafische Darstellungen auf übersichtliche Weise zusammenfassen und darin enthaltene relevante Informationen in wenigen Kennzahlen komprimieren kann. Oft stellen die Daten eine Stichprobe aus einer Grundgesamtheit dar. Beim Erheben von Stichproben spielt Zufall eine wichtige Rolle. Das Wirken des Zufalls wird mit der Wahrscheinlichkeitsrechnung beschrieben, deren Aussagen dazu benutzt werden können, aus zufälligen Stichproben Schlüsse auf die Grundgesamtheit zu ziehen. Man bezeichnet diese Vorgehensweise als *schließende Statistik*.

Wir wollen in diesem Kapitel die wichtigsten Begriffe und Methoden aus der Wahrscheinlichkeitsrechnung besprechen.

3.1 Grundbegriffe: Ereignisse und Wahrscheinlichkeiten

Die Wahrscheinlichkeitstheorie dient dazu Vorgänge zu beschreiben, bei denen der Zufall eine Rolle spielt. Kann das Ergebnis eines solchen zufälligen Vorgangs mathematisch beschrieben werden, dann spricht man von einem *Zufallsexperiment*.

Beispiel 1 *(Der einfache Würfelwurf) Ein Würfel wird geworfen, und es wird solange gewartet, bis er zur Ruhe kommt. Der Würfel bleibt dann auf einer seiner sechs Seiten liegen. Jeder dieser Ausgänge kann durch eine ganze Zahl von 1 bis 6 beschrieben werden, nämlich die von der Oberseite des Würfel angezeigte Augenzahl.*

Beispiel 2 *Eine Urne enthält 10 Kugeln: 3 rote und 7 blaue. Es wird eine Kugel „blind" aus der Urne gezogen, d.h. so, dass jede der 10 Kugeln die gleiche Chance hat gezogen zu werden.*

3.1.1 Ereignisse und Ereignisraum

Die Menge aller denkbaren Ausgänge eines Zufallsexperimentes nennt man den *Stichproben-* oder *Ereignisraum.* Seine Elemente - die möglichen Ausgänge - werden *Elementarereignisse* genannt. Als Symbol für den Stichprobenraum verwendet man meist das große griechische Omega „Ω", und das kleine griechische Omega „ω" steht dann für ein beliebiges Elementarereignis. Wir werden uns auch hier an diese Konvention halten.

Beispiel 3 *Der Stichprobenraum des einfachen Würfelwurfes (Beispiel 1) ist*

$$\Omega = \{1, 2, 3, 4, 5, 6\} \ .$$

Ein Elementarereignis dieses Experiments ist z.B. das Ereignis „3", genauer „die Augenzahl auf der Oberseite ist 3". ◇

3–1 (*Der einfache Münzwurf*) Eine Münze, auf deren Vorderseite sich ein „*Wappen*" und Rückseite eine „*Zahl*" befindet, wird geworfen. Nenne den *Stichprobenraum* dieses Zufallsexperiments.

Lösung: Es gibt zwei mögliche Ausgänge für dieses Zufallsexperiment: die Oberseite der Münze zeigt nach dem Wurf entweder „*Wappen*" (kurz „*W*") oder „*Zahl*" (kurz „*Z*"). Der Stichprobenraum ist also

$$\Omega = \{\, Wappen\, ,\, Zahl\} = \{W, Z\} \ .$$

♣

Oft gibt es mehrere Möglichkeiten, ein Zufallsexperiment zu beschreiben.

3–2 Nenne einen geeigneten Stichprobenraum für das Zufallsexperiment aus Beispiel 2 (*Ziehen* einer Kugel aus einer Urne mit 3 roten und 7 blauen Kugeln).

Lösung: Um Kugeln gleicher Farbe zu unterscheiden, denken wir uns die roten Kugeln mit den Ziffern 1 bis 3 und die blauen mit den Ziffern von 4 bis 10 beschriftet. Ein Stichprobenraum des Zufallsexperiments ist dann

$$\Omega_1 = \{1, 2, 3, 4, 5, 6, 7, 8, 9, 10\}.$$

Denken wir uns die Kugeln nicht beschriftet, erhalten wir einen Stichprobenraum $\Omega_2 = \{rot, blau\}$, wobei *rot* bzw. *blau* bedeuten, dass die gezogene Kugel rot bzw. blau ist. Im Abschnitt über Wahrscheinlichkeiten wird klar werden, dass die Beschreibung durch Ω_1 für viele Zwecke vorteilhafter ist, weil dieser Raum aus lauter *gleichwahrscheinlichen* Ereignissen besteht. ♣

Häufig besteht ein Zufallsexperiment in der Hintereinanderausführung mehrerer einzelner Experimente. Zur Beschreibung solcher zusammengesetzter Experimente wird ein Stichprobenraum benötigt, der die möglichen Ausgänge aller Einzelexperimente berücksichtigt. Die Unterscheidung zwischen den Stichprobenräumen der einzelnen Komponenten eines zusammengesetzten Experiments und dem Stichprobenraum des vollständigen Experiments bereitet anfänglich häufig Schwierigkeiten!

Beispiel 4 *(Zweifacher Würfelwurf) Der Würfel aus Beispiel 1 wird nun zweimal geworfen. Die Ausgänge dieses Zufallsexperiments müssen jetzt durch zwei* Zahlen *beschrieben werden: die Augenzahl des ersten und die des zweiten Wurfs. Wir halten sie in Form eines Tupels* (i, j) *fest. Zeigt z.B. der Würfel nach dem ersten Wurf die Augenzahl 3 und nach dem zweiten die Augenzahl 5, dann schreiben wir* $(3, 5)$. *Der Stichprobenraum ist die Menge aller dieser* Tupel

$$\Omega = \{(1,1), (1,2), \ldots, (6,5), (6,6)\} = \{\, (i,j) \,:\, i,j \in \{\, 1,2,3,4,5,6 \,\}\,\}.$$

Man schreibt diese Menge oft auch symbolisch als Produkt *(sprich „Kreuz") von Mengen:*

$$\Omega = \{1,2,3,4,5,6\} \times \{1,2,3,4,5,6\}$$

♢

3–3 (Dreifacher Münzwurf) Die Münze aus Beispiel 3–1 wird nun dreimal geworfen. Nenne einen geeigneten Stichprobenraum für dieses Zufallsexperiment.

Lösung: Jeder Ausgang dieses Experiments kann durch eine Folge von drei Symbolen (Tripel) beschrieben werden, bestehend aus jenen Symbolen, die beim ersten, zweiten bzw. dritten Wurf von der Oberseite angezeigt wurden. Der Stichprobenraum ist also die Menge

$$\begin{aligned} \Omega = \{\, &(W,W,W), (W,W,Z), (W,Z,W), (W,Z,Z), \\ &(Z,W,W), (Z,W,Z), (Z,Z,W), (Z,Z,Z)\,\} \\ = \{&W,Z\} \times \{W,Z\} \times \{W,Z\}. \end{aligned}$$

Das Elementarereignis (W, Z, W) entspricht z.B. dem Ausgang: „Die Oberseite der Münze zeigt *Wappen* beim ersten Wurf, *Zahl* beim zweiten und wieder *Wappen* beim dritten Wurf". Man beachte, dass es bei den Elementarereignissen auf die Reihenfolge der Symbole ankommt, denn wir wollen zwischen dem ersten, zweiten und dritten Wurf unterscheiden. ♣

In den beiden oben angeführten Beispielen **4** und 3–3 hat das Ergebnis des ersten Würfel- bzw. Münzwurfs keinen Einfluss auf die möglichen Ergebnisse des zweiten. Haben wir hingegen in einer Urne Kugeln mit den Zahlen von 1 bis 10 und ziehen zweimal, ohne die zuerst gezogene Kugel zurückzulegen, dann ist das nicht mehr der Fall: die in der ersten Ziehung gezogene Zahl kann in der zweiten Ziehung nicht mehr vorkommen.

Oft ist es nicht wichtig, welches Elementarereignis tatsächlich eingetroffen ist, sondern nur ob es eine bestimmte Eigenschaft erfüllt oder nicht. Der Stichprobenraum teilt sich dann in zwei Mengen: in die Menge jener Elementarereignisse, die diese Eigenschaft erfüllen, und in ihr *Komplement* – d.h., die Menge der Elementarereignisse, die die Eigenschaft nicht erfüllen. Solche Teilmengen des Stichprobenraums werden als *Ereignisse* bezeichnet.

Beispiel 5 *Angenommen der Würfelwurf aus Beispiel 1 ist Bestandteil eines Glücksspiels, bei dem bei gerader Augenzahl ein EURO ausbezahlt wird, und bei ungerader Augenzahl ein EURO bezahlt werden muss. Das Ereignis „einen EURO gewinnen" entspricht also der Menge* $A = \{2, 4, 6\}$, *das komplementäre Ereignis „einen EURO verlieren" ist durch die Menge* $\bar{A} = \{1, 3, 5\}$ *gegeben.*

Es lassen sich natürlich viele andere Ereignisse für den Würfelwurf formulieren, zum Beispiel:

$$B = \{1, 3\} \qquad (\text{„die Augenzahl ist entweder 1 oder 3"}),$$
$$C = \{1, 2, 3\} \qquad (\text{„die Augenzahl ist kleiner als 4"}),$$
$$D = \{2, 3, 4, 5, 6\} \qquad (\text{„die Augenzahl beträgt mindestens 2"}).$$

Ist A ein Ereignis, dann schreiben wir für das zu A komplementäre Ereignis

$$\bar{A} \quad \text{oder auch} \quad \Omega \setminus A\,.$$

Die Komplemente der eben genannten Ereignisse sind

$$\bar{B} = \{2, 4, 5, 6\} \qquad (\text{„die Augenzahl ist weder 1 noch 3"}),$$
$$\bar{C} = \{4, 5, 6\} \qquad (\text{„die Augenzahl ist mindestens 4"}),$$
$$\bar{D} = \{1\} \qquad (\text{„die Augenzahl ist kleiner als 2"}).$$

◇

Wir werden im folgenden zwischen *Ereignissen* und Teilmengen des Stichprobenraums nicht weiter unterscheiden (obwohl dies strenggenommen geschehen müsste). Als Symbole für Ereignisse werden wir immer große Buchstaben wie $A, B, C, D, E \dots$ verwenden.

Die Vereinigung „$A \cup B$" zweier Ereignisse A und B ist das Ereignis „es tritt A *oder* B ein", der Durchschnitt „$A \cap B$" entspricht „A *und* B treten (gleichzeitig) ein".

Zwei Ereignisse A und B werden *ausschließende Ereignisse* genannt, wenn sie keine gemeinsamen Elementarereignisse besitzen (A und B also *disjunkte Mengen* sind), d.h.,

$$A \cap B = \emptyset \ ,$$

wobei $\emptyset$ die *leere Menge* ist. Zum Beispiel schließen sich immer ein Ereignis A und sein Komplement $\bar{A}$ aus!

Die Beziehung zwischen Vereinigung, Schnitt und Komplementbildung wird durch die *de Morgan'schen Regeln* (3.1) beschrieben:

de Morgan'sche Regeln: Sind A und B Mengen, dann gilt

$$\overline{A \cup B} = \bar{A} \cap \bar{B} \quad \text{und} \quad \overline{A \cap B} = \bar{A} \cup \bar{B} \tag{3.1}$$

3–4 Zwei Würfel werden geworfen, ein weißer und ein schwarzer.

a) Nenne einen geeigneten Stichprobenraum Ω für dieses Zufallsexperiment!

b) Welche Teilmengen gehören zu den Ereignissen:

$$\begin{aligned}
A &:= \text{„der weiße Würfel zeigt 4, der schwarze 1"}, \\
B &:= \text{„einer der Würfel zeigt 4, der andere die 1"}, \\
C &:= \text{„der schwarze Würfel zeigt Augenzahl 1"}, \\
D &:= \text{„beide Würfel zeigen die gleiche Augenzahl"}, \\
E &:= \text{„die Summe der Augenzahlen der Würfel beträgt 4"}, \\
F &:= \text{„das Produkt der Augen beträgt 12"},
\end{aligned}$$

wobei die Summe der Augenzahlen auch *Augensumme* genannt wird?

c) Welche der in b) genannten Ereignisse schließen sich aus?

Lösung:

a) Man rufe sich Beispiel 4 in Erinnerung, wo wir den Stichprobenraum $\Omega = \{1, 2, 3, 4, 5, 6\} \times \{1, 2, 3, 4, 5, 6\}$ des zweifachen Würfelwurfs beschrieben haben. Da es egal ist, ob wir *einen* Würfel zweimal oder *zwei* Würfel einmal werfen, ist der Stichprobenraum auch hier $\Omega = \{1,2,3,4,5,6\} \times \{1,2,3,4,5,6\}$. Wir einigen uns darauf, die Augenzahl des weißen Würfels als erstes zu nennen, d.h., $\omega = (2,5)$ bedeutet, dass der weiße Würfel 2 und der schwarze Würfel 5 anzeigen.

b) Die genannten Ereignisse entsprechen folgenden Teilmengen von Ω:

$$A = \{(4,1)\},\ B = \{(1,4),(4,1)\},$$
$$C = \{(1,1),(2,1),(3,1),(4,1),(5,1),(6,1)\},$$
$$D = \{(1,1),(2,2),(3,3),(4,4),(5,5),(6,6)\},$$
$$E = \{(1,3),(2,2),(3,1)\},\ F = \{(2,6),(3,4),(4,3),(6,2)\}.$$

c) Durch Vergleich der Mengen sieht man: A schließt sich mit D, E und F aus; B schließt sich ebenfalls mit D, E und F aus; C und F schließen sich aus; E und F schließen sich aus.

♣

3–5 Eine Kläranlage bestehe aus mehreren Komponenten: einer mechanischen M, zwei chemischen – C_1 und C_2 – und drei biologischen Komponenten – B_1, B_2 und B_3.

Die Kläranlage ist dann *voll funktionstüchtig*, wenn alle sechs Komponenten funktionieren. Sie *kann bereits in Betrieb genommen werden*, wenn die mechanische, mindestens eine chemische und mindestens eine biologische Komponente funktionieren.

Verwende die Symbole M, C_1, C_2 usw. für die Ereignisse „M funktioniert", „C_1 funktioniert", „C_2 funktioniert" usw. um die Ereignisse

V = „die Kläranlage ist *voll funktionstüchtig*"

und

D = „die Kläranlage *kann in Betrieb genommen werden*"

und ihre *Komplemente* als Vereinigung und Durchschnitt der Ereignissse M, C_1, C_2 usw. zu schreiben?

Lösung: Es gilt:

$$V = M \cap C_1 \cap C_2 \cap B_1 \cap B_2 \cap B_3$$

und

$$D = M \cap (C_1 \cup C_2) \cap (B_1 \cup B_2 \cup B_3).$$

(Übersetzen Sie beim Lesen „$\cup$" in „*oder*" und „$\cap$" in „*und*" und vergleichen Sie die daraus resultierenden Aussagen mit den ursprünglichen.)

D kann aber auch anders geschrieben werden:

$$\begin{aligned} D &= (M \cap C_1 \cap B_1) \cup (M \cap C_2 \cap B_1) \cup (M \cap C_1 \cap B_2) \cup \\ &\quad \cup (M \cap C_2 \cap B_2) \cup (M \cap C_1 \cap B_3) \cup (M \cap C_2 \cap B_3) \,. \end{aligned}$$

Um die Komplemente als Vereinigungen und Durchschnitte zu schreiben verwenden wir die *de Morgan'schen Regeln* (3.1) und zwar mehrmals:

$$\begin{aligned} \bar{V} &= \bar{M} \cup \overline{(C_1 \cap C_2 \cap B_1 \cap B_2 \cap B_3)} = \\ &= \bar{M} \cup \bar{C}_1 \cup \overline{(C_2 \cap B_1 \cap B_2 \cap B_3)} = \\ &= \ldots = \bar{M} \cup \bar{C}_1 \cup \bar{C}_2 \cup \bar{B}_1 \cup \bar{B}_2 \cup \bar{B}_3 \end{aligned}$$

$$\begin{aligned} \bar{D} &= \bar{M} \cup \overline{(C_1 \cup C_2)} \cup \overline{(B_1 \cup B_2 \cup B_3)} \\ &= \bar{M} \cup (\bar{C}_1 \cap \bar{C}_2) \cup (\bar{B}_1 \cap \bar{B}_2 \cap \bar{B}_3) \end{aligned}$$

(Übersetzen Sie wieder „$\cup$" in „*oder*" und „$\cap$" in „*und*".) ♣

3.1.2 Wahrscheinlichkeiten

Wirft man eine Münze, lässt sich nicht vorhersagen, auf welche Seite sie fallen wird. Wiederholt man den Wurf aber sehr oft, so lässt sich eine Regelmäßigkeit feststellen. Fixiert man ein beliebiges Ereignis E, z.B.

$$E = \{W\} \quad \textit{(die Oberseite der gefallenen Münze zeigt „Wappen"),}$$

dann finden wir eine Zahl $\mathbf{P}(E)$, so dass gilt: lässt man die Zahl der Wiederholungen gegen unendlich gehen, dann nähert sich der Anteil der Wiederholungen mit Ergebnis E an $\mathbf{P}(E)$. Die Zahl $\mathbf{P}(E)$ nennt man die *Wahrscheinlichkeit* des Ereignisses E. Ist $\mathbf{P}(E) = 1$, dann tritt E bei jeder Wiederholung auf, d.h., E ist ein *sicheres Ereignis*. Ein Beispiel für ein sicheres Ereignis ist beim einfachen Würfelwurf das Ereignis: "Es fällt eine Zahl", oder beim Münzwurf das Ereignis: "Die Münze kommt herunter". Jedes dieser sicheren Ereignisse enthält alle möglichen Ausgänge des Experiments. Ist $\mathbf{P}(E) = 0$, dann tritt E bei keiner Wiederholung auf, d.h., E ist ein *unmögliches Ereignis*. Beispiele sind das Ereignis "Der Würfel zeigt eine sieben" oder das Ereignis "Die Münze explodiert". Ist $0 < \mathbf{P}(E) < 1$, dann tritt E in machen Wiederholungen ein, in manchen Wiederholungen nicht, d.h., E ist ein *unsicheres* Ereignis - beispielsweise das Ereignis: "Der Würfel zeigt eine 2" oder das Ereignis "Die Münze zeigt Zahl".

In diesem Szenario erhält man also die Wahrscheinlichkeit eines Ereignisses aus den relativen Häufigkeiten seines Eintretens, wenn das Experiment (als Gedanken-Experiment) unendlich oft wiederholt wird.

Oft erhält man Wahrscheinlichkeiten für Ereignisse auch aus den bekannten relativen Häufigkeiten in einer Grundgesamtheit: wenn $f(A)$ die relative Häufigkeit von Merkmalsträgern des Merkmals A in einer Grundgesamtheit von ansonsten ununterscheidbaren Elementen ist, und das Experiment darin besteht, blind ein Element aus derselben zu ziehen, so ist die Wahrscheinlichkeit dafür, einen Merkmalsträger zu ziehen, $\mathbf{P}(A)$ gleich dieser Häufigkeit $f(A)$. Etwas weniger umständlich formuliert: wenn 5% aller Kirschen wurmig sind, dann ist die Wahrscheinlichkeit dafür, dass eine einzelne zufällig gezogene Kirsche wurmig ist, ebenfalls 5%.

Wahrscheinlichkeiten haben die folgenden elementaren Eigenschaften:

Wertebereich: Es gilt immer

$$0 \leq \mathbf{P}(E) \leq 1 , \qquad \mathbf{P}(\Omega) = 1 .$$

Additionssatz: Für zwei einander ausschließende Ereignisse A und B gilt:

$$\mathbf{P}(A \cup B) = \mathbf{P}(A) + \mathbf{P}(B) . \tag{3.2}$$

Wahrscheinlichkeiten liegen immer zwischen 0 und 1!

Aus diesen Eigenschaften lassen sich weitere Eigenschaften ableiten:

Enthält ein Ereignis A ein anderes Ereignis B, dann ist

$$\mathbf{P}(B) \leq \mathbf{P}(A) ,$$

denn $B \subset A$ heißt: Ist Ereignis B eingetreten, dann ist auch Ereignis A eingetreten.

Additionssatz für einander *ausschließende Ereignisse* $A_1, A_2, \ldots, A_n$ gilt:

$$\mathbf{P}(A_1 \cup A_2 \cup \cdots \cup A_n) = \mathbf{P}(A_1) + \mathbf{P}(A_2) + \cdots + \mathbf{P}(A_n) \ . \qquad (3.3)$$

Der **allgemeine Additionssatz**: Sind A und B beliebige Ereignisse, dann ist

$$\mathbf{P}(A \cup B) = \mathbf{P}(A) + \mathbf{P}(B) - \mathbf{P}(A \cap B) \ . \qquad (3.4)$$

Die Wahrscheinlichkeit der **Differenz** $B \setminus A = B \cap \bar{A}$ zweier Ereignisse A und B ist

$$\mathbf{P}(B \setminus A) = \mathbf{P}(B) - \mathbf{P}(A \cap B) \ . \qquad (3.5)$$

Die **Komplementärwahrscheinlichkeit** eines Ereignisses A ist

$$\mathbf{P}(\bar{A}) = 1 - \mathbf{P}(A) \ . \qquad (3.6)$$

3–6 Ein Anbieter hat zwei Produkte A und B im Sortiment. Erfahrungsgemäß kaufen

- 30% der Kunden Produkt B,
- 25% der Kunden Produkt A und Produkt B.

Wieviel Prozent der Kunden sind Käufer von B aber nicht von A?

Lösung: Im folgenden sei A die Menge aller Kunden, die A kaufen, und B die Menge der Kunden, die B kaufen. $\mathbf{P}(A)$ ist der Anteil der Kunden, die A kaufen. Laut Angabe ist $\mathbf{P}(B) = 0.3$ und $\mathbf{P}(A \cap B) = 0.25$. Es wurde nach $\mathbf{P}(B \setminus A)$ gefragt. Aus (3.5) ergibt sich $\mathbf{P}(B \setminus A) = \mathbf{P}(B) - \mathbf{P}(A \cap B) = 0.3 - 0.25 = 0.05$. ♣

3–7 A, B und C sind Ereignisse eines Stichprobenraums Ω mit Wahrscheinlichkeiten $\mathbf{P}(A) = 0.8$, $\mathbf{P}(B) = 0.3$, $\mathbf{P}(C) = 0.7$. Weiters gilt:

$$A \cup C = \Omega, \quad B \subset A, \quad B \text{ und } C \text{ schließen einander aus.}$$

a) Berechne die Wahrscheinlichkeit des Ereignisses $A \cap C$.

b) Welche der folgenden Aussagen sind gültig?

(i) $A \subset C$ (ii) $C \subset A$ (iii) $B \cup C = \Omega$ (iv) $B = A \setminus C$

Lösung:

a) Aus dem allgemeinen Additionssatz (3.4) folgt

$$\begin{aligned} 1 &= \mathbf{P}(A \cup C) = \mathbf{P}(A) + \mathbf{P}(C) - \mathbf{P}(A \cap C) = \\ &= 0.8 + 0.7 - \mathbf{P}(A \cap C) = 1.5 - \mathbf{P}(A \cap C) \; . \end{aligned}$$

Folglich ist $\mathbf{P}(A \cap C) = 0.5$.

b) (i) ist sicher falsch, denn sonst müsste $\mathbf{P}(A) \leq \mathbf{P}(C)$. Es ist aber $\mathbf{P}(A) = 0.8 > 0.7 = \mathbf{P}(C)$. Auch (ii) ist falsch, denn sonst wäre $A \cap C = C$; es ist aber $\mathbf{P}(A \cap C) = 0.5 \neq 0.7 = \mathbf{P}(C)$. Zu (iii): Da einander B und C ausschließen, gilt $\mathbf{P}(B \cup C) = \mathbf{P}(B) + \mathbf{P}(C) = 0.3 + 0.7 = 1$, d.h., $B \cup C$ ist das *sichere* Ereignis Ω. Zu (iv): Da einander B und C ausschließen, folgt aus (iii), dass $B = \bar{C}$. Deswegen gilt tatsächlich, dass $A \setminus C = A \cap \bar{C} = A \cap B = B$ (es war ja $B \subset A$).

♣

3–8 Ein Würfel wird als „fair" bezeichnet, falls alle sechs Augenzahlen mit gleicher Wahrscheinlichkeit fallen, d.h

$$P\{1\} = P\{2\} = P\{3\} = P\{4\} = P\{5\} = P\{6\} = 1/6.$$

Wenn der Würfel des Glücksspiels aus Beispiel 5 „fair" ist, ist dann das Glücksspiel in 5 fair, d.h., gewinnt man bei häufiger Wiederholung des Spiels etwa genauso oft wie man verliert?

Lösung: Ja, das Spiel ist fair; denn die Wahrscheinlichkeit von $A = \{2, 4, 6\}$ ist die Summe der Wahrscheinlichkeiten seiner Elementarereignisse, d.h., $\mathbf{P}(A) = \mathbf{P}\{2\} + \mathbf{P}\{4\} + \mathbf{P}\{6\} = 1/6 + 1/6 + 1/6 = 1/2$. ♣

Besteht wie in Beispiel 3–8 der Ereignisraum eines Zufallsexperiments aus endlich vielen Elementarereignissen $\Omega = \{\omega_1, \ldots, \omega_n\}$ und haben *alle* Elementarereignisse ω die gleiche Wahrscheinlichkeit, so ist $\mathbf{P}\{\omega\} = 1/n$ für alle Elementarereignisse $\omega \in \Omega$. Das ist insbesondere dann der Fall, wenn das Experiment im einmaligen blinden Ziehen aus einer Grundgesamtheit mit n Elementen besteht, wie im Absatz über das Verhältnis von Häufigkeiten und Wahrscheinlichkeiten bereits angesprochen wurde. Die Wahrscheinlichkeit eines Ereignisses A ergibt sich dann einfach aus der Zahl seiner Elemente, genauer gesagt:

Laplace'sche Wahrscheinlichkeit: Sind alle Elemente von Ω gleichwahrscheinlich, dann gilt für jedes Ereignis A

$$\mathbf{P}(A) = |A| \,/\, |\Omega| \,, \tag{3.7}$$

wobei $|A|$ die Anzahl der Elemente in A und $|\Omega|$ die Anzahl der Elemente in Ω ist.

Die Anzahl der Elemente ($|A|$) bezeichnet man auch als die *Mächtigkeit* der Menge A.

3–9 Eine Urne enthält 7 blaue und 3 rote Kugeln. Nun wird eine Kugel dieser Urne auf zufällige Weise entnommen. Mit welcher Wahrscheinlichkeit ist sie rot?

Lösung: Man rufe sich Ω_1 aus Beispiel 3–2 in Erinnerung. Dort haben wir gesehen, dass $|\Omega_1| = 10$. Da jede Kugel mit gleicher Wahrscheinlichkeit gezogen wird und es 3 rote Kugeln gibt, zieht man eine rote Kugel mit Wahrscheinlichkeit $3/10 = 0.3$. ♣

3–10 Wie groß sind die Wahrscheinlichkeiten der Ereignisse A bis F aus Beispiel 3–4, wenn der Würfel „fair" ist?

Lösung: Da der Würfel „fair" ist, treten alle Elementarereignisse des Stichprobenraums aus 3–4 mit derselben Wahrscheinlichkeit ein. Die Wahrscheinlichkeit der Ereignisse A bis D ergibt sich also durch Abzählen der Elementarereignisse: Der Stichprobenraum Ω hat 36 Elemente; deswegen ist $P(A) = P\{(4,1)\} = 1/36$; da $|B| = 2$, ist $P(B) = 2/36 = 1/18$; da C und D jeweils sechs Elemente enhalten ist $P(C) = P(D) = 6/36 = 1/6$; und schließlich sind $P(E) = 3/36 = 1/12$ und $P(F) = 4/36 = 1/9$. ♣

3–11 Eine Münze ist fair, falls $\mathbf{P}\{W\} = \mathbf{P}\{Z\} = 1/2$. Eine faire Münze wird dreimal geworfen. Mit welcher Wahrscheinlichkeit fällt mindestens einmal *Wappen* und mindestens einmal *Zahl*?

Lösung: In der Lösung von Beispiel 3–3 haben wir alle Elementarereignisse des dreifachen Münzwurf aufgeschrieben. Da *Wappen* und *Zahl* immer mit gleicher Wahrscheinlichkeit fallen, treffen alle Elementarereignisse mit derselben Wahrscheinlichkeit ein, d.h., die gesuchte Wahrscheinlichkeit ist eine Laplace'sche Wahrscheinlichkeit. Durch Abzählen ergibt sich, dass das Ereignis

A = „es fällt mindestens einmal *Wappen* und mindestens einmal *Zahl*"

6 Elemente enthält. Da $|\Omega| = 8$ ist also $\mathbf{P}(A) = 6/8 = 3/4 = 0.75$. ♣

3–12 Aus einer Urne mit jeweils einer grünen, roten und blauen Kugel werden zwei Kugeln nacheinander gezogen, wobei die erste **nicht** wieder in die Urne zurückgelegt wird. Bestimmen Sie den Stichprobenraum dieses Zufallsexperimentes und das Ereignis

$$A = \text{„eine der gezogenen Kugeln ist blau"}.$$

Wie groß ist die Wahrscheinlichkeit von A?

Lösung: Die Ausgänge dieses Zufallsexperiments werden am besten durch Paare (*Farbe 1*, *Farbe 2*) beschrieben, wobei *Farbe 1* die Farbe der zuerst und *Farbe 2* die Farbe der als zweites gezogenen Kugel sind. Der Stichprobenraum ist somit

$$\Omega = \{(\mathit{grün}, \mathit{rot}), (\mathit{grün}, \mathit{blau}), (\mathit{rot}, \mathit{grün}), (\mathit{rot}, \mathit{blau}), (\mathit{blau}, \mathit{grün}), (\mathit{blau}, \mathit{rot})\}.$$

Jedes Elementarereignis $\omega \in \Omega$ tritt mit Wahrscheinlichkeit $1/|\Omega| = 1/6$ ein. Da $A = \{(\mathit{grün}, \mathit{blau}), (\mathit{rot}, \mathit{blau}), (\mathit{blau}, \mathit{grün}), (\mathit{blau}, \mathit{rot})\}$, gilt $\mathbf{P}(A) = 4/6 = 2/3$. ♣

3–13 Eine Urne enthält 2 weiße und 2 schwarze Kugeln. Es werden zwei Kugeln hintereinander aus der Urne gezogen, ohne die erste in die Urne zurückzulegen.

a) Mit welcher Wahrscheinlichkeit wird zuerst eine weiße und dann eine schwarze Kugel gezogen?

b) Mit welcher Wahrscheinlichkeit wird zuerst eine schwarze und dann eine weiße Kugel gezogen?

c) Mit welcher Wahrscheinlichkeit wird eine weiße und eine schwarze Kugel gezogen, wobei es nicht darauf ankommt, wann die weiße bzw. die schwarze Kugel gezogen wird?

Lösung: Die Urne enthält 4 Kugeln. Wir denken uns die weißen Kugeln mit den Nummern 1 bzw. 2 und die schwarzen mit der Nummern 3 und 4 versehen. Dann ist $\Omega = \{(1,2),(1,3),(1,4),(2,1),\ldots,(4,1),(4,2),(4,3)\}$ ein geeigneter Stichprobenraum. Es gibt also $|\Omega| = 12$ verschiedene Elementarereignisse.

a) Beim ersten Zug eine weiße und beim zweiten Zug eine schwarze Kugel zu ziehen, entspricht dem Ereignis $A = \{(1,3),(1,4),(2,3),(2,4)\}$. Damit ist die Wahrscheinlichkeit erst eine weiße und dann eine schwarze Kugel zu ziehen gleich $|A|/|\Omega| = 4/12 = 1/3$.

b) Zuerst eine schwarze und dann eine weiße Kugel zu ziehen, entspricht dem Ereignis $B = \{(3,1),(4,1),(3,2),(4,2)\}$ und tritt daher ebenfalls mit Wahrscheinlichkeit 1/3 ein.

c) Insgesamt eine schwarze und eine weiße Kugel zu ziehen heißt, dass entweder Ereignis A oder Ereignis B eintritt. Da sich A und B ausschließen, ist die gesuchte Wahrscheinlichkeit gleich $1/3 + 1/3 = 2/3$. (Man erinnere sich an den Additionssatz (3.2)).

♣

Die Wahrscheinlichkeit nach Laplace wird häufig auch kurz in der Formulierung "Zahl der günstigen durch Zahl der möglichen Fälle" wiedergegeben. Günstig meint hier "im Ereignis A liegend"; dieses kann allerdings ein nach landläufigem Verständnis höchst unerfreuliches Ereignis sein, so dass der Begriff "günstig" hier nur mit Vorbehalt gebraucht wird.

3.1.3 Kombinatorische Berechnung von Wahrscheinlichkeiten

Um die Wahrscheinlichkeit nach Laplace zu berechnen, benötigen wir also die Mächtigkeit des Stichprobenraums Ω und der Menge, die das Ereignis A bildet. Enthält ein Stichprobenraum oder ein Ereignis sehr viele Elementarereignisse, so ist es mühselig und langwierig alle Elementarereignisse aufzuschreiben und zu zählen. In vielen Fällen kann die Zahl der Elemente eines Ereignisses durch kombinatorische Überlegungen berechnet werden, und man kann sich das Abzählen der Elementarereignisse ersparen.

Ziehen ohne Zurücklegen mit Berücksichtigung der Reihenfolge

Beispiel 6 *Eine Urne enthält 5 Kugeln. Wie viele Möglichkeiten gibt es, 2 Kugeln aus der Urne zu ziehen, wenn die erste nicht wieder zurückgelegt wird? Den Stichprobenraum Ω dieses Zufallsexperimentes können wir als* Verzweigungsbaum *schreiben:*

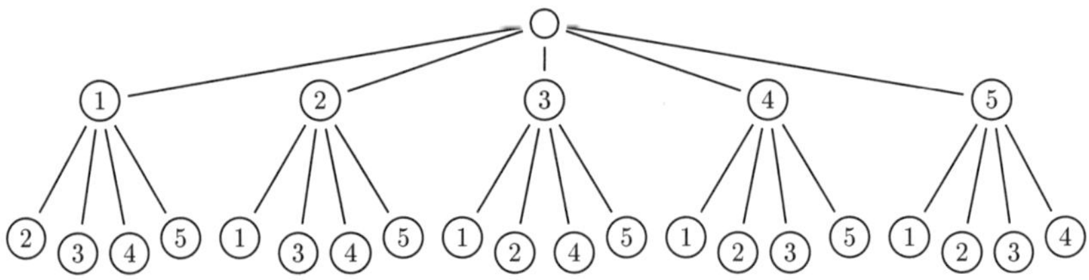

Man sieht nun: Für den ersten Zug gibt es 5 Möglichkeiten; da die gezogene Kugel nicht wieder zurückgelegt wird, verbleiben für den zweiten Zug nur mehr 4. Jeder Ast des Baumes entspricht einem Ausgang der Ziehung (einem Elementarereignis). Daher gibt es insgesamt $|\Omega| = 5 \cdot 4 = 20$ *verschieden Ausgänge dieses Zufallsexperiments.* ♢

Ganz allgemein gilt:

Zieht man n aus N Objekten **ohne Zurücklegen** und **unter Berücksichtigung der Reihenfolge**, so ergeben sich

$$N \cdot (N-1) \cdots (N-n+1) = \frac{N!}{(N-n)!} \qquad (3.8)$$

verschiedene Möglichkeiten, wobei $N! := N \cdot (N-1) \cdots 1$ ist.

Die folgenden zwei Beispiele sollen die Gültigkeit dieser Formel noch einmal verdeutlichen.

3–14 Es werden 6 aus 45 durchnummerierten Kugeln aus einem Behälter gezogen, ohne sie in den Behälter zurückzulegen. Wie viele verschiedene Ausgänge gibt es (wenn die Ziehungsreihenfolge berücksichtigt wird)?

Lösung: Es gibt $45 \cdot 44 \cdot 43 \cdot 42 \cdot 41 \cdot 40 = 5864443200$ Möglichkeiten, denn nachdem die erste Kugel gezogen wurde — wofür es 45 Möglichkeiten gibt – verbleiben 44 für den zweiten Zug. Für den nächsten, den dritten Zug, verbleiben 43 Kugeln, beim vierten 42 und so weiter, bis schließlich beim letzten Zug eine der 40 verbliebenen Kugeln aus dem Behälter fällt. ♣

Zieht man ohne Zurücklegen alle Kugeln einer Urne, d.h., N aus N, so unterscheiden sich die Ausgänge dieser Ziehung nur durch die Reihenfolge, in der die Kugeln aus der Urne genommen wurden. Da jede Anordnung Resultat einer solchen Ziehung sein kann, ergibt sich die Anzahl der möglichen Anordnungen von N Kugeln aus Formel (3.8) mit $n = N$.

Permutationen: Die Anzahl der Anordnungen von N verschiedenen Objekten ist

$$N! = N \cdot (N-1) \cdots 1 \tag{3.9}$$

3–15 Fünf gleich große Kisten sollen zu einem Turm übereinander gestellt werden. Wie viele Möglichkeiten gibt es, diesen Turm zu bauen?

Lösung: Die Aufstellungen unterscheiden sich nur durch die Reihenfolge, in der die Kisten geschichtet wurden. Nach (3.9) gibt es dazu $5! = 5 \cdot 4 \cdot 3 \cdot 2 \cdot 1 = 120$ Möglichkeiten. ♣

3–16 Um aus einer Gruppe von 3 Personen eine Person auszuwählen, zieht jeder eines von drei Streichhölzern, ohne sie zurückzulegen. Eines der Streichhölzer hat keinen Zündkopf. Wer das zündkopflose Streichholz gezogen hat, gilt als ausgewählt. Mit welcher Wahrscheinlichkeit wird der ausgewählt, der zuletzt zieht? Was gilt für die anderen der Gruppe?

Lösung: Wir denken uns die Streichhölzer in der Reihenfolge auf dem Boden liegend, in der sie gezogen wurden. Wir wissen, dass es $3! = 6$ verschiedene Anordnungen der Streichhölzer gibt. Ist das zündkopflose Streichholz das letzte, dann verbleiben zwei Möglichkeiten die anderen zwei auf die ersten beiden Stellen zu verteilen. Die gesuchte Wahrscheinlichkeit beträgt also $2/6 = 1/3$.

Für die anderen Mitglieder der Gruppe ergibt sich die gleiche Wahrscheinlichkeit, denn unsere Überlegung ist nicht davon abhängig, wo das zündkopflose Streichholz liegt. ♣

Ziehen ohne Zurücklegen ohne Berücksichtigung der Reihenfolge

Nicht immer ist es wichtig, in welcher Reihenfolge die Objekte ausgewählt wurden.

3–17 Um beim Lotto (ohne Zusatzzahl) 6 aus 45 Zahlen richtig zu erraten, ist es unwichtig, in welcher Reihenfolge die sechs richtig getippten Zahlen gefallen sind. Mit welcher Wahrscheinlichkeit hat man *sechs Richtige* im Lotto?

Lösung: Haben wir 6 Zahlen für einen Tip gewählt, z.B die Zahlen 1 bis 6, dann haben wir nach Gleichung (3.9) bei 6! verschiedenen Ausgängen der Ziehung *sechs Richtige* (z.B bei $(6, 5, 4, 3, 2, 1)$ oder $(1, 3, 2, 4, 6, 5)$ usw.). Wir wissen bereits aus Aufgabe 3–14, dass es insgesamt $45 \cdot 44 \cdot 43 \cdot 42 \cdot 41 \cdot 40 = 5864443200$ mögliche Ausgänge gibt. Die Wahrscheinlichkeit für *sechs Richtige* im Lotto ist daher $\frac{6!}{5864443200} = \frac{1}{8145060} = 0.000000123$. ♣

Aus der Lösung des letzten Beispiels ergibt sich eine wichtige Schlussfolgerung: Da das Ereignis „*sechs Richtige* im Lotto" mit Wahrscheinlichkeit $1/8145060$ eintritt und jeder Tip die gleiche Gewinnchance hat, gibt es 8145060 verschiedene Tips. Man beachte, dass $8145060 = \frac{45!}{6! \cdot 39!}$. Kommt es bei einer Ziehung – wie beim Lotto – nicht auf die Reihenfolge an, in der die Objekte gezogen wurden, so spricht man von einer *Ziehung ohne Berücksichtung der Reihenfolge*. Ganz allgemein gilt:

Zieht man n aus N Objekten **ohne Zurücklegen** und **ohne Berücksichtigung der Reihenfolge**, so ergeben sich

$$\binom{N}{n} := \frac{N \cdot (N-1) \cdots (N-n+1)}{n!} = \frac{N!}{(N-n)!\, n!} \tag{3.10}$$

verschiedene Möglichkeiten.

3–18 Beim *Zahlen-Lotto* — das andere Lotto — werden 5 aus 90 Zahlen ohne Zurücklegen gezogen. Es gibt 7 verschiedene Spielarten. Spielt man z.B. *Ambo-Terno 5*, so gewinnt man einen Geldbetrag, wenn alle 5 Zahlen richtig erraten wurden. Mit welcher Wahrscheinlichkeit gewinnt man?

Lösung: Die Zahl der möglichen Ziehungen (ohne Berücksichtigung der Reihenfolge) beträgt

$$\binom{90}{5} = \frac{90 \cdot 89 \cdot 88 \cdot 87 \cdot 86}{5!} = 43949268 \ .$$

Daher ist die Wahrscheinlichkeit 5 Richtige im Zahlen-Lotto zu haben $1/43949268 = 2.275 \cdot 10^{-8}$ (sie ist also sehr klein!). ♣

Formel (3.10) gibt auch die Zahl der Teilmengen vom Umfang n einer Menge mit N Elementen.

3–19 An einer Fußballweltmeisterschaft nehmen 32 Nationen teil. In der ersten Runde spielen jeweils 4 Mannschaften in einer Gruppe. Es gibt also 8 Gruppen — Gruppen A bis H.

a) Wie viele Möglichkeiten gibt es Gruppe A zu bilden?

b) Wie viele Möglichkeiten gibt es die 32 Mannschaften in die Gruppen A bis H aufzuteilen?

Lösung:

a) Um Gruppe A zu bilden, können wir beispielsweise jeder Nation eine Kugel in einer Urne mit 32 Kugeln zuordnen und 4 der 32 Kugeln *ohne Zurücklegen* aus der Urne „ziehen". Natürlich kommt es nicht auf die Reihenfolge an, in der die Mannschaften gezogen werden. Wir wenden daher Formel (3.10) an und erhalten $\binom{32}{4} = \frac{32 \cdot 31 \cdot 30 \cdot 29}{4!} =$ 35960 Möglichkeiten Gruppe A zu bilden.

b) Wir wissen schon aus (a), dass es für Gruppe A 35960 Möglichkeiten gibt. Ist Gruppe A einmal ausgewählt, dann verbleiben noch 28 Mannschaften um in Gruppen B bis H aufgeteilt zu werden. Wir bilden als nächstes Gruppe B, und „ziehen" dazu 4 aus 28 Mannschaften. Es ergeben sich somit $\binom{28}{4}$ Möglichkeiten für Gruppe B. Ist auch Gruppe B gebildet, „ziehen" wir 4 von 24 Mannschaften und erhalten $\binom{24}{4}$ Möglichkeiten für Gruppe C. Setzten wir diese Prozedur fort so erhalten wir $\binom{20}{4}$ Möglichkeiten für Gruppe D, $\binom{16}{4}$ für Gruppe E, $\binom{12}{4}$ für Gruppe F, $\binom{8}{4}$ für Gruppe G und schließlich verbleibt noch eine Möglichkeit für Gruppe H. Insgesamt beträgt die Zahl der Möglichkeiten 32 Mannschaften in 8 Gruppen aufzuteilen

$$\binom{32}{4} \cdot \binom{28}{4} \cdot \binom{24}{4} \cdot \binom{20}{4} \cdot \binom{16}{4} \cdot \binom{12}{4} \cdot \binom{8}{4}$$

$$= \frac{32! \cdot 28! \cdot 24! \cdot 20! \cdot 16! \cdot 12! \cdot 8!}{28! \cdot 24! \cdot 20! \cdot 16! \cdot 12! \cdot 8! \cdot 4! \cdot (4!)^7} = \frac{32!}{(4!)^8} \approx 2.4 \cdot 10^{24}$$

Das ist eine astronomisch große Zahl!

♣

Ziehen mit Zurücklegen unter Berücksichtigung der Reihenfolge

Wird beim Ziehen das gezogene Objekt jedesmal wieder zurückgelegt, dann vergrößert sich die Anzahl der möglichen Ausgänge.

3–20 Ein Dieb möchte die Geheimzahl einer Bankomatkarte finden. Sie besteht aus 4 Ziffern zwischen 0 und 9.

a) Wie viele Möglichkeiten gibt es, wenn die Ziffern der Karte alle verschieden sind?

b) Wie viele Möglichkeiten gibt es, wenn Ziffern auch mehrfach vorkommen können?

Lösung:

a) Nach Formel (3.8) gibt es $10 \cdot 9 \cdot 8 \cdot 7 = 5040$ Möglichkeiten.

b) Können Ziffern auch mehrfach vorkommen, so gibt es für jede Stelle 10 Möglichkeiten, also insgesamt $10 \cdot 10 \cdot 10 \cdot 10 = 10.000$ Möglichkeiten.

♣

Ganz allgemein gilt:

Zieht man n aus N Objekten **mit Zurücklegen** und **mit Berücksichtigung der Reihenfolge**, so ergeben sich

$$N^n = \underbrace{N \cdot N \cdots N}_{\text{n mal}} \tag{3.11}$$

verschiedene Möglichkeiten.

3–21 Ein Münze wird 4 mal geworfen.

a) Schreiben Sie den Stichprobenraum für dieses Zufallsexperiment als Verzweigungsbaum.

b) Wie viele mögliche Ausgänge gibt es für dieses Zufallsexperiment?

c) Mit welcher Wahrscheinlichkeit fällt 4 mal *Zahl*?

Lösung:

a) Ähnlich wie in Beispiel 3–3, ist

$$\Omega = \{\, (w_1, w_2, w_3, , w_4) \; : \; w_1, w_2, w_3, w_4 \in \{W, Z\} \,\}$$

ein geeigneter Stichprobenraum. Dieser Stichprobenraum kann in Form eines *Verzweigungsbaumes* aufgeschrieben werden.

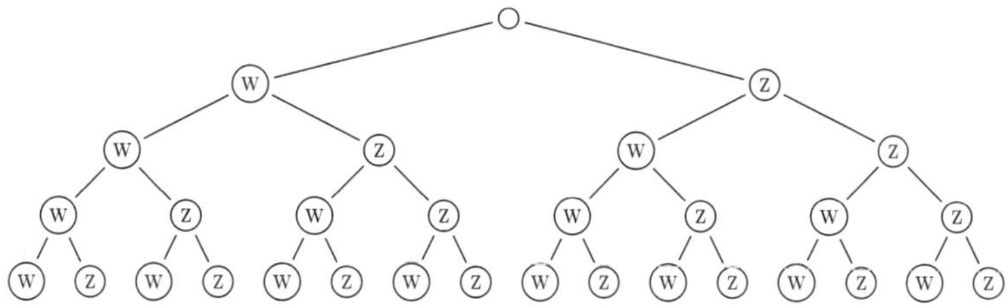

Jede horizontale Ebene des Baums entspricht einem Würfelwurf (dem ersten Wurf die oberste Ebene, dem letzten die unterste). Für den Verzweigungsbaum schreiben wir auch kurz (symbolisch) das vierfache Produkt der Menge $\{W, Z\}$: $\Omega = \{W, Z\} \times \{W, Z\} \times \{W, Z\} \times \{W, Z\}$.

b) Anhand des Verzweigungsbaumes sieht man, dass sich bei jeder Wiederholung an jeden Ausgang zwei weitere Möglichkeiten für den Ausgang der nächsten Wiederholung anschließen. Die Gesamtzahl an Elementarereignissen ist somit $2 \cdot 2 \cdot 2 \cdot 2 = 2^4 = 16$.

c) Nur *Zahl* zu werfen entspricht genau einem Elementarereignis (rechtester Ast des Baums) und hat daher Wahrscheinlichkeit $1/16 = 0.0625$.

♣

Ziehen mit Zurücklegen ohne Berücksichtigung der Reihenfolge

3–22 Bei einer Hochzeit stehen jedem Gast 3 Menüs zur Auswahl. Die Gastgeber wissen, dass es 50 Gäste sein werden, sie wissen aber nicht, wie viele Gäste Menü A, B bzw. C bestellen werden. Wie viele Möglichkeiten gibt es, 50 Menüs – jedes der Sorte A,B oder C – zu bestellen?

Lösung: Wurde z.B. 12 mal Menü A, 26 mal Menü B und 22 mal Menü C bestellt, so schreiben wir:

||||||||||||0||||||||||||||||||||||||||0||||||||||||||||||||||

Die ersten 12 Striche entsprechen den Menüs A, die nächsten 26 Striche den Menüs B und die letzten 22 den Menüs C. Die Striche verschiedener Menüs sind durch das Symbol „0" getrennt. Jeder Menü-Verteilung entspricht eine Liste mit 50 Strichen „|" und zwei „0"'s. Eine solche Liste entsteht auch, indem man 2 von 52 Stellen auswählt, dort jeweils „0" platziert und die verbleibenden 50 Stellen mit Strichen „|" besetzt. Nach Formel (3.10) gibt es hierfür $\binom{52}{2} = \binom{52}{50}$ Möglichkeiten. Die Zahl der Möglichkeiten insgesamt 50 Menüs – jeweils der Sorten A, B oder C – auszuwählen ist damit $\binom{52}{50} = 52 \cdot 51/2 = 1326$. ♣

Die soeben angestellten Überlegungen braucht man nicht immer zu wiederholen. Es gilt nämlich ganz allgemein:

> Bei Auswahl von n aus N Objekten mit der Möglichkeit zur **Mehrfachwahl** und **ohne Berücksichtigung der Reihenfolge** gibt es
>
> $$\binom{N+n-1}{n} \qquad (3.12)$$
>
> verschiedene Möglichkeiten

Beachte, dass beim Ziehen mit Zurücklegen n größer sein kann als N - im vorigen Beispiel war $n = 50$ (Zahl der Menüs) und $N = 3$ (Zahl der Sorten von Menüs).

Angenommen, Sie möchten n Objekte auf N Plätze (z.B Kisten) verteilen, wobei sich an einem Platz (in einer Kiste) auch mehrere (bis zu n) Objekte befinden dürfen. Wie viele Möglichkeiten gibt es? Dazu ein Beispiel:

3–23 Bei einem Glücksspiel werden fünf nicht unterscheidbare Münzen unter zehn umgedrehten Bechern versteckt, wobei ein Becher auch mehr als eine Münze verdecken kann. Wie viele Möglichkeiten gibt es, die Münzen unter den Bechern zu verstecken?

Lösung: Das Verteilen der Münzen kann auch so gesehen werden: Für jede Münze wird genau ein Becher ausgewählt, wobei für verschiedene Münzen der gleiche Becher gewählt werden kann. Die Zahl der Möglichkeiten, 5 Münzen unter 10 Bechern zu verstecken, entspricht also der Zahl der Möglichkeiten $n = 5$ aus $N = 10$ Bechern auszuwählen, wobei es auf die Reihenfolge der ausgewählten Becher nicht ankommt - wir unterscheiden nicht danach, *welche* Münzen unter einem Becher liegen, sondern nur, *wieviele* - und ein Becher auch mehrmals ausgewählt werden kann. Wir können daher Formel (3.12) anwenden und erhalten

$$\binom{10+5-1}{5} = \binom{14}{5} = 2002 \; . \qquad \clubsuit$$

Gemischte Probleme

Oft ist es schwierig zu erkennen, welche der Formeln (3.8) bis (3.12) angewendet werden können. Manchmal muss man (3.8) bis (3.12) kombinieren, um ein Problem zu lösen. Hierfür lassen sich aber kaum allgemeine Lösungsrezepte angeben. Wir können nur einige der vielfältigen Beispiele dieser Art besprechen und empfehlen, durch das Rechnen von Aufgaben Formeln (3.8) bis (3.12) anwenden zu lernen.

3–24 Mit welcher Wahrscheinlichkeit fällt zweimal *Wappen* und dreimal *Zahl* (in beliebiger Reihenfolge) beim fünfmaligen Werfen einer „fairen" Münze?

Lösung: Analog zu den Überlegungen aus Beispiel 3–21 erhält man $|\Omega| = 2^5 = 32$. Wir wollen die Zahl der *günstigen* Ereignisse bestimmen. Wir erhalten eine Wurfserie $\omega = (w_1, w_2, w_3, w_4, w_5)$, die zum Ereignis

$$A = \text{„zweimal } \textit{Wappen} \text{ und dreimal } \textit{Zahl}\text{"},$$

gehört, indem wir zwei Zahlen i_1 und i_2 zwischen 1 und 5 auswählen und $w_{i_1} = W$, $w_{i_2} = W$ und alle anderen w_i's gleich Z setzen. Dies entspricht einem *Ziehen ohne Zurücklegen ohne Berücksichtigung der Reihenfolge* von zwei Zahlen aus $\{1, 2, 3, 4, 5\}$, wofür es nach Formel (3.10)

$$\binom{5}{2} = \frac{5 \cdot 4}{2} = 10$$

Möglichkeiten gibt. D.h., $|A| = 10$ und daher ist $\mathbf{P}(A) = \frac{10}{32} = 0.3125$. ♣

3–25 Der Code einer bestimmten Kreditkarte besteht aus 16 Ziffern. Ein Betrüger weiß, dass die ersten 4 und letzten 4 Ziffern des Codes übereinstimmen (wie beispielsweise bei „2345 1678 8109 2345"). Wie viele Möglichkeiten gibt es für den Code?

Lösung: Der Code ist bereits durch seine ersten 12 Ziffern eindeutig festgelegt (da die letzten 4 den ersten 4 Ziffern gleichen). Es gibt daher 10^{12} verschiedene Möglichkeiten. ♣

3–26 In einem Match mit 10 Mannschaften spielt jede Mannschaft gegen jede andere. Wie viele Spiele gibt es in diesem Match?

Lösung: Jedes Spiel entspricht einem (ungeordneten) Paar von Mannschaften (bzw. einer zweielementigen Teilmenge), und nach Formel (3.10) gibt es $\binom{10}{2} = \frac{10 \cdot 9}{2} = 45$ verschiedene Paare von Mannschaften. ♣

3.1.4 Bedingte Wahrscheinlichkeiten

Beispiel 7 *Betrachte eine Urne mit 12 weißen und 8 schwarzen Kugeln aus der zwei Kugeln hintereinander gezogen werden, ohne die erste Kugel zurückzulegen. Wir fragen uns: „Wie groß ist die Wahrscheinlichkeit, zuerst eine schwarze und dann eine weiße Kugel zu ziehen?"*

Nach dem Schema „Zahl der Günstigen durch Zahl der Möglichen" ergibt sich $\frac{12 \cdot 8}{20 \cdot 19} = 0.253$ *als Wahrscheinlichkeit. Diese Wahrscheinlichkeit kann aber auch als Produkt der Wahrscheinlichkeiten* $12/20 = 0.6$ *und* $8/19 = 0.421$ *berechnet werden, denn sie ergibt sich aus folgendem* Wahrscheinlichkeitsbaum.

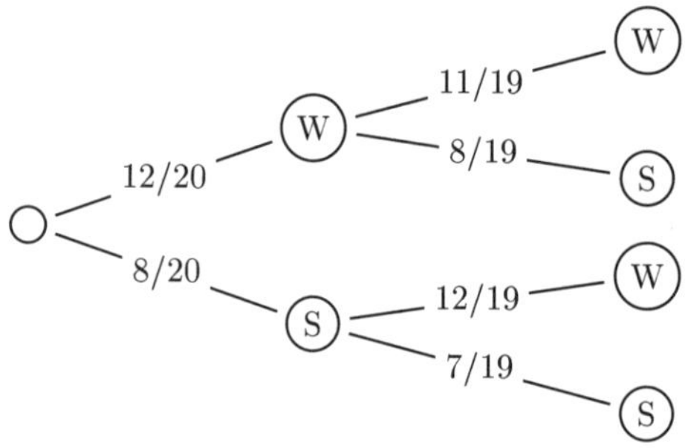

Hierbei ist $12/20 = 0.6$ *die Wahrscheinlichkeit des Ereignisses*

$$A = \text{„beim ersten Zug eine weiße Kugel ziehen"}$$

Ist A *eingetreten, dann sind im zweiten Zug 8 der insgesamt 19 verbliebenen Kugeln schwarz, d.h., die Wahrscheinlichkeit des Ereignisses*

$$B = \text{„beim zweiten Zug eine schwarze Kugel ziehen"},$$

ist $8/19 = 0.421$. *Man nennt* 0.421 *die* bedingte Wahrscheinlichkeit *von* B *unter* A *und schreibt* $\mathbf{P}(B \mid A) = 0.421$. *Aus dem Baum ergibt sich*

$$\mathbf{P}(A \cap B) = \mathbf{P}(A) \cdot \mathbf{P}(B \mid A) = 0.6 \cdot 0.421 = 0.253 \; .$$

◇

Die *bedingte Wahrscheinlichkeit* eines Ereignisses B unter A ist

$$\mathbf{P}(B \mid A) := \frac{\mathbf{P}(B \cap A)}{\mathbf{P}(A)}. \tag{3.13}$$

Man kann bedingte Wahrscheinlichkeiten wie folgt verstehen: Der Stichprobenraum Ω und die Wahrscheinlichkeit $\mathbf{P}$ repräsentieren die Information, die wir am Anfang des Zufallsexperimentes haben: Ω enthält alle Ereignisse, die wir für möglich halten, und für ein Ereignis $A \subset \Omega$ ist $\mathbf{P}(A)$ der „Anteil" den das Ereignis A an Ω hat. Sollten wir nun aufgrund zusätzlicher Information die Menge der möglichen Ausgänge auf eine Teilmenge A von Ω einschränken können, so werden wir A statt Ω als Stichprobenraum verwenden. Die Wahrscheinlichkeit eines Ereignisses B sollte dann dem „Anteil" von B an A entsprechen (so wie $\mathbf{P}(B)$ der Anteil von B an Ω war), d.h., $\mathbf{P}(B|A) = \mathbf{P}(B \cap A)/\mathbf{P}(A)$. Insbesondere wird damit — wie erwartet — A zu einem sicheren Ereignis, denn $\mathbf{P}(A|A) = \mathbf{P}(A)/\mathbf{P}(A) = 1$. Aus dieser Überlegung ergibt sich eine wichtige Schlussfolgerung:

Bedingte Wahrscheinlichkeiten sind auch Wahrscheinlichkeiten, nämlich Wahrscheinlichkeiten auf einem kleineren Stichprobenraum.

3–27 *(Fortsetzung von Beispiel 3–6)* Man erinnere sich, dass 25% aller Kunden Käufer von Produkt A und B sind. Angenommen 10% der Kunden kaufen A aber nicht B. Wenn wir von einem bestimmten Kunden wissen, dass er Käufer von Produkt A ist, mit welcher Wahrscheinlichkeit ist er **auch** Käufer von Produkt B?

Lösung: Der Anteil der Käufer von B innerhalb der Gruppe der Käufer von A ist $\mathbf{P}(B \mid A) = \mathbf{P}(A \cap B)/\mathbf{P}(A)$. Nun ist $\mathbf{P}(A) = \mathbf{P}(A \cap B)+$ $+\mathbf{P}(A \setminus B) = 0.25+0.1 = 0.35$ und deswegen $\mathbf{P}(B \mid A) = 0.25/0.35 = 5/7$.

♣

Aus dem Additionssatz (3.3) folgt der

Satz von der totalen Wahrscheinlichkeit: Ist A ein Ereignis und sind $A_1, A_2, \dots, A_n$ einander ausschließende Ereignisse die A überdecken, d.h

$$\mathbf{P}(A_i \cap A_j) = 0 \quad \text{für jeweils zwei verschiedene } i, j$$

$$\text{und} \quad A \subset A_1 \cup A_2 \cup \cdots \cup A_n \ ,$$

dann ist

$$\mathbf{P}(A) = \mathbf{P}(A \mid A_1) \cdot \mathbf{P}(A_1) + \mathbf{P}(A \mid A_2) \cdot \mathbf{P}(A_2) + \cdots + \mathbf{P}(A \mid A_n) \cdot \mathbf{P}(A_n).$$

Denn $\mathbf{P}(A \mid A_i) \cdot \mathbf{P}(A_i) = \mathbf{P}(A \cap A_i)$ und

$$A = (A \cap A_1) \cup (A \cap A_2) \cup \cdots \cup (A \cap A_n)$$

mit einander ausschließenden $A \cap A_1, A \cap A_2, \dots, A \cap A_n$.

3–28 Ein Getränkefachhandel hat Kunden dreier verschiedener Altersgruppen $A1$, $A2$ und $A3$ nach einem neuen Erfrischungsgetränk befragt. Laut dieser Umfrage würden 80% der Altersgruppe $A1$, 60% der Altersgruppe $A2$ und 30% der Altersgruppe $A3$ das neue Erfrischungsgetränk kaufen. Wir nehmen an, dass ein zufällig ausgewählter Kunde mit Wahrscheinlichkeit 0.25, 0.6 bzw. 0.15 zur Altersgruppe $A1$, $A2$ bzw. $A3$ gehört. Schätzen Sie den Anteil der Kunden, die Käufer des neuen Erfrischungsgetränkes sein werden.

Lösung: Nach der Umfrage schätzen wir

$$\mathbf{P}(\text{Käufer} \mid A1) = 0.8, \ \mathbf{P}(\text{Käufer} \mid A2) = 0.6 \text{ und } \mathbf{P}(\text{Käufer} \mid A3) = 0.3 \ .$$

Da laut Angabe $\mathbf{P}(A1) = 0.25$, $\mathbf{P}(A2) = 0.6$ und $\mathbf{P}(A3) = 0.15$, ergibt sich aus dem Additionssatz

$$\mathbf{P}(\text{Käufer}) = 0.8 \cdot 0.25 + 0.6 \cdot 0.6 + 0.3 \cdot 0.15 = 0.605 \ .$$

♣

3–29 In einem Spiel ziehen drei Spieler I, II und III Kugeln aus einer Urne. Das Spiel besteht aus zwei Runden:

1.Runde : Es befinden sich zwei weiße und eine schwarze Kugel in der Urne. Jeder Spieler zieht eine Kugel aus der Urne, ohne sie zurückzulegen. Jener Spieler, der die schwarze Kugel zieht, scheidet aus dem Spiel aus. Es zieht zuerst Spieler I, dann Spieler II und zuletzt Spieler III.

2.Runde : Alle Kugeln werden nun zurückgelegt, d.h., es befinden sich wieder zwei weiße und eine schwarze Kugel in der Urne. Die verbleibenden zwei Spieler ziehen wieder je eine Kugel aus der Urne, ohne sie zurückzulegen. Wer nun zuerst die weiße Kugel zieht, gewinnt das Spiel. Es ziehen - je nach Zusammensetzung der zweiten Runde - Spieler I vor Spieler II, Spieler II vor Spieler III und Spieler I vor Spieler III.

a) Mit welchen Wahrscheinlichkeiten scheiden Spieler I, II bzw. III in der ersten Runde aus?

b) Mit welcher Wahrscheinlichkeit gewinnt Spieler II das Spiel?

Lösung:

a) Die Wahrscheinlichkeit, dass Spieler I die schwarze Kugel zieht ist $1/3$ (A zieht als erster), d.h., $\mathbf{P}(\text{I scheidet aus}) = 1/3$. Hat I eine weiße Kugel gezogen, so befinden sich noch eine weiße und eine schwarze Kugel in der Urne und die Wahrscheinlichkeit, dass Spieler II eine schwarze Kugel zieht, ist $1/2$, d.h.,

$$\mathbf{P}(\text{II scheidet aus} \,|\, \text{I scheidet nicht aus}) = 1/2 \;.$$

Damit scheidet II mit Wahrscheinlichkeit

$$\mathbf{P}(\text{II scheidet aus}) =$$

$$= \mathbf{P}(\text{II scheidet aus} \,|\, \text{I scheidet nicht aus}) \cdot \mathbf{P}(\text{I scheidet nicht aus}) =$$

$$= (2/3) \cdot (1/2) = 1/3$$

aus. Schließlich scheidet Spieler III mit Wahrscheinlichkeit 1-(1/3)-(1/3)=1/3 aus (einer der drei Spieler muss ausscheiden).

b) Damit Spieler II gewinnt, müssen entweder Spieler I oder Spieler III in der ersten Runde ausscheiden. Nach a) geschieht dies jeweils mit Wahrscheinlichkeit 1/3. Scheidet Spieler I in der ersten Runde aus, so zieht Spieler II in der zweiten Runde als erster. Er zieht dann mit Wahrscheinlichkeit 2/3 eine weiße Kugel, d.h.,

$$\mathbf{P}(\text{II gewinnt das Spiel} \mid \text{I scheidet aus}) = 2/3 \ .$$

Scheidet Spieler III in der ersten Runde aus, dann zieht Spieler II als zweites. Um zu gewinnen, muss also Spieler I (der in der zweiten Runde als erster zieht) eine schwarze Kugel ziehen. Dies geschieht mit Wahrscheinlichkeit 1/3, d.h.,

$$\mathbf{P}(\text{II gewinnt das Spiel} \mid \text{III scheidet aus}) = 1/3$$

Die Wahrscheinlichkeit für Spieler II zu gewinnen, ergibt sich schließlich aus dem Satz der totalen Wahrscheinlichkeit zu

$$\mathbf{P}(\text{II gewinnt}) = (2/3) \cdot (1/3) + (1/3) \cdot (1/3) = 3/9 = 1/3 \ .$$

♣

Möchte man von $\mathbf{P}(B \mid A)$ auf $\mathbf{P}(A \mid B)$ schließen, so verwendet man die

Bayes-Formel: Für Ereignisse A und B gilt

$$\mathbf{P}(A \mid B) = \frac{\mathbf{P}(B \mid A) \cdot \mathbf{P}(A)}{\mathbf{P}(B)} = \frac{\mathbf{P}(B \mid A) \cdot \mathbf{P}(A)}{\mathbf{P}(B \mid A) \cdot \mathbf{P}(A) + \mathbf{P}\big(B \mid \bar{A}\big) \cdot \mathbf{P}(\bar{A})} \ .$$

3–30 *(Fortsetzung von Beispiel 3–29)* Man erzählt uns, dass Spieler II das Spiel gewonnen hat. Den Ausgang der ersten Runde kennen wir jedoch nicht. Mit welcher Wahrscheinlichkeit ist Spieler I in der ersten Runde ausgeschieden?

Lösung: Wir wenden die Bayes-Formel an:

$$\begin{aligned} &\mathbf{P}(\text{I scheidet aus} \mid \text{II gewinnt}) = \\ &= \frac{\mathbf{P}(\text{II gewinnt} \mid \text{I scheidet aus}) \cdot \mathbf{P}(\text{I scheidet aus})}{\mathbf{P}(\text{II gewinnt})} \\ &= \frac{(2/3) \cdot (1/3)}{(1/3)} = 2/3 \ . \end{aligned}$$

♣

3–31 Ein häufig verwendetes, einfaches Gerät zum Feststellen ob ein KFZ-Lenker alkoholisiert ist, führt nicht immer zu richtigen Ergebnissen:

Das Gerät fehldiagnostiziert ein Überschreiten der zulässigen Alkoholanteils mit Wahrscheinlichkeit 0.03 und lässt ein Überschreiten des zulässigen Wertes mit Wahrscheinlichkeit 0.01 unentdeckt.

Aus Erfahrung weiß man, dass 5% aller Lenker „alkoholisiert" sind, d.h., den zulässigen Wert überschreiten. Schätzen Sie die Wahrscheinlichkeit, mit der ein Lenker „alkoholisiert" ist, wenn das Gerät es angezeigt hat.

Lösung: Mit den Ereignissen $A := \{\,\text{Lenker alkoholisiert}\,\}$ und

$$B := \{\,\text{Gerät zeigt an, dass Lenker alkoholisiert ist}\,\}$$

lautet die Angabe: $\mathbf{P}\big(B \mid \bar{A}\big) = 0.03$, $\mathbf{P}\big(\bar{B} \mid A\big) = 0.01$ und $\mathbf{P}(A) = 0.05$. Folglich ist $\mathbf{P}(B \mid A) = 1 - \mathbf{P}\big(\bar{B} \mid A\big) = 1 - 0.01 = 0.99$ und $\mathbf{P}(\bar{A}) = 0.95$. Wir sollen $\mathbf{P}(A \mid B)$ bestimmen. Aus der Bayes-Formel ergibt sich

$$\mathbf{P}(A \mid B) = \frac{0.99 \cdot 0.05}{0.99 \cdot 0.05 + 0.03 \cdot 0.95} = 0.63$$

♣

Häufig sind ein Ereignis A und mehr als zwei Ereignisse $A_1, \ldots, A_n$ mit

$$A \subset A_1 \cup A_2 \cup \cdots \cup A_n$$

gegeben, und man möchte von $\mathbf{P}(A \mid A_k)$ und $\mathbf{P}(A_k)$ $(k = 1, \ldots, n)$ auf die bedingten Wahrscheinlichkeiten $\mathbf{P}(A_k \mid A)$ schließen. Dann kommt das Theorem von Bayes – eine Verallgemeinerung der Bayes-Formel – zur Anwendung.

Theorem von Bayes: Ist $A \subset A_1 \cup A_2 \cup \cdots \cup A_n$ für Ereignisse A und $A_1, A_2, \ldots A_n$, dann gilt

$$\mathbf{P}(A_k \mid A) = \frac{\mathbf{P}(A \mid A_k) \cdot \mathbf{P}(A_k)}{\sum_{i=1}^{n} \mathbf{P}(A \mid A_i) \cdot \mathbf{P}(A_i)} \,.$$

3–32 Eine Unfallversicherung teilt Autofahrer in drei Gruppen:

schlechte, **mittlere** und **gute** Autofahrer.

Es wird angenommen, dass

schlechte Autofahrer	mit Wahrscheinlichkeit 0.6,
mittlere Autofahrer	mit Wahrscheinlichkeit 0.1, und
gute Autofahrer	nur mit Wahrscheinlichkeit 0.01

innerhalb des ersten Versicherungsjahres wenigstens einen Unfall verursachen. Es wird zudem angenommen, dass 30% aller Autofahrer **schlecht**, 60% **mittlere** und 10% **gute** Autofahrer sind.

a) Mit welcher Wahrscheinlichkeit verursacht ein beliebiger Autofahrer innerhalb eines Jahres wenigstens einen Unfall?

b) Mit welcher Wahrscheinlichkeit gehört ein Autofahrer, der innerhalb eines Jahres wenigstens einen Unfall verursacht hat, der Gruppe der **guten** Autofahrer an?

Lösung: Das Ereignis, dass ein Autofahrer einen Unfall im ersten Versicherungsjahr verursacht, bezeichnen wir mit *Unfall*.

a) Wir benutzen den Satz von der totalen Wahrscheinlichkeit:

$$\mathbf{P}(\mathit{Unfall}) = \mathbf{P}(\mathit{Unfall} \mid \mathbf{schlecht}) \cdot \mathbf{P}(\mathbf{schlecht}) +$$

$$+ \mathbf{P}(\mathit{Unfall} \mid \mathbf{mittel}) \cdot \mathbf{P}(\mathbf{mittel}) + \mathbf{P}(\mathit{Unfall} \mid \mathbf{gut}) \cdot \mathbf{P}(\mathbf{gut}) =$$

$$= 0.6 \cdot 0.3 + 0.1 \cdot 0.6 + 0.01 \cdot 0.1 = 0.241$$

b) Es wird nach der bedingten Wahrscheinlichkeit $\mathbf{P}(\mathbf{gut} \mid \mathit{Unfall})$ gefragt. Diese erhält man durch den Satz von Bayes

$$\mathbf{P}(\mathbf{gut} \mid \mathit{Unfall}) = \frac{\mathbf{P}(\mathit{Unfall} \mid \mathbf{gut}) \cdot \mathbf{P}(\mathbf{gut})}{\mathbf{P}(\mathit{Unfall})} = \frac{0.01 \cdot 0.1}{0.241} = 0.00415.$$

♣

3.1.5 Unabhängige Ereignisse

Zieht man zwei Kugeln *mit Zurücklegen* aus einer Urne, die - sagen wir - 2 weiße und 3 schwarze Kugeln enthält, dann hängt der Ausgang des zweiten Zugs nicht vom Ausgang des ersten Zugs ab. Denn unabhängig davon, welche Kugel beim ersten Zug gezogen wurde, die Wahrscheinlichkeit beim zweiten Zug eine weiße Kugel zu ziehen ist $2/5$. Mit anderen Worten, bezeichnet W_2 das Ereignis beim zweiten Zug eine weiße und W_1 bzw. S_1 die Ereignisse beim ersten Zug eine weiße bzw. eine schwarze Kugel zu ziehen, dann gilt $\mathbf{P}(W_2 \mid W_1) = \mathbf{P}(W_2 \mid S_1) = \mathbf{P}(W_2)$. Formel (3.13) zufolge ist das gleichbedeutend mit $\mathbf{P}(W_2 \cap W_1) = \mathbf{P}(W_2) \cdot \mathbf{P}(W_1)$ und $\mathbf{P}(W_2 \cap S_1) = \mathbf{P}(W_2) \cdot \mathbf{P}(S_1)$.

Unabhängige Ereignisse: Zwei Ereignisse A und B heißen *unabhängig*, falls

$$\mathbf{P}(A \cap B) = \mathbf{P}(A) \cdot \mathbf{P}(B).$$

3–33 Eine Lehrerin fragt vier Schüler nach ihren Hausaufgaben. Der erste Schüler hat Hausaufgaben in 90% aller Fälle, der zweite in 50%, der dritte in 30% und der vierte nur in 10% aller Fälle. Außerdem haben die vier Schüler unabhängig voneinander ihre Hausaufgaben gemacht. Mit welcher Wahrscheinlichkeit

a) haben alle vier Schüler ihre Hausaufgaben gemacht,

b) hat mindestens einer der vier Schüler seine Hausaufgaben gemacht,

c) haben mindestens drei der vier Schüler ihre Hausaufgaben gemacht?

Lösung:

a) Die Wahrscheinlichkeit, dass der erste und der zweite Schüler ihre Hausaufgaben gemacht haben, beträgt $0.9 \cdot 0.5$, denn sie entscheiden unabhängig voneinander. Da der dritte Schüler unabhängig von den ersten beiden seine Hausaufgaben erledigt hat, beträgt die Wahrscheinlichkeit, dass alle drei ihre Hausaufgaben haben, $0.9 \cdot 0.5 \cdot 0.3$. Auch der vierte Schüler entscheidet unabhängig von den anderen und daher hat das gesuchte Ereignis Wahrscheinlichkeit 0.0135.

b) Wir berechnen zuerst die Wahrscheinlichkeit des Komplementärereignisses, d.h., die Wahrscheinlichkeit, dass keiner der vier Schüler seine Hausaufgabe hat. Da die Schüler unabhängig voneinander entscheiden, ist diese Wahrscheinlichkeit gleich $0.1 \cdot 0.5 \cdot 0.7 \cdot 0.9 = 0.0315$. Die Wahrscheinlichkeit des Ereignisses „*mindestens ein Schüer hat seine Hausaufgaben*" ist damit $1 - 0.0315 = 0.9685$.

c) „*Mindestens drei der 4 haben ihre Hausaufgaben*" heißt, dass entweder „*alle ihre Hausaufgaben haben*" oder „*genau einer der 4 seine Hausaufgaben nicht hat*". Die Wahrscheinlichkeit, dass „*alle vier ihre Hausaufgaben haben*" beträgt nach a) 0.0135. „*Genau einer der 4 hat seine Hausaufgaben nicht*" heißt, dass entweder nur der erste Schüler oder nur der zweite oder nur der dritte oder nur der vierte seine Hausaufgaben nicht hat. Dies geschieht jeweils mit Wahrscheinlichkeit $0.1 \cdot 0.5 \cdot 0.3 \cdot 0.1$ bzw. $0.9 \cdot 0.5 \cdot 0.3 \cdot 0.1$ bzw. $0.9 \cdot 0.5 \cdot 0.7 \cdot 0.1$ bzw. $0.9 \cdot 0.5 \cdot 0.3 \cdot 0.9$. Folglich hat „*Genau einer der drei seine Hausaufgaben nicht*" mit Wahrscheinlichkeit

$$0.1 \cdot 0.5 \cdot 0.3 \cdot 0.1 + 0.9 \cdot 0.5 \cdot 0.3 \cdot 0.1 + 0.9 \cdot 0.5 \cdot 0.7 \cdot 0.1 + 0.9 \cdot 0.5 \cdot 0.3 \cdot 0.9 = 0.168.$$

Daher ist die Wahrscheinlichkeit, dass „*mindestens drei ihre Hausaufgaben haben*" gleich $0.0315 + 0.1680 = 0.1815$.

♣

3–34 A und B sind unabhängige Ereignisse mit $\mathbf{P}(A) = 1/2$ und $\mathbf{P}(B) = 2/3$. Wie groß ist die Wahrscheinlichkeit von $\mathbf{P}(A \cup B)$?

Lösung: Nach dem allgemeinen Additionssatz (3.4) gilt

$$\mathbf{P}(A \cup B) = \mathbf{P}(A) + \mathbf{P}(B) - \mathbf{P}(A \cap B)\ .$$

Da A und B unabhängig sind, ist $\mathbf{P}(A \cap B) = (1/2) \cdot (2/3) = 1/3$ und damit $\mathbf{P}(A \cup B) = (1/2) + (2/3) - 1/3 = (1/2) + (1/3) = 5/6$. ♣

Weitere typische Beispiele für unabhängige Ereignisse finden wir für den mehrfachen Münz- oder Würfelwurf.

3–35 Eine „fairer" Würfel wird zweimal geworfen. Prüfe nach, dass

$$A_1 = \text{„beim ersten Wurf fällt 1"}$$

und

$$A_2 = \text{„beim zweiten Wurf fällt eine Augenzahl zwischen 2 und 4"}$$

unabhängige Ereignisse sind.

Lösung: Man rufe sich den Stichprobenraum

$$\Omega = \{1,2,3,4,5,6\} \times \{1,2,3,4,5,6\}$$

des zweifachen Würfelwurfs in Erinnerung (siehe 4 und 3–4). Ähnlich wie Ω können wir die Ereignisse A_1, A_2 und $A_1 \cap A_2$ als *Produkte von Mengen* schreiben

$$A_1 = \{1\} \times \{1,2,3,4,5,6\}$$
$$A_2 = \{1,2,3,4,5,6\} \times \{2,3,4\}$$

und

$$A_1 \cap A_2 = \{1\} \times \{2,3,4\}$$

(das ist einfach eine symbolisch Darstellung der Äste des Verzweigungsbaums von Ω die zu A_1, A_2 bzw. $A_1 \cap A_2$ gehören). Nun ist

$$\mathbf{P}(A_1) = \frac{|\{1\}| \cdot |\{1,2,3,4,5,6\}|}{|\{1,2,3,4,5,6\}| \cdot |\{1,2,3,4,5,6\}|} = \frac{|\{1\}|}{|\{1,2,3,4,5,6\}|} \; (= \frac{1}{6})$$

$$\mathbf{P}(A_2) = \frac{|\{1,2,3,4,5,6\}| \cdot |\{2,3,4\}|}{|\{1,2,3,4,5,6\}| \cdot |\{1,2,3,4,5,6\}|} = \frac{|\{2,3,4\}|}{|\{1,2,3,4,5,6\}|} \; (= \frac{3}{6})$$

und schließlich

$$\begin{aligned} \mathbf{P}(A_1 \cap A_2) &= \frac{|\{1\}| \cdot |\{2,3,4\}|}{|\{1,2,3,4,5,6\}| \cdot |\{1,2,3,4,5,6\}|} = \\ &= \frac{|\{1\}|}{|\{1,2,3,4,5,6\}|} \cdot \frac{|\{2,3,4\}|}{|\{1,2,3,4,5,6\}|} = \mathbf{P}(A_1) \cdot \mathbf{P}(A_2) \end{aligned}$$

♣

Der mehrfache Würfelwurf ist ein Beispiel für ein zusammengesetztes Experiment, das in der Hintereinanderausführung mehrere Einzelexperimente besteht. Wir sind dabei davon ausgegangen, dass sich die Ausgänge verschiedener Würfe **nicht** gegenseitig beeinflussen. Ganz allgemein spricht man von *unabhängigen Wiederholungen* eines Zufallsexperiments, wenn bei jeder Wiederholung des „(Einzel-)Experiments" die Versuchsbedingungen gleich und unabhängig vom Ausgang der vorigen Durchgänge sind. Viele wichtige Modelle der Statistik sind solche unabhängig wiederholte Zufallsexperimente.

3–36 Eine gezinkte Münze zeige *Wappen* nur mit Wahrscheinlichkeit 0.3. Sie wird 10 mal geworfen.

a) Mit welcher Wahrscheinlichkeit fällt bei den ersten 5 Würfen *Wappen* und bei den letzten 5 *Zahl*?

b) Mit welcher Wahrscheinlichkeit fällt genauso oft *Wappen* wie *Zahl*?

Lösung: Mangels anderer Informationen gehen wir davon aus, dass die Würfe unabhängig sind.

a) Die Wahrscheinlichkeit, dass die ersten 5 Würfe *Wappen* und die letzten 5 *Zahl* zeigen ist $0.3^5 \cdot 0.7^5 = 0.000408$.

b) Nun ist es egal, wann die fünf *Wappen* gefallen sind. Es gibt $\binom{10}{5}$ Möglichkeiten, fünf mal *Wappen* und *Zahl* zu werfen (nämlich die Zahl der Möglichkeiten, 5 aus 10 Würfen auszuwählen, bei denen fällt). Jeder dieser Möglichkeiten hat Wahrscheinlichkeit 0.000408. Die gesuchte Wahrscheinlichkeit beträgt daher

$$\binom{10}{5} \cdot 0.000408 = 0.103 \; .$$

♣

Zwei mögliche Ereignisse A und B mit den Wahrscheinlichkeiten, $\mathbf{P}(A) > 0$ und $\mathbf{P}(B) > 0$, die einander ausschließen, sind nicht unabhängig! Die Wahrscheinlichkeit ihres gemeinsamen Auftretens ist immer 0 und damit ungleich dem Produkt $\mathbf{P}(A) \cdot \mathbf{P}(B)$. Die beiden Ereignisse *Person X ist schwanger* und *Person X ist ein Mann* z.B. sind alles andere als unabhängig: wenn wir wissen, dass eines der beiden Ereignisse eingetreten ist, dann wissen wir bereits, dass das andere nicht eingetreten sein kann.

3.2 Beispiele zum Üben

3.2.1 Aufgaben

3–37 A, B und C seien Ereignisse (Teilmengen) eines Wahrscheinlichkeitsraumes Ω mit $P(A) = 0.5$, $P(B) = 0.7$, $P(C) = 0.1$. Weiters gilt $C \subset A \cap B$ und $\Omega = A \cup B$.

a) Welche der folgenden Aussagen sind richtig?

(i) $B \subset A$	(ii) $P(A \cap B) = 0.2$
(iii) $P(A \cup B) = P(A) + P(B)$	(iv) A und C sind unabhängig

b) Bestimmen Sie $P(C|A)$ und $P(B|C)$.

3–38 Ein Würfel wird zweimal geworfen. Es sei

$$A = \text{„beide Würfe zeigen eine Augenzahl kleiner oder gleich 3"}$$
$$B = \text{„die Differenz der Augenzahlen ist 1"}$$

Man bestimme die Wahrscheinlichkeiten der Ereignisse

$$A, B, \bar{A}, \bar{B}, A \cap B, A \cup B, \bar{A} \cap \bar{B}, \bar{A} \cup \bar{B}, \overline{A \cap B}, \overline{A \cup B}\ .$$

3–39 In einer Urne befinden sich 5 Kugeln, die mit den Nummer 1 bis 5 versehen sind. Die Kugeln mit den Nummern 1 bis 3 sind blau, Kugeln 4 und 5 sind rot. Es werden hintereinander zwei Kugeln gezogen, ohne die erste zurückzulegen.

a) Man bestimme einen geeigneten Stichprobenraum für dieses Zufallsexperiment.

b) Man bestimme die Ereignisse

$$A = \text{„beide Kugeln sind blau"}$$

$$B = \text{„die erste Kugel ist rot"}.$$

c) Berechnen Sie die Wahrscheinlichkeiten von A, B und $A \cup B$ nach dem Laplace'schen Wahrscheinlichkeitsbegriff.

3–40 Bei einem Glücksspiel werden drei Münzen geworfen. Zeigen mindestens zwei der drei Münzen das Symbol **Zahl**, hat der erste Spieler gewonnen. Ansonsten gewinnt der zweite Spieler.

a) Welches sind die möglichen Ausgänge diese Spiels, d.h., bestimmen Sie einen geeigneten Stichprobenraum.

b) Ist das Spiel fair?

3–41 Eine Urne enthält 12 weiße und 8 schwarze Kugeln. Es werden zwei Kugeln hintereinander aus der Urne gezogen, ohne die erste in die Urne zurückzulegen.

a) Mit welcher Wahrscheinlichkeit wird zuerst eine weiße und dann eine schwarze Kugel gezogen?

b) Mit welcher Wahrscheinlichkeit wird zuerst eine schwarze und dann eine weiße Kugel gezogen?

c) Mit welcher Wahrscheinlichkeit wird eine weiße und eine schwarze Kugel gezogen, wobei es nicht darauf ankommt wann die weiße bzw. schwarze Kugel gezogen wird.

d) Mit welcher Wahrscheinlichkeit sind beide gezogenen Kugeln weiß?

3–42 Marianne und Hans suchen nach einem fairen Spiel, um entscheiden zu können, ob sie am Abend ins Kino (Wunsch von Hans) oder ins Theater (Mariannes Wunsch) gehen. Welches der folgenden Glücksspiele würden Sie zur fairen Entscheidung empfehlen (mit Begründung!).

a) So lange "Schere-Stein-Papier" spielen, bis es zu einer Entscheidung kommt.

b) Eine Münze zweimal werfen, wobei Marianne gewinnt, wenn wenigstens einmal ZAHL gefallen ist. Ansonsten gewinnt Hans.

c) Jeder zieht einmal (blind und mit Zurücklegen) aus einer Kiste, die drei Lose mit den Nummern 1, 2 oder 3 enthält. Ist die Summe der gezogenen Lose gerade, gewinnt Hans, ansonsten gewinnt Marianne.

d) Zwei Würfel werden geworfen. Ist der Betrag der Augensummendifferenz 1 oder 2, gewinnt Marianne, ansonsten Hans.

3–43 Ein Abteilungsleiter möchte, dass jede Woche einer seiner 4 Mitarbeiter einen Bericht verfasst und ein zweiter ihn auf Fehler durchliest. Wie viele Wochen wird es mindestens dauern, bis jeder der 4 Mitarbeiter einen Bericht verfasst und von jedem seiner Kollegen einen Bericht auf Fehler gelesen hat?

3–44 In der ersten Runde einer Fußballmeisterschaft spielen in jeder Gruppe 4 durch das Los ausgewählte Mannschaften gegeneinander. Angenommen es gibt insgesamt 20 Mannschaften.

a) Wie viele mögliche Zusammensetzungen an Mannschaften gibt es in jeder Gruppe?

b) Wie viele Spiele gibt es in der ersten Runde, wenn innerhalb jeder Gruppe jeder gegen jeden ein Spiel spielt?

c) In der ersten Runde wird innerhalb jeder Gruppe eine Rangordnung der vier Mannschaften dieser Gruppe festgelegt. Wieviel mögliche Rangordungen gibt es pro Gruppe?

d) 10 Mannschaften spielen in der nächsten Runde. Wie viele verschiedene Zusammensetzungen für diese zweite Spielrunde sind theoretisch möglich (bevor die Zusammensetzungen der fünf Gruppen der ersten Runde festliegen)?

e) Wie viele verschiedene Zusammensetzungen für die zweite Spielrunde sind möglich, wenn die Zusammensetzungen der fünf Gruppen der ersten Runde bereits bekannt sind?

3–45 In einer Quizfrage sollen aus 7 Monumenten die drei ältesten ausgewählt werden. Ein Kandidat, der die richtige Antwort nicht kennt, rät einfach drei der 7 Monumente. Mit welcher Wahrscheinlichkeit errät er die drei ältesten Monumente

a) in richtiger Reihenfolge (das Älteste zuerst etc)?

b) in beliebiger Reihenfolge?

3–46 Der Anteil der Gesamtbevölkerung, der an einer bestimmten Infektion erkrankt ist 0.01. Ein Diagnoseverfahren für diese Infektion habe die Irrtumswahrscheinlichkeiten:

0.2 für ein positives Testergebnis, obwohl die Testperson nicht infiziert war, und

0.05 für ein negatives Testergebnis, obwohl die Testperson infiziert war.

a) Mit welcher Wahrscheinlichkeit ist das Testergebnis einer zufällig ausgewählten Person positiv.

b) Angenommen es wurden 10 Personen zufällig ausgewählt. Mit welcher Wahrscheinlichkeit ist wenigstens eines der 10 Testergebnisse positiv, wenn die Gesamtbevölkerung sehr groß ist?

c) Angenommen ein Test war positiv. Mit welcher Wahrscheinlichkeit ist der Patient dann auch wirklich infiziert?

3–47 In Italien möchte ein Tourist eine Tüte Eis mit den Sorten Erdbeere, Heidelbeere und Marille in genannter Reihenfolge bestellen. Da er der Landessprache nicht mächtig ist, kann ihn der Eisverkäufer nicht verstehen. Der Eisverkäufer wählt daher zufällig drei von 10 Eissorten aus. Es soll nun die Wahrscheinlichkeiten bestimmt werden, dass der Tourist die verlangten Eissorten

(i) in beliebiger Reihenfolge bzw.

(ii) in verlangter Reihenfolge bekommt.

a) Wie groß sind die Wahrscheinlichkeiten (i) und (ii), wenn der Eisverkäufer bewusst keine Sorte doppelt wählt?

b) Angenommen der Eisverkäufer hält eine Mehrfachwahl des Touristen für möglich. Wie groß sind die Wahrscheinlichkeiten der Ereignisse (i) und (ii), wenn der Eisverkäufer die drei Eiskugeln nacheinander und bei jeder Kugel alle Eissorten mit gleicher Wahrscheinlichkeit auswählt.

c) Wie viele verschiedene Eistüten gibt es, wenn die Tüte (wie in (b)) von jeder Sorte mehr als eine Kugel enthalten kann, es aber auf die Lage (Reihenfolge) der Kugeln nicht ankommt?

3–48 Ein Schaffner weiß, dass er bis zur Endstation nur 2 der 10 Waggons seines Zuges kontrollieren kann. Er wählt 2 Waggons zufällig aus und kontrolliert pro Waggon auch nur 2 zufällig ausgewählte Fahrgäste.

Nun befinden sich in einem Waggon 12 Fahrgäste, von denen 4 keine Fahrkarte haben. Diese 4 Schwarzfahrer sind die einzigen Schwarzfahrer im ganzen Zug.

a) Wie viele Möglichkeiten hat der Schaffner 2 der 10 Waggons auszuwählen?

b) Mit welcher Wahrscheinlichkeit erwischt er den Waggon mit den Schwarzfahrern?

c) Berechnen Sie die Wahrscheinlichkeit, dass der Schaffner mindestens einen Schwarzfahrer erwischt, wenn er weiß, in welchem Waggon die Schwarzfahrer sind?

d) Mit welcher Wahrscheinlichkeit erwischt der Schaffner **mindestens** einen Schwarzfahrer, wenn er nicht weiß, in welchem Waggon die Schwarzfahrer sind?

3–49 Mit welcher Wahrscheinlichkeit gewinnen Spieler I bzw. Spieler III das Spiel aus Beispiel 3–29?

3–50 Eine Unfallversicherung teilt Autofahrer in drei Gruppen :

G gute, die mit Wahrscheinlichkeit 0.99 ein Jahr lang keinen Unfall verursachen,

M mittelmäßige, welche mit Wahrscheinlichkeit 0.95 ein Jahr unfallfrei bleiben, und

S schlechte, die mit Wahrscheinlichkeit 0.1 mindestens einen Unfall in einem Jahr verursachen.

Es wird angenommen, dass jeder der Gruppen G, M und S jeweils ein Drittel aller Autofahrer zugeschrieben werden können, und dass innerhalb jeder Gruppe die Zahl der Unfälle des folgenden Jahres nicht von der Zahl der Unfälle des aktuellen Jahres abhängt.

a) Mit welcher Wahrscheinlichkeit baut ein zufällig ausgewählter Autofahrer einen Unfall?

b) Die Versicherung verkauft Herrn K. Rach eine Versicherungspolizze. Mit welcher Wahrscheinlichkeit gehört er zur Klasse M, mit welcher zur Klasse S, wenn er bereits im ersten Jahr einen Unfall verursacht hat?

c) Mit welcher Wahrscheinlichkeit gehört er zur Klasse G, wenn er in den ersten beiden Jahren keinen Unfall verschuldet hat?

3–51 Berechne **P**(**mittel** | *Unfall*) und **P**(**schlecht** | *Unfall*) aus Beispiel 3–32.

3–52 Herr Windig bietet Teilnehmern des öffentlichen Verkehrs an, nach Zahlung einer Prämie die Kosten (nur) **eines** missglückten Schwarzfahrens pro Monat zu übernehmen. Um die Prämie dieser (natürlich illegalen) „Schwarzfahrerversicherung" zu bestimmen, teilt er Schwarzfahrer in *unglückliche* und *glückliche* Fahrer ein. (*Unglückliche* Fahrer fahren auf Strecken und/oder zu Zeiten, bei denen öfter kontrolliert wird.) Er nimmt an, dass in einem Monat

- ein *unglücklicher* Fahrer mit Wahrscheinlichkeit 0.5 und
- ein *glücklicher* Fahrer mit Wahrscheinlichkeit 0.3

mindestens einmal kontrolliert wird. Bei einer Erstversicherung geht er einfach davon aus, dass der Fahrer jeweils mit Wahrscheinlichkeit 1/2 ein *unglücklicher* bzw. *glücklicher* Fahrer ist. Diese Wahrscheinlichkeiten werden dann, je nachdem ob der Fahrer kontrolliert wurde oder nicht, im Folgemonat korrigiert. Die Prämie berechnet er jeden Monat neu und ermittelt sie aus der Wahrscheinlichkeit, im betreffenden Monat kontrolliert zu werden.

a) Mit welcher Wahrscheinlichkeit wird ein Schwarzfahrer im ersten Monat kontrolliert, wenn die Annahmen des Herrn Windig zutreffen?
b) Falls der Fahrer im ersten Monat **nicht** kontrolliert wurde, mit welcher Wahrscheinlichkeit gehört er der Gruppe der *unglücklichen* Fahrer an?
c) Mit welcher Wahrscheinlichkeit wird ein Fahrer im zweiten Monat kontrolliert, wenn er im ersten Monat **nicht** kontrolliert wurde? Berechnen Sie diese Wahrscheinlichkeit mittels der in (b) bestimmten Wahrscheinlichkeit.

3–53 Nochmals die Daten aus Beispiel 2-21. Mit welcher Wahrscheinlichkeit lebt eine zufällig ausgewählte Person in einem 3-Personen Haushalt (1991)?

3–54 Wir werfen einen Würfel dreimal. Wie groß ist die Wahrscheinlichkeit, dass die Summe der Augenzahlen 5 ist?

3–55 Ein fairer Würfel wird 12 Mal geworfen. Welches der folgenden Ereignisse A und B ist unwahrscheinlicher?

a) A: die Abfolge der Augenzahlen ist $(6, 6, 6, 6, 6, 6, 6, 6, 6, 6, 6, 6)$ oder B: die Abfolge der Augenzahlen ist: $(2, 5, 3, 3, 4, 2, 5, 5, 6, 1, 4, 5)$?
b) A: Es fällt zwölf mal die 6 oder B: es fällt insgesamt einmal die 1, zweimal die 2, zweimal die 3, zweimal die 4, viermal die 5 und einmal die 6 ?

3–56 Ein Würfel wird 2 mal geworfen, mit W_1 bezeichnen wir die Augenzahl der ersten Würfels, mit W_2 jene des zweiten, mit S die Summe der Augenzahlen. Unten finden Sie fünf Paare von Ereignissen A und B, vergleichen Sie jeweils die beiden Ereignisse eines Paares miteinander - wie verhalten sie sich zueinander? Sind sie unabhängig, disjunkt, enthält eines das andere oder trifft keine dieser Möglichkeiten zu?

a) A: W_1 ist gerade,B: $W_1 \leq 3$,

b) A:W_1 ist gerade, B:$W_2 \leq 3$,

c) A:W_1 ist gerade, B:S ist gerade,

d) A:$W_1 \leq 3$, B: $S > 9$.

3–57 Ein fairer Würfel wird viermal geworfen, $X1, X2, X3$ und $X4$ bezeichnen die Augenzahlen der vier Würfe, S die Summe von allen vier Würfen.

a) Ermitteln Sie die Wahrscheinlichkeiten der Ereignisse A: $(X1 = X2 = X3 = 1)$ und $B : (X1 = X2 = X3)$!

b) Wie verhalten sich die beiden Ereignisse $A : X1 = 1$ und $B : S \leq 19$? (Mengendiagramm!)

3–58 Nochmals die Daten aus Beispiel 2-21 bzw. 2.33: Mit welcher Wahrscheinlichkeit leben zwei zufällig ausgewählte Personen im gleichen Haushalt (1991)?

3–59 Die Freuhäutliche Partei Österreichs habe im Jahr 2010 einen Stimmenanteil von 40% in ländlichen Gebieten und 20% in Städten. Im Jahr 2020 hat sie in beiden Gebieten jeweils einen Zuwachs von 2%. Trotzdem ist ihr Stimmenanteil an der Gesamtbevölkerung um 2% zurückgegangen. Wie kann das sein?

3–60 Angenommen, 95% aller Studierenden hassen Prüfungen, 92% hassen Kurse vor 9:00, 89% hassen das Audi-Max, 87% mögen Denksportaufgaben.

a) Angenommen, diese vier Eigenschaften sind unabhängig voneinander. Welcher Anteil der Studierenden hasst Prüfungen, Morgenkurse, das Audimax und mag Denksportaufgaben?

b) Wenn wir nicht voraussetzen, dass die vier Eigenschaften unabhängig sind: Welcher Anteile der Studierenden besitzt dann *höchstens* alle vier Eigenschaften? Und wieviele sind es *mindestens*?

3–61 Sie wählen blind eine 9 stellige Telefon-Nummer. Mit welcher Wahrscheinlichkeit ist sie von vorn und hinten die gleiche Zahl?

3–62 In einem Blumengeschäft stehen 10 verschiedene Sorten Schnittblumen zur Auswahl. zur Auswahl.

a) Wie viele Möglichkeiten haben Sie, einen Strauss mit 9 bzw 11 Blumen zusammenzustellen, wenn jede Blume

(i) nur einmal

(ii) mehrmals vorkommen darf? bekommt.

b) Sie haben zwei Nichten, jede soll ein Gesteck mit 3 verschiedenen Blumen bekommen, von denen keine in dem der jeweils anderen vorkommen darf. Wie viele Möglichkeiten gibt es?

3–63 Wie groß ist die Wahrscheinlichkeit für einen Elfer beim Toto?

3–64 Von der männlichen Bevölkerung Österreichs sind 23 % in der Altersgruppe I (0 - 19), 63 % in der Altersgruppe II (20 - 64) und 14 % in der Altersgruppe III (älter als 64). In der ersten Altersgruppe ist die Armutsgefährdung 14%, in der zweiten 9%, in der dritten 10 %. (Quelle: Statistik Austria, Stand 2007).

a) Wie groß ist die Armutsgefährdung unter allen Männern in Österreich?

b) Mit welcher Wahrscheinlichkeit ist ein zufällig ausgewählter Mann in der 2.Gruppe *und* armutsgefährdet?

c) Mit welcher Wahrscheinlichkeit ist ein zufällig ausgewählter Mann in der 2. Gruppe *unter der Bedingung,* dass er armutsgefährdet ist?

3–65 Das berühmte "Ziegenproblem": In einer Quizshow kann ein Kandidat ein Auto gewinnen - vorausgesetzt, er errät, hinter welcher von drei Türen es steht, hinter den beiden anderen Türen steht jeweils eine Ziege. Der Kandidat zeigt zunächst auf eine der drei Türen, dann öffnet der Quizmaster eine der beiden anderen Türen, hinter der sich eine Ziege befindet. Nun kann der Kandidat bei seiner ursprünglichen Entscheidung bleiben, oder er wechselt. Was soll er tun?

3–66 Ausdrücke der Form $\binom{n}{k}$ kennen Sie aus einem anderen Zusammenhang: sie sind die Koeffizienten des Ausdrucks $a^k b^{n-k}$ im Polynom $(a+b)^k$. Begründen Sie dies mit Hilfe kombinatorischer Überlegungen!

3.2.2 Lösungen

3–37: a) (ii).

b) $P(C|A) = 0.2$ und $P(B|C) = 1$.

3–39: a) $\Omega = \{ (i,j) : i,j \in \{1,2,3,4,5\}, i \neq j \}$.

b) $A = \{ (1,2),(1,3),(2,1),(2,3),(3,1),(3,2) \}$,
$B = \{ (4,1),(4,2),(4,3),(4,5),(5,1),(5,2),(5,3),(5,4) \}$.

c) $\mathbf{P}(A) = |A|/|\Omega| = 6/(5 \cdot 4) = 0.3$; $\mathbf{P}(B) = |B|/|\Omega| = 8/20 = 0.4$; A und B schließen einander aus: $\mathbf{P}(A \cup B) = \mathbf{P}(A) + \mathbf{P}(B) = 0.7$.

3–41: a) 0.253.

b) 0.253.

c) $0.253 + 0.253 = 0.51$.

d) $12 \cdot 11/380 = 0.347$.

3–43: Mindestens 12 Wochen.

3–45: a) $\frac{1}{210} = 0.00476$.

b) $\frac{1}{35} = 0.02857$.

3–47: a) (i): $\frac{1}{120} = 0.0083$, (ii): $\frac{1}{720} = 0.0014$.

b) (i): 0.006, (ii): 0.001.

c) 220.

3–49: $\mathbf{P}(\text{I gewinnt}) = 4/9$, $\mathbf{P}(\text{II gewinnt}) = 2/9$.

3–51: $\mathbf{P}(\textbf{mittel} \mid \textit{Unfall}) = 0.24896$, $\mathbf{P}(\textbf{schlecht} \mid \textit{Unfall}) = 0.74689$.

3–53: 0.209.

3–55: a) beide sind gleich wahrscheinlich;

b) A ist unwahrscheinlicher.

3–57: a) $P(A) = \frac{1}{216}$, $P(B) = \frac{1}{36}$;

b) $A \subset B$.

3–59: Die Zusammensetzung der Bevölkerung hat sich verändert; in diesem (extremen) Beispiel: 20% der Gesamt-Bevölkerung sind vom Land in die Stadt gezogen ("Simpsons Paradoxon").

3–61: 10^{-4}.

3–63: $4.5 \cdot 10^{-5}$.

3–65: Wechseln erhöht die Gewinnchance!

Kapitel 4

Zufallsvariablen

In Kapitel 3 wurden, passend zu den jeweiligen Experimenten, die unterschiedlichsten Ereignisräume betrachtet und mit Wahrscheinlichkeiten versehen. Besteht das Experiment im einfachen Ziehen aus einer Urne mit verschiedenfarbigen Kugeln, so können die beiden Ereignisse "Die Kugel ist rot" und "Die Kugel ist schwarz" betrachtet werden. Wird jedem Ereignis in einem Ereignisraum eine reelle Zahl zugeordnet, so erhält man eine *Zufallsvariable.* Z.B. können wir beim Ziehen verschiedenfarbiger Kugeln eine Zufallsvariable definieren, die den Wert 0 annimmt, wenn die Kugel rot ist und den Wert 1, wenn die Kugel schwarz ist. Besteht das Experiment im zufälligen Ziehen einer Person, so können etwa die beiden Ereignisse "Person ist armutsgefährdet" oder "Person ist nicht armutsgefährdet" betrachtet werden, oder auch "Person ist 1 Jahr alt" bis "Person ist 150 Jahre alt". Zu diesen Ereignissen können zwei Zufallsvariablen definiert werden. Die Zufallsvariable "Armutsgefährdung" wird bei einer gefährdeten Person den Wert 1 annehmen und sonst 0. Die Zufallsvariable "Alter" ist selbsterklärend. Werfen wir einen Würfel einmal, so sind die Elementar-Ereignisse "Es fällt eine Eins" bis "Es fällt eine Sechs" möglich, aus denen zusammengesetzte Ereignisse gebildet werden können. Beim Würfelwurf ist eine naheliegende Zufallsvariable die Augenzahl, nennen wir sie X. Tritt also das Ereignis "es fällt eine 1" ein, so nimmt X den Wert 1 an usw. Ebenso gut ist aber auch eine Zufallsvariable Y definierbar, die den Wert 0 annimmt, wenn das Ereignis "es fällt eine ungerade Augenzahl" eintritt, und den Wert 1 beim Ereignis "es fällt eine gerade Augenzahl"'. Die Wahrscheinlichkeiten dafür, dass eine Zufallsvariable einen bestimmten Wert annimmt, ergeben sich aus der Wahrscheinlichkeit der Ereignisse, denen dieser Wert zugeordnet wird. Zufallsvariablen zu einem diskreten Merkmal haben einen diskreten Wertebereich, Zufallsvariablen zu einem kontinuierlichen Merkmal einen kontinuierlichen.

Beispiel 8 *Bei einem Würfel kann die oben eingeführte Zufallsvariable X die Werte* $1, 2, 3, 4, 5, 6$ *annehmen, bei einem fairen Würfel wird jeder dieser Werte mit Wahrscheinlichkeit* $1/6$ *angenommen. Bei einem fairen Würfel wird die oben eingeführte Zufallsvariable Y die Werte* 0 *und* 1 *jeweils mit Wahrscheinlichkeit* $1/2$ *annehmen.* ♢

4–1 In einer Gruppe von 50 Schülern sind 15 Schüler 16 Jahre alt, 30 Schüler 17 Jahre alt, und die anderen sind 18 Jahre alt. Nun wird ein Schüler zufällig ausgewählt und nach seinem Alter befragt. Beschreibe das Alter des Befragten durch eine *Zufallsvariable*.

Lösung: Das Alter X kann wie folgt durch eine *Zufallsvariable* beschrieben werden: Wir nehmen an, dass jeder der Schüler die gleichen Chance hat befragt zu werden. Die Wahrscheinlichkeit einen 16jähigen zu befragen, d.h., $X = 16$, beträgt dann $15/50 = 0.3$, der Befragte ist mit Wahrscheinlichkeit $30/50 = 0.6$, $X = 17$ Jahre alt und mit Wahrscheinlichkeit $5/50 = 0.1$ ist der Befragte $X = 18$ Jahre alt. ♣

Eine Zufallsvariable kann (im Wesentlichen) immer als Abbildung der Elemente eines geeigneten Wahrscheinlichkeitsraums auf die reellen oder natürlichen Zahlen beschrieben werden.

Beispiel 9 *Für die Zufallsvariable aus 4–1 kann man beispielsweise als Stichprobenraum die Menge der Schüler wählen:*

$$\Omega_0 = \{1, 2, 3, 4, 5 \ldots, 50\} .$$

Hierbei wird jedem Schüler eine Zahl von 1 bis 50 zugeordnet, und zwar so, dass das Alter durch folgende Funktion gegeben ist:

$$X_0(k) = \begin{cases} 16 & \textit{falls} \quad 1 \leq k \leq 15 \\ 17 & \textit{falls} \quad 16 \leq k \leq 45 \\ 18 & \textit{falls} \quad 46 \leq k \leq 50 \end{cases} \tag{4.1}$$

Wird jeder Schüler mit gleich großer Wahrscheinlichkeit befragt, dann sind die Wahrscheinlichkeiten $\mathbf{P}(k) = 1/50$ *für alle* $k \in \Omega$.

♢

Oft sind Ω und $\mathbf{P}$ vorbestimmt und X wird direkt als Abbildung von Ω auf die reellen Zahlen definiert.

4–2 Nun werden 2 der 50 Schüler aus Beispiel 4–1 nach ihrem Alter befragt, wobei kein Schüler zweimal befragt werden soll.

Man beschreibe das Durchschnittsalter der 2 befragten Schüler (arithmetisches Mittel) als Zufallsvariable.

Lösung: Um das Durchschnittsalter als Zufallsvariable X zu beschreiben, brauchen wir:

- einen Ereignisraum Ω,
- Wahrscheinlichkeiten $\mathbf{P}(\omega)$ für alle $\omega \in \Omega$ und
- die Abbildung X von Ω (in diesem Fall) auf dic ganzcn Zahlcn.

Wir vergeben wie in Beispiel 9 die Nummern 1 bis 50 an die 50 Schüler. Das Befragen von 2 Schülern entspricht dann einer *Ziehung ohne Zurücklegen* von 2 aus 50 Zahlen. Aus dem vorigen Kapitel wissen wir, dass dieses Zufallsexperiment durch folgenden Wahrscheinlichkeitsraum beschrieben werden kann:

$$\Omega = \{\, (i,j) \,:\, i \in \{\,1,2,\ldots,50\,\},\ j \in \{\,1,2,\ldots,50\,\},\ i \neq j\,\}$$

(i die Nummer des zuerst befragten Schülers, j die Nummer des zweiten befragten Schülers) mit

$$\mathbf{P}(i,j) = \frac{1}{50 \cdot 49} = \frac{1}{2450} \qquad \text{für alle } (i,j) \in \Omega$$

Das Durchschnittsalter $\bar{X}$ ist dann durch die Abbildung

$$\bar{X}(i,j) := \frac{X_0(i) + X_0(j)}{2}$$

gegeben, wobei $X_0(i)$ bzw. $X_0(j)$ wie in (4.1) das Alter des j–ten bzw. i–ten Schülers bezeichnet. Durch Einsetzen der rechten Seite ergibt sich mit „$\wedge$" als logisches „und"

$$\bar{X}(i,j) = \begin{cases} 16 & \text{falls } 1 \leq i \leq 15 \ \wedge\ 1 \leq j \leq 15 \ \wedge\ i \neq j \\ 16.5 & \text{falls } 1 \leq i \leq 15 \ \wedge\ 16 \leq j \leq 45 \\ & \text{oder } 16 \leq i \leq 45 \ \wedge\ 1 \leq j \leq 15 \\ 17 & \text{falls } 16 \leq i \leq 45 \ \wedge\ 16 \leq j \leq 45 \ \wedge\ i \neq j \\ & \text{oder } 1 \leq i \leq 15 \ \wedge\ 46 \leq j \leq 50 \\ & \text{oder } 46 \leq i \leq 50 \wedge 1 \leq j \leq 15 \\ 17.5 & \text{falls } 16 \leq i \leq 45 \ \wedge\ 46 \leq j \leq 50 \\ & \text{oder } 46 \leq i \leq 50 \ \wedge\ 16 \leq j \leq 45 \\ 18 & \text{falls } 46 \leq i \leq 50 \ \wedge\ 46 \leq j \leq 50 \ \wedge\ i \neq j \end{cases} \tag{4.2}$$

Gefragt ist nach den Wahrscheinlichkeiten, mit denen $\bar{X}$ jeden seiner Werte annimmt. Aus (4.2) folgt

$$\begin{aligned} \mathbf{P}(\bar{X} = 16) &= \mathbf{P}(1 \leq i \leq 15 \ \wedge\ 1 \leq j \leq 15 \ \wedge\ i \neq j) \\ &= \frac{15 \cdot 14}{2450} = \frac{21}{245} \\ \mathbf{P}(\bar{X} = 16.5) &= \mathbf{P}(1 \leq i \leq 15 \ \wedge\ 16 \leq j \leq 45) \\ &\quad + \mathbf{P}(16 \leq i \leq 45 \ \wedge\ 1 \leq j \leq 15) \\ &= 2 \cdot \frac{15 \cdot 30}{2450} = \frac{90}{245} \\ \mathbf{P}(\bar{X} = 17) &= \mathbf{P}(16 \leq i \leq 45 \ \wedge\ 16 \leq j \leq 45 \ \wedge\ i \neq j) \\ &\quad + \mathbf{P}(1 \leq i \leq 15 \ \wedge\ 46 \leq j \leq 50) \\ &\quad + \mathbf{P}(46 \leq i \leq 50 \ \wedge\ 1 \leq j \leq 15) \\ &= \frac{30 \cdot 29}{2450} + 2 \cdot \frac{15 \cdot 5}{2450} = \frac{102}{245} \end{aligned}$$

$$\begin{aligned}
\mathbf{P}(\bar{X} = 17.5) &= \mathbf{P}(16 \le i \le 45 \wedge 46 \le j \le 50) \\
&\quad + \mathbf{P}(46 \le i \le 50 \ \wedge \ 16 \le j \le 45) \\
&= 2 \cdot \frac{30 \cdot 5}{2450} = \frac{30}{245} \\
\mathbf{P}(\bar{X} = 18) &= \mathbf{P}(46 \le i \le 50 \ \wedge \ 46 \le j \le 50 \ \wedge \ i \ne j) \\
&= \frac{5 \cdot 4}{2450} = \frac{2}{245}
\end{aligned}$$

♣

4.1 Diskrete Zufallsvariablen

Nimmt eine Zufallsvariable X nur abzählbar viele Werte $x_1, x_2, \ldots$ an (wie in Beispiel 8 und Beispiel 4–1), dann spricht man von einer *diskreten Zufallsvariablen.* Diskrete Zufallsvariablen werden zum Modellieren von diskreten Merkmalen verwendet.

Die Abbildung

$$x_i \longmapsto \mathbf{P}(X = x_i) \ ,$$

die jedem Wert x_i seine Wahrscheinlichkeit $\mathbf{P}(X = x_i)$ zuordnet, nennt man die **Wahrscheinlichkeitsfunktion** der Zufallsvariablen X.

Wir schreiben auch p_i für $\mathbf{P}(X = x_i)$. Insbesondere ist eine Zufallsvariable mit nur endlich vielen Werten *diskret.* In diesem Fall kann man die Wahrscheinlichkeitsfunktion in einer Tabelle darstellen.

Beispiel 10 (Diskrete Gleichverteilung) *Die* Wahrscheinlichkeitsfunktion *der beim Wurf eines fairen Würfels angezeigten Augenzahl ist*

Wert x_i	*1*	*2*	*3*	*4*	*5*	*6*
Wahrsch. p_i	*1/6*	*1/6*	*1/6*	*1/6*	*1/6*	*1/6*

Da jeder Wert mit gleicher *Wahrscheinlichkeit angenommen wird, sagt man auch, dass die Augenzahl* X *eine* gleichverteilte *Zufallsvariable ist.*

Ganz allgemein nennt man eine Zufallsvariable eine diskret gleichverteilte *Zufallsvariable, wenn sie einen endlichen Wertebereich hat und jeder Wert mit gleicher Wahrscheinlichkeit angenommen wird. Es gilt dann: Ist* A *eine Teilmenge des Wertebereichs* W *von* X, *dann hat* X *einen Wert in* A *mit Wahrscheinlichkeit*

$$\mathbf{P}(X \in A) = \frac{|A|}{|W|}$$

Z.B. ist die Augenzahl beim Wurf eines fairen Würfels größer als 2 mit Wahrscheinlichkeit $\mathbf{P}(X > 2) = |\{3,4,5,6\}|/|\{1,2,3,4,5,6\}| = 4/6 = 2/3$. *Man vergleiche das mit der Laplace'schen Wahrscheinlichkeit (3.7).*

$\diamondsuit$

4–3 Bei einem Glücksspiel werden zwei faire Münzen geworfen:

- zeigen beide Münzen *Wappen*, gewinnt man 2 Euro,
- zeigen beide *Zahl*, verliert man 4 Euro,
- zeigt eine der Münzen *Wappen* und die andere *Zahl*, so gewinnt und verliert man nichts.

Nenne die *Wahrscheinlichkeitsfunktion* der Zufallsvariablen X, welche den Gewinn (als positive Zahl) bzw. Verlust (als negative Zahl) dieses Spiels wiedergibt.

Lösung: Der Werte von X, möglicher Gewinn bzw. Verlust des Spiels, sind -4, 0 und 2, wobei $X = -4$ ist, falls zweimal *Zahl* fällt, also $\mathbf{P}(X = -4) = 1/4$; $X = 0$ in den zwei Fällen (W, Z) und (Z, W), also $\mathbf{P}(X = 0) = 1/2$. Schließlich muss $\mathbf{P}(X = 2) = 1 - (1/4) - (1/4) = 1/4$, denn $\mathbf{P}(X = -4) + \mathbf{P}(X = 0) + \mathbf{P}(X = 2) = 1$. Zusammengefasst:

x_i	-4	0	2
p_i	1/4	1/2	1/4

♣

Die **Verteilungsfunktion** einer Zufallsvariablen X ist die Funktion, die jeder reellen Zahl x die folgende Wahrscheinlichkeit zuordnet:

$$F(x) := \mathbf{P}(X \leq x) \; . \tag{4.3}$$

Für *diskrete Zufallsvariablen* ist F eine Treppenfunktion: Hat X die Werte $x_1, x_2, \ldots$ und Wahrscheinlichkeiten $p_1, p_2, \ldots$, dann ist

$$F(x) = \sum_{i:\, x_i \leq x} p_i \; , \tag{4.4}$$

wobei die Summe in (4.4) über alle i geht, für die $x_i \leq x$ gilt.

Beispiel 11 *Die* Verteilungsfunktion *der Augenzahl beim Würfelwurf ist*

Wert x_i	*1*	*2*	*3*	*4*	*5*	*6*
Wahrsch. p_i	$\frac{1}{6}$	$\frac{2}{6} = \frac{1}{3}$	$\frac{3}{6} = \frac{1}{2}$	$\frac{4}{6} = \frac{2}{3}$	$\frac{5}{6}$	$\frac{6}{6} = 1$

4–4 Skizziere die Verteilungsfunktion aus Aufgabe 4–3. ◇

Lösung:

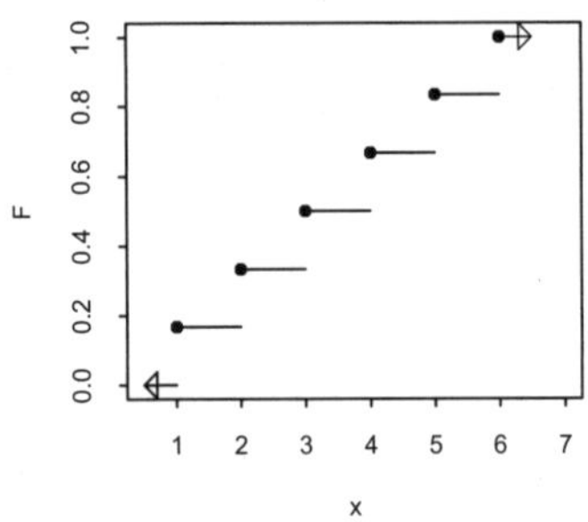

♣

In Kapitel 2 haben wir Mittelwert und Varianz zum Zusammenfassen von Daten verwendet: der Mittelwert war das gewichtete arithmetische Mittel der Daten, die Varianz die gewichtete quadratische Abweichung vom Mittelwert, jeweils mit der relativen Häufigkeit der einzelnen Messwerte als Gewicht. Diese Lage- bzw. Streumaße können wir auch für eine Zufallsvariable definieren, wobei nun anstelle der relativen Häufigkeiten die Wahrscheinlichkeiten der einzelnen Werte als Gewichtsfunktion fungieren. Sie sind wichtige charakteristische Größen der Verteilung.

Der **Erwartungswert** einer diskreten Zufallsvariablen X mit Werten $x_1, x_2, \ldots, x_r$ und Wahrscheinlichkeiten $p_1, p_2, \ldots, p_r$ ist

$$\mathbf{E}(X) := x_1 \cdot p_1 + x_2 \cdot p_2 + \cdots + x_r \cdot p_r \tag{4.5}$$

Für den Erwartungswert einer Zufallsvariablen verwendet man häufig das Symbol μ.

Beispiel 12 *Ist X die Augenzahl eines Würfelwurfes, dann ist*

$$\mu = \mathbf{E}(X) = \frac{1}{6} + 2 \cdot \frac{1}{6} + 3 \cdot \frac{1}{6} + 4 \cdot \frac{1}{6} + 5 \cdot \frac{1}{6} + 6 \cdot \frac{1}{6} = 3.5$$

Man beachte, dass $\mathbf{P}(X \leq 3.5) = \mathbf{P}(X \geq 3.5) = 0.5$. *Eine Zahl für die gilt*

$$\mathbf{P}(X \geq a) = \mathbf{P}(X \leq a) = 0.5$$

nennt man Median *der Zufallsvariablen X, d.h.* 3.5 *ist auch* Median *der Augenzahl.* ♢

4–5 Wie groß ist der erwartete Gewinn des Spiels aus Beispiel 4–3?

Lösung: $\mu = -4 \cdot (1/4) + 0 \cdot (1/2) + 2 \cdot (1/4) = -1 + (1/2) = -0.5$ ♣

Die **Varianz** einer diskreten Zufallsvariablen X mit Werten $x_1, x_2, \ldots, x_r$, Wahrscheinlichkeiten $p_1, p_2, \ldots, p_r$ und Mittelwert $\mu = \mathbf{E}(X)$ ist

$$\mathbf{Var}(X) := (x_1 - \mu)^2 \cdot p_1 + (x_2 - \mu)^2 \cdot p_2 + \cdots + (x_r - \mu)^2 \cdot p_r \tag{4.6}$$

Für die Varianz einer Zufallsvariablen verwendet man häufig auch das Symbol σ^2.

4–6 Berechne Erwartungswert und Varianz von X (*Alter*) aus Beispiel 4–1.

Lösung: Die Wahrscheinlichkeitsfunktion von X war

x_i	16	17	18
p_i	0.3	0.6	0.1

Damit erhalten wir $\mu = 16 \cdot 0.3 + 17 \cdot 0.6 + 18 \cdot 0.1 = 16.8$ und $\sigma^2 = (16 - 16.8)^2 \cdot 0.3 + (17 - 16.8)^2 \cdot 0.6 + (18 - 16.8)^2 \cdot 0.1 = 0.36$.

♣

Man kann die Varianz auch auf eine andere Weise berechnen, die häufig einfacher durchzuführen ist.

Es gilt

$$\mathbf{Var}(X) = \sum_{i=1}^{r} x_i^2 \cdot p_i - [\mathbf{E}(X)]^2 \ . \tag{4.7}$$

4–7 Die täglichen Renditen der Wertpapiere A und B werden durch Zufallsvariablen X_A und X_B modelliert. Die *Wahrscheinlichkeitsfunktion* von X_A bzw. X_B sei

x_i	-5	-4	-3	-2	-1	0	1	2	3	4	5
p_i	0.06	0.06	0.14	0.08	0.22	0.06	0.12	0.14	0.04	0.06	0.02
q_i	0	0.02	0.02	0.12	0.16	0.28	0.18	0.16	0.04	0.02	0

wobei p_i die Wahrscheinlichkeiten für X_A und q_i die Wahrscheinlichkeiten für X_B sind. Welches Wertpapier ist *riskanter*, d.h., hat die grössere Varianz?

Lösung: Wir benutzen Formel 4.7 und berechnen dazu zuerst

i	x_i	x_i^2	p_i	q_i	$x_i \cdot p_i$	$x_i \cdot q_i$	$x_i^2 \cdot p_i$	$x_i^2 \cdot q_i$
1	-5	25	0.06	0	-0.3	0	1.5	0
2	-4	16	0.06	0.02	-0.24	-0.08	0.96	0.32
3	-3	9	0.14	0.02	-0.42	-0.06	1.26	0.18
4	-2	4	0.08	0.12	-0.16	-0.24	0.32	0.48
5	-1	1	0.22	0.16	-0.22	-0.16	0.22	0.16
6	0	0	0.06	0.28	0	0	0	0
7	1	1	0.12	0.18	0.12	0.18	0.12	0.18
8	2	4	0.14	0.16	0.28	0.32	0.56	0.64
9	3	9	0.04	0.04	0.12	0.12	0.36	0.36
10	4	16	0.06	0.02	0.12	0.08	0.96	0.32
11	5	25	0.02	0	0.1	0	0.5	0
				Summe	-0.48	0.16	6.76	2.64

Daraus ergibt sich $Var(X_A) = 6.76 - (0.48)^2 = 6.5$ und $Var(X_B) = 2.64 - (0.16)^2 = 2.6$. Also ist Wertpapier B weniger *riskant* als Wertpapier A. ♣

Zwei Zufallsvariablen X und Y heißen unabhängig, falls für beliebige Mengen A und B ihres Wertebereichs

$$\mathbf{P}(X \in A \text{ und } Y \in B) = \mathbf{P}(X \in A) \cdot \mathbf{P}(Y \in B) .$$

Beispiel 13 *Zwei Würfel werden geworfen. Der Ereignisraum besteht aus der Menge der Paare* $(1,1),(1,2)...(6,6)$, *von denen bei fairen Würfeln jedes mit Wahrscheinlichkeit* $1/36$ *fällt. Aus diesen Elementar-Ereignissen können wir zusammengesetzte Ereignisse der Art "Der erste Würfel zeigt eine 1" oder "Der zweite Würfel zeigt eine 5" bilden. Über diesem Ereignisraum können zwei Zufallsvariablen* X *und* Y *definiert werden, wo* X *die vom ersten Würfel angezeigte Augenzahl ist und* Y *die vom zweiten Würfel angezeigte Augenzahl.* X *und* Y *sind dann unabhängige Zufallsvariablen. Das ist eine Konsequenz der Unabhängigkeit der Ereignisse, die sie abbilden.* ◊

Sind X und Y Zufallsvariablen und α eine reelle Zahl, dann gilt

$$\mathbf{E}(\alpha X) = \alpha\, \mathbf{E}(X) \tag{4.8}$$

$$\mathbf{E}(X + \alpha) = \mathbf{E}(X) + \alpha \tag{4.9}$$

$$\mathbf{Var}(\alpha X) = \alpha^2\, \mathbf{Var}(X) \tag{4.10}$$

$$\mathbf{Var}(X + \alpha) = \mathbf{Var}(X) \tag{4.11}$$

$$\mathbf{E}(X + Y) = \mathbf{E}(X) + \mathbf{E}(Y) . \tag{4.12}$$

Sind X und Y zudem *unabhängig*, dann gilt

$$\mathbf{Var}(X + Y) = \mathbf{Var}(X) + \mathbf{Var}(Y) . \tag{4.13}$$

4–8 Die Wahrscheinlichkeitsfunktion einer Zufallsvariablen X sei durch folgende Tabelle gegeben:

Wert	0	1
Wahrscheinlichkeit	0.2	0.8

a) Wie lauten Erwartungswert und Varianz von X?

b) Wie lauten Wahrscheinlichkeitsfunktion (Tabelle), Erwartungswert und Varianz von $Y = 3\,X + 2$?

c) X_1 und X_2 sind unabhängige Zufallsvariablen, die beide wie X verteilt sind. Wie lauten Wahrscheinlichkeitsfunktion (Tabelle), Erwartungswert und Varianz von $Z = X_1 + X_2$?

Lösung:

a) $\mathbf{E}(X) = 0 \cdot 0.2 + 1 \cdot 0.8 = 0.8$, $\mathbf{Var}(X) = 0 \cdot 0.2 + 1 \cdot 0.8 - 0.8^2 = 0.16$.

b) $\mathbf{E}(Y) = \mathbf{E}(3\,X + 2) = 3\,\mathbf{E}(X) + 2 = 4.4$ nach (4.8) und (4.9) und $\mathbf{Var}(Y) = 9\,\mathbf{Var}(X) = 1.44$ nach (4.10) und (4.11). Erwartungswert und Varianz können auch mit der Wahrscheinlichkeitsfunktion

Wert von Y	2	5
Wahrscheinlichkeit	0.2	0.8

berechnet werden. (Führen Sie das aus und vergleichen Sie die Ergebnisse!)

c) Aus (4.12) folgt $\mathbf{E}(Z) = \mathbf{E}(X_1) + \mathbf{E}(X_2) = 0.8 + 0.8 = 1.6$ und mit (4.13) folgt $\mathbf{Var}(Z) = \mathbf{Var}(X_1) + \mathbf{Var}(X_2) = 0.16 + 0.16 = 0.32$.

Die Wahrscheinlichkeitsfunktion zu berechnen ist etwas komplizierter:

Wert	Wahrscheinlichkeit
$Z = 0$	$\mathbf{P}(X_1 = 0,\ X_2 = 0) = 0.2 \cdot 0.2 = 0.04$
$Z = 1$	$\mathbf{P}(X_1 = 0,\ X_2 = 1) + \mathbf{P}(X_1 = 1,\ X_2 = 0)$ $= 0.2 \cdot 0.8 + 0.8 \cdot 0.2 = 0.32$
$Z = 2$	$\mathbf{P}(X_1 = 1,\ X_2 = 1) = 0.8 \cdot 0.8 = 0.64$

Auch hier hätten wir Erwartungswert und Varianz mit der Wahrscheinlichkeitsfunktion von Z berechnen können. (Führen Sie das aus!)

♣

4.1.1 Die Binomialverteilung

Beispiel 14 *Disketten der Marke Chance sind zwar billig, jedoch häufig defekt. Sie werden in Packungen zu je 10 Stück verkauft. Eine Packung kostet 10 EURO. Wie günstig sind Disketten der Marke Chance wirklich?* ◇

Wir formulieren die Frage um: wie viele brauchbare Disketten bekommen wir pro Euro? Die Anzahl der brauchbaren Disketten variiert von Packung zu Packung und ist erst nach dem Kauf einer Packung bekannt. Diese Anzahl modellieren wir durch eine Zufallsvariable X, die jeden ganzzahligen Wert von 0 bis 10 annehmen kann. Um die Wahrscheinlichkeiten für jeden dieser Werte zu berechnen, machen wir die folgenden Annahmen:

1) Die Wahl einer Diskette ist ein Zufallsexperiment, d.h., eine Diskette ist mit einer bestimmten Wahrscheinlichkeit p funktionstüchtig bzw. mit Wahrscheinlichkeit $1-p$ defekt. Der Kauf einer Zehnerpackung lässt sich dann als 10-fache Hintereinander-Ausführung dieses Experiments beschreiben. Diesem zusammengesetzten Experiment wird die Zufallsvariable "X: Anzahl der defekten Disketten in der Packung" zugeordnet.

2) Die Wahrscheinlichkeit p ist für alle Disketten gleich groß und hängt nicht vom Zustand der anderen Disketten der Packung ab.

Annahme 1) ist notwendig, um X als Zufallsvariable beschreiben zu können und soll hier nicht weiter hinterfragt werden. Annahme 2) könnte jedoch verletzt sein. Z.B., könnten Disketten verschiedener Packungen verschiedenen Produktionsserien entstammen und daher mit verschiedenen Wahrscheinlichkeiten defekt sein. Annahmen dieser Art machen die Beschreibung von X jedoch kompliziert. Deswegen wird 2) oft als (erste) „Arbeitshypothese" akzeptiert. In vielen Fällen ist Annahme 2) sogar vollständig gerechtfertigt.

Mit p ist – unter Annahme von 2) – die Wahrscheinlichkeitsfunktion von X bereits festgelegt. Wir wollen das anhand eines Beispiels demonstrieren.

4–9 Angenommen die Wahrscheinlichkeit, dass eine Diskette der Marke *Chance* funktionstüchtig ist, beträgt $p = 0.8$ (siehe Beispiel 14). Mit welcher Wahrscheinlichkeit sind $k = 7$ der $n = 10$ Disketten einer Packung funktionstüchtig, d.h., wie groß ist $\mathbf{P}(X = 7)$?

Lösung: Wir denken uns die 10 Disketten einer Packung mit den Nummern 1 bis 10 versehen. Nach Annahme 2) sind die Ereignisse

$$F_i = \text{„die } i\text{-te Diskette ist funktionstüchtig"} \qquad i = 1, 2, \ldots, 10$$

unabhängige Ereignisse. Betrachten wir beispielsweise das Ereignis „Disketten 1 bis 7 sind funktionstüchtig, Disketten 8 bis 10 sind defekt", und bezeichnen wir dieses Ereignis mit $D(8, 9, 10)$. Da

$$D(8,9,10) = F_1 \cap F_2 \cap F_3 \cap F_4 \cap F_5 \cap F_6 \cap F_7 \cap \bar{F}_8 \cap \bar{F}_9 \cap \bar{F}_{10} \ ,$$

hat $D(8, 9, 10)$ Wahrscheinlichkeit

$$\mathbf{P}(F_1) \cdot \mathbf{P}(F_2) \cdot \mathbf{P}(F_3) \cdot \mathbf{P}(F_4) \cdot \mathbf{P}(F_5) \cdot \mathbf{P}(F_6) \cdot \mathbf{P}(F_7) \cdot \mathbf{P}(\bar{F}_8) \cdot \mathbf{P}(\bar{F}_9) \cdot \mathbf{P}(\bar{F}_{10})$$

$$= 0.8^7 \cdot 0.2^3 = 0.001678$$

Welche drei Disketten i, j, k wir auch auswählen, die Wahrscheinlichkeit des Ereignisses

$$D(i,j,k) := \text{„Disketten } i, j \text{ und } k \text{ sind defekt, Rest ist funktionstüchtig"}$$

ist immer die gleiche: $\mathbf{P}\left(D(i,j,k)\right) = 0.001678$. Nach (3.10) gibt es genau $\binom{10}{7} = 120$ solcher Ereignisse D_{ijk} (das ist die Zahl der Möglichkeiten, 3 der 10 Disketten auszuwählen). Da es egal ist, welche der 10 Disketten defekt sind, müssen wir die Wahrscheinlichkeiten aller 120 Ereignisse D_{ijk} addieren. Die gesuchte Wahrscheinlichkeit beträgt also

$$\mathbf{P}(X = 7) = 120 \cdot 0.8^7 \cdot 0.2^3 = 0.2013 \ .$$

♣

Die *Verteilung* von X aus Beispiel 14 gehört zur folgenden Familie von *Verteilungen*:

Eine Zufallsvariable X heißt **binomialverteilt** mit Parametern n und p, falls sie die Werte $k = 0, 1, 2, \ldots, n$ mit Wahrscheinlichkeiten

$$\mathbf{P}(X = k) = \binom{n}{k} \cdot p^k \cdot (1-p)^{n-k}\,, \qquad k = 0, 1, 2, \ldots, n \quad (4.14)$$

annimmt. Man schreibt dann $X \sim B(n;p)$.

Denn es gilt:

Wenn

- *E ein bestimmtes Ereignis eines Zufallsexperiments ist, das mit Wahrscheinlichkeit $p = \mathbf{P}(E)$ eintritt;*
- *das Zufallsexperiment n*-mal wiederholt *wird, und zwar so, dass die Ausgänge verschiedener Wiederholungen unabhängige Ereignisse sind;*
- *X die Zahl der Wiederholungen ist, bei denen das Ereignis E eingetreten ist,*

dann ist X eine binomialverteilte *Zufallsvariable mit Parametern n und p, kurz: $X \sim B(n;p)$.*

Beispiel 15 (Fortsetzung von Beispiel 14 und 4–9) *Nach den in Beispiel 14 getroffenen Annahmen 1) und 2) können wir die 10 Disketten als Realisierungen 10 unabhängiger Wiederholungen des Zufallsexperiments „Produktion einer Diskette" ansehen. Daher lautet die Wahrscheinlichkeitsfunktion der Zahl an defekten in einer Zehnerpackung der Marke Chance:*

Wert k	*Wahrscheinlichkeit* $\mathbf{P}(X = k)$	*gerundeter Wert*
0	$\binom{10}{0} \cdot (0.2)^0 \cdot (0.8)^{10} = 1 \cdot 1 \cdot (0.8)^{10}$	*0.1074*
1	$\binom{10}{1} \cdot (0.2)^1 \cdot (0.8)^9 = 10 \cdot 0.2 \cdot (0.8)^9$	*0.2684*
2	$\binom{10}{2} \cdot (0.2)^2 \cdot (0.8)^8 = 45 \cdot (0.2)^2 \cdot (0.8)^8$	*0.3020*
3	$\binom{10}{3} \cdot (0.2)^3 \cdot (0.8)^7 = 120 \cdot (0.2)^3 \cdot (0.8)^7$	*0.2013*
4	$\binom{10}{4} \cdot (0.2)^4 \cdot (0.8)^6 = 210 \cdot (0.2)^4 \cdot (0.8)^6$	*0.0881*
5	$\binom{10}{5} \cdot (0.2)^5 \cdot (0.8)^5 = 252 \cdot (0.2)^5 \cdot (0.8)^5$	*0.0264*
6	$\binom{10}{6} \cdot (0.2)^6 \cdot (0.8)^4 = 210 \cdot (0.2)^6 \cdot (0.8)^4$	*0.0055*
7	$\binom{10}{7} \cdot (0.2)^7 \cdot (0.8)^3 = 120 \cdot (0.2)^7 \cdot (0.8)^3$	*0.0008*
8	$\binom{10}{8} \cdot (0.2)^8 \cdot (0.8)^2 = 45 \cdot (0.2)^8 \cdot (0.8)^2$	$(7 \cdot 10^{-5})$
9	$\binom{10}{9} \cdot (0.2)^9 \cdot (0.8)^1 = 10 \cdot (0.2)^9 \cdot (0.8)^1$	$(4 \cdot 10^{-6})$
10	$\binom{10}{10} \cdot (0.2)^{10} \cdot (0.8)^0 = 1 \cdot (0.2)^{10} \cdot 1$	$(1 \cdot 10^{-7})$
	Summe	≈ 1

◊

4–10 *(Fortsetzung von Beispiel 4–9)* Disketten der Marke *Quality* sind praktisch niemals defekt; eine Packung mit 10 Stück *Quality* Disketten kostet jedoch 15 EURO. Welche der Marken - *Chance* aus Beispiel 4–9 oder *Quality* - ist beim Kauf großer Mengen günstiger?

Lösung: Die mittlere (*erwartete*) Zahl an funktionstüchtigen Disketten beim Kauf einer Packung mit 10 Disketten der Marke *Chance* beträgt $\mu = n \cdot p = 10 \cdot 0.8 = 8$ (da die Zahl der funktionstüchtigen Disketten $B(10; 0.8)$-verteilt ist) Nach dem *Gesetz der großen Zahlen*[1] erhalten wir daher im Mittel 0.8 intakte *Chance*-Disketten pro EURO, für 15 EURO bekommen wir also im Schnitt 12 intakte Disketten der Marke *Chance* oder 10 intakte Disketten der Marke *Quality*. ♣

Das nächsten zwei Beispiele illustrieren folgenden Sachverhalt:

Gibt es in einer Grundgesamtheit

- *N Objekte,*
- *erfüllen M der N Objekte eine bestimmte Eigenschaft $\mathcal{E}$,*
- *zieht man n Objekte* **mit** Zurücklegen *aus dieser Grundgesamtheit,*
- *und ist X die Zahl der* gezogenen *Objekte, die die Eigenschaft $\mathcal{E}$ erfüllen,*

dann ist X **binomialverteilt** *mit Parametern n und $p = \frac{M}{N}$.*

Diese Tatsache folgt daraus, dass bei zufälligem Ziehen mit Zurücklegen die Wahrscheinlichkeit dafür, einen Merkmalsträger der Eigenschaft $\mathcal{E}$ zu ziehen, gleich dem Anteil dieser Merkmalsträgern an der Gesamtheit aller Objekte zu ziehen ist.

4–11 In einer Urne befinden sich 3 schwarze und 9 weiße Kugeln. Es werden 5 Kugeln *mit Zurücklegen* gezogen. Die Zahl X an gezogenen **schwarzen** Kugeln ist eine Zufallsvariable.

a) Wie lautet die Wahrscheinlichkeitsfunktion von X?

b) Mit welcher Wahrscheinlichkeit sind mindestens 2 und höchstens 4 der gezogenen Kugeln schwarz?

c) Wie ist die Zahl $Y = 5 - X$ der gezogenen weißen Kugeln verteilt?

---

[1] Das *Gesetz der großen Zahlen* (eine Konsequenz des *zentralen Grenzwertsatzes*; siehe Kapitel 4.3) besagt, dass das arithmetische Mittel bzw. der Anteilswert unabhängiger Stichproben mit wachsendem Stichprobenumfang mit Wahrscheinlichkeit 1 zum Mittelwert bzw. Anteilswert der Grundgesamtheit konvergiert.

Lösung:

a) Das *Ziehen mit Zurücklegen* von 5 Kugeln entspricht 5 unabhängigen Wiederholungen des Zufallsexperiments „Ziehen einer Kugel aus obiger Urne". Zieht man eine Kugel aus der Urne, so ist sie mit Wahrscheinlichkeit $p = 3/12 = 1/4$ schwarz. Die Zahl X der Schwarzen unter den 5 gezogen Kugeln ist also *binomialverteilt* mit Parametern $n = 5$ und $p = 1/4$. Wir wollen die Wahrscheinlichkeitsfunktion in Form einer Tabelle festhalten

Wert k	Wahrscheinlichkeit $\mathbf{P}(X = k)$	gerundeter Wert
0	$\binom{5}{0} \cdot \left(\frac{1}{4}\right)^0 \cdot \left(\frac{3}{4}\right)^5 = 1 \cdot 1 \cdot \left(\frac{3}{4}\right)^5 = \frac{243}{1024}$	0.2373
1	$\binom{5}{1} \cdot \left(\frac{1}{4}\right)^1 \cdot \left(\frac{3}{4}\right)^4 = 5 \cdot \frac{1}{4} \cdot \left(\frac{3}{4}\right)^4 = \frac{405}{1024}$	0.3955
2	$\binom{5}{2} \cdot \left(\frac{1}{4}\right)^2 \cdot \left(\frac{3}{4}\right)^3 = 10 \cdot \left(\frac{1}{4}\right)^2 \cdot \left(\frac{3}{4}\right)^3 = \frac{135}{512}$	0.2637
3	$\binom{5}{3} \cdot \left(\frac{1}{4}\right)^3 \cdot \left(\frac{3}{4}\right)^2 = 10 \cdot \left(\frac{1}{4}\right)^3 \cdot \left(\frac{3}{4}\right)^2 = \frac{45}{512}$	0.0879
4	$\binom{5}{4} \cdot \left(\frac{1}{4}\right)^4 \cdot \left(\frac{3}{4}\right)^1 = 5 \cdot \left(\frac{1}{4}\right)^4 \cdot \frac{3}{4}^1 = \frac{15}{1024}$	0.0146
5	$\binom{5}{5} \cdot \left(\frac{1}{4}\right)^5 \cdot \left(\frac{3}{4}\right)^0 = 1 \cdot \left(\frac{1}{4}\right)^5 = \frac{1}{1024}$	0.0010
	Summe	1

b) Gesucht ist $\mathbf{P}(2 \leq X \leq 4)$. Es gilt

$$\mathbf{P}(2 \leq X \leq 4) = \mathbf{P}(X = 2) + \mathbf{P}(X = 3) + \mathbf{P}(X = 4) =$$

$$= 0.2637 + 0.0879 + 0.0146 = 0.366 \; .$$

Da die Summe reeller Zahlen, die auf die vierte Dezimalstelle gerundet wurden, bestenfalls bis zur dritten Dezimalstelle exakt sind, haben wir das Endergebnis auf die dritte Dezimalstelle gerundet.

c) Das Ereignis $\bar{E}$ = „die gezogene Kugel ist weiß" hat Wahrscheinlichkeit $3/4$. Daher ist Y *binomialverteilt* mit $n = 5$ und $p = 3/4$.

♣

4–12 Angenommen 1600 von insgesamt 6400 Studierenden eines Universitätszentrums sind noch im ersten Studienjahr. Ein Studienanfänger geht während seiner ersten 20 Studientage jeden Mittag in die Mensa und unterhält sich mit seinem Tischnachbarn / seiner Tischnachbarin. Mit welcher Wahrscheinlichkeit trifft er dabei an mehr als 4 Tagen einen Studenten bzw. eine Studentin aus dem ersten Studienjahr?

Lösung: Diese Beispiel kann ohne Zusatzinformationen nicht sinnvoll bearbeitet werden! Wir untersuchen hier die Eigenschaft: $\mathcal{E}$: "Person ist im ersten Studienjahr". Wir betrachten die Zahl X der Studierenden einer *Stichprobe* vom *Umfang* $n = 20$, die die Eigenschaft $\mathcal{E}$ erfüllen. Da es sich um ein *Ziehen mit Zurücklegen* handelt, könnte man auf die Idee kommen, X als *binomialverteilt* mit Parametern $n = 20$ und $p = 160/640 = 1/4$ zu modellieren. Jedoch werden realistischerweise die Tischnachbarn eines Studenten an 20 aufeinanderfolgenden Tagen weder repräsentativ für die Gesamtheit aller Studierenden sein - vermutlich wird er öfter mit Leuten essen gehen, mit denen er die gleichen Kurse besucht und die daher auch noch am Beginn des Studiums stehen - noch werden sie unabhängig voneinander sein - mit manchen wird er sich anfreunden, so dass er ihre Gesellschaft wieder sucht. Die der Binomialverteilung zugrunde liegenden Annahmen sind also sicher nicht erfüllt. Trotzdem wird in vergleichbaren Situationen häufig mit den einfachen Formeln der Binomialverteilung gerechnet. Man sollte sich aber der Vorbehalte bewusst sein, unter denen die Resultate interpretiert werden können, und, wo immer möglich, ein realistischeres Modell verwenden! ♣

Ist X *binomialverteilt* mit Parametern n und p, d.h., $X \sim B(n;p)$, dann gilt für den *Erwartungswert* μ und die *Varianz* σ^2 von X:

$$\mu = n \cdot p \qquad \text{und} \qquad \sigma^2 = n \cdot p \cdot (1-p). \tag{4.15}$$

Beispiel 16 *Erwartungswert und Varianz der Zufallsvariablen X aus Beispiel 4–11 betragen $\mu = 5 \cdot \frac{1}{4} = 1.25$ und $\sigma^2 = 5 \cdot \frac{1}{4} \cdot \frac{3}{4} = \frac{15}{6} = 0.9375$.* ◊

4.1.2 Die hypergeometrische Verteilung

4–13 *(Vergleiche Beispiel 4–11)* Eine Urne enthält 3 schwarze und 9 weiße Kugeln. Es werden 5 Kugeln *ohne Zurücklegen* gezogen. Mit welcher Wahrscheinlichkeit sind 2 bis 4 der gezogenen Kugeln schwarz?

Lösung: Im Unterschied zu Beispiel 4–11 werden die gezogenen Kugeln nicht wieder in die Urne zurückgelegt. Die Zahl der möglichen Züge beträgt daher nur mehr $\binom{12}{5} = \frac{12!}{5! \cdot 7!} = 792$ (siehe (3.10)).

Man beachte auch, dass jetzt höchstens 3 der gezogenen Kugeln schwarz sein können. Die Wahrscheinlichkeit, dass die Zahl an schwarzen gezogenen Kugeln X zwischen 2 und 4 liegt, ist daher $\mathbf{P}(X \geq 2) = \mathbf{P}(X = 2) + \mathbf{P}(X = 3)$. Um 2 schwarze und 3 weiße Kugeln zu ziehen, gibt es nach Formel (3.10) $\binom{3}{2} \cdot \binom{9}{3} = 3 \cdot 84 = 252$ Möglichkeiten. Daher ist $\mathbf{P}(X = 2) = \frac{252}{792} = 0.3182$. Entsprechend ist $\mathbf{P}(X = 3) = \binom{3}{3} \cdot \binom{9}{2} / \binom{12}{5} = 0.0455$, und wir erhalten $\mathbf{P}(X \geq 2) = \mathbf{P}(X = 2) + \mathbf{P}(X = 3) = 0.364$. ♣

Die Zahl der schwarzen Kugeln aus Beispiel 4–13 folgt der folgenden Verteilung.

Eine Zufallsvariable X ist **hypergeometrisch** verteilt mit ganzzahligen Parametern N, M, n, wobei $M, n < N$, falls sie die Werte $k = 0, 1, \ldots, n$ mit Wahrscheinlichkeiten

$$\mathbf{P}(X = k) = \frac{\binom{M}{k} \cdot \binom{N-M}{n-k}}{\binom{N}{n}}, \qquad k = 0, 1, \ldots, n \tag{4.16}$$

annimmt.

Ganz allgemein gilt:

Gibt es in einer Grundgesamtheit

- *N Objekte,*
- *erfüllen M der N Objekte eine bestimmte Eigenschaft $\mathcal{E}$,*
- *zieht man n Objekte* **ohne** Zurücklegen *aus dieser Grundgesamtheit,*
- *und ist X die Zahl der* gezogenen *Objekte, die die Eigenschaft $\mathcal{E}$ erfüllen,*

dann ist X **hypergeometrisch verteilt** *mit Parametern N, M, n.*

4–14 *(Fortsetzung von Beispiel 4–13)* X sei wieder die Zahl der schwarzen Kugeln, die wir erhalten, wenn wir 5 Kugeln *ohne Zurücklegen* aus einer Urne mit 3 schwarzen und 9 weißen Kugeln ziehen.

a) Wie lautet die Wahrscheinlichkeitsfunktion von X? Berechne alle Wahrscheinlichkeiten auf vier Dezimalstellen genau.

b) Wie ist die Zahl $Y = 5 - X$ der gezogenen weißen Kugeln verteilt?

Lösung:

a) In Beispiel 4–13 haben wir bereits $\mathbf{P}(X = 2) = 0.3182$ und $\mathbf{P}(X = 3) = 0.0455$ berechnet. Nach (4.16) berechnet man $\mathbf{P}(X = 0) = 0.1591$ und $\mathbf{P}(X = 1) = 0.4773$. Man beachte: Die Summe aller Wahrscheinlichkeiten ist aufgrund der Rundung nicht exakt gleich 1.

b) $Y = n - X$ ist ebenfalls *hypergeometrisch verteilt*, jedoch mit Parametern $N = 12$ und $M = 9$ (Zahl der weißen Kugeln) und $n = 5$.

♣

Ähnlich wie für die *Binomialverteilung*, können Erwartungswert und Varianz einer *hypergeometrisch verteilten* Zufallsvariablen durch eine einfache Formel berechnet werden.

Ist X *hypergeometrisch verteilt* mit Parametern N, M und n, dann hat X *Erwartungswert*

$$\mu = n \cdot \frac{M}{N} \tag{4.17}$$

und *Varianz*

$$\sigma^2 = n \cdot \frac{M}{N} \cdot \left(1 - \frac{M}{N}\right) \cdot \frac{N-n}{N-1} \,. \tag{4.18}$$

Man beachte, dass der Erwartungswert der *hypergeometrischen* Verteilung gleich dem Erwartungswert der *Binomialverteilung* mit Parametern $p = \frac{M}{N}$ und n ist. Die Varianzen unterscheiden sich aber: Die Varianz der *hypergeometrischen* Verteilung ist um den Faktor $\frac{N-n}{N-1}$ kleiner als die der entsprechenden *Binomialverteilung*. Diese Tatsache folgt aus der Abhängigkeit der hypergeometrischen Wahrscheinlichkeiten vom bisherigen Verlauf einer Folge: der erwartete Anteil an Trägern eines Merkmals in einer Stichprobe ist gleich dem Anteil an der Grundgesamtheit. Wird ohne Zurücklegen gezogen und in den ersten i Ziehungen sind die Merkmalsträger unterrepräsentiert, so sind sie unter den verbleibenden (noch nicht gezogenen) Objekten überrepräsentiert, daher wird die $i+1$-te Ziehung mit größerer Wahrscheinlichkeit einen Merkmalsträger ziehen, der den Anteil in der Stichprobe in Richtung des Erwartungswertes verschiebt; für $N \to \infty$ und $N \gg n$ wird allerdings der Unterschied zwischen Binomial- und hypergeometrischer Verteilung vernachlässigbar und der Korrekturfaktor für die Varianz geht gegen 1.

4–15 (Qualitätskontrolle) Bei einer Lieferung von 30 Disketten wird eine Stichprobe von 6 (zufällig ausgewählten) Disketten zur Überprüfung der Qualität entnommen. Angenommen 10 der gelieferten 30 Disketten sind defekt.

a) Mit welcher Wahrscheinlichkeit sind weniger als 2 der 6 entnommenen Disketten von schlechter Qualität?

b) Wie groß sind Erwartungswert und Varianz der Zahl an entnommenen defekten Disketten?

Lösung:

a) Gesucht ist $\mathbf{P}(X < 2) = \mathbf{P}(X = 0) + \mathbf{P}(X = 1)$. Die Zahl der entnommenen defekten Disketten X ist *hypergeometrisch verteilt* mit Parametern $N = 30$, $M = 10$ und $n = 6$. Daher ist nach Formel (4.16) $\mathbf{P}(X = 0) = 0.06528$, $\mathbf{P}(X = 1) = 0.26111$

und damit $\mathbf{P}(X < 2) = 0.06528 + 0.26111 = 0.3264$.

b) Nach Formeln (4.17) und (4.18) sind Erwartungswert und Varianz gleich $\mu = 6 \cdot \frac{10}{30} = 2$ und $\sigma^2 = 6 \cdot \frac{1}{3} \cdot \frac{2}{3} \cdot \frac{24}{29} = 1.10345$.

♣

4.1.3 Die Poissonverteilung

Bis jetzt hatten alle betrachteten Zufallsvariablen endlich viele Werte. Manchmal sind aber auch *diskrete* Zufallsvariablen mit unendlich vielen Werten von Interesse. Ein Beispiel sind *poissonverteilte* Zufallsvariablen.

Eine Zufallsvariable ist *poissonverteilt* mit Parameter λ (λ eine reelle Zahl), wenn sie die ganzen Zahlen $k = 0, 1, 2, 3, \ldots$ als Werte hat und

$$\mathbf{P}(X = k) = \frac{\lambda^k}{k!} \cdot e^{-\lambda}, \quad k = 0, 1, 2, \ldots.$$

Wir schreiben dann auch: $X \sim P(\lambda)$

Es gilt

Eine mit Parameter λ *poissonverteilte* Zufallsvariable hat *Erwartungswert*

$$\mu = \lambda \tag{4.19}$$

und *Varianz*

$$\sigma^2 = \lambda\,. \tag{4.20}$$

4–16 An einem Bankschalter treffen im Mittel 3 Kunden pro Minute ein. Die Zahl der eintreffenden Kunden pro Minute X ist *poissonverteilt.*

Mit welcher Wahrscheinlichkeit treffen in einer Minute weniger als 3 Kunden ein? Wie groß ist die Varianz von X?

Lösung: Ist X die Zahl der pro Minute eintreffenden Kunden, dann ist laut Angabe $\mathbf{E}(X) = 3$. X ist *poissonverteilt* mit $\lambda = 3$ (siehe (4.19)), und es gilt:

$$\begin{aligned}
\mathbf{P}(X < 3) &= \mathbf{P}(X = 0) + \mathbf{P}(X = 1) + \mathbf{P}(X = 2) \\
&= \frac{3^0}{0!} \cdot e^{-3} + \frac{3^1}{1!} \cdot e^{-3} + \frac{3^2}{2!} \cdot e^{-3} \\
&= e^{-3} + 3 \cdot e^{-3} + \frac{9}{2} \cdot e^{-3} = 0.42319
\end{aligned}$$

Die *Varianz* von X ist $\sigma^2 = \lambda = 3$. ♣

Der Parameter λ einer Poissonverteilung ist proportional zur Länge des betrachteten Zeitintervalls. Wenn wir statt der Anzahl der Kunden *pro Minute* die Anzahl *pro Stunde* modellieren, so ist diese immer noch poissonverteilt, der Erwartungswert (und damit der Parameter) der Poissonverteilung ist aber 60 mal dem Parameter der Verteilung der Kunden pro Minute, wenn die Kundenfrequenz sich nicht ändert.

Eine $B(n,p)$ binomialverteilte Zufallsvariable kann logischerweise nur Werte zwischen 0 und n annehmen. Eine poissonverteilte kann für jedes λ beliebig große Werte annehmen - es gibt keine *logische* Obergrenze für die Anzahl der Kunden pro Minute (während die binomialverteilte Anzahl der Merkmalsträger in einer Stichprobe durch deren Umfang beschränkt ist). Die Poisson-Wahrscheinlichkeit wird allerdings für $k \gg \lambda$ verschwindend klein werden. Die *Poissonverteilung* kann als Approximation der *Binomialverteilung* verwendet werden, genauer gesagt:

> *Für großes n und kleines p unterscheiden sich die Wahrscheinlichkeiten*
>
> $$\binom{n}{k} \cdot p^k \cdot (1-p)^{n-k}$$
>
> *und*
>
> $$\frac{(n \cdot p)^k}{k!} \cdot e^{-n \cdot p}$$
>
> *für* $k = 0, 1, 2, \ldots, n$ *nur wenig.*
> *Je größer n und je kleiner p desto weniger unterscheiden sich Binomialverteilung mit Parametern n und p und* Poissonverteilung *mit Parameter* $\lambda = n \cdot p$.

Für die Praxis heißt das: Ist $X \sim B(n,p)$, und ist n groß und p klein, dann kann man Wahrscheinlichkeiten mit der *Poissonverteilung* $P(n \cdot p)$ berechnen, ohne große Fehler zu machen. Mit einer Poissonverteilung zu rechnen hat den Vorteil, dass man keinen Binomialkoeffizienten $\binom{n}{k}$ berechnen muss. Häufig wird folgende Faustregel empfohlen:

> *Ist* $n > 10$ *und* $p < 0.05$, *dann können Wahrscheinlichkeiten mit der* $P(n \cdot p)$*–Verteilung statt mit der* $B(n,p)$*–Verteilung berechnet werden.*

4–17 Die Wahrscheinlichkeit, dass eine bestimmte U-Bahnstrecke innerhalb eines Tages kontrolliert wird, sei 0.04. Herr Schwarz fährt die U-Bahn-Strecke 250 Tage lang (ca. die Zahl der Werktage eines Jahres). Wir nehmen an, dass an verschiedenen Tagen unabhängig voneinander kontrolliert wird (was nicht sehr realistisch ist, die Überlegungen aber wesentlich vereinfacht).

a) Die Zahl der Tage, an denen kontrolliert wird, sei mit X bezeichnet. Wie groß sind Erwartungswert (mittlere Zahl der Tage an denen kontrolliert wird) und Varianz von X.

b) Mit welcher Wahrscheinlichkeit wird Herr Schwarz an mehr als 20 der 250 Tagen kontrolliert? Kann man diese Wahrscheinlichkeit approximativ mittels einer Poissonverteilung berechnen? Wenn ja, welchen Parameter hat sie? Berechnen Sie die gesuchte Wahrscheinlichkeit.

Lösung:

a) $\mu = n \cdot p = 250 \cdot 0.04 = 10$, $\sigma^2 = n \cdot p \cdot (1-p) = 10 \cdot 0.96 = 9.6$.

b) Da $n = 250 > 10$ und $p = 0.04 < 0.05$ kann nach obiger „Faustregel" mit einer *Poissonverteilung* mit Parameter $\lambda = \mu = 10$ gerechnet werden. Wir berechnen zuerst $\mathbf{P}(X \leq 20)$:

$$\mathbf{P}(X \leq 20) = \mathbf{P}(X = 0) + \mathbf{P}(X = 1) + \cdots + \mathbf{P}(X = 20)$$

$$= e^{-10} \cdot \left(1 + 10 + 50 + \frac{500}{3} + \cdots + 41.1032\right) = 0.998$$

Daher beträgt die Wahrscheinlichkeit, dass an mehr als 20 Tagen kontrolliert wird, nur $\mathbf{P}(X > 20) = 1 - \mathbf{P}(X \leq 20) = 1 - 0.998412 = 0.001588$.

♣

4.2 Stetige Zufallsvariablen

Im Gegensatz zu den diskreten Zufallsvariablen können stetige Zufallsvariable jeden beliebigen Wert aus einem (oder mehreren) Intervall(en) annehmen (*vgl. die Ausführungen zu den stetigen und diskreten Merkmalen*). Ein Beispiel ist die Körpergröße, wenn sie unendlich genau gemessen wird. Oft hängt es von der Betrachtungsweise ab, ob man ein Merkmal durch eine stetige oder eine diskrete Zufallsvariable modelliert: wenn die Körpergröße nur auf Zentimeter genau gemessen wird, dann erhält man eine diskrete Zufallsvariable. Während sich bei den diskreten Zufallsvariablen für jeden möglichen Wert eine Wahrscheinlichkeit angeben lässt, mit der er angenommen wird, ist das bei den stetigen nicht mehr sinnvoll. Hier lässt sich nurmehr eine Wahrscheinlichkeit dafür angeben, dass sie einen Wert *in einem Intervall* annehmen:

Für stetige Merkmale X ist es sinnlos zu fragen: „Mit welcher Wahrscheinlichkeit hat X den Wert x?" Statt dessen müssen wir für Werte $x_1 < x_2$ fragen: „Mit welcher Wahrscheinlichkeit liegt X zwischen x_1 und x_2?"

Diese Wahrscheinlichkeit erhält man durch das Integrieren der sogenannten *Dichtefunktion* (s.u.) über das betrachtete Intervall. Bei den diskreten Zufallsvariablen erhält man die Wahrscheinlichkeit für Werte in einem vorgegebenen Intervall, indem man die Wahrscheinlichkeitsfunktionen für alle Werte in diesem Intervall addiert. Die Dichtefunktion stetiger Zufallsvariabler entspricht also in gewisser Weise der Wahrscheinlichkeitsfunktion für diskrete Zufallsvariablen und wird daher manchmal auch als *Wahrscheinlichkeitsdichte* bezeichnet.

Die *Verteilungsfunktion* hat für stetige und diskrete Zufallsvariablen die gleiche Bedeutung: sie gibt für jeden Wert x die Wahrscheinlichkeit dafür an, dass die Zufallsvariable einen Wert $\leq x$ annimmt. Die Verteilungsfunktionen diskrete Zufallsvariable sind Treppenfunktionen, zum Modellieren stetiger Merkmale verwendet man *stetige Verteilungen* (siehe Beispiel 4–4). Man sagt also, eine Zufallsvariable X habe eine *stetige Verteilung*, falls ihre **Verteilungsfunktion**

$$x \mapsto F(x) := \mathbf{P}(X \leq x)$$

eine **stetige Funktion** ist.

Die Verteilungsfunktion F einer stetigen Zufallsvariablen X ist nicht nur stetig, sondern im wesentlichen auch differenzierbar. Ihre Ableitung

$$f(x) := \frac{d}{dx} F(x) \tag{4.21}$$

nennt man die *Dichtefunktion* von X. Es gilt:

Hat eine *stetige Zufallsvariable X Verteilungsfunktion F* bzw. *Dichtefunktion f*, dann ist für beliebige reelle $a \leq b$:

$$\mathbf{P}(X \leq b) = F(b) = \int_{-\infty}^{b} f(x)\,dx \;, \tag{4.22}$$

$$\mathbf{P}(a < X \leq b) = F(b) - F(a) = \int_{a}^{b} f(x)\,dx \tag{4.23}$$

und

$$\mathbf{P}(a < X) = 1 - F(a) = \int_{a}^{\infty} f(x)\,dx \tag{4.24}$$

Der Erwartungswert von X ist

$$\mathbf{E}(X) = \mu = \int_{-\infty}^{\infty} x\, f(x)\,dx \;, \tag{4.25}$$

die Varianz von X ist definiert als

$$\mathbf{Var}(X) = \sigma^2 = \int_{-\infty}^{\infty} (x-\mu)^2 f(x)\,dx = \int_{-\infty}^{\infty} x^2 f(x)\,dx - \mu^2 \;. \tag{4.26}$$

4–18 Eine Zufallsvariable X heißt *exponentialverteilt* mit Parameter λ, falls

$$\mathbf{P}(X \leq x) = F(x) = \begin{cases} 0 & \text{falls } x < 0 \\ 1 - e^{-\lambda x} & \text{falls } x \geq 0 \end{cases} \;.$$

Wie lautet ihre Dichtefunktion?

Lösung: Da $F(x)$ konstant gleich 0 für $x < 0$ gilt $f(x) = F'(x) = 0$ für $x < 0$. Für $x > 0$ ist $f(x) = F'(x) = \frac{d}{dx}\left(1 - e^{-\lambda x}\right) = \lambda\, e^{-\lambda x}$. ♣

Beispiel 17 *Die* Standardnormalverteilung *ist die Verteilung mit Dichtefunktion*

$$f(x) = \frac{1}{\sqrt{2\,\pi}}\, e^{-\frac{x^2}{2}} \quad \textit{für reelles } x \; .$$

◇

Man kann sich die Wahrscheinlichkeit, dass X in einen Bereich A fällt, als Fläche unter dem Graphen der Dichte f innerhalb des durch A gegebenen Bereichs vorstellen.

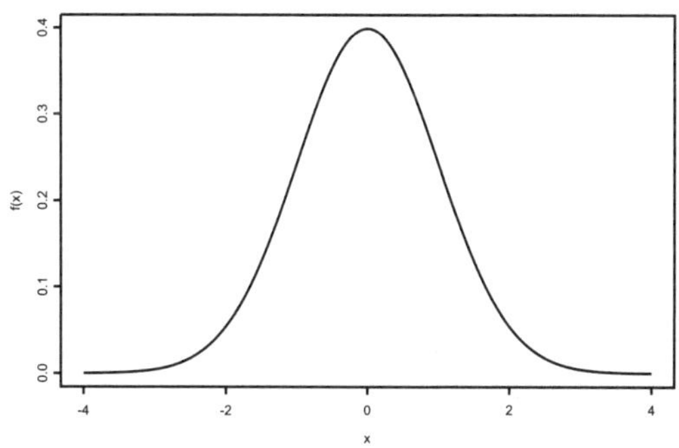

Graph der Dichte der Standardnormalverteilung

Nicht jede Funktion f ist *Dichtefunktion* einer stetigen Zufallsvariablen.

Eine Funktion $f(x)$ ist *Dichtefunktion* einer stetigen Verteilung genau dann, wenn $f(x) \geq 0$ für alle reellen Werte x und $\int_{-\infty}^{\infty} f(x) = 1$

Wegen der Stetigkeit von F gilt für jede reelle Zahl x

$$\mathbf{P}(X = x) = F(x) - F(x) = 0 \; ,$$

d.h., für eine (beliebige) feste Zahl x nimmt X den Wert x mit Wahrscheinlichkeit 0 an. Um ein Ereignis zu erhalten, das eine positive Wahrscheinlichkeit haben kann, müssen wir Intervalle betrachten.

Die Dichtefunktion $f(x)$ ist also **nicht** die Wahrscheinlichkeit, dass X den Wert x annimmt. Allerdings ist für kleine Intervalle $[x-\varepsilon, x+\varepsilon]$

$$\mathbf{P}(x-\varepsilon < X \leq x+\varepsilon) \approx f(x) \cdot 2\varepsilon \, .$$

Man beachte auch: Aus den letzten Überlegungen ergibt sich

$$F(b) = \mathbf{P}(X \leq b) = \mathbf{P}(X < b) + \mathbf{P}(X = b) = \mathbf{P}(X < b)$$

und ebenso

$$\mathbf{P}(a \leq X \leq b) = \mathbf{P}(a < X < b) = \mathbf{P}(a < X \leq b) = \mathbf{P}(a \leq X < b) \, .$$

Für viele bekannte Dichtefunktionen lässt sich das Integral für die Verteilungsfunktion

$$F(x) = \int_{-\infty}^{x} f(y)\,dy$$

nicht explizit berechnen oder liefert eine sehr komplizierte Formel in x. In diesen Fällen muss – für gegebenes x – die Verteilungsfunktion $F(x)$ anhand einer Tabelle (wie die Tabellen des Anhangs) oder eines Computerprogrammes ermittelt werden.

4–19 Die folgende Tabelle enthält Werte der Verteilungsfunktion einer stetigen Zufallsvariablen X, deren Verteilung die sogenannte *Weibull-Verteilung* mit Parametern $a = 2$ und $b = 1$ ist.

x	$F(x)$	x	$F(x)$	x	$F(x)$
0.0000	0.0000	0.5000	0.2212	1.0000	0.3935
0.1000	0.0488	0.6000	0.2592	1.1000	0.4231
0.2000	0.0952	0.7000	0.2953	1.2000	0.4512
0.3000	0.1393	0.8000	0.3297	1.3000	0.4780
0.4000	0.1813	0.9000	0.3624	1.4000	0.5034

Mit welcher Wahrscheinlichkeit ist X

a) kleiner oder gleich 1.3,

b) größer als 1.1,

c) größer als 0.6 und kleiner als 1.2,

d) kleiner als 0.5 oder größer als 0.9?

Lösung:

a) $\mathbf{P}(X \leq 1.3) = F(1.3) = 0.4780$

b) $\mathbf{P}(X > 1.1) = 1 - F(1.1) = 1 - 0.4231 = 0.5769$

c) $\mathbf{P}(0.6 < X < 1.2) = \mathbf{P}(x < 1.2) - \mathbf{P}(X \leq 0.6) = F(1.2) - F(0.6) = 0.4512 - 0.2592 = 0.1920$

d) $\mathbf{P}(X < 0.5 \text{ oder } X > 0.9) = \mathbf{P}(X < 0.5) + \mathbf{P}(X > 0.9) = F(0.5) + 1 - F(0.9) = 0.2212 + 1 - 0.3624 = 0.8588$

♣

4.2.1 Die Normalverteilung

Eine *normalverteilte Zufallsvariable* X mit Parametern μ und σ^2 ist eine stetig verteilte Zufallsvariable mit *Dichtefunktion*

$$f^{(N)}(x; \mu, \sigma^2) = \frac{1}{\sigma \sqrt{2\,\pi}}\, e^{-\frac{(x-\mu)^2}{2\,\sigma^2}} \tag{4.27}$$

Oft wird das Symbol $N(\mu, \sigma^2)$ für diese Verteilung verwendet, und man schreibt $X \sim N(\mu, \sigma^2)$.

Die $N(0,1)$–Verteilung nennt man die *Standardnormalverteilung*. Wir haben sie bereits mit Beispiel 17 eingeführt.

Wenn $X \sim N(\mu, \sigma^2)$, dann hat X

Erwartungswert $\mathbf{E}(X) = \mu$ und Varianz $\mathbf{Var}(X) = \sigma^2$.

Die folgenden Graphiken enthalten Skizzen der Dichten verschiedener Normalverteilungen. In beiden Graphiken ist die mittlere Dichte die Dichte der Standardnormalverteilung.

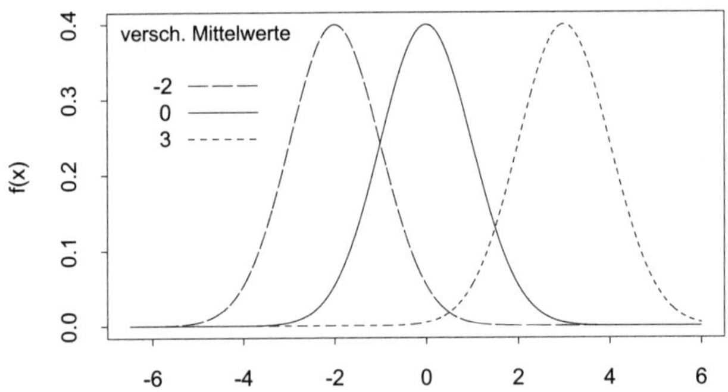

Drei Normalverteilungsdichten mit Varianz 1 und drei verschiedenen Mittelwerten ($\mu = -2$, $\mu = 0$ und $\mu = 3$).

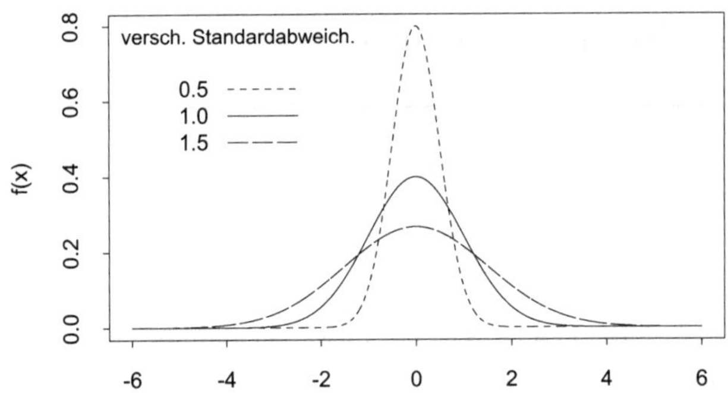

Drei Normalverteilungsdichten mit Mittelwert 0 und drei verschiedenen Standardabweichungen ($\sigma = 0.5$, $\sigma = 1$ und $\sigma = 1.5$).

Zum Berechnen von Wahrscheinlichkeiten verwendet man die *Verteilungsfunktion* der *Standardnormalverteilung*, die wir mit Φ bezeichnen:

$$\Phi(x) := \int_{-\infty}^{x} f^{(N)}(y\,; 0, 1)\, dy \;.$$

Sie ist in jedem Statistik Softwarepaket implementiert und ihre Werte sind tabelliert. Sie finden einige Werte der Verteilungsfunktion der *Standardnomalverteilung* in Tabelle 1 des Anhangs.

Die Standardnormalverteilungsdichte ist spiegelsymmetrisch bezüglich der vertikalen Koordinatenachse, d.h., $f^{(N)}(x\,;0,1) = f^{(N)}(-x\,;0,1)$ für alle Werte x. Als Konsequenz ergibt sich folgende wichtige Eigenschaft der *Standardnormalverteilung*:

Für jeden reellen Wert x gilt

$$\Phi(-x) = 1 - \Phi(x)\ . \tag{4.28}$$

Insbesondere ist $\Phi(0) = 1 - \Phi(0)$ und daher

$$\Phi(0) = 0.5 \tag{4.29}$$

4–20 Die Zufallsvariable X sei *standardnormalverteilt*. Mit welcher Wahrscheinlichkeit

a) ist X kleiner als 1.5,

b) ist X größer als 2,

c) liegt X zwischen 0 und 1,

d) ist X kleiner als -1.5,

e) liegt X zwischen -1.5 und -1?

Lösung: Wir verwenden Tabelle 1 des Anhangs

a) $\mathbf{P}(X < 1.5) = \mathbf{P}(X \leq 1.5) = \Phi(1.5) = 0.933193$,

b) $\mathbf{P}(X > 2) = 1 - \mathbf{P}(X \leq 2) = 1 - \Phi(2) = 1 - 0.97725 = 0.022750$,

c) $\mathbf{P}(0 < X < 1) = \Phi(1) - \Phi(0) = 0.841345 - 0.5 = 0.341345$, wobei $\Phi(0) = \mathbf{P}(X \leq 0) = 0.5$ nach (4.29),

d) nach (4.28) ist $\mathbf{P}(X < -1.5) = 1-\Phi(1.5) = 1-0.933193 = 0.066807$,

e) $\mathbf{P}(-1.5 < X < -1) = \Phi(-1)-\Phi(-1.5) = (1-\Phi(1))-(1-\Phi(1.5)) = \Phi(1.5) - \Phi(1) = 0.933193 - 0.841345 = 0.091848$.

♣

Nun wird in der Praxis kaum jemals eine normalverteilte Zufallsvariable *standardnormalverteilt* sein. Man kann jedoch die Verteilungsfunktion der *Standardnormalverteilung* auch zum Berechnen von Wahrscheinlichkeiten beliebiger *Normalverteilungen* verwenden, denn es gilt die wichtige Regel

Standardisierung einer normalverteilten Zufallsvariablen: Ist X *normalverteilt* mit Erwartungswert μ und Varianz σ^2, dann ist die Zufallsvariable

$$Z := \frac{X - \mu}{\sigma}$$

standardnormalverteilt. Man nennt Z die *Standardisierung* von X. Für jede reelle Zahl x ist $X \leq x$ gleichbedeutend mit $Z \leq (x - \mu)/\sigma$. Daher gilt für reelle Werte $x_1 < x_2$

$$\mathbf{P}(X \leq x_2) = \Phi(\frac{x_2 - \mu}{\sigma}) \,, \qquad \mathbf{P}(X > x_1) = 1 - \Phi(\frac{x_1 - \mu}{\sigma})$$

und

$$\mathbf{P}(x_1 < X \leq x_2) = \Phi(\frac{x_2 - \mu}{\sigma}) - \Phi(\frac{x_1 - \mu}{\sigma})$$

4–21 X sei *normalverteilt* mit Erwartungswert $\mu = 5$ und Varianz $\sigma^2 = 9$. Mit welcher Wahrscheinlichkeit ist

a) X kleiner als 2,

b) X größer 8 und kleiner 11,

c) X größer 2 und kleiner 8?

Lösung: Da $\mu = 5$ und $\sigma = 3$, ist $Z := (X - 5)/3$ die *Standardisierung* von X. Es gilt

a) $\mathbf{P}(X < 2) = \mathbf{P}(Z < (2 - 5)/3 = -1) = \Phi(-1) = 1 - \Phi(1) = 1 - 0.841345 = 0.158655$,

b) $\mathbf{P}(8 < X < 11) = \mathbf{P}(X \leq 11) - \mathbf{P}(X \leq 8) = \Phi(\frac{11-5}{3}) - \Phi(\frac{8-5}{3}) = \Phi(2) - \Phi(1) = 0.97725 - 0.841345 = 0.135905$,

c) $\mathbf{P}(2 < X < 8) = \Phi(\frac{8-5}{3}) - \Phi(\frac{2-5}{3}) = \Phi(1) - \Phi(-1) =$
$= \Phi(1) - (1 - \Phi(1)) = 2 \cdot \Phi(1) - 1 = 2 \cdot 0.841345 - 1 = 0.68269.$

♣

In der Statistik möchte man häufig einen Bereich bestimmen, aus dem die Zufallsvariable mit einer vorgegebenen Wahrscheinlichkeit γ einen Wert annimmt. Dazu benötigt man die Umkehrfunktion der Verteilungsfunktion:

> Hat die Zufallsvariable X *Verteilungsfunktion* F und ist γ eine Wahrscheinlichkeit (also eine Zahl zwischen 0 und 1), dann nennt man jene Zahl x_γ, für die
> $$F(x_\gamma) = \mathbf{P}(X \leq x_\gamma) = \gamma \tag{4.30}$$
> gilt, das γ–***Quantil*** der Verteilung von X. x_γ ist also jene Zahl, an deren Stelle die Verteilungsfunktion den Wert γ hat.
> Bezeichnet Q die Umkehrfunktion der Verteilungsfunktion F, dann ist $x_\gamma = Q(\gamma)$.

Das γ–*Quantil* der Standardnormalverteilung bezeichnen wir mit $Q^{(N)}(\gamma)$. Die letzte Zeile der Tabelle 2 des Anhangs enthält einige (häufig verwendete) *Quantile* der Standardnormalverteilung.

4–22 Bestimme

a) das 0.95–*Quantil* der *Standardnormalverteilung*,

b) das 0.95–*Quantil* der $N(2,4)$–Verteilung,

c) Die Zahl $u \geq 0$, sodass $\mathbf{P}(-u \leq Z \leq u) = 0.95$ für *standardnormalverteiltes* Z,

d) Die Zahl $x \geq 0$, sodass $\mathbf{P}(\mu - x < Y < \mu + x) = 0.95$ für $N(\mu, 4)$–verteiltes Y.

Lösung:

a) Das 0.95–*Quantil* $Q^{(N)}(0.95)$ der *Standardnormalverteilung* kann direkt aus Tabelle 2 (*df* $= \infty$) abgelesen werden: $Q^{(N)}(0.95) = 1.645$. Überprüfen wir dieses Ergebnis mit Tabelle 1: 1.645 liegt zwischen 1.64 und 1.65 und 0.95 liegt – wie erwartet – zwischen $\Phi(1.64) = 0.949497$ und $\Phi(1.65) = 0.950529$.

b) Um das 0.95–*Quantil* der $N(2,4)$–Verteilung zu bestimmen, müssen wir erst standardisieren:
$$0.95 = \mathbf{P}(X \leq u) = \mathbf{P}(Z = \frac{X-2}{2} \leq \frac{u-2}{2}) = \Phi(\frac{u-2}{2}) \ .$$
Folglich ist
$$\frac{u-2}{2} = Q^{(N)}(0.95) = 1.645 \ .$$
Auflösen der letzten Gleichung nach u ergibt das 0.95–*Quantil*
$$u = 2 \cdot 1.645 + 2 = 5.29$$

c) $\mathbf{P}(-u \leq Z \leq u) = \Phi(u) - \Phi(-u) = \Phi(u) - (1 - \Phi(u)) = 2 \cdot \Phi(u) - 1$. Daher ist $2 \cdot \Phi(u) - 1 = 0.95$. Lösen wir diese Gleichung nach $\Phi(u)$ auf, erhalten wir $\Phi(u) = \frac{1+0.95}{2} = 0.975$. Aus Tabelle 2 erhalten wir die gesuchte Zahl

$$u = \Phi^{-1}(0.975) = 1.96 \ .$$

d) Wir müssen wieder standardisieren:

$$0.95 = \mathbf{P}(\mu - x < Y < \mu + x) = \mathbf{P}(-\frac{x}{2} \leq Z \leq \frac{x}{2})$$

mit $Z = \frac{Y-\mu}{2} \sim N(0,1)$. Aus (2) wissen wir, dass $\frac{x}{2} = \Phi^{-1}(0.975) = 1.96$ (wir brauchen nur u durch $\frac{x}{2}$ in der Lösung von c) zu ersetzen). Folglich ist $x = 2 \cdot 1.96 = 3.92$.

♣

Ganz allgemein gilt:

Ist $X \sim N(\mu, \sigma^2)$ und γ eine Wahrscheinlichkeit, dann gilt

$$\mathbf{P}(\mu - x \leq X \leq \mu + x) = \gamma \ ,$$

für

$$x = \sigma \cdot Q^{(N)}(\frac{1+\gamma}{2}) \ . \qquad (4.31)$$

Die letzte Formel kann zur Interpretation der *Standardabweichung* einer *normalverteilten* Zufallsvariablen herangezogen werden: x misst, wie weit Realisierungen von X um den Erwartungswert μ (mit vorgegebener Wahrscheinlichkeit γ) streuen, und x wächst proportional mit σ.

4–23 Die Füllmenge von Weinflaschen X sei *normalverteilt* mit *Erwartungswert* $\mu = 1$ Liter. Wenn 90% aller Flaschen eine Füllmenge zwischen 0.98 Liter und 1.02 Liter aufweisen, d.h.

$$\mathbf{P}(0.98 \leq X \leq 1.02) = 0.90 \ ,$$

wie groß ist dann die *Standardabweichung* σ der Füllmenge X?

Lösung: Man beachte, dass $0.98 = \mu - 0.02$ und $1.02 = \mu + 0.02$. Folglich ist nach Formel (4.31) (mit $x = 0.02$, $\gamma = 0.9$)

$$0.02 = \sigma \cdot Q^{(N)}(\frac{1+0.9}{2}) = \sigma \cdot Q^{(N)}(0.95) = \sigma \cdot 1.645$$

und daher $\sigma = 0.02/1.645 = 0.012$ Liter. ♣

Die folgenden zwei Eigenschaften der *Normalverteilung* sind wichtig und nützlich:

Ist $X \sim N(\mu, \sigma^2)$ und α eine reelle Zahl, dann ist

$$\alpha \cdot X \sim N(\alpha\,\mu, (\alpha\,\sigma)^2)\ . \tag{4.32}$$

Die Summe zweier *normalverteilter* Zufallsvariablen ist wieder eine *normalverteilte* Zufallsvariable.
Ist z.B. $X \sim N(\mu_1, \sigma_1^2)$ und $Y \sim N(\mu_2, \sigma_2^2)$ und sind X, Y unabhängige Zufallsvariablen, dann ist

$$X + Y \sim N(\mu_1 + \mu_2, \sigma_1^2 + \sigma_2^2). \tag{4.33}$$

(Man beachte, dass sich die *Varianzen* σ_i^2 und nicht die Standardabweichungen σ_i addieren!)

4–24 X und Y seien unabhängige normalverteilte Zufallsvariablen mit $E[X] = E[Y] = \mu$ und $Var[X] = Var[Y] = 2$.

a) Wie ist $D = X - Y$ verteilt? Nenne Erwartungswert und Standardabweichung von D.

b) Mit welcher Wahrscheinlichkeit ist $X \geq Y$?

Lösung:

a) Nach (4.32) ist $-Y = (-1) \cdot Y \sim N(-\mu, 2)$, und aus (4.33) folgt, dass $D = X - Y = X + (-Y) \sim N(\mu - \mu, 2+2) = N(0, 4)$. D.h., D ist *normalverteilt* mit Erwartungswert $\mu = 0$ und Standardabweichung $\sigma = 2$.

b) Da $(D/2) \sim N(0, 1))$, ist $\mathbf{P}(X \geq Y) = \mathbf{P}(D = X - Y \geq 0) = \mathbf{P}(\frac{D}{2} \geq 0) = 0.5$. ♣

4.2.2 Die Lognormalverteilung

Eine Zufallsvariable Y ist *lognormalverteilt* mit Parametern μ, σ und a (reelle Zahlen), falls Y in der Form

$$Y = a + e^X$$

geschrieben werden kann, wobei X eine $N(\mu, \sigma^2)$–verteilte Zufallsvariable ist.

Mit anderen Worten: Y ist lognormalverteilt mit Parametern μ, σ und a, falls $X := \ln(Y - a) \sim N(\mu, \sigma^2)$.

Für *Erwartungswert* und *Varianz* gibt es folgende Formeln:

> Eine *lognormalverteilte* Zufallsvariable Y mit Parametern μ, σ und a hat *Erwartungswert* und *Varianz*:
>
> $$\mathbf{E}(Y) = e^{\mu}\, e^{\sigma^2/2} + a \quad \text{und} \quad \mathbf{Var}(Y) = e^{2\mu}\, e^{\sigma^2}\, (e^{\sigma^2} - 1)\ .$$

4–25 Die tägliche prozentuale Kursänderung einer Aktie wird in der Finanzwirtschaft als *diskrete* tägliche Rendite R_d bezeichnet. Häufig wird angenommen, dass die Zufallsvariable $Y = 1 + (R_d/100)$ lognormalverteilt mit $a = 0$ ist. Die übrigen Parameter seien $\mu = -0.2$ und $\sigma = 0.08$.

a) Mit welcher Wahrscheinlichkeit liegt Y zwischen 0.69 und 0.96?

b) Berechnen Sie Erwartungswert und Varianz der **täglichen Rendite**!

Lösung:

a) Wir wissen, dass $\ln(Y)$ normalverteilt ist mit $\mu = -0.2$ und $\sigma = 0.08$. Deswegen ist $Z := (\ln(Y) - \mu)/\sigma = (\ln(Y) + 0.2)/0.08$ *standardnormalverteilt*. Man beachte, dass $0.69 \le Y \le 0.96$ gleichbedeutend mit $\ln(0.69) \le \ln(Y) \le \ln(0.96)$ (da „ln" eine wachsende Funktion ist). Es gilt also

$$\begin{aligned}
\mathbf{P}(0.69 \le Y \le 0.96) &= \mathbf{P}(\ln(0.69) \le \ln(Y) \le \ln(0.96)) \\
&= \mathbf{P}(\frac{\ln(0.69) + 0.2}{0.08} \le Z \le \frac{\ln(0.96) + 0.2}{0.08}) \\
&= \Phi(\frac{\ln(0.96) + 0.2}{0.08}) - \Phi(\frac{\ln(0.69) + 0.2}{0.08}) \\
&= 0.976705 + 0.983823 - 1 = 0.960528
\end{aligned}$$

b) $\mathbf{E}(Y) = e^{\mu}\, e^{\sigma^2/2} + a = e^{-0.2}\, e^{0.08^2/2} = 0.8214$ und
$\mathbf{Var}(Y) = e^{2\mu}\, e^{\sigma^2}\, (e^{\sigma^2} - 1) = 0.00433.$ ♣

Die Überlegungen zur Berechnung der Wahrscheinlichkeit in Beispiel 4–25 lassen sich durch folgende Formel zusammenfassen.

Ist Y lognormalverteilt *mit Parametern μ, σ und a und sind y_1, y_2 reelle Zahlen mit $y_2 \geq y_1 \geq a$, dann gilt*

$$\mathbf{P}(y_1 < Y \leq y_2) = \Phi(\frac{\ln(y_2 - a) - \mu}{\sigma}) - \Phi(\frac{\ln(y_1 - a) - \mu}{\sigma}).$$

4.2.3 Die Exponentialverteilung

Wir haben die *Exponentialverteilung* bereits in Beispiel 4–18 kennengelernt.

Eine Zufallsvariable X ist exponentialverteilt mit Parameter λ, wenn sie die *Wahrscheinlichkeitsdichte*

$$f(x) = \begin{cases} 0 & \text{falls } x < 0 \\ \lambda\, e^{-\lambda\, x} & \text{falls } x \geq 0 \end{cases}$$

hat. In diesem Fall hat sie *Verteilungsfunktion*

$$F^{(e)}(x) = \begin{cases} 0 & \text{falls } x < 0 \\ 1 - e^{-\lambda\, x} & \text{falls } x \geq 0 \end{cases} .$$

Erwartungswert und *Varianz* einer mit Parameter λ *exponentialverteilten* Zufallsvariablen sind

$$\mathbf{E}(X) = \frac{1}{\lambda} \quad \text{und} \quad \mathbf{Var}(X) = \frac{1}{\lambda^2}.$$

Die Exponentialverteilung kann zur Beschreibung von *Wartezeiten* verwendet werden. Es gilt nämlich folgender Zusammenhang:

Angenommen wir beobachten das Eintreten von Ereignissen eines bestimmten Typs. Dann sind die folgenden zwei Eigenschaften äquivalent (d.h., jede der beiden impliziert die jeweils andere):

- *Für jedes Zeitintervall $[t_1, t_2]$ ist die Häufigkeit Z der während $[t_1, t_2]$ eintretenden Ereignisse* poissonverteilt *mit Parameter $\lambda \cdot t$, wobei $t = t_2 - t_1$ die Länge des Zeitintervalls ist.*
- *Die Zeit T, die zwischen dem Eintreffen zweier aufeinanderfolgender Ereignisse vergeht, ist* exponentialverteilt *mit Parameter λ.*

4–26 Die Häufigkeit, mit der eine bestimmte Maschine innerhalb eines (beliebigen) Zeitintervalls ausfällt, ist *poissonverteilt* mit Erwartungswert proportional zur Länge des Intervalls. Angenommen im Mittel fallen **drei** Maschinen pro Stunde aus.

a) Wie ist die Zeit T verteilt, die zwischen zwei Ausfällen vergeht? Welchen Parameter hat sie, wenn wir sie in Minuten angeben? Wie groß sind Erwartungswert und Varianz von T?

b) Mit welcher Wahrscheinlichkeit vergehen weniger als 30 aber mehr als 10 Minuten zwischen zwei Ausfällen?

Lösung:

a) Die Zeit T zwischen zwei aufeinanderfolgenden Ausfällen ist *exponentialverteilt.* Laut Angabe ist die Zahl der Ausfälle innerhalb einer (beliebigen) Minute *poissonverteilt* mit $\lambda = 0.05$ (denn für die *Poissonverteilung* sind Parameter und Erwartungswert gleich). Messen wir T in Minuten, dann ist T also *exponentialverteilt* mit Parameter $\lambda = 0.05$. Somit sind $\mathbf{E}(T) = 1/\lambda = 1/0.05 = 20$ und $\mathbf{Var}(T) = 1/0.05^2 = 400$.

b) $\mathbf{P}(10 < T < 30) = F^{(e)}(30; 0.05) - F^{(e)}(10; 0.05) =$
$= (1 - e^{-0.05\cdot 30}) - (1 - e^{-0.05\cdot 10}) = -e^{-1.5} + e^{-0.5} = 0.3834.$

♣

4–27 Die Zeit, die zwischen dem Eintreffen zweier PKWs an einer Grenzstation vergeht, sei *exponentialverteilt.* Im Mittel vergehen 10 Sekunden zwischen dem Eintreffen zweier PKWs.

a) Mit welcher Wahrscheinlichkeit vergehen mehr als 15 Sekunden zwischen dem Eintreffen zweier PKWs?

b) Wie ist die Zahl Z der PKWs verteilt, die pro **Minute** an der Grenzstation eintreffen? Nenne Erwartungswert und Varianz dieser Verteilung!

Lösung: Laut Angabe ist $\mathbf{E}(T) = 10$ Sekunden. Da $\mathbf{E}(T) = 1/\lambda$ ist $\lambda = 1/10 = 0.1$.

a) $\mathbf{P}(T > 15) = 1 - F^{(e)}(15; 0.1) = 1 - (1 - e^{-0.1\cdot 15}) = e^{-1.5} = 0.2231.$

b) Z ist *poissonverteilt* mit Parameter $\lambda \cdot 60 = 0.1 \cdot 60 = 6$. Daher erreichen die Grenzstation im Mittel $\mathbf{E}(Z) = 6$ PKW's pro Minute. Die Varianz ist $\mathbf{Var}(Z) = 6$.

♣

4.3 Verteilungen der Stichprobenkennzahlen

4.3.1 Verteilung des arithmetischen Mittels

4–28 Wir nehmen (wie in Beispiel 4–23) an, dass die Füllmengen von Weinflaschen einer bestimmten Marke *normalverteilte* Zufallsvariablen sind. Im Mittel befinden sich 0.75 l Wein in einer Flasche. Die Verteilung der Füllmenge einer Flasche habe Standardabweichung 0.01 l. (Ist das Abfüllen einer Weinflasche ein Zufallsexperiment und haben die Abweichungen vom Mittelwert viele unabhängige Ursachen mit kleinen Effekten, die sich addieren, dann ist die Annahme einer *Normalverteilung* durch den unten angeführten *zentralen Grenzwertsatz* gerechtfertigt.)

Nun wird eine Stichprobe von 10 Flaschen auf ihre Füllmenge hin untersucht. Werden die 10 Weinflaschen zufällig ausgewählt, kann davon ausgegangen werden, dass ihre Füllmengen $X_1, \ldots X_{10}$ unabhängige Zufallsvariablen sind. Man spricht dann von einer *zufälligen Stichprobe.* Wir interessieren uns für das *arithmetische Mittel* der Füllmengen

$$\bar{X} = \frac{1}{10} \sum_{i=1}^{10} X_i \ .$$

Auch $\bar{X}$ ist eine Zufallsvariable (solange wir noch nicht wissen, welche Füllmengen die Flaschen der Stichprobe haben).

Wie ist das *arithmetische Mittel* $\bar{X}$ der Stichprobe verteilt? Mit welcher Wahrscheinlichkeit liegt es zwischen 0.749 und 0.751?

Lösung: Laut Angabe ist $X_i \sim N(0.75, 0.01^2)$ für alle $i = 1, 2, \ldots, 10$. Nach (4.8),(4.10), (4.12) und (4.13) hat $\bar{X}$ Erwartungswert

$$\mathbf{E}(\bar{X}) = \frac{1}{10}(\mathbf{E}(X_1) + \mathbf{E}(X_2) + \cdots + \mathbf{E}(X_{10})) = \frac{1}{10} 10 \cdot 0.75 = 0.75$$

und Varianz

$$\begin{aligned} \mathbf{Var}(\bar{X}) &= \frac{1}{100}(\mathbf{Var}(X_1) + \mathbf{Var}(X_2) + \cdots + \mathbf{Var}(X_{10})) \\ &= \frac{1}{100} 10 \cdot 0.01^2 = \frac{0.01^2}{10} = 0.00001. \end{aligned}$$

Da die Summe *normalverteilter Zufallsvariablen* wieder normalverteilt ist, gilt $\bar{X} \sim N(0.75, 0.00001)$. Daher ist

$$\begin{aligned} \mathbf{P}(0.749 \leq \bar{X} \leq 0.751) &= \Phi(\frac{0.751 - 0.75}{\sqrt{0.00001}}) - \Phi(\frac{0.749 - 075}{\sqrt{0.00001}}) \\ &= 2 \cdot \Phi(0.32) - 1 = 2 \cdot 0.626 - 1 = 0.25 \end{aligned}$$

♣

Verteilung des arithmetischen Mittels
einer *zufälligen* Stichprobe:

Sind $X_1, \ldots, X_n$ unabhängige Zufallsvariablen mit

$$\mathbf{E}(X_i) = \mu \qquad \text{und} \qquad \mathbf{Var}(X_i) = \sigma^2 < \infty$$

für alle $i = 1, \ldots, n$ (z.B. die Werte einer *zufälligen Stichprobe*). Dann hat das *arithmetische Mittel*

$$\bar{X} := \frac{1}{n} \sum_{i}^{n} X_i$$

Erwartungswert $\mathbf{E}(\bar{X}) = \mu$ und Varianz $\mathbf{Var}(\bar{X}) = \frac{\sigma^2}{n}$.

Sind zusätzlich alle X_i *normalverteilt*, dann ist auch $\bar{X}$ *normalverteilt*, d.h. $\bar{X} \sim N(\mu, \frac{\sigma^2}{n})$.

Zentraler Grenzwertsatz:
Folgen die X_i einer anderen Verteilung als die Normalverteilung (und haben alle X_i die gleiche Verteilung), dann besagt der *zentrale Grenzwertsatz*:

> Für hinreichend großes n unterscheidet sich die Verteilung von $\bar{X}$ kaum von $N(\mu, \frac{\sigma^2}{n})$.

Ist μ unbekannt, so verwendet man das arithmetische Mittel $\bar{X}$ zum Schätzen des Erwartungswertes μ. Da $\mathbf{E}(\bar{X}) = \mu$, nennt man $\bar{X}$ einen *erwartungstreuen Schätzer* von μ.

4–29 *(Siehe Beispiel 4–25)* Die Zufallsvariable $X = \ln(Y)$ aus Beispiel 4–25 wird die *stetige tägliche Rendite* genannt. Es war $\sigma := \sqrt{\mathbf{Var}(X)} = 0.08$. Wir bezeichnen den Erwartungswert von X mit μ.

Angenommen für verschiedene Tage sind die *stetigen täglichen Renditen* wahrscheinlichkeitstheoretisch unabhängig und alle folgen der gleichen (uns unbekannten) Verteilung.

a) Auch wenn wir keine Annahme über die Verteilung von X machen: Welche Verteilung kann für die durchschnittliche *stetige* Rendite n aufeinanderfolgender Tage $\bar{X}_n = \frac{1}{n}(X_1 + \cdots + X_n)$ verwendet werden,wenn n hinreichend groß ist? (Nennen Sie Art der Verteilung, sowie Mittelwert und Varianz.)

b) Angenommen wir kennen die mittlere stetige tägliche Rendite μ nicht, jedoch $\sigma = 0.08$. Aus den Renditen wie vieler Tage n sollte das arithmetische Mittel aus (a) gebildet werden, damit die Differenz zwischen $\bar{Y}_n$ und μ nur mit einer Wahrscheinlichkeit von höchstens 0.01 größer als 0.001 ist. (Unter der Annahme, dass $\bar{X}_{n-1}$ normalverteilt ist.)

c) Welchem Mittel entspricht die Größe $e^{\bar{X}_n}$?

Lösung:

a) Nach dem zentralen Grenzwertsatz – ist für großes n – $\bar{X}_n$ *normalverteilt* mit $\mathbf{E}(\bar{X}_n) = \mu$ und $\mathbf{Var}(\bar{X}_n) = \sigma^2/n$.

b) Wir suchen n, sodass $\mathbf{P}(|\bar{Y}_n - \mu| \leq 0.001) \geq 0.99$. Nun ist

$$\begin{aligned}\mathbf{P}(|\bar{Y}_n - \mu| \leq 0.001) &= \mathbf{P}(-\frac{0.001}{(\sigma/\sqrt{n})} \leq \frac{\bar{Y}_n - \mu}{(\sigma/\sqrt{n})} \leq \frac{0.001}{(\sigma/\sqrt{n})}) \\ &= 2 \cdot \Phi(\frac{0.001 \cdot \sqrt{n}}{\sigma}) - 1 \; .\end{aligned}$$

Das gesuchte n soll also $2 \cdot \Phi(0.001 \cdot \sqrt{n}/\sigma) - 1 \geq 0.99$ erfüllen, bzw.

$$\Phi(0.001 \cdot \sqrt{n}/\sigma) \geq (0.99 + 1)/2 = 0.995 \; .$$

Das gilt genau dann, wenn $\frac{\sqrt{n}}{\sigma} \geq Q^{(N)}(0.995)/0.001 = 2.578/0.001 = 2578$. Auflösen der letzten Ungleichung nach n ergibt gerundet

$$n \geq (2578 \cdot \sigma)^2 = (2578 \cdot 0.08)^2 \approx 4.254 \cdot 10^4 \; .$$

c) Man beachte, dass $e^{\bar{X}_n} = e^{(X_1 + \cdots + X_n)/n} = \left(e^{X_1} \cdot \cdots \cdot e^{X_n}\right)^{\frac{1}{n}}$. D.h., das Exponential $e^{\bar{X}_n}$ des arithmetischen Mittels der *stetigen Renditen* X_i ist das *geometrische Mittel* der *diskreten Renditen* Y_i.

♣

4.3.2 Verteilung der Stichprobenvarianz – die χ^2-Verteilungen

Sind $Z_1, \ldots, Z_r$ unabhängige *standardnormalverteilte* Zufallsvariablen, so nennt man die Verteilung der Zufallsvariable

$$S_r^2 := \sum_i^r Z_i^2$$

die χ^2-*Verteilung* mit $df = r$ Freiheitsgraden (*df* steht für „degrees of freedom"). Es gibt zu jeder natürlichen Zahl r eine χ^2-Verteilung mit $df = r$ Freiheitsgraden. Man beachte, dass eine χ^2–verteilte Zufallsvariable keine negativen Werte annimmt.

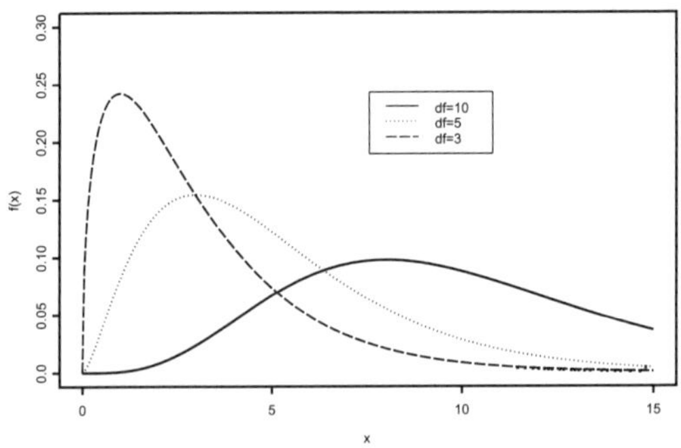

Dichten der χ^2-Verteilungen mit $df = 10, 5$ und 3 Freiheitsgraden

Obwohl man die Dichtefunktionen dieser Verteilungen kennt, werden wir sie hier nicht weiter spezifizieren, da wir im weiteren nur Quantile dieser Verteilungen brauchen werden. Einige Quantile der χ^2-Verteilung befinden sich in Tabelle 3.

Wir werden die χ^2-Verteilungen unter anderem in folgendem Zusammenhang verwenden:

Sind $X_1, \ldots, X_n$ unabhängige Zufallsvariablen mit $\mathbf{E}(X_i) = \mu$ und $\mathbf{Var}(X_i) = \sigma^2$ für alle $i = 1, \ldots, n$ (z.B. die Werte einer *zufälligen Stichprobe*), dann hat die *empirische Varianz* (vgl. (2.10))

$$S_{n-1}^2 := \frac{1}{n-1} \sum_{i=1}^{n} (X_i - \bar{X})^2$$

einen Erwartungswert von $\mathbf{E}(S_{n-1}^2) = \sigma^2$. Sind alle X_i *normalverteilt*, dann folgt die Zufallsvariable

$$(n-1) \cdot S_{n-1}^2 / \sigma^2$$

der χ^2-*Verteilung* mit $df = n - 1$ Freiheitsgraden.

Der zentrale Grenzwertsatz kann auch auf die Stichprobenvarianz angewendet werden:

> Folgen die X_i einer andere Verteilung (und haben alle X_i die gleiche Verteilung), dann ergibt sich aus dem *zentralen Grenzwertsatz*:
>
> Für hinreichend großes n unterscheidet sich die Verteilung von $(n-1) \cdot S^2_{n-1}/\sigma^2$ kaum von einer χ^2-*Verteilung* mit $n-1$ Freiheitsgraden.

Ist σ^2 unbekannt, so verwendet man S^2_{n-1} zum Schätzen von σ^2. Da $\mathbf{E}(S^2_{n-1}) = \sigma^2$, ist S^2_{n-1} ein *erwartungstreuer Schätzer* von σ^2. Man nennt S^2_{n-1} die *empirische Varianz*.

4–30 *(Fortsetzung von Beispiel 4–29)* Angenommen die *stetige tägliche Rendite* X einer bestimmten Aktie ist normalverteilt. Die Varianz der *stetigen Rendite* σ^2 nennt man die *Volatilität* der Aktie. Sie ist ein häufig verwendetes Maß für die täglichen Kursschwankungen: je größer die *Volatilität*, desto stärker die täglichen Kursschwankungen.

Die Volatilität σ^2 ist im allgemeinen nicht bekannt und wird daher durch die empirische Varianz geschätzt.

Angenommen wir schätzen die Volatilität durch die *empirische Varianz* S^2_{15} der täglichen Renditen $n = 16$ zufällig ausgewählter Tage (*zufällige Stichprobe* vom Umfang $n = 16$). Welchen Wert unterschreitet das Verhältnis σ^2/S^2_{15} mit Wahrscheinlichkeit 0.01?

Lösung: Gefragt ist nach x, sodass $\mathbf{P}((\sigma^2/S^2_{15}) < x) = 0.01$. Das ist gleichbedeutend mit

$$0.99 = \mathbf{P}((S^2_{15}/\sigma^2) \leq (1/x)) = \mathbf{P}(15 \cdot (S^2_{15}/\sigma^2) \leq (15/x)) \ .$$

Da $15 \cdot (S^2_{15}/\sigma^2)$ eine χ^2-verteilte Zufallsvariable ist, muss gelten dass,

$$15/x = Q^{(\chi^2)}(0.99) = 30.58 \ ,$$

wobei $Q^{(\chi^2)}(0.99)$ das 0.99–*Quantil* der χ^2-Verteilung ist, dessen Wert wir der Tabelle 3 entnommen haben. Das Verhältnis σ^2/S^2_{15} ist also mit Wahrscheinlichkeit 0.99 größer als $x = 15/30.58 = 0.4905$. ♣

4.3.3 Standardisierung des arithmetischen Mittels – die t-Verteilungen

Wie bereits erwähnt, wird zum Schätzen von μ das das arithmetische Mittel $\bar{X}$ einer *zufälligen Stichprobe* herangezogen. Um die Genauigkeit dieser Schätzung zu kontrollieren, haben wir in Beispiel 4–29 b) die Varianz σ^2/n von X verwendet. Meist ist σ aber unbekannt. Diese Schwierigkeit kann umgangen werden, indem wir $\bar{X}$ mit der *empirischen Varianz* S_{n-1}^2/n (statt σ^2/n) *standardisieren*, d.h., wir betrachten die Zufallsvariable

$$T := \frac{\bar{X} - \mu}{(S_{n-1}/\sqrt{n})} = \frac{\bar{X} - \mu}{S_{n-1}} \cdot \sqrt{n},$$

Ist X *normalverteilt*, dann folgt T der sogenannten *Studentverteilung* mit einer Zahl an Freiheitsgraden von $df = n - 1$. (kurz: t_{n-1}-*Verteilung*). Die Dichtefunktion dieser Verteilung ist bekannt. Ihre Gestalt ist der Dichte einer *Standardnormalverteilung* ähnlich: Sie ist symmetrisch um 0 und fällt monoton ab, wenn man sich von 0 wegbewegt.

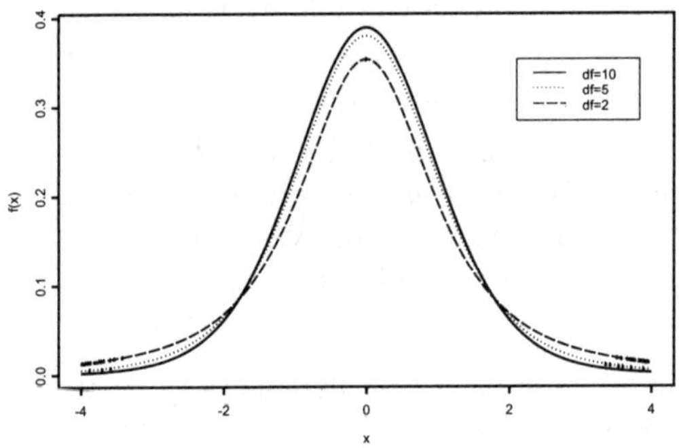

Dichten der t-Verteilungen mit $df = 10, 5$ und 2 Freiheitsgraden

Wenn $F_r^{(t)}(x) := \mathbf{P}(T \leq x)$ die Verteilungsfunktion von T ist, dann folgt (wie für die *Normalverteilung*) aus der Symmetrie der Dichtefunktion, dass

$$F_r^{(t)}(-x) = 1 - F_r^{(t)}(x) \quad \text{für jedes reelle } x \text{ und } r \geq 1 \ .$$

Die *Studentverteilungen* werden mit wachsender Zahl an Freiheitsgraden der *Standardnormalverteilung* immer ähnlicher. Insbesondere ergibt sich die *Standardnormalverteilung* als Grenzwert der *Studentverteilungen*, wenn $df \to \infty$. (Siehe Tabelle 2.)

4–31 (Vergleiche Beispiel 4–29) Angenommen wir wissen, dass die *stetige Rendite* X einer Aktie *normalverteilt* ist, kennen aber Erwartungswert μ und Varianz (*Volatilität*) σ^2 nicht. Wir wollen μ durch das arithmetische Mittel $\bar{X}_{25}$ der Renditen 25 zufällig ausgewählter Tage schätzen.

a) Welchen Wert überschreitet der Absolutbetrag $|T|$ des standardisierten arithmetischen Mittels $T = (\bar{X}_{25} - \mu)\sqrt{25}/S_{24}$ nur mit Wahrscheinlichkeit 0.05.

b) Leite aus dem Ergebnis von a) eine Zufallsvariable $\Delta \geq 0$ ab, sodass μ im Intervall

$$I = [\bar{X}_{25} - \Delta, \bar{X}_{25} + \Delta]$$

mit Wahrscheinlichkeit 0.95 enthalten ist.

Man nennt dieses vom Zufall abhängige Intervall I ein *Konfidenzintervall* für μ. (Konfidenzintervalle werden in Kapitel 5 ausführlich besprochen.)

Lösung:

a) T ist *studentverteilt* mit $df = 24$ Freiheitsgraden und daher ist

$$\mathbf{P}(|T| \leq x) = \mathbf{P}(-x \leq T \leq x) = F_{24}^{(t)}(x) - F_{24}^{(t)}(-x) = 2 \cdot F_{24}^{(t)}(x) - 1$$

Das gesuchte x muss also $0.95 = 2 \cdot F_{24}^{(t)}(x) - 1$ erfüllen, was gleichbedeutend ist mit

$$x = Q_{24}^{(t)}(\frac{0.95+1}{2}) = Q_{24}^{(t)}(0.975) = 2.064 \ ,$$

wobei $Q_{24}^{(t)}(0.975)$ das 0.975–*Quantil* der t_{24}-Verteilung ist, dessen Wert wir aus Tabelle 2 abgelesen haben.

b) Nach a) ist $0.95 = \mathbf{P}(-2.064 \leq \frac{\bar{X}_{25}-\mu}{S_{24}} \cdot \sqrt{25} \leq 2.064)$. Nun ist

$$\frac{\bar{X}_{25} - \mu}{S_{24}} \cdot \sqrt{25} \leq 2.064 \quad \text{gleichbedeutend mit} \quad \bar{X}_{25} - 2.064 \cdot \frac{S_{24}}{5} \leq \mu$$

und

$$-2.064 \leq (\bar{X}_{25} - \mu) \cdot 5/S_{24} \quad \text{gleichbed. mit} \quad \mu \leq \bar{X}_{25} + 2.064 \cdot \frac{S_{24}}{5} \ ,$$

d.h., $\mathbf{P}(\bar{X}_{25} - 2.064 \cdot \frac{S_{24}}{5} \leq \mu \leq \bar{X}_{25} + 2.064 \cdot \frac{S_{24}}{5}) = 0.95$, und damit ist das gesuchte $\Delta = 2.064 \cdot S_{24}/5$.

♣

4.3.4 Anteilswerte für große Stichproben

Als Konsequenz des *zentralen Grenzwertsatzes* unterscheiden sich die *Binomialverteilung* und die *hypergeometrische Verteilung* nur sehr wenig von einer *Normalverteilung* , falls der Stichprobenumfang n und im Fall der *hypergeometrischen* Verteilung das Verhältnis N/n groß genug sind. Häufig richtet man sich nach folgender „Faustregel":

> *Ist die Zufallsvariable X*
>
> - binomialverteilt *mit Parametern n und p, und ist*
>
> $$\sigma_0^2 := n \cdot p \cdot (1-p) \geq 9 \;, \tag{4.34}$$
>
> - *oder* hypergeometrisch verteilt mit Parametern N, M, n, *und*
>
> $$\sigma_0^2 := n \cdot \frac{M}{N} \cdot (1 - \frac{M}{N}) \cdot \frac{N-n}{N-1} \geq 9 \quad \textit{und} \quad N \geq 2n \;, \tag{4.35}$$
>
> *dann gilt mit* $\mu_0 := n \cdot p$ *bzw.* $\mu_0 := n \cdot \frac{M}{N}$ *und* $a \leq b$:
>
> $$\mathbf{P}(a \leq X \leq b) \approx \Phi(\frac{b + 0.5 - \mu_0}{\sigma_0}) - \Phi(\frac{a - 0.5 - \mu_0}{\sigma_0}) \tag{4.36}$$

Man beachte, dass in (4.36) die Grenzen a und b um -0.5 bzw. $+0.5$ verschoben wurden. Dies geschieht, weil eine diskrete durch eine stetige Verteilung approximiert wird. Würden wir diese *Stetigkeitskorrektur* nicht durchführen, dann würde die Approximation beispielsweise für Einzelwerte $a = b$ immer Wahrscheinlichkeit 0 ergeben, also in vielen Fällen zu ungenau sein.

4–32 Bei einer Lieferung von 2500 Milchpackungen sind 12% verdorben. 100 Packungen werden zufällig herausgegriffen und geprüft. P sei der Anteil der entdeckten verdorbenen Packungen innerhalb der Stichprobe. (In Kapitel 5 werden wir den Anteil innerhalb der Stichprobe P zum Schätzen des Anteil innerhalb der Grundgesamtheit verwenden.)

a) Man bestimme Erwartungswert und Varianz von P.

b) Mit welcher Wahrscheinlichkeit liegt P zwischen 5% und 15%?

c) Welcher kleinste Anteil an verdorbenen Packungen (in der Stichprobe) wird mit Wahrscheinlichkeit 0.01 überschritten?

Lösung: Die Anzahl der entdeckten verdorbenen Packungen X ist *hypergeometrisch verteilt* mit Parametern $N = 2500$, $M = 300$ und $n = 100$. Es gilt $P = X/100$.

a) Es ist $\mu_0 = \mathbf{E}(X) = 12$ und $\sigma_0^2 = \mathbf{Var}(X) = 10.1417$. Daher ist $\mathbf{E}(P) = 12/100 = 0.12$ und $\mathbf{Var}(X) = 10.1417/100^2 = 0.00101417$.

b) Da $\sigma_0^2 \geq 9$ und $N \geq 2n$ rechnen wir mit (4.36):

$$\begin{aligned}
\mathbf{P}(0.05 \leq P \leq 0.15) &= \mathbf{P}(5 \leq X \leq 15) \\
&\approx \Phi(\frac{15+0.5-12}{\sqrt{10.1417}}) - \Phi(\frac{5-0.5-12}{\sqrt{10.1417}}) \\
&= \Phi(1.10) - \Phi(-2.36) \\
&= \Phi(1.10) + \Phi(2.36) - 1 = 0.86
\end{aligned}$$

c) Wir suchen die kleinste ganze Zahl m, sodass $\mathbf{P}(X \leq m) \geq 0.99$. Wir approximieren wieder mit der Normalverteilung:

$$0.99 \leq \mathbf{P}(X \leq m) \approx \Phi(\frac{m+0.5-12}{3.1846}).$$

Da $Q^{(N)}(0.99) = 2.326$, muss also $m + 0.5 - 12 \geq 2.326 \cdot 3.1846$, d.h., $m \geq 18.91$ und damit $m = 19$. Der gesuchte Anteil ist somit 0.19.

♣

4.4 Beispiele zum Üben

4.4.1 Aufgaben

4–33 Um eine von 4 Personen zufällig auszuwählen, zieht jeder eines von 4 Streichhölzern. Die Person, welche das einzige Streichholz ohne Zündkopf gezogen hat, ist die ausgewählte Person.

a) Die Zahl N der bis zur Auswahl benötigten Ziehungen ist eine Zufallsvariable. Bestimmen Sie ihre Wahrscheinlichkeitsfunktion.

b) Mit welcher Wahrscheinlichkeit werden weniger als 2 Versuche benötigt? Mit welcher Wahrscheinlichkeit sind es mindestens 3?

4–34 Eine Zufallsvariable X habe Wahrscheinlichkeitsfunktion

Wert	0	1	2
p	0.2	0.4	0.4

a) Man bestimme Erwartungswert und Varianz von X.

b) Wie lauten Wahrscheinlichkeitsfunktion, Erwartungswert und Varianz der Zufallsvariablen $10 + 5 \cdot X$?

c) Wie lauten Wahrscheinlichkeitsfunktion, Erwartungswert und Varianz von $X_1 + X_2$, wenn X_1 und X_2 unabhängige Zufallsvariablen sind, die beide wie X verteilt sind?

4–35 Bei einem Glücksspiel werden zwei Würfel geworfen. Die vom ersten Würfel angezeigte Augenzahl wird dem Spieler in EURO ausbezahlt, was der zweite Würfel anzeigt, muss der Spieler in EURO pro Augenzahl bezahlen.

a) Bestimmen Sie die Wahrscheinlichkeits- und Verteilungsfunktion für den Gewinn G des Spielers bei diesem Spiel. (Bei einem Verlust ist G negativ!)

b) Bestimmen Sie Mittelwert und Varianz des Gewinns G. (Hinweis: Die Varianz für die gefallene Augenzahl beim Werfen eines Würfels beträgt $\frac{35}{12}$.)

c) Wieviel gewinnen Sie im Mittel, wenn Sie das Spiel 6 mal spielen? Welche Varianz hat der Gesamtgewinn dieser 6 Spielrunden?

4–36 Ein Münze werde 5 mal hintereinander geworfen. Fällt KOPF, bekommt der Spieler einen EURO, fällt ZAHL, hat er einen zu bezahlen.

a) Die Zahl der gefallenen Köpfe ist eine Zufallsvariable. Geben Sie Wahrscheinlichkeits- und Verteilungsfunktion dieser Zufallsvariablen tabellarisch und graphisch wieder. Mit welcher Wahrscheinlichkeit fällt öfter KOPF als ZAHL?

b) Der Gewinn G des Spielers ist ebenfalls eine Zufallsvariable. Bestimmen Sie die Wahrscheinlichkeitsfunktion, Erwartungswert und Varianz von G.

4–37 Die Wahrscheinlichkeit, dass eine U-Bahnstrecke innerhalb eines Tages kontrolliert wird sei 0.04. Es wird angenommen, dass die Strecke an verschiedenen Tagen unabhängig voneinander kontrolliert wird. Angenommen Sie fahren diese Strecke 30 Tage lang.

a) Mit welcher Wahrscheinlichkeit werden Sie an mindestens zwei Tagen kontrolliert?

b) Wie groß sind Erwartungswert und Varianz der Zahl der Tage, an denen Sie kontrolliert werden?

c) Mit welcher Wahrscheinlichkeit werden Sie am 5ten Tag das erste Mal kontrolliert?

4–38 Angenommen ein Anruf bei der Feuerwehr führt nur mit Wahrscheinlichkeit 0.5 zu einem Einsatz, d.h. mit Wahrscheinlichkeit 0.5 handelt es sich um einen „blinden Alarm". Wenn die Feuerwehr 100 Anrufe bekommt,

a) mit wie vielen Einsätzen muss sie im Durchschnitt rechnen?

b) mit welcher Wahrscheinlichkeit ist mindestens die Hälfte der Anrufe ein „blinder Alarm"?

c) mit welcher Wahrscheinlichkeit kommt es zu genau 50 Einsätzen?

4–39 Bei einer Lotterie sind 200 von insgesamt 1000 Losen Gewinnlose mit einem Geldpreis von je 10 EURO.

a) Wie ist die Zahl der insgesamt gezogenen Gewinnlose verteilt, wenn nur 700 Lose verkauft werden? (Nennen Sie Namen und Parameter der Wahrscheinlichkeitsfunktion dieser Zufallsvariablen.)

b) Bestimmen Sie Erwartungswert und Varianz des mit 700 Losen insgesamt gewonnenen Geldbetrags.

c) Bestimmen Sie die Wahrscheinlichkeit, dass Sie mit 2 Losen wenigstens 10 EURO gewinnen.

4–40 Eine Fluglinie weiß von vergangenen Flügen, dass nur 95% der Passagiere, die ein Ticket gebucht haben, das Flugzeug auch tatsächlich benutzen. Deswegen verkauft die Fluglinie 205 statt der Anzahl der Sitzplätze entsprechenden 200 Flugtickets. Mit welcher Wahrscheinlichkeit erreichen mehr Passagiere das Flugzeug, als es Sitzplätze hat?

4–41 Bei einem Glücksspiel werden drei EURO Münzen unter 9 umgedrehten Kaffeetassen versteckt. Ein Spieler nennt nun drei Tassen, von denen er vermutet, dass Sie die Münzen enthalten. Die genannten Tassen werden aufgedeckt und das gefundene Geld dem Spieler überlassen.

Bestimmen Sie Wahrscheinlichkeitsfunktion, Erwartungswert und Varianz des Gewinns des Spielers, wenn vereinbart wurde, dass jede Tasse höchstens eine Münze enthält.

4–42 Die Zufallsvariable X ist normalverteilt mit Erwartungswert 3 und Varianz 4.

a) Mit welcher Wahrscheinlichkeit ist X größer als -1?

b) Mit welcher Wahrscheinlichkeit liegt X zwischen -1 und 7?

c) In welchem symmetrischen Bereich um 3 liegt X mit einer Wahrscheinlichkeit von 0.8?

4–43 Bestimmte Spanplatten mit einer Durchschnittsbreite von 24.00 mm werden aus 6 Schichten verleimt, deren Dicke abwechselnd $N(3, 0.0004)$ und $N(5, 0.0005)$ verteilt sind.

a) Wie ist die Dicke einer solchen Spanplatte verteilt?

b) Mit welcher Wahrscheinlichkeit liegt die Dicke der Spanplatte im Sollbereich von 24.00 ± 0.03?

4–44 Das Gewicht X des Brotes eines Bäckers sei normalverteilt mit Erwartungswert $\mu = 1$ kg und Standardabweichung $\sigma = 0.03$ kg. Um das mittlere Gewicht μ zu bestimmen wiegt ein Kontrolleur 20 zufällig ausgewählte Brote ab.

a) Wie ist das Durchschnittsgewicht $\bar{X}$ (arithmetisches Mittel) dieser Stichprobe verteilt?

b) Mit welcher Wahrscheinlichkeit liegt das Durchschnittsgewicht zwischen 0.99 kg und 1.01 kg?

c) Um welchen Wert a weicht das Durchschnittsgewicht $\bar{X}$ der Stichprobe vom Mittelwert μ höchstens mit Wahrscheinlichkeit 0.05 ab, d.h., gilt $P(|\bar{X} - \mu| > a) \leq 0.05$?

4–45 Mikroprozessoren einer bestimmen Marke sollen nur in 0.5% der Fälle defekt sein. Wenn der Hersteller diese Quote genau erfüllt, wie groß ist dann die Wahrscheinlichkeit, dass in einer Lieferung von 10000 Stück weniger als 60 Stück defekt sind?

4–46 Angenommen 30% der österreichischen Bevölkerung kennt ein bestimmtes Produkt. Bei einer Umfrage werden 200 Personen nach dem Produkt befragt. Wie groß ist die Wahrscheinlichkeit, dass

a) genau 55 der 200 Befragten das Produkt kennen?

b) mehr als 55 das Produkt kennen?

c) 56 bis 64 Personen das Produkt kennen?

4–47 Der Kurs einer bestimmten Aktie steigt oder fällt an jedem Börsentag um einen EURO. Angenommen er steigt mit Wahrscheinlichkeit 0.4 und fällt mit Wahrscheinlichkeit 0.6. Die Kursänderungen verschiedener Börsentage seien unabhängig voneinander.

Die Aktie hat gerade einen Wert von 100 EURO. Welchen Wert hat sie nach 260 Börsentagen?

a) Überlegen Sie sich, dass (unter den genannten Annahmen) der Aktienkurs nach 260 Tagen eine Zufallsvariable ist, die in der Form $K = 2 \cdot X - 160$ mit einer *binomialverteilten* Zufallsvariable X geschrieben werden kann. Wie lauten die Parameter der Verteilung von X?

b) Nennen Sie Erwartungswert und Varianz des Aktienkurses nach 260 Tagen.

c) Mit welcher Wahrscheinlichkeit liegt der Aktienkurs nach 260 Tagen zwischen 30 und 90 EURO?

4–48 X sei lognormalverteilt mit Parametern $a = 1$, $\mu = -3$ und $\sigma = 4$.

a) Wie ist die Zufallsvariable $Y = \ln(X - 1)$ verteilt? (Nennen Sie die Art der Verteilung und die Werte ihrer Parameter.)

b) Mit welcher Wahrscheinlichkeit liegt X zwischen 1.1 und 5?

c) Bestimmen Sie Mittelwert und Varianz von X.

4–49 Die Zufallsvariablen X_1, X_2 und X_3 seien unabhängig und normalverteilt mit Mittelwerten 0.1, 0.3, 0.8 und Varianzen 9, 6, 1.

a) Wie ist die Zufallsvariable $Y_1 = e^{X_1}$ verteilt?

b) Wenn $Y_2 = e^{X_2}$ und $Y_3 = e^{X_3}$, mit welcher Wahrscheinlichkeit liegt das Produkt $Y = Y_1 \cdot Y_2 \cdot Y_3$ zwischen $e^{0.4}$ und $e^{2.0}$?

4–50 Die Zahl der Kunden, die pro Minute an einem Fahrkartenschalter eintreffen, sei poissonverteilt mit Parameter $\lambda = 5$.

a) Mit welcher Wahrscheinlichkeit treffen höchstens 2 Kunden innerhalb einer Minute am Schalter ein?

b) Wie ist die Zeit verteilt, die zwischen dem Eintreffen zweier Kunden vergeht?

c) Mit welcher Wahrscheinlichkeit vergehen weniger als 5 Sekunden zwischen dem Eintreffen zweier Kunden?

4–51 Eine Telefonzentrale erreichen im Mittel 4 Anrufe pro Minute. Wenn die Zahl der Anrufe in einem (beliebigen) Zeitintervall poissonverteilt ist,

a) mit welcher Wahrscheinlichkeit erreichen die Zentrale in einer Minute 1 bis 3 Anrufe?

b) Wie ist die Zeit verteilt, die zwischen zwei Anrufen vergeht? Nennen Sie auch Erwartungswert und Varianz dieser Verteilung!

c) Mit welcher Wahrscheinlichkeit vergeht weniger als eine halbe Minute zwischen zwei Anrufen?

4–52 Ein Glücksrad mit 12 Stellungen wird gedreht und jede Stellung wird mit gleicher Wahrscheinlichkeit angenommen (faires „Glücksrad"). Wie lauten Wahrscheinlichkeitsfunktion, Erwartungswert und Varianz von X?

4–53 Krake Paul sagte bei der Fußball-WM 2010 für alle sieben Spiele, an denen Deutschland teilnahm, den Sieger richtig voraus.

a) Angenommen, Paul riet rein zufällig - wie groß ist die Wahrscheinlichkeit für dieses Ergebnis?

b) Wieviele rein zufällig ratende Kraken brauchen Sie, damit die Wahrscheinlichkeit, mindestens einen Kraken mit dieser Trefferquote zu finden, 50 % ist?

4–54 Als Parameter einer Verteilung bezeichnet man jene Größen, deren Kenntnis zur Ermittlung der Wahrscheinlichkeitsfunktion (bei diskreten Verteilungen) bzw. Wahrscheinlichkeitsdichte (bei stetigen Verteilungen) erforderlich ist. Was sind die Parameter der

a) Binomialverteilung

b) Hypergeometrischen Verteilung

c) Poissonverteilung

d) Exponentialverteilung

e) Normalverteilung?

4–55 Lösen Sie Beispiel 4–10 mit Hilfe der Formel 4.8! Führen Sie dazu zwei Zufallsvariable Y_1 und Y_2 ein, welche die Anzahl der Disketten der beiden Marken modellieren, die Sie für einen EURO erhalten und ermitteln Sie auch die Varianzen von Y_1 und Y_2!

4–56 "Nur eine von zehn Banknoten enthält keine Kokainspuren" (eine Überschrift aus der Tageszeitung "Der Standard" vom 18. August 2009). Ein Chemiker Team der Universität Massachusetts untersuchte Dollar-Noten aus US-Metropolen, 90% wiesen Kokainspuren auf. Wir betrachten eine Zufallsstichprobe von 100 Scheinen.

a) Geben Sie Erwartungswert und Varianz der Anzahl der Kokainhältigen Scheine an!

b) Mit welcher Wahrscheinlichkeit tragen genau 90 Scheine Kokainspuren?

4–57 Folgendes Beispiel wurde im Jahr 2008 beim Zentral-Abitur in Nordrhein-Westfalen aufgegeben: Der deutsche Basketball-Profi Dirk Nowitzki spielte in der amerikanischen Profiliga beim Club Dallas Mavericks. In der Saison 2006/07 erzielte er bei Freiwürfen eine Trefferquote von 90,4 Prozent. Berechnen Sie die Wahrscheinlichkeit dafür, dass er

a) genau 8 Treffer bei 10 Versuchen erzielt,

b) höchstens 8 Treffer bei 10 Versuchen erzielt,

c) höchstens viermal nacheinander bei Freiwürfen erfolgreich ist.

Dieses Beispiel wurde nach der Prüfung heftig kritisiert und führte zu hitzigen Diskussionen. Warum?

4–58 In einer Urne sind vier weiße und sechs schwarze Kugeln. Sie ziehen (mit Zurücklegen) fünf Kugeln. Für jede weiße Kugel, die Sie ziehen, bekommen Sie sechs Euro, für jede schwarze zahlen Sie vier Euro. Sei X die Anzahl der weißen Kugeln, Y die Anzahl der schwarzen, G der Gewinn, den Sie aus dem Spiel haben.

a) Wie sind X und Y verteilt? (Wahrscheinlichkeitsfunktion, Erwartungswert, Varianz)! Wie hängen Sie zusammen?

b) Drücken Sie G durch X aus und geben Sie die Wahrscheinlichkeitsfunktion, den Erwartungswert und die Varianz von G an!

4–59 Lösen Sie das vorhergehende Beispiele, wenn Sie ohne Zurücklegen ziehen!

4–60 Die Kirschen einer Lieferung seien mit 5% Wahrscheinlichkeit madig ("wurmig"). Sie essen (ohne zu schauen) 20 Kirschen.

a) Mit welcher Wahrscheinlichkeit erwischen Sie mehr als zwei madige?

b) Geben Sie Erwartungswert, Varianz und Wahrscheinlichkeitsfunktion der Anzahl der madigen in diesen 20 Kirschen an!

c) Mit welcher Wahrscheinlichkeit ist die zehnte Kirsche, die Sie essen, die erste madige?

4–61 Um eine von vier Personen zufällig auszuwählen, zieht jede eines von 4 Zündhölzern, von denen eines keinen Zündkopf hat, und zwar **mit** Zurücklegen. Wir betrachten die beiden Zufallsvariablen N: Anzahl der bis zur Auswahl benötigten Ziehungen und X: Nummer der Person, die das kopflose Zündholz gezogen hat. Geben Sie für beide Zufallsvariable die Wahrscheinlichkeitsfunktion an! Ist das Verfahren fair?

4–62 Die Lebensdauer von Energiespar-Glühbirnen sei exponentialverteilt, die durchschnittliche Lebensdauer 3000 h.

a) Ermitteln Sie die Wahrscheinlichkeit dafür, dass eine Glühbirne länger als 4000 h brennt!

b) In einem Gang brennt Tag und Nacht eine Lampe mit einer Glühbirne. Wie ist die Anzahl der Glühbirnen verteilt, die in dieser Lampe pro Stunde/Woche/Jahr durchbrennen? Wie viele Glühbirnen werden dort im Schnitt pro Jahr durchbrennen?

4–63 5 % aller Österreicher zwischen 20 und 65 Jahren waren 2007 tatsächlich arm (d.h., nicht nur gefährdet).

a) Die Zufallsvariable X sei die Anzahl der Armen in einer Stichprobe von 1000 Menschen dieser Altersgruppe. Wie ist sie verteilt? (Name der Verteilung, Parameter, Wahrscheinlichkeitsfunktion).

b) Geben Sie Erwartungswert und Varianz der Verteilung an!

c) Ermitteln Sie die exakte Wahrscheinlichkeit dafür, dass sich genau 50 Arme in der Stichprobe befinden!

d) Approximieren Sie die Verteilung aus Punkt (a) durch eine Poissonverteilung und ermitteln Sie damit die Wahrscheinlichkeit dafür, genau 50 Arme in der Stichprobe zu finden!

e) Approximieren Sie diese Wahrscheinlichkeit mit der Normalverteilung!

4–64 Ca. 9% aller Männer und 0.8% aller Frauen in Europa sind ganz oder teilweise farbenblind.

a) Wir wählen 500 europäische Frauen zufällig aus. Wie ist die Anzahl der betroffenen Frauen exakt verteilt?

b) Mit welcher Wahrscheinlichkeit befinden sich genau 4 Betroffene unter den 500 Frauen? Ermitteln Sie diese Wahrscheinlichkeit exakt und mithilfe der Poisson-Approximation.

c) Wenn wir von einem ausgewogenen Geschlechterverhältnis ausgehen (d.h., jeweils 50% Männer und 50% Frauen), wie groß ist dann die Wahrscheinlichkeit, dass eine zufällig ausgewählte Person farbenblind ist?

d) Und mit welcher Wahrscheinlichkeit handelt es sich bei einer farbenblinden Person um eine Frau?

e) Vergleichen Sie den Anteil der farbenblinden Männer und Frauen. Welche Vermutung legt dieses Verhältnis über die Vererbung dieser Eigenschaft nahe?

4–65 Das Gewicht von Feigen sei annähernd normalverteilt, mit $\mu = 50$g und $\sigma = 10$g.

a) Mit welcher Wahrscheinlichkeit liegt das Gewicht einer Feige zwischen 45g und 55g?

b) Ermitteln Sie ein symmetrisches Intervall um den Erwartungswert, in dem das Gewicht mit 95% Wahrscheinlichkeit liegt!

c) In einem Karton sind 6 Feigen. Wie ist das *Gesamt*gewicht G dieser 6 Feigen verteilt? Mit welcher Wahrscheinlichkeit liegt es zwischen 290g und 310g?

d) Wie ist das *Durchschnittsgewicht* $\bar{X}$ der 6 Feigen verteilt? Mit welcher Wahrscheinlichkeit liegt es zwischen 45g und 55g? (Vergleiche mit Punkt (a)!) In welchem symmetrischen Intervall um den Erwartungswert liegt $\bar{X}$ mit 95% Wahrscheinlichkeit?

e) Ein Kilo Feigen kostet 6 Euro, mit der Zufallsvariablen Y bezeichnen wir den Preis einer Feige. Wie ist Y verteilt?

4–66 Bei einem schwachem Regen fallen pro Minute ca. 2 Regentropfen auf eine Fläche von 1 cm^2, die Anzahl X der Tropfen pro Minute sei poissonverteilt.

a) Mit welcher Wahrscheinlichkeit fallen weniger als zwei Tropfen pro Minute auf dieses Flächenstück?

$$P(X < 2) =$$

b) Wie ist die Zeit T zwischen zwei Regentropfen verteilt?

$$T \sim$$

Mit welcher Wahrscheinlichkeit vergeht mehr als eine halbe Minute zwischen zwei Tropfen?

$$P(T \geq 0.5) =$$

%pagebreak

4.4.2 Lösungen

4–33 a) $\mathbf{P}(Z = k) = 1/4$ für jedes $k = 1, 2, 3, 4$. b): $\mathbf{P}(Z < 2) = 0.25$, $\mathbf{P}(Z \geq 3) = 0.5$. -

4–35 a)

Wert	-5	-4	-3	-2	-1	0
p	1/36	1/18	1/12	1/9	5/36	1/6

Wert	1	2	3	4	5
p	5/36	1/9	1/12	1/18	1/36

b): $\mathbf{E}(G) = 0$, $\mathbf{Var}(G) = 35/6$. c): $\mathbf{E}(G) = 0$, $\mathbf{Var}(G) = 35$.

4–37 a): $\mathbf{P}(X \geq 2) = 0.3388$. b): $\mathbf{E}(X) = 1.2$, $\mathbf{Var}(X) = 1.152$. c) 0.0340.

4–39 a): Hypergeometrisch verteilt mit $N = 1000$, $M = 200$, $n = 700$. b): $\mathbf{E} = 1400$ EURO, $\mathbf{Var} = 3363.36$. c): 0.3602.

4–41

Wert	0	1	2	3
p	$\frac{5}{21}$	$\frac{15}{28}$	$\frac{3}{14}$	$\frac{1}{84}$

, $\mathbf{E} = 1$, $\mathbf{Var} = 0.5$.

4–43 a): $N(24, 0.0027)$. b): 0.44.

4–45 0.911.

4–47 a) $X \sim B(260, 0.4)$. b) ($\mathbf{E}(X) = 104$, $\mathbf{Var}(X) = 62.4$) $\mathbf{E}(K) = 48$, $\mathbf{Var}(K) = 249.6$, c): $\mathbf{P}(30 \leq K \leq 90) = \mathbf{P}(95 \leq X \leq 125) \approx \Phi((125.5 - 104)/\sqrt{62.4}) - \Phi((94.5 - 104)/\sqrt{62.4}) = 0.88$.

4–49 a): Lognormal mit Parametern $\mu_1 = 0.1$ und $\sigma_1 = 3$. b): 0.1585.

4–51 a): 0.4152. b): T ist exponentialverteilt mit $\lambda = 4$, $\mathbf{E}[T] = 1/4$, $\mathbf{Var}[T] = 1/16$. c): 0.8647.

4–53 a): 0.0078; b): 89 Kraken.

4–55 $\mathbf{E}(Y_1) = 0.8$, $\mathbf{Var}(Y_1) = 1.6 \cdot 10^{-3}$, $\mathbf{E}(Y_2) = 0.67$, $\mathbf{Var}(Y_2) \approx 0$,

4–57 Das Beispiel ist ohne Zusatzinformation über die Verteilung nicht lösbar. Wenn man davon ausgeht, dass die Erfolgswahrscheinlichkeiten bei den einzelnen Würfen voneinander unabhängig sind, kann man das Beispiel mit der Binomialverteilung lösen. Diese Voraussetzung ist aber keine Selbstverständlichkeit, und im vorliegenden Fall sogar ziemlich unplausibel.

4–59 $P(X = k) = \frac{\binom{4}{k}\binom{6}{5-k}}{\binom{10}{5}}$, $\mathbf{E}(X) = 2$, $\mathbf{Var}(X) = 0.67$;
$Y = 10 - X$, $P(Y = k) = P(X = (5 - k)$, $E[Y] = 5 - E(X)$,
$Var(Y) = Var(X)$; $G = 10X - 20$, $P(G = g) = P(X = \frac{g+20}{10})$,
$E(G) = 0$, $Var(G) = 100 \cdot Var(X)$.

4–61 $P(N = k) = \frac{3}{4}^{(k-1)}\frac{1}{4}$; $P(X = 1) = 0.365$, $P(X = 2) = 0,274$,
$P(X = 3) = 0,206$, $P(X = 4) = 0,154$.

4–63 a): $X \sim B(1000; 0.05)$; b): $E(X) = 50$, $Var(X) = 47.5$. c): 0.0578 d): $0,0563$ e): 0.0578.

4–65 a): 0.383 ; b): $[50 \pm 19.6g]$ c): $G \sim N(300, 150)$, 0.586; d): $\bar{X} \sim N(50, 4.16)$, $P(45 < \bar{X} < 55) = 0.779$, $[50 \pm 8.0]g$; e): $Y \sim N(0.3, 0.0036)$.

Kapitel 5

Schätzverfahren

In der Wahrscheinlichkeitsrechnung werden Fragestellungen des folgenden Typs behandelt: wie wahrscheinlich ist es, bei zweimaligem zufälligen Ziehen mit Zurücklegen aus einer Urne mit bekanntem Inhalt zwei gleichfarbige Kugeln zu erhalten? Allgemeiner: die Zusammensetzung der Grundgesamtheit, aus der gezogen wird, ist bekannt, daraus kann man die Wahrscheinlichkeit für interessierende Ereignisse errechnen. In der *schließenden* Statistik steht man vor umgekehrten Fragestellungen der folgenden Art: mit Hilfe einer Stichprobe, die zufällig aus einer Urne mit unbekanntem Inhalt entnommen wurde, möchte man Rückschlüsse auf die Zusammensetzung des Inhalts der Urne ziehen. Statt einer Urne können die betrachteten Grundgesamtheiten je nach konkreter Situation auch aus Menschen, Dingen, Zeitintervallen, Temperaturen oder ähnlichem bestehen. Insbesondere stellt sich oft das Problem, die Parameter der Verteilung in der Grundgesamtheit zu schätzen - Anteilswerte, Erwartungswerte, Varianzen usw.

Stichprobe ...

So, wie die Wahrscheinlichkeiten in Urnenexperimenten von der Art der Ziehung der Kugeln abhängen, hängen auch die Rückschlüsse, die man aus einer Stichprobe ziehen kann, davon ab, wie die Stichprobe entstanden ist. In den im folgenden behandelten statistischen Verfahren werden wir davon ausgehen, dass eine *Zufallsstichprobe* vorliegt. Damit meinen wir, dass die Beobachtungen durch zufälliges Ziehen aus der Grundgesamtheit entstanden sind, wobei die Ziehungswahrscheinlichkeit für alle Elemente gleich ist. Wenn die Grundgesamtheit im Vergleich zur Stichprobe sehr groß ist, kann die Unterscheidung zwischen dem Ziehen mit und dem ohne Zurücklegen aus praktischer Sicht vernachlässigt werden.

Zur Schätzung von interessierenden Parametern werden sogenannte *Punktschätzer* verwendet. Diese liefern aus den Daten berechnete Kennzahlen. Beispielsweise ist das arithmetische Mittel der Stichprobe ein Punktschätzer für den Erwartungswert (bzw. Mittelwert der Grundgesamtheit).

Die Statistik befasst sich mit der Entwicklung optimaler Schätzverfahren für Modelle, die sich aus praktisch relevanten Fragestellungen ergeben.

Beispiel 18 *(Grundgesamtheit, Stichprobe, Punktschätzer)*

- *Nehmen wir an, dass eine zufällige Stichprobe von 100 Tirolern im Alter zwischen 30 und 60 Jahren einen mittleren morgendlichen Blutzuckerspiegel von 97 mg/dl ergab. Dann ist offenbar 97 mg/dl eine Punktschätzung für den durchschnittlichen Blutzuckerspiegel der Grundgesamtheit, die in diesem Fall aus allen Tirolern im Alter zwischen 30 und 60 Jahren besteht. Die interessierende Eigenschaft der Grundgesamtheit ist der mittlere Blutzuckerspiegel.*

- *Ein Marktforschungsinstitut möchte den Bekanntheitsgrad einer bestimmten Marke erheben. Dazu befragt man eine zufällig ausgewählte Stichprobe von Personen, ob Sie die Marke kennen. Der Anteil der "Ja"-Antworten in der Stichprobe liefert eine Punktschätzung für den Bekanntheitsgrad in der Grundgesamtheit (die Gesamtbevölkerung der untersuchten Region).*

◊

Punktschätzungen sind allerdings nur von geringer praktischer Aussagekraft, wenn nichts über deren Genauigkeit bekannt ist. Nehmen wir an, die Umfrage im obigen Beispiel ergab, dass die Marke bei einem Drittel der befragten Personen bekannt ist. Dieses Ergebnis ist als Schätzung für die Grundgesamtheit zuverlässiger, wenn die Stichprobe 300 Personen umfasst, als wenn Sie nur aus drei Personen besteht. Intuitiv ist klar, dass die Schätzung umso genauer sein wird, je größer die zugrunde liegende Stichprobe ist. Die Genauigkeit, die ein Schätzverfahren liefert, hängt auch noch von der (durch die Standardabweichung gemessene) Variabilität des Merkmals in der Grundgesamtheit ab.

Konkrete quantitative Aussagen über die Schätzgenauigkeit werden mit Hilfe von *Intervallschätzern* getroffen. Diese beruhen auf der Annahme, dass eine Zufallsstichprobe vorliegt. Wurde die Stichprobe nicht korrekt gewählt, so ergeben sich in der Regel zusätzliche *systematische Fehler* (engl. "Bias"). Allerdings ist es extrem schwierig, für eine Umfrage eine Stichprobe zu befragen, in der nicht gewisse Bevölkerungsgruppen über- oder unterrepräsentiert sind. Diese Verzerrungen können von Intervallschätzern nicht berücksichtigt werden. Weitere Beispiele für systematische Fehlerquellen sind: schlecht geeichte Messgeräte bei physikalischen Messungen; nicht wahrheitsgemäßes Antworten von Testpersonen auf Fragebögen und missverständlich formulierte Fragen.

Ein Intervallschätzer ist ein statistisches Verfahren, das als Ergebnis Intervalle liefert, welche die zu schätzende Größe (den Parameter) mit einer vom Anwender frei wählbaren Wahrscheinlichkeit enthalten. Man nennt diese Wahrscheinlichkeit Überdeckungswahrscheinlichkeit, Sicherheitswahrscheinlichkeit *oder* Konfidenzniveau. *Das Ergebnis eines Intervallschätzers wird* Konfidenzintervall *(confidence interval) genannt. Die Einhaltung des Konfidenzniveaus ist nur dann gewährleistet, wenn keine systematischen Fehler vorliegen.*

Erstellt man z.B. eine große Anzahl von 95% Konfidenzintervallen, dann ist zu erwarten, dass etwa 95% dieser Intervalle die zu schätzende Größe tatsächlich enthalten.

Der interessierende Parameter θ ist zwar unbekannt, aber nicht zufällig. Solange keine konkreten Daten vorliegen, ist dagegen das Ergebnis des Intervallschätzers zufällig, da seine Werte mit der Stichprobe variieren. In diesem Sinne sind Aussagen der folgenden Form zu interpretieren: „Die Wahrscheinlichkeit, dass der gesuchte Parameter im Konfidenzintervall liegen wird, beträgt 0.95*."*

Im folgenden wird die Konstruktion von Konfidenzintervallen in verschiedenen Schätzsituationen diskutiert.

5.1 Konfidenzintervalle für den Erwartungswert normalverteilter Zufallsvariablen

Bei der Berechnung von Konfidenzintervallen für den Erwartungswert ist zu unterscheiden, ob die Varianz σ^2 der Grundgesamtheit z.B. aus Erfahrung bekannt ist (das kommt eher selten vor), oder ob wir nur die in der Stichprobe erhobene Stichprobenvarianz s^2 zur Verfügung haben, die wir als Schätzer für das unbekannte σ^2 verwenden, genauso, wie der Mittelwert der Stichprobe $\bar{x}$ als Schätzer für den Erwartungswert μ der Grundgesamtheit dient. Im folgenden bezeichnet s^2 stets eine Varianzschätzung, während σ^2 für die tatsächliche Varianz der Grundgesamtheit steht.

Aufgrund des zentralen Grenzwertsatzes ist der Mittelwert einer Stichprobe unabhängiger Beobachtungen bei genügend großen Stichproben annähernd normalverteilt, selbst wenn die Beobachtungen keiner Normalverteilung entstammen. Daher werden die im folgenden beschriebenen Konfidenzintervalle auch bei Beobachtungen angewendet, die aus anderen Verteilungen gezogen wurden. Der für eine annähernd korrekte Überdeckungswahrscheinlichkeit erforderliche Stichprobenumfang n hängt allerdings von der tatsächlichen Verteilung in der Grundgesamtheit ab. In vielen (aber nicht allen) Fällen wird die Approximationsgüte jedenfalls für $n \geq 100$ ausreichend sein.

5.1.1 Bekannte Varianz

Aus Kapitel 4.3 wissen wir, dass $\frac{\sqrt{n}}{\sigma}(\bar{X}-\mu)$ für $N(\mu, \sigma^2)$–verteilte Zufallsvariable $X_1, X_2, \ldots, X_n$ standardnormalverteilt ist. Daher gilt

$$\mathbf{P}\left\{-Q^{(N)}(1-\frac{\alpha}{2}) \leq \frac{\sqrt{n}}{\sigma}(\bar{X}-\mu) \leq Q^{(N)}(1-\frac{\alpha}{2})\right\} = 1-\alpha,$$

wobei $Q^{(N)}(\cdot)$ die Quantilfunktion der Standardnormalverteilung ist. Das Umformen der Ungleichungen liefert ein Konfidenzintervall welches μ mit einer Wahrscheinlichkeit von $1-\alpha$ enthält.

Konfidenzintervall für den Erwartungswert:
Bei bekannter Varianz σ^2

$$[\bar{x} - Q^{(N)}(1-\frac{\alpha}{2})\frac{\sigma}{\sqrt{n}},\ \bar{x} + Q^{(N)}(1-\frac{\alpha}{2})\frac{\sigma}{\sqrt{n}}] \tag{5.1}$$

Mindestens erforderlicher Stichprobenumfang n_L um ein Konfidenzintervall der Länge L zum Niveau α zu erhalten:

$$n_L \geq \frac{4[Q^{(N)}(1-\frac{\alpha}{2})]^2\sigma^2}{L^2} \tag{5.2}$$

5–1 Im Rahmen der Qualitätskontrolle überprüft eine Großbäckerei das Gewicht ihrer Brotwecken. Dazu wird eine Stichprobe von 20 Stück gezogen. Als mittleres Gewicht ergibt sich $\bar{x} = 1015g$. Weiter ist aus langjähriger Erfahrung bekannt, dass die Varianz des Gewichts von Brotwecken $\sigma^2 = 2500g^2$ beträgt. Berechne ein 95% Konfidenzintervall für das Durchschnittsgewicht von Brotwecken aus der Produktion.

Wie verändert sich die Länge des Konfidenzintervalls, wenn an Stelle von 20 Brotwecken 50 Stück untersucht werden, das mittlere Gewicht dieser Stichprobe aber wieder $\bar{x} = 1015g$ beträgt?

Lösung: Wir berechnen das Konfidenzintervall nach Formel (5.1). Das gewünschte Konfidenzniveau beträgt $1 - \alpha = 0.95$. Daher ist $\alpha = 0.05$ und $1 - \alpha/2 = 0.975$. Aus Tabelle 2 (unter *df* $= \infty$) entnehmen wir

$$Q^{(N)}(1 - \frac{\alpha}{2}) = 1.96.$$

Da $\sigma^2 = 2500$ und $n = 20$, ergibt sich $Q^{(N)}(1 - \frac{\alpha}{2})\sigma/\sqrt{n} = 21.9 \approx 22$ und somit als Konfidenzintervall $[1015 - 22,\ 1015 + 22]$ oder: $[\,993g,\ 1037g\,]$.

Wenn eine Stichprobe der Größe $n = 50$ gezogen wird, so hat das resultierende Konfidenzintervall $\sqrt{\frac{20}{50}} \cdot 100$ =63% der Länge des Intervalls für $n = 20$. (Alternativ: Länge bei $n = 20$: $L = 1037 - 993 = 44$; bei $n = 50$: $L = 1029 - 1001 = 28$.) ♣

Eine Erhöhung des Stichprobenumfangs von $n = 20$ auf 50 bewirkt nicht etwa eine Halbierung der Länge des Konfidenzintervalls. Das liegt daran, dass die Länge bei wachsendem n wie $1/\sqrt{n}$ abnimmt. Um daher die Länge des Konfidenzintervalls zu halbieren (Verdoppelung der Präzision der Schätzung), muss der Stichprobenumfang vervierfacht werden.

Oftmals möchte man vor der Durchführung einer Untersuchung wissen, wie viele Beobachtungen für eine bestimmte vorgegebene Schätzpräzision erforderlich sind. Zur Beantwortung dieser Frage wird die Varianz σ^2 benötigt. Wenn σ^2 nicht aus Erfahrung bekannt ist, wird häufig eine kleinere Voruntersuchung (*Pilotstudie*) durchgeführt, um σ^2 und daraus den erforderlichen Stichprobenumfang für die eigentliche Untersuchung zu schätzen.

5–2 Eine Autofirma möchte die mittlere Lebensdauer von Motoren eines bestimmten Zulieferbetriebs schätzen. Aus einer Pilotstudie ist bekannt, dass die Standardabweichung der Lebensdauer ungefähr 1000 Stunden beträgt. Wie viele Beobachtungen sind schätzungsweise erforderlich um ein 95% Konfidenzintervall mit einer Breite von ± 200 Stunden zu erhalten?

Lösung: Die gewünschte Länge des Konfidenzintervalls beträgt $L = 200 + 200 = 400$ Stunden. Mit $Q^{(N)}(0.975) = 1.96$ ergibt sich aus Formel 5.2 ein geschätzter erforderlicher Stichprobenumfang von

$$n_L \geq \frac{4 \cdot 1.96^2 \cdot 1000^2}{400^2} = 96.04.$$

♣

5.1.2 Unbekannte Varianz

Die Annahme, dass die Varianz σ^2 der Grundgesamtheit bekannt ist, ist nur selten realistisch. Daher muss man in der Praxis σ^2 zumeist durch die Schätzung s^2 gemäß (2.10) ersetzen. Die Substitution von σ^2 durch s^2 in der Formel (5.1) bewirkt, dass das Konfidenzniveau nicht mehr gewährleistet ist, da es sich nun aus der Verteilung der Zufallsvariablen T aus Abschnitt 4.3.3 ergibt – einer Studentverteilung mit $n-1$ Freiheitsgraden. Um das Konfidenzniveau einzuhalten, muss man zusätzlich $Q^{(N)}(1-\frac{\alpha}{2})$ durch das $(1-\alpha/2)\cdot 100\%$–Quantil der t-Verteilung mit $n-1$ Freiheitsgraden (also durch $Q^{(t)}_{n-1}(1-\frac{\alpha}{2})$) ersetzen.

Konfidenzintervall für den Erwartungswert:
Bei geschätzter Varianz s^2

$$[\bar{x} - Q^{(t)}_{n-1}(1-\frac{\alpha}{2})\frac{s}{\sqrt{n}},\ \bar{x} + Q^{(t)}_{n-1}(1-\frac{\alpha}{2})\frac{s}{\sqrt{n}}] \tag{5.3}$$

5–3 Löse Beispiel 5–1, falls σ^2 unbekannt ist und aus den Daten eine geschätzte Standardabweichung von $s = 54g$ ermittelt wurde.

Lösung: Wir verwenden Formel (5.3). In Tabelle 2 findet man unter $1-\alpha/2 = 0.975$ und $df = n-1 = 19$, dass $Q^{(t)}_{19}(0.975) = 2.09$. Weiter ergibt sich $Q^{(t)}_{n-1}(1-\frac{\alpha}{2})\frac{s}{\sqrt{n}} = 25$. Das Konfidenzintervall lautet daher

$$[\,990g,\ 1040g\,].$$

Im Gegensatz zur Situation in Beispiel 5–1 stellt der Faktor $\sqrt{\frac{20}{50}}$ nur mehr eine Approximation für die Längenveränderung des Konfidenzintervalls bei einem Übergang zu $n = 50$ dar. Denn im Gegensatz zu (5.1) tritt in Formel (5.3) n auch im Quantil $Q^{(t)}_{n-1}(1-\alpha/2)$ auf. Weiter ändert sich die Schätzung s für die Standardabweichung bei Hinzunahme neuer Beobachtungen. ♣

5–4 Zehn zufällig ausgewählte Betriebe einer Branche werden befragt, welches Anfangsgehalt sie einem Absolventen der Internationalen Betriebswirtschaft bezahlen würden. Die Antworten lauteten:

22200, 23600, 26100, 27500, 24900, 28200, 25300, 21800, 20600, 24400

Konstruiere ein 99% Konfidenzintervall für das mittlere Gehalt eines Absolventen.

Lösung: Aus den Daten berechnet man den Mittelwert $\bar{x} = 24460$ und die Stichprobenstandardabweichung ($n = 10$)

$$s = \sqrt{\frac{1}{n-1}\sum_{i=1}^{n}(x_i - \bar{x})^2} = 2464.1.$$

Als Standardabweichung des Mittelwerts erhält man $s_{\bar{x}} = \frac{s}{\sqrt{n}} = 779.2$. Mit $Q_9^{(t)}(1 - \alpha/2) = Q_9^{(t)}(0.995) = 3.25$ (Tabelle 2) ergibt sich aus Formel (5.3) ein 99% Konfidenzintervall von (gerundet) [21928, 26992]. ♣

5.2 Konfidenzintervalle für den Anteilswert

Angenommen wir haben Beobachtungen aus einem Binomialexperiment mit Erfolgswahrscheinlichkeit p (Ziehen mit Zurücklegen). Wie wir aus 4.3.4 wissen, ist der Anteil der Erfolge $\hat{p}$, falls n groß genug ist, approximativ nach $N(p, \frac{pq}{n})$ verteilt. Aufgrund dieser Tatsache kann man approximative Konfidenzintervalle für den Anteilswert berechnen.

Konfidenzintervall für den Anteilswert:

$$\left[\ \hat{p} - Q^{(N)}(1 - \frac{\alpha}{2})\sqrt{\frac{\hat{p}(1-\hat{p})}{n}},\quad \hat{p} + Q^{(N)}(1 - \frac{\alpha}{2})\sqrt{\frac{\hat{p}(1-\hat{p})}{n}}\right] \tag{5.4}$$

Für den erforderlichen Stichprobenumfang n_L, um ein Konfidenzintervall der Länge L zu erhalten, benötigt man eine Abschätzung der Varianz des Stichprobenanteils $\frac{p(1-p)}{n}$; hat man keine Vorinformation, so geht man vom im ungünstigsten Fall mit $p = 0.5$ aus, dann wird die Varianz und damit die Länge des Konfidenzintervalls maximiert. Der Mindeststichprobenumfang ist dann

Stichprobenumfang für ein Konfidenzintervall der Länge L:

$$n_L \geq \left(\frac{Q^{(N)}(1 - \frac{\alpha}{2})}{L}\right)^2. \tag{5.5}$$

Neben der Approximation der Binomialverteilung durch die Normalverteilung verwendet Formel (5.4) noch eine weitere Approximation: um die Varianz $\frac{p(1-p)}{n}$ des Stichprobenanteils exakt zu berechnen, braucht man den unbekannten Anteilswert in der Grundgesamtheit p; da diese aber unbekannt ist - sonst bräuchte man ja kein Konfidenzintervall - wird auch diese nur aus dem Stichprobenanteil $\hat{p}$ geschätzt; geschätzte Standardabweichungen einer Normalverteilung werden aber korrekterweise mit den Quantilen der t-Verteilung multipliziert. Verwendet man zum Schätzen von Anteilswerten große Stichproben, wird der Unterschied zwischen den Quantilen der Normalverteilung und der t-Verteilung mit $n-1$ Freiheitsgraden vernachlässigbar. Bei großen Grundgesamtheiten verwendet man die obigen Konfidenzintervalle auch dann, wenn die Zufallsstichprobe durch Ziehen ohne Zurücklegen entstanden ist, da in diesem Fall die hypergeometrische Verteilung durch die Normalverteilung approximiert werden kann (siehe Abschnitt 4.3.4). Für kleine Stichproben liefert das sogenannte *Wilson-Intervall* einen exakteren Schätzer.

5–5 Eine Bank möchte wissen, wie viele ihrer Kunden in einer Stadt eine Wohnung suchen. Dazu wurden 400 Kunden zufällig ausgewählt und befragt. Von den 400 Kunden gaben 88 an, eine Wohnung zu suchen. Berechne ein 90 % Konfidenzintervall!

Lösung: Wir verwenden Formel (5.4) mit $\hat{p} = 88/400 = 0.22$ und $n = 400$. Beim 90% Konfidenzintervall ist $\alpha = 0.1$, also $1 - \alpha/2 = 0.95$ und $Q^{(N)}(1 - \alpha/2) = 1.645$. Somit lautet das gesuchte Intervall

$$[\,0.19,\, 0.25\,].$$

♣

5–6 Mittels einer Umfrage soll geklärt werden, welcher Anteil der österreichischen Bevölkerung der Mitgliedschaft bei der NATO zustimmt. Wie groß muss eine Zufallsstichprobe gewählt werden, um den Anteilswert bei einer Überdeckungswahrscheinlichkeit von 95% auf ±5 Prozentpunkte genau zu schätzen? Wie viele Personen müssen befragt werden wenn die Schätzgenauigkeit (bei gleicher Überdeckungswahrscheinlichkeit) ±1 Prozentpunkte betragen soll? Wie kann man die erforderliche Stichprobengröße abschätzen, wenn Vorwissen über $\hat{p}$ besteht?

Lösung: Wenn kein Vorwissen über den Bereich besteht, in dem der gesuchte Anteil p liegt, gehen wir vom ungünstigsten Fall $p = 0.5$ aus. In diesem Fall ist die Varianz des Stichprobenanteils und verwenden Formel (5.5). Bei einer Genauigkeit von ± 0.05 beträgt $L = 2 \cdot 0.05 = 0.1$ und wir erhalten

$$n_L \geq \left(\frac{1.96}{0.1}\right)^2 = 384.16.$$

Falls eine Genauigkeit von ± 0.01 gefordert ist ($L = 0.02$), ergibt sich

$$n_L \geq \left(\frac{1.96}{0.02}\right)^2 = 9604.$$

Falls (z.B. durch eine Pilotstudie) Vorwissen über p besteht, so kann der erforderlichen Stichprobenumfang mittels $\hat{p}$ verringert werden. Durch Umformen von (5.4) erhält man nämlich

$$n_L \geq \frac{4\hat{p}(1-\hat{p})\left(Q^{(N)}(1-\alpha/2)\right)^2}{L^2}.$$

♣

5.3 Konfidenzintervalle für die Differenz zweier Erwartungswerte

Häufig möchte man wissen, ob sich zwei Grundgesamtheiten hinsichtlich eines Merkmals unterscheiden. Beispiel: Der Konsum einer neuen milden Kaffeesorte soll den Blutdruck von Kaffeetrinkerinnen positiv beeinflussen. Es soll untersucht werden, wie stark der Blutdruck durch den Konsum der neuen Kaffeesorte sinkt. Beobachtungen zur Klärung dieser Frage können auf zwei verschiedene Arten gesammelt werden:

- Man sammelt zwei *unabhängige* Stichproben mit zufällig ausgewählten verschiedenen Personen. Eine Stichprobe enthält Personen, die die neue Kaffeesorte trinken. Die andere Stichprobe besteht aus Konsumentinnen anderer Kaffeesorten.
- An zufällig ausgewählten Personen wird der Blutdruck einmal *vor* und einmal *nach* dem Wechsel zur neuen Kaffeesorte gemessen. In diesem Fall liegen zwei abhängige (*verbundene*) Stichproben vor, da für die Messreihe vor dem Wechsel und für jene nach dem Wechsel die selben Versuchspersonen herangezogen wurden. Einen solchen Versuchstyp nennt man auch *Vorher–Nachher Vergleich.*

Die Methode zur Berechnung eines Konfidenzintervalls hängt vom vorliegenden Versuchstyp ab. Vorher-Nachhervergleiche haben jedoch den Vorteil, dass sie häufig eine genauere Schätzung erlauben, weil nur die Varianz der Differenzen in die Schätzung eingeht; diese kann aber bedeutend kleiner sein als die Varianz der Differenz zweier unabhängiger Werte aus den beiden Grundgesamtheiten vor und nach einer Intervention (z.B. dem Wechsel der Kaffeesorten); allgemeiner ist beim Vorher–Nachher Vergleich mehr Information vorhanden, weil von jedem einzelnen Probanden beide Werte vorliegen, während bei den unabhängigen Stichproben jeweils nur ein Wert vorliegt. In vielen Fällen ist aber ein Vorher–Nachher Vergleich aus prinzipiellen Gründen nicht möglich, z.B. beim Vergleich zwischen den Geschlechtern.

5.3.1 Vorher–Nachher Vergleiche

Zur Berechnung eines Konfidenzintervalls bildet man zunächst für jedes Beobachtungspaar die Differenz der beiden Werte. Basierend auf den Differenzen wird dann ein Konfidenzintervall wie in Abschnitt 5.1 berechnet.

5–7 Ein Kurzentrum, welches eine spezielle Diät anbietet, möchte feststellen, wieviel die Gäste nach einem zweiwöchigen Aufenthalt typischerweise abnehmen. Dazu wird das Gewicht von 10 Gästen vor und nach dem Aufenthalt ermittelt.

Gast	1	2	3	4	5	6	7	8	9	10
vorher	85	78	92	103	94	89	84	82	109	102
nachher	78	75	90	93	93	83	85	79	98	96

a) Schätze aus obigen Daten die typische (d.h. mittlere) Gewichtsabnahme durch einen Kurbesuch.

b) Berechne ein 95 % Konfidenzintervall für die typische Gewichtsabnahme.

Lösung:

zu a) Zunächst berechnen wir die Differenzen vorher minus nachher:

$$7,\, 3,\, 2,\, \ldots,\, 6.$$

Die typische Gewichtsabnahme kann durch den Mittelwert der Differenzen $\bar{x} = 4.8$ geschätzt werden.

zu b) Jetzt haben wir eine einzige Stichprobe von $n = 10$ Differenzen vorliegen, aus dieser können wir mithilfe der bereits bekannten Formel (5.3) ein Konfidenzintervall für die mittlere Differenz errechnen. Zur Berechnung des Konfidenzintervalls benötigen wir jetzt neben $\bar{x}$ noch die Varianz der Differenzen $s^2 = 15.07$ und aus der Tabelle 2 $Q^{(t)}_{n-1}(1-\alpha/2) = Q^{(t)}_9(0.975) = 2.262$. Mit $s_{\bar{x}} = 1.228$ ergibt sich als Konfidenzintervall: $[\,2.0kg,\, 7.6kg\,]$. ♣

5.3.2 Unabhängige Stichproben

Wie bei den Modellen mit einer Stichprobe (Abschnitt 5.1), verwendet man für den Fall bekannter Varianzen (in der Praxis ziemlich selten) und den Fall unbekannter Varianzen verschiedene Formeln. Bei unbekannten Varianzen ist außerdem noch zu untersuchen, ob davon ausgegangen werden kann, dass die beiden Stichproben aus Grundgesamtheiten mit gleichen Varianzen stammen. In Abschnitt 6.7 werden wir einen Test kennenlernen, mit dem man die Hypothese gleicher Varianzen prüfen kann. Im Falle bekannter Varianzen σ_1^2 und σ_2^2 kennt man auch die Varianz der Differenz von zwei Stichprobenmittelwerten von unabhängigen Stichproben des Umfangs n_1 und n_2; daher kann ein Konfidenzintervall für die Differenz der Erwartungswerte mithilfe der Normalverteilung berechnet werden:

Konfidenzintervall für die Differenz zweier Erwartungswerte:
Bekannte Varianzen σ_1^2, σ_2^2.

$$[(\bar{x}_1 - \bar{x}_2) - Q^{(N)}(1-\frac{\alpha}{2})\sigma_D,\ (\bar{x}_1 - \bar{x}_2) + Q^{(N)}(1-\frac{\alpha}{2})\sigma_D] \qquad (5.6)$$

mit

$$\sigma_D = \sqrt{\frac{\sigma_1^2}{n_1} + \frac{\sigma_2^2}{n_2}}.$$

5–8 Von 80 zufällig ausgewählten, in der Stadt lebenden Personen, sowie von 50 Personen, die am Land leben, wurde die Fernsehdauer an einem bestimmten Wochentag erhoben. Aus den Stichproben ergaben sich die Mittelwerte $\bar{x}_1 = 106$ min (Land) und $\bar{x}_2 = 85$ min (Stadt). Angenommen aus Erfahrung aufgrund vorhergehender Untersuchungen ist bekannt, dass die Varianzen $\sigma_1^2 = 50$ (Land) und $\sigma_2^2 = 40$ (Stadt) betragen.

a) Schätze den Unterschied in der mittleren Fernsehkonsumdauer bei Stadt- und Landbevölkerung.

b) Berechne ein 95% Konfidenzintervall.

c) Welches Problem könnte bei der Interpretation der Schätzung auftreten, wenn der Fernsehkonsum der Stadt- und Landbevölkerung an verschiedenen Tagen erhoben wurde?

Lösung:

a) Eine Schätzung für den Unterschied beträgt $\bar{x}_1 - \bar{x}_2 = 21$.

b) Da wir von bekannten Varianzen ausgehen, verwenden wir Formel (5.6). Mit $\sigma_D = \sqrt{\frac{50}{50} + \frac{40}{80}} = \sqrt{\frac{3}{2}}$ und $Q^{(N)}(1 - 0.05/2) = 1.96$ ergibt sich das Konfidenzintervall [18.6, 23.4].

c) Ein mögliches Problem ist das folgende: Das Fernsehprogramm wechselt täglich. Der Unterschied im Fernsehkonsum könnte dann auch auf das Programm (statt auf den Wohnort) zurückzuführen sein.

♣

Sind σ_1^2 und σ_2^2 unbekannt, so kann auch die Varianz der Differenz der Stichprobenmittel nur geschätzt werden. Kann davon ausgegangen werden, dass die unbekannten Varianzen σ_1^2 und σ_2^2 gleich sind, so wird diese unbekannte gemeinsame Varianz als gewichtetes Mittel der Stichprobenvarianzen s_1^2 und s_2^2 geschätzt. Daraus wird dann die Varianz der Differenz der Stichprobenmittel geschätzt. Bei geschätzter Varianz werden die Quantile der t-Verteilung benötigt, die Anzahl der Freiheitsgrade ist unter der Annahme gleicher Varianzen $n_1 + n_2 - 2$.

Konfidenzintervall für die Differenz zweier Erwartungswerte:
Aus den Beobachtungen geschätzte Varianzen s_1^2 und s_2^2.
Annahme: $\sigma_1^2 = \sigma_2^2$.

$$[(\bar{x}_1 - \bar{x}_2) - Q^{(t)}_{n_1+n_2-2}(1 - \frac{\alpha}{2})s_P,\ (\bar{x}_1 - \bar{x}_2) + Q^{(t)}_{n_1+n_2-2}(1 - \frac{\alpha}{2})s_P] \quad (5.7)$$

mit

$$s_P = \sqrt{\frac{1}{n_1} + \frac{1}{n_2}}\sqrt{\frac{(n_1 - 1)s_1^2 + (n_2 - 1)s_2^2}{n_1 + n_2 - 2}}.$$

5–9 Eine Firma möchte feststellen, ob die Zeit für die Erledigung einer bestimmten Routinetätigkeit bei älteren und jüngeren Mitarbeitern typischerweise verschieden ist. Dazu wurde die benötigte Zeit bei jeweils 9 älteren und neun jüngeren Mitarbeitern gestoppt. Die folgende Tabelle enthält die jeweils benötigten Zeiten in Minuten.

Versuchsperson	1	2	3	4	5	6	7	8	9
jünger	15	17	12	13	14	19	12	11	13
älter	18	11	12	13	13	16	15	19	18

Berechne unter der Annahme von Grundgesamtheiten mit gleichen Varianzen ein 95% Konfidenzintervall für den Unterschied in den benötigten Zeiten.

Lösung: Zunächst berechnen wir Mittelwerte und Varianzen (siehe Formel (2.2) und (2.10)) für die beiden Stichproben:

jünger	$\bar{x}_1 = 14$	$s_1^2 = 6.75$
älter	$\bar{x}_2 = 15$	$s_2^2 = 8.50$

Um nach (5.7) ein Konfidenzintervall zu berechnen, ermitteln wir die Hilfsgröße $s_P = 1.3017$, sowie (aus Tabelle 2) $Q_{16}^{(t)}(0.975) = 2.12$. Daraus ergibt sich das Konfidenzintervall $[-3.76,\ 1.76]$. ♣

Wenn in den beiden Grundgesamtheiten von verschiedene Varianzen verschiedene Varianzen ($\sigma_1^2 \neq \sigma_2^2$) vermutet werden, so liefert die folgende Formel ein approximatives Konfidenzintervall. Der darin auftretende Wert für die Freiheitsgrade wird typischerweise nicht ganzzahlig sein und muss vor dem Nachschlagen in Tabelle 2 abgerundet werden.

Konfidenzintervall für die Differenz zweier Erwartungswerte:
Aus den Beobachtungen geschätzte Varianzen s_1^2 und s_2^2.
Annahme: $\sigma_1^2 \neq \sigma_2^2$.

$$[(\bar{x}_1 - \bar{x}_2) - Q_\nu^{(t)}(1 - \frac{\alpha}{2})s_D,\ (\bar{x}_1 - \bar{x}_2) + Q_\nu^{(t)}(1 - \frac{\alpha}{2})s_D] \qquad (5.8)$$

mit

$$\nu = \frac{s_D^4}{\frac{\left(\frac{s_1^2}{n_1}\right)^2}{n_1 - 1} + \frac{\left(\frac{s_2^2}{n_2}\right)^2}{n_2 - 1}}$$

und

$$s_D = \sqrt{\frac{s_1^2}{n_1} + \frac{s_2^2}{n_2}}.$$

5–10 Ein Pharmaziekonzern bringt Baldriantropfen in neuer Zusammensetzung auf den Markt. Um die beruhigende Wirkung des Präparats mit der Wirkung der herkömmlichen Tropfen zu vergleichen, wird für 10 bzw. 9 zufällig ausgewählte Versuchspersonen ein Beruhigungsindex aus verschiedenen physiologischen Messwerten errechnet.

	Beruhigungsindex									
Baldrian-neu	62	54	52	55	59	61	62	64	53	58
Baldrian-alt	88	42	43	45	26	84	25	34	36	–

Schätze den Unterschied in der beruhigenden Wirkung der beiden Produkte und berechne ein 95% Konfidenzintervall. Dabei soll angenommen werden, dass die Varianzen der beruhigenden Wirkung des alten und des neuen Produkts verschieden sind.

Lösung: Zunächst berechnen wir die Mittelwerte $\bar{x}_1 = 58$ (neu) und $\bar{x}_2 = 47$ (alt). Eine Schätzung für den Unterschied in der beruhigenden Wirkung beträgt somit $58 - 47 = 11$ (neu - alt). Für das Konfidenzintervall berechnen wir zunächst die Standardabweichungen $s_1^2 = 18.22$ und $s_2^2 = 538.75$. Daraus ergibt sich $s_D = 7.854$ und $\nu = 8.49$. Durch Rundung der Freiheitsgrade $\nu = 8$ und für $\alpha = 0.05$ erhält man $Q_8^{(t)}(0.975) = 2.306$. Da wir von ungleichen Varianzen der Grundgesamtheiten ausgegangen sind, verwenden wir Formel (5.8) und erhalten das Konfidenzintervall $[-7.1, 29.1]$. ♣

5.4 Konfidenzintervalle für die Differenz zweier Anteilswerte

Aus binomialverteilten empirischen Häufigkeiten, die aus zwei unabhängigen Stichproben stammen, kann ein Konfidenzintervall für die Differenz der korrespondierenden Anteile der Grundgesamtheit berechnet werden. Wie in Abschnitt 5.2 garantiert auch das folgende Konfidenzintervall die Überdeckungswahrscheinlichkeit nur approximativ.

Konfidenzintervall für die Differenz zweier Anteilswerte:

$$[(\hat{p}_1 - \hat{p}_2) - Q^{(N)}(1 - \frac{\alpha}{2})s_D,\ (\hat{p}_1 - \hat{p}_2) + Q^{(N)}(1 - \frac{\alpha}{2})s_D] \qquad (5.9)$$

mit

$$s_D = \sqrt{\frac{\hat{p}_1(1-\hat{p}_1)}{n_1} + \frac{\hat{p}_2(1-\hat{p}_2)}{n_2}}.$$

5–11 Durch eine Werbekampagne soll potentiellen Käufern der Eindruck vermittelt werden, dass das Reinigungsmittel "Sonnenglanz" ein besonders gutes Preis–Leistungsverhältnis aufweist. Um die Effizienz der Kampagne zu untersuchen, wird jeweils vor und nach der Kampagne 100 Kunden die folgende Frage gestellt: "Glauben Sie, dass Sie beim Kauf von Sonnenglanz im Vergleich zu Konkurrenzprodukten mehr für Ihr Geld bekommen?"

Berechne ein 90% Konfidenzintervall für die Veränderung der Produkteinschätzung, wenn vor der Kampagne 15 und nach der Kampagne 25 Personen mit "JA"geantwortet haben!

Lösung: Aus den Angaben entnehmen wir, dass $\hat{p}_2 = 15/100 = 0.15$ und $\hat{p}_1 = 25/100 = 0.25$. Zur Berechnung eines Konfidenzintervalls nach Formel (5.9) wird noch

$$s_D = \sqrt{\frac{0.15 \cdot 0.85}{100} + \frac{0.25 \cdot 0.75}{100}} = 0.05612$$

benötigt. Mit $Q^{(N)}(1 - \frac{\alpha}{2}) = 1.645$ aus Tabelle 2 ($df = \infty$) ergibt sich das Konfidenzintervall [0.01, 0.19] für die Anteilswertveränderung *nachher - vorher.*

♣

5.5 Verständnisfragen

5–12 Betrachte die Fragestellung in Beispiel 5–5. Welche Probleme könnten sich aus folgenden Auswahlverfahren für die Stichprobe ergeben und was ist die Folge?

a) Zwischen 9 und 12 Uhr vormittag werden solange Kunden am Festnetz angerufen, bis man 400 Personen erreicht hat, die zu Hause sind.

b) Alle Kunden, deren Familiennamen mit "M"beginnt (z.B. Müller), werden angeschrieben und schriftlich befragt. Von den 542 angeschriebenen Kunden antworten 215.

Lösung: Die Berechnung von Konfidenzintervallen für den Anteilswert nach (5.4) setzt eine Zufallsstichprobe voraus, bei der jedes Element der Grundgesamtheit die gleiche Wahrscheinlichkeit hat ausgewählt zu werden. In der Praxis ist es nicht immer leicht diese Voraussetzung zu erfüllen. Ein Nichterfüllen bewirkt systematische Fehler bei Punkt- und Intervallschätzern (Verzerrung), die z.B. zu Abweichungen zwischen geforderter und tatsächlicher Überdeckungswahrscheinlichkeit von Konfidenzintervallen führen. In den beiden angeführten Situationen ist diese Voraussetzung verletzt:

a) Falls es sich um private Telefonnummern handelt, wird die Stichprobe nur Personen enthalten, die vormittags zu Hause sind. Ein Berufstätiger hat dann nicht die gleiche Wahrscheinlichkeit ausgewählt zu werden, wie z.B. eine Pensionistin.

b) Wenn man davon ausgeht, dass die Verteilung der Anfangsbuchstaben von Familiennamen von der Herkunft abhängt, führt das Auswahlverfahren dazu, dass Kunden verschiedener Nationalität verschiedene Chancen haben, ausgewählt zu werden. Auch die geringe Anzahl von Antworten kann zu verzerrten Ergebnissen führen, falls bestimmte Kundengruppen eher dazu neigen, nicht zu antworten. Außerdem wird man, wenn man sich auf einen Anfangsbuchstaben beschränkt, überproportional viele Paare und Familien in der Stichprobe haben, deren Antworten nicht unabhängig voneinander sein werden. ♣

5–13 Welche der folgenden Aussagen sind richtig?

a) Mit zunehmender Varianz der Messwerte in der Grundgesamtheit nimmt auch die Länge eines Konfidenzintervalls zu.

b) Basierend auf denselben Daten ist ein 95% Konfidenzintervall stets länger als ein 99% Konfidenzintervall.

c) Mit zunehmender Stichprobengröße nimmt die Länge eines Konfidenzintervalls zu.

d) Die Wahrscheinlichkeit, dass die besprochenen Intervallschätzer für den Erwartungswert μ (mit $1 - \alpha = 0.95$) das unbekannte μ tatsächlich enthalten, beträgt genau 0.95.

e) Die Wahrscheinlichkeit, dass die besprochenen Intervallschätzer für den Anteilswert mit $1 - \alpha = 0.95$ das unbekannte p tatsächlich enthalten, beträgt genau 0.95.

f) Ein Konfidenzintervall für den Mittelwert gemessen in Zentimetern ist genau 100 mal so lang wie ein Konfidenzintervall, welches in der Maßeinheit Meter angegeben wird.

g) Aus einer Stichprobe wurde [0.10, 0.30] als 95% Konfidenzintervall für den Bekanntheitsgrad eines Politikers ermittelt. Um ein Konfidenzintervall der Länge 0.10 zu erhalten, müsste der Stichprobenumfang ungefähr verdoppelt werden.

h) Schätzungen für den Anteilswert sind umso schwieriger, je näher der unbekannte Anteilswert bei 0.5 liegt.

Lösung:

zu a) Richtig: Die Länge nimmt immer mit zunehmender Varianz σ^2 zu. Ist die Varianz unbekannt, so wächst die Länge eines Konfidenzintervalls mit zunehmender beobachteter Varianz s^2.

zu b) Falsch, es ist umgekehrt: Je größer die Sicherheitswahrscheinlichkeit bei einem Konfidenzintervall, desto größer ist auch die Länge! (Das ist der Preis, den man für eine höhere Überdeckungswahrscheinlichkeit bezahlen muss.)

zu c) Falsch: Tendenziell nimmt die Länge eines Konfidenzintervalls mit zunehmender Anzahl der Beobachtungen ab. Wie in a) nimmt im Falle einer geschätzten Varianz zumindest die erwartete Länge ab.

zu d) Stimmt für die Intervallschätzer (5.1) und (5.3). (Vor der Substitution konkreter Daten.)

zu e) Stimmt nicht. Der Intervallschätzer (5.4) für den Anteilswert ist approximativ, weil eine Binomialverteilung durch eine Normalverteilung approximiert wird. Das heißt, dass die Überdeckungswahrscheinlichkeit etwas von 0.95 abweichen kann.

zu f) Stimmt.

zu g) Falsch: Die erwartete Länge des Konfidenzintervalls nimmt wie $1/\sqrt{n}$ ab. Um eine Halbierung der Länge zu erreichen, müsste man die Anzahl der Beobachtungen also ungefähr vervierfachen.

zu h) Stimmt: Denn die Varianz von $\hat{p}$ beträgt $\frac{p(1-p)}{n}$ und ist daher umso größer, je näher p bei 0.5 liegt.

♣

5–14 Betrachte das Schätzproblem für einen Mittelwert μ bei normalverteilten Beobachtungen. Kann man ein Konfidenzintervall finden, dass μ sicher (d.h. mit Wahrscheinlichkeit 1) enthält?

Lösung: Das einzige Konfidenzintervall, welches die Forderung erfüllen würde, ist entartet: Es lautet $(-\infty, \infty)$ und ist nicht interessant. ♣

5–15 Erkläre die folgenden Begriffe: Überdeckungswahrscheinlichkeit, Sicherheitswahrscheinlichkeit, Parameter, Quantil.

Lösung:

- Die Überdeckungswahrscheinlichkeit ist jene Wahrscheinlichkeit, mit der ein Intervallschätzer den zu schätzenden Parameter enthält.
- Siehe Überdeckungswahrscheinlichkeit.
- Parameter: Eine Größe, die die unbekannte Verteilung unserer Beobachtungen charakterisiert (z.B. μ, σ^2 bei der Normalverteilung, p bei der Binomialverteilung).
- Ein $1 - \alpha$ Quantil einer Verteilungsfunktion F ist der kleinste Wert, den eine Zufallsgröße mit Verteilung F mit einer Wahrscheinlichkeit von mindestens $1 - \alpha$ unterschreitet.

♣

5.6 Beispiele zum Üben

5.6.1 Aufgaben

5–16 Angenommen der Geldbetrag, welcher in einem Monat von Kunden einer bestimmten Kreditkarte konsumiert wird, ist normalverteilt mit einer Standardabweichung von 4230 EURO. 230 Kunden hatten einen durchschnittlichen Verbrauch von 9532 EURO. Berechnen Sie ein 90% Konfidenzintervall für den mittleren Konsum dieser Kreditkartenbesitzer.

5–17 Eine Umfrage an 100 Personen im Alter zwischen 20 und 30 Jahren ergab, dass 46 % der Befragten Raucher sind.

a) Berechnen Sie ein 95% Konfidenzintervall für den Anteil der Raucher in dieser Altersgruppe.

b) Wie viele Personen müssen befragt werden, damit das 95% Konfidenzintervall eine Länge von höchstens 0.05 aufweist? (Kein Vorwissen über p!)

5–18 Eine Versicherung möchte herausfinden, wie viele der 150000 Einwohner einer Stadt prinzipiell an einer privaten Pensionsvorsorge interessiert wären. Bei einer Befragung von 800 zufällig ausgewählten Bewohnern gaben 220 an, an einer Vorsorge interessiert zu sein. Ermitteln Sie ein 99% Konfidenzintervall für die Anzahl der tatsächlich interessierten Personen.

5–19 Um den Bedarf an Autobahnmautvignetten zu planen, soll der Anteil der Autobesitzer, die ein Pickerl kaufen wollen, anhand einer (repräsentativen) Stichprobe von Autofahrern geschätzt werden.

Wie viele Personen müssen mindestens befragt werden, damit ein 95% Konfidenzintervall für den gesuchten Anteil eine Länge von höchstens 0.02 aufweist?

5–20 Über einen Zeitraum von sieben Tagen wurden in einem Wiener Bezirk jeweils 100 Verkehrskontrollen täglich durchgeführt. An den Wochentagen gab es bei 360 von 500 Kontrollen Beanstandungen. Am Wochenende waren bei 100 von 200 Kontrollen Beanstandungen zu verzeichnen. Berechnen Sie ein 90% Konfidenzintervall für den Unterschied im Beanstandungsanteil zwischen Wochentagen und Wochenende.

5–21 Eine Firma beliefert einen Supermarkt mit 200g Packungen Tee. Aus Erfahrung ist bekannt, dass die Packungen eine Standardabweichung von $\sigma = 15$g aufweisen.

a) Es soll ein 95% Konfidenzintervall für das mittlere Gewicht erstellt werden. Wie viele Beobachtungen sind mindestens erforderlich, damit das Konfidenzintervall eine Länge von höchstens 2g hat?

b) Eine Stichprobe von 200 Packungen hat ein Durchschnittsgewicht von 199g. Berechnen Sie das 95% Konfidenzintervall.

5–22 Bei 66 befragten römischen Haushalten ergaben sich als mittlere monatliche Ausgaben für Körperpflege (arithmet. Mittel) $\bar{x} = 120$ Sesterzen. Die Standardabweichung betrug $s = 14$ Sesterzen. Berechnen Sie ein 95% Konfidenzintervall für die durchschnittlichen Ausgaben für Körperpflege eines römischen Haushalts.

5–23 Die mittlere Lutschdauer des Hustenbonbons Kutz (mit verbesserter Rezeptur) betrug bei 10 Testpersonen $\bar{x}_1 = 110$ Sekunden. Die Standardabweichung betrug $s_1 = 20$ Sekunden. In der ursprünglichen Zusammensetzung ergab Kutz bei 8 Testpersonen Lutschgenuss mit einer mittleren Dauer von 100 Sekunden. (Standardabweichung: $s_2 = 8$.) Berechnen Sie unter der Annahme ungleicher Varianzen ein 90 % Konfidenzintervall für den Unterschied der beiden Bonbons hinsichtlich Lutschdauer.

5–24 Zwei Unterrichtsmethoden wurden verglichen. Bei Methode A erreichten 25 Studenten beim darauffolgenden Test eine mittlere Punktzahl von $\bar{x}_A = 82$, wobei die Standardabweichung $s_A = 6.5$ betrug. Bei Unterrichtsmethode B ergab sich mit 27 Studenten ein durchschnittliches Ergebnis von $\bar{x}_B = 77$, sowie $s_B = 6.7$. Berechnen Sie unter der Annahme gleicher Varianzen ein 95% Konfidenzintervall für den Unterschied in der Effizienz der beiden Methoden.

5–25 Von 1000 Personen einer Versuchsgruppe, die täglich 400 mg Selen einnahmen, erkrankten im Zeitraum von 10 Jahren 125 Personen an Krebs. In der aus 800 Personen bestehenden Kontrollgruppe, die kein Selen (sondern ein Placebo) verabreicht bekam, erkrankten 210 Personen an Krebs.

a) Berechnen Sie ein 95 % Konfidenzintervall für die Reduktion des Krebsrisikos durch Einnahme von Selen.

b) Genauere Informationen über die Studie ergaben, dass alle Testpersonen in einem Gebiet mit extrem geringen Selengehalt im Boden wohnten. (Die Nahrung erhielt daher sehr wenig Selen.) Wie beurteilen Sie im Lichte dieser Information das Konfidenzintervall in a)?

5–26 Aufgrund einer Pilotstudie bestehend aus 100 Beobachtungen wurde ein Konfidenzintervall für den Erwartungswert normalverteilter Beobachtungen ermittelt, welches eine Länge von 45 aufwies. Wie viele Beobachtungen sind schätzungsweise erforderlich um ein Konfidenzintervall der Länge 15 zu erhalten? Mit welcher zusätzlichen Information könnte man die erforderliche Stichprobengröße exakt angeben?

5–27 Die mittlere Lutschdauer des Hustenbonbons Kutz (mit verbesserter Formel) betrug bei 10 Testpersonen $\bar{x} = 110$ Sekunden. Die Standardabweichung betrug $s = 20$ Sekunden. Berechne ein 90 % Konfidenzintervall für die mittlere Lutschdauer.

5–28 Weiters wurden die 1000 Jugendliche nach ihrem Wahlverhalten befragt; 12% antworteten auf die Wahlfrage mit SPÖ, 22% ÖVP, 18% FPÖ, 14% BZÖ, je 1% LIF und "Liste Fritz", 23% gaben keine Angabe. Versuchen Sie, den Stimmenanteil zu schätzen, den die FPÖ in dieser Altersgruppe bekommen hat. Welche Schwierigkeit tritt dabei auf?
http://www.sora.at/fileadmin/downloads/wahlen/2009_ waehlen-mit-16_ presseunterlage.pdf

5–29 Eine Studie des Meinungsforschungsinstitutes SORA untersucht die politischen Ansichten der 16-18 Jährigen. Von 1000 befragten Jugendlichen gaben 20 % an, den Politikern und Politikerinnen zu vertrauen. Ermitteln Sie ein 99% Konfidenz-Intervall für den Anteil der vertrauensvollen Jugendlichen dieser Altersgruppe in Österreich!

5–30 Aus dem Leben eines Schneckenforschers: 169 Schnecken von einer Schneckenfarm hatten eine mittlere Gehäusegröße e von 37,2 mm ($s^2 = 8,3mm^2$), 49 in der Natur gesammelte Schnecken hatten eine mittlere Gehäusegröße e von 34,2 mm ($s^2 = 4,7mm^2$),

a) Ermitteln Sie 95% Konfidenzintervalle für die mittlere Gehäusegrößen beider Populationen!

b) Ermitteln Sie unter der Annahme verschiedener Varianzen ein 95% Konfidenzintervall für den Unterschied der beiden Populationsmittelwerte!

5–31 Aus dem Leben eines Schneckenforschers, Teil 2: 71 Schnecken, geschlüpft im Mai 2008, hatten im Mai 2009 eine mittlere Gehäusegröße von 25,91mm ($s^2 = 15,31 mm^2$), 74 Schnecken, geschlüpft im September 2008, hatten im Mai 2009 eine mittlere Gehäusegröße von 15,85mm ($s^2 = 4,88 mm^2$).

a) Schätzen Sie unter der Annahme verschiedener Varianzen ein 95% Konfidenzintervall die Größendifferenz zwischen 12-monatigen und 8-monatigen Schnecken!

b) Können Sie dieses als Konfidenzintervall für die Größenzunahme der 12-monatigen Schnecken während der letzten 4 Monate heranziehen?

5–32 Fünf Kartoffeln einer Sorte werden gewogen, hier die Gewichte (in g): 135, 170, 165, 175, 130:

a) Erstellen Sie ein 95% Konfidenzintervall für das mittlere Gewicht der Kartoffeln dieser Sorte, wenn Sie keine weiteren Informationen über die Varianz der Verteilung haben!

b) Und jetzt gehen wir davon aus, dass die Varianz der Sorte bekannt ist und $\sigma^2 = 500g^2$ beträgt! Ermitteln Sie wieder das Konfidenzintervall für μ!

c) Zur weiteren Verarbeitung werden die Kartoffeln maschinell geschält, wir wollen den durchschnittlichen Gewichtsverlust durch die Schälung abschätzen. Nehmen wir an, 5 nach der Schälung zufällig ausgewählte Kartoffeln wiegen $124g$, $152g$, $148g$, $157g$ und $119g$, wir haben also unabhängige Stichproben.

Geben Sie ein 95% K.I. für den Gewichtsverlust an, und zwar unter folgenden Annahmen:

(i) Die Varianzen der beider Gewichtsverteilungen sind bekannt, $\sigma_1^2 = 500g^2$, $\sigma_2^2 = 380g^2$.

(ii) Die Varianzen der beiden Verteilungen sind nicht bekannt, wir gehen aber davon aus, dass sie gleich sind.

(iii) Die Varianzen der beiden Verteilungen sind nicht bekannt, wir gehen nicht davon aus, dass sie gleich sind.

d) Ist der Versuch gut geplant? Warum nicht? Wie könnte man ihn verbessern?

5–33 Nehmen wir an, im Nachhinein stellt sich heraus, dass die beiden Messreihen in Beispiel **5–32** an den gleichen 5 Kartoffeln erhoben wurden, jeweils in der selben Reihenfolge. Wir haben also einen vorher–nachher Vergleich. Erstellen Sie ein 95% Konfidenzintervall für den Gewichtsverlust durch das Schälen und vergleichen Sie es mit den Konfidenzintervallen aus Beispiel **5–32**, die ohne diese Zusatzinformation ermittelt wurden!

5.6.2 Lösungen

5–17: a) Konfidenzintervall: [0.36, 0.56].

b) Mindestens $n = 1537$ Beobachtungen.

5–19: Mindestens $n = 9604$ Personen. (Kein Vorwissen über p.)

5–21: a) Mindestens $n = 865$ Personen.

b) Konfidenzintervall: [196.9, 201.1].

5–23: Konfidenzintervall: [−2, 22].

5–25: a) Konfidenzintervall: [0.10, 0.17].

b) Die Daten für das Konfidenzintervall stammen nicht aus einer Zufallsstichprobe der Gesamtbevölkerung. Daher sind die Ergebnisse auch nicht zur Schätzung der Reduktion des Krebsrisikos durch Selen für die Gesamtbevölkerung brauchbar.

5–27: Konfidenzintervall: [98, 122].

5–29: $[0.167; 0.233]$.

5–31: a) $\nu = 109, 95\%KI : [10.06 \pm 1.98 \cdot 0.53]$.

b) Nein. Das wäre nur dann der Fall, wenn beide Kohorten in ihren ersten acht Lebensmonaten gleich schnell gewachsen wären.

5–33: $95\%KI : [15 \pm 2.78 \cdot 1.64]$.

Kapitel 6

Testverfahren

In vielen Situationen taucht das Problem auf, eine Entscheidung zwischen zwei konkurrierenden Hypothesen über einen Sachverhalt zu fällen. Oft reicht die vorliegende Information nicht aus, um mit Sicherheit richtig zu entscheiden.

Beispiel 19 *Um das Vorliegen der Stoffwechselkrankheit Diabetes mellitus zu erkennen, wird der Blutzuckerspiegel bestimmt. Ab einem Spiegel von* $200mg/dl$ *wird Diabetes diagnostiziert. Mit Hilfe dieses Tests wird also aufgrund einer Messung eine Entscheidung zwischen den beiden Hypothesen "Diabetes liegt nicht vor"/"Diabetes liegt vor" gefällt. Allerdings ist keine Test perfekt. Es kann vorkommen dass ein Nicht-Diabetiker kurzfristig einen stark erhöhten Blutzuckerspiegel aufweist, z.B. nach dem Sachertorten-Wettessen aus Beispiel 2-3. Es kann aber auch vorkommen, dass ein stark erhöhter Spiegel nicht erkannt wird, z.B. aufgrund eines Messfehlers.* ◇

Im obigen Beispiel gibt es zwei konkurrierende Hypothesen. Eine der beiden Hypothesen (z.B. die Hypothese: Diabetes liegt nicht vor) nennen wir *Nullhypothese* bzw. H_0, die andere *Alternativhypothese* bzw. H_1. Da die vorliegende Information nicht ausreicht, um sich mit Sicherheit für eine der beiden Hypothesen zu entscheiden, können zwei Arten von Fehlentscheidungen auftreten: Diabetes wird fälschlich diagnostiziert (*Fehler erster Art*[1])oder Diabetes liegt vor, wird aber nicht erkannt (*Fehler zweiter Art*[2]).

[1]Allgemein nennt man ein fälschliches Ablehnen der Nullhypothese "Fehler erster Art" (engl. type I error) oder "α–Fehler".

[2]Ein fälschliches Beibehalten der Nullhypothese nennt man "Fehler zweiter Art (engl. type II error) oder "β–Fehler".

Bei Testverfahren muss stets zwischen der Größe des Fehlers erster Art und der des Fehlers zweiter Art abgewogen werden. In Beispiel 19 könnte die kritische Grenze herabgesenkt werden, also z.B. schon ab $180mg/dl$ die Diagnose "Diabetes" erstellt werden. Das würde zwar zu einer sichereren Identifizierung von Erkrankten führen (also den Fehler zweiter Art reduzieren), andererseits aber auch eine erhöhte Anzahl an falsch positiven Diagnosen bewirken und somit den Fehler erster Art erhöhen. *(Anmerkung: "Positiv" heißt bei statistischen Tests: die Alternative wird angenommen. Das allerdings bedeutet oft, wie im vorliegenden Beispiel, eine Aussage, die man umgangssprachlich keineswegs als positiv bewerten würde.)* Bei dem betrachteten Diabetes-Test wird übrigens bei Vorliegen eines "positiven" Testergebnisses eine zweite Messung zu einem späteren Zeitpunkt vorgenommen, wodurch sich das Risiko für einen Fehler erster Art (bei gleichbleibender Wahrscheinlichkeit für einen Fehler zweiter Art) drastisch verringern lässt. Das ist aber im Allgemeinen nicht möglich, weil die Messungen oft zeitaufwändig und kostspielig sind. Die Statistik sucht nun die bestmögliche Entscheidungsregel, um zwischen den beiden Hypothesen einer speziellen Fragestellung zu entscheiden. Man ist daran interessiert möglichst gute Testverfahren zu konstruieren, d.h. Verfahren die bei einer bestimmten frei gewählten Wahrscheinlichkeit für einen Fehler erster Art möglichst selten einen Fehler zweiter Art begehen. Die Wahrscheinlichkeit für einen Fehler erster Art nennt man auch das Signifikanzniveau eines Tests. Die Wahrscheinlichkeit die Nullhypothese korrekterweise zu verwerfen, wenn die Alternative in der Tat zutrifft, wird *Güte* (engl. power) genannt. Die Durchführung eines statistischen Tests kann in folgende Schritte zerlegt werden:

1. Formulieren von Null- und Alternativhypothese.
2. Wahl des Signifikanzniveaus[3] α.
3. Auswahl eines geeigneten Tests. Testverfahren entscheiden zumeist aufgrund einer Testgröße, der sogenannten *Teststatistik* T und eines zugehörigen Ablehnungsbereichs X_A, welcher auch vom Signifikanzniveau abhängt.
4. Sammeln von Beobachtungen.
5. Durchführen des Tests. Aufgrund der Daten ergibt sich ein konkreter Zahlenwert für T. Fällt dieser in den Ablehnbereich X_A, so wird die Nullhypothese verworfen[4].

Oft (etwa beim Testen eines neuen Medikaments) wird bei einer Ablehnung der Nullhypothese auf das Vorliegen eines Effekts geschlossen. Man sagt dann auch, dass der Effekt *statistisch signifikant zum Niveau* α ist. Diese Aussage bedeutet allerdings nicht, dass ein starker oder wichtiger Effekt vorliegen muss. Es liegt lediglich ein statistisch nachweisbarer Effekt vor. Wir wollen nun einen statischen Test anhand eines konkreten Beispiels durchführen.

---

[3] **Achtung:** Zur korrekten Durchführung des Tests ist es unbedingt erforderlich, dass das Signifikanzniveau unabhängig von den konkret vorliegenden Daten festgelegt wird. Daher ist die Durchführungsreihenfolge so gewählt, dass das Signifikanzniveau noch vor dem Sammeln von Daten (Schritt 4) zu wählen ist.

[4] In der Statistik spricht man stets vom *Ablehnen* (Verwerfen) oder *Nichtablehnen bzw. Beibehalten*, aber nie vom *Annehmen* der Nullhypothese. Eine Entscheidung für die Nullhypothese bedeutet nicht unbedingt, dass diese tatsächlich zutrifft, sondern nur, dass die Zusammensetzung der Stichprobe unter der Nullhypothese nicht unwahrscheinlich genug ist, um die Nullhypothese zu verwerfen.

Beispiel 20 *Die zwei Spieler Max und Moritz streiten sich, ob der Würfel, den Max verwendet hat, fair ist. Moritz, der das verlorene Geld zurück haben möchte, behauptet, dass Max falsch gespielt hat und sein Würfel seltener Sechsen liefert als ein normaler Würfel. Da der Würfel äußerlich nicht auffällig aussieht, schlägt Moritz vor, sich an Lehrer Lempel zu wenden, welcher Statistikkenntnisse besitzt.*

Lehrer Lempel erklärt den beiden, dass zwei konkurrierende Hypothesen vorliegen. Da Falschspiel eine ernste Anschuldigung ist, schlägt er vor, die Vermutung, dass Max unschuldig ist und einen fairen Würfel verwendet hat, als Nullhypothese zu wählen, weil die Nullhypothese H_0 gegenüber der Alternativhypothese eine bevorzugte Stellung hat: Man lehnt H_0 nur dann ab, wenn Sie aufgrund der vorliegenden Daten genügend unplausibel ist.[5] *(Vgl. mit der Grundregel des Strafrechts: Im Zweifel für den Angeklagten.)*

Da bei einem fairen Würfel Sechsen mit einer Wahrscheinlichkeit von $\frac{1}{6}$ auftreten, lauten somit die Hypothesen

$$H_0 : P(\textit{Sechs würfeln}) = \frac{1}{6} \quad H_1 : P(\textit{Sechs würfeln}) < \frac{1}{6}$$

Für das Signifikanzniveau einigt man sich auf $\alpha = 0.02$.

Nun empfiehlt Witwe Bolte, 60mal zu würfeln und dabei zu zählen wie viele Sechsen fallen. Die Entscheidung soll aufgrund der Anzahl T der gefallenen Sechsen getroffen werden. Offenbar würde ein kleiner Wert für T eher für die Alternative sprechen. Da T unter H_0 nach $B(60, 1/6)$ verteilt ist, ist $P(T \leq 4) = 0.02$. (Für die Wahrscheinlichkeitsfunktion der Binomialverteilung siehe (4.14).) Somit führt der Ablehnbereich $X_A = \{0, 1, \ldots, 4\}$ zu einem Test zum Niveau $\alpha = 0.02$.

Im nächsten Schritt werden 60 Beobachtungen gesammelt. Dabei ergibt sich eine Anzahl $T = 5$ von Sechsen. Da $5 \notin X_A$, kann H_0 (Unschuld von Max) nicht verworfen werden.

---

[5] Während die Wahrscheinlichkeit, die Nullhypothese fälschlich abzulehnen, das vorgegebene Signifikanzniveau α nicht überschreitet, hängt die Wahrscheinlichkeit das Vorliegen von H_A zu erkennen (Güte) insbesondere auch von der Stichprobengröße n ab.

In der Praxis wird für Tests bezüglich Binomialwahrscheinlichkeiten meist ein etwas einfacheres Testverfahren verwendet, bei welchem der Ablehnbereich mit Hilfe der Normalverteilungsapproximation von Binomialwahrscheinlichkeiten ermittelt wird. Siehe dazu Aufgabe 6–7. ◇

In den nun folgenden Beispielen wird die Anwendung einiger wichtiger Testverfahren besprochen. (Siehe Tabelle 6.1 für eine Übersicht über die betrachteten Testprobleme.) Dabei finden folgende Quantile[6] als Ablehnschranken Verwendung:

Verteilung	Bezeichnung	Tabelle
Normalverteilung	$Q^{(N)}(\gamma)$	Tab. 2, ($df = \infty$)
t–Verteilung (Student–Vert.)	$Q_\nu^{(t)}(\gamma)$	Tab. 2, ($df = \nu$)
Chi-Quadrat Verteilung	$Q_\nu^{(\chi^2)}(\gamma)$	Tab. 3 ($df = \nu$)
F–Verteilung	$Q_{\nu_1,\nu_2}^{(F)}(\gamma)$	Tab. 4 ($df_Z = \nu_1$, $df_N = \nu_2$)

In Abschnitt 6.8 wird dann noch die Interpretation von p-Werten diskutiert, die von statistischen Programmpaketen berechnet werden und ein Nachschlagen von Quantilen ersparen.

Anzahl der Stichproben	Hypothesen	Test	Siehe Beisp.
Tests für normalverteilte Zufallsvariable bzw. große Stichproben			
Eine Stichprobe	Betreffend Mittelwert (Erwartungswert)	Einstichproben z–Test (σ^2 bekannt)	6–4
		Einstichproben t–Test (σ^2 unbek.)	6–1
Zwei unabhängige Stichproben	Vergleich d. Mittelwerte (Erwartungswerte)	Zweistichproben z–Test (σ^2 bekannt)	6–9
		Zweistichproben t–Test (σ^2 unbek.)	6–11, 6–10
Zwei abhängige (gepoolte) Stichpr.	Vergleich d. Mittelwerte (Erwartungswerte)	t–Test für abh. Stichpr. (σ^2 unbek.)	6–8
Tests für kategorielle (nominalskalierte) Merkmale			
Eine Stichprobe	Betreffend Verteilung	χ^2–Anpassungstest	6–13
Zwei od. mehr Stichpr.	Betreffend gemeinsamer Verteilung	χ^2–Unabhängigkeitstest	6–15
		χ^2–Homogenitätstest	6–14
Tests für dichotome Merkmale			
Eine Stichprobe	Betreffend Anteilswert	z-Test f. Anteilswert	6–6
Zwei Stichproben	Vergleich d. Anteilswerte	Test f. Differenz zweier Anteilsw.	6–12

Tabelle 6.1: Einige wichtige Testverfahren.

Weitere Tests werden in den Kapiteln 7 und 8 (Regression) sowie 9 (Varianzanalyse) vorgestellt.

6.1 Testen des Erwartungswerts von normalverteilten Zufallsvariablen

Angenommen wir haben Beobachtungen zu einem metrisch skalierten Merkmal erhoben. Dann ist es sinnvoll, Hypothesen über den Mittelwert der Grundgesamtheit zu formulieren. Die folgenden Testverfahren setzen voraus, dass der Stichprobenmittelwert $\bar{X}$ normalverteilt ist. Das ist dann der Fall, wenn die Beobachtungen aus einer Normalverteilung stammen. Allerdings gilt für nicht normalverteilte Zufallsvariable unter den Voraussetzungen des zentralen Grenzwertsatzes, dass sich die Verteilung von $\bar{X}$ bei zunehmendem Stichprobenumfang immer mehr der Normalverteilung nähert.

[6]Siehe Formel (4.30) für die Definition von Quantilen.

Aufgrund dieser Überlegung werden die nun behandelten Testverfahren bei hinreichend großen Stichproben auch dann verwendet, wenn die Beobachtungen selbst keiner Normalverteilung entstammen. (Es ist allerdings zu beachten, dass das Signifikanzniveau in solchen Fällen im Allgemeinen nicht exakt eingehalten wird, d.h., die Wahrscheinlichkeit für einen Fehler erster Art unterscheidet sich letztlich von dem anfangs festgelegten α.) Eine weitere Voraussetzung für die Anwendung der Testverfahren ist, dass eine *Zufallsstichprobe*[7] gezogen wird.

Wir unterscheiden zwei Situationen: Den Fall, dass die Varianz der Grundgesamtheit σ^2 aus früheren Untersuchungen bekannt ist (in der Praxis eher selten), sowie den Fall, dass die Varianz unbekannt ist und so wie der Mittelwert aus den Daten geschätzt werden muss. Die Annahme bekannter Varianz bei unbekanntem Erwartungswert einer Verteilung ist sehr selten plausibel; viel häufiger wird man wohl auch die Varianz aus der Stichprobe selber schätzen.

Test für den Erwartungswert:
(Aus Erfahrung bekannte Varianz σ^2)

Teststatistik: (n Beobachtungen)

$$T = \frac{\sqrt{n}(\bar{x} - \mu_0)}{\sigma} \tag{6.1}$$

Entscheidung: (zum Niveau α)

- Hypothesen: $H_0 : \mu = \mu_0$, $H_1 : \mu \neq \mu_0$.
  Entscheidung für H_1 genau dann, wenn $|T| > Q^{(N)}(1 - \frac{\alpha}{2})$.
- Hypothesen: $H_0 : \mu \leq \mu_0$, $H_1 : \mu > \mu_0$.
  Entscheidung für H_1 genau dann, wenn $T > Q^{(N)}(1 - \alpha)$.
- Hypothesen: $H_0 : \mu \geq \mu_0$, $H_1 : \mu < \mu_0$.
  Entscheidung für H_1 genau dann, wenn $T < -Q^{(N)}(1 - \alpha)$.

6–1 Um zu prüfen, ob das Sollgewicht von 2 kg eingehalten wurde, zieht man in einem Betrieb eine Stichprobe von $n = 30$ Beuteln Speisekartoffeln. Dabei ergibt sich ein mittleres Gewicht $\bar{x}$ von 1.88 kg. Aus langjähriger Erfahrung ist bekannt, dass die Standardabweichung $s = 0.065\ kg$ beträgt. Teste zum Niveau $\alpha = 0.05$ die Nullhypothese, dass im Mittel Beutel zu 2kg abgefüllt wurden, gegen die Alternative, dass das nicht so ist.

Lösung: Wir testen die Hypothesen aus (6.1). Für die Testatistik T ergibt sich nach (6.1)

$$T = -2.578.$$

Weiter ist $Q^{(N)}(0.975) = 1.96$ sowie $Q^{(N)}(0.995) = 2.576$. Daher kann die Nullhypothese eines mittleren Abfüllgewichts von 2kg sowohl zum Niveau $\alpha = 0.05$ als auch zum Niveau $\alpha = 0.01$ verworfen werden. ♣

[7]Das heißt, das die Stichprobe zufällig gewählt wird, wobei jedes Element der Grundgesamtheit die gleiche Chance hat, ausgewählt zu werden.

Die Alternativhypothesen in den obigen Beispielen waren zweiseitig, da die Parameterwerte, unter denen die Alternative wahr ist, sowohl über als auch unter denen der Nullhypothese liegen. (In Aufgabe 6–1: H_0 : Abfüllgewicht $\mu = 2$ kg, Alternative: Das Gewicht liegt über *oder* unter 2 kg.) Diese Alternativenwahl entspricht den Interessen des Lieferanten: Sowohl ein zu hohes mittleres Abfüllgewicht (verschenkte Ware) als auch ein zu niedriges mittleres Abfüllgewicht (Reklamationen der Abnehmer) sollen vermieden werden. Ein Abnehmer ist wahrscheinlich nur daran interessiert, ein Unterschreiten des Sollgewichts zu erkennen. Eine Überschreitung stellt für ihn kein Problem dar, da er davon profitiert. Von seinem Standpunkt aus ist es zweckmäßig, die *einseitige Alternative* $H_1 : \mu < \mu_0$ zu betrachten.

6–2 Betrachte nochmals Aufgabe 6–1. Formuliere ein aus der Sicht des Abnehmers geeignetes einseitiges Testproblem und führe einen Test zum Niveau $\alpha = 0.01$ durch.

Lösung: Der Abnehmer könnte die folgenden Hypothesen wählen:

$$H_0 : \mu \geq 2\,\text{kg}, \quad H_1 : \mu < 2\,\text{kg}. \tag{6.2}$$

Diese Hypothesenwahl erlaubt eine Absicherung gegen eine unberechtigte Reklamation. (Eine fälschliche Ablehnung von H_0 tritt mit einer Wahrscheinlichkeit von höchstens α ein.) Die umgekehrte Wahl der Hypothesen, nämlich

$$H_0 : \mu \leq 2\,\text{kg}, \quad H_1 : \mu > 2\,\text{kg}, \tag{6.3}$$

würde folgender Vorgehensweise entsprechen: Reklamiere immer, außer wenn ein Unterschreiten des Sollgewichts aufgrund der vorliegenden Daten hinreichend unplausibel ist.

Im konkreten Beispiel erscheint uns die Hypothesenwahl (6.2) eher zweckmäßig.

Wir wissen bereits aus Aufgabe 6–1, dass unsere Teststatistik $T = -2.578$ ist. Im Gegensatz zum zweiseitigen Test verwendet man kein $1 - \alpha/2$–Quantil, sondern (bei $\alpha = 0.01$) $Q^{(N)}(0.99) = 2.326$. Da $T < -2.326$, kann H_0 zum Niveau $\alpha = 0.01$ verworfen werden. (Und damit erst recht zum Niveau $\alpha = 0.05$.) ♣

6–3 Betrachte das Testproblem

$$H_0 : \mu = 0 \quad H_1 : \mu \neq 0$$

wobei angenommen werden soll, dass 10 Beobachtungen aus einer Normalverteilung mit bekannter Varianz 4 vorliegen und die Teststatistik T aus (6.1) benützt wird.

a) Wie groß ist der Fehler erster Art, wenn wir H_0 für $|T| > 1.96$ ablehnen?

b) Wie groß ist der Fehler zweiter Art, wenn tatsächlich $\mu = 1$ ist?

c) Wie groß ist der Fehler zweiter Art in b), wenn 100 statt 10 Beobachtungen vorliegen?

Lösung:

a) Da T unter H_0 standardnormalverteilt ist, beträgt der Fehler erster Art

$$P(|T| > 1.96) = 2\Phi(1.96) - 1 = 0.95$$

b) Für konkrete Werte μ aus der Alternative kann man den Fehler 2. Art berechnen. Für $\mu = 1$ ist $\bar{X}$ normalverteilt mit $\mu_{\bar{X}} = 1$ und $\sigma^2_{\bar{X}} = 4/10$. Nach den Rechenregeln für Erwartungswert und Varianz (siehe Kapitel 4.3) ist T normalverteilt mit

$$\mu_T = \frac{\sqrt{n}}{\sigma}\mu_{\bar{X}} = \frac{\sqrt{10}}{2} \quad \text{und} \quad \sigma^2_T = \frac{n}{\sigma^2}\sigma_{\bar{X}} = 1.$$

Die Wahrscheinlichkeit für einen Fehler zweiter Art beträgt somit

$$\begin{aligned} P_{\mu=1}(|T| < 1.96) &= P_{\mu=1}(-1.96 - \mu_T < T - \mu_T < 1.96 - \mu_T) \\ &= \Phi(1.96 - \mu_T) - \Phi(-1.96 - \mu_T) \\ &= \Phi(0.38) - \Phi(-3.54) = 0.648, \end{aligned}$$

wobei $\Phi(\cdot)$ die Verteilungsfunktion der Standardnormalverteilung bezeichnet.

c) Bei 100 Beobachtungen verschiebt sich μ_T auf $\mu_T = 5$. Eine analoge Rechnung wie in b) liefert eine Wahrscheinlichkeit für einen Fehler zweiter Art von rund 0.0012. Durch die Vergrößerung der Stichprobe konnte die Wahrscheinlichkeit für einen Fehler zweiter Art deutlich reduziert werden!

♣

Test für den Erwartungswert:
(Aus den Beobachtungen geschätzte Varianz s^2)

Teststatistik: (n Beobachtungen)

$$T = \frac{\sqrt{n}(\bar{x} - \mu_0)}{s} \tag{6.4}$$

mit $s^2 = \frac{1}{n-1}\sum_{i=1}^{n}(x_i - \bar{x})^2$.

Entscheidung: (zum Niveau α)

- Hypothesen: $H_0 : \mu = \mu_0$, $H_1 : \mu \neq \mu_0$.
  Entscheidung für H_1 genau dann, wenn $|T| > Q^{(t)}_{n-1}(1 - \frac{\alpha}{2})$.
- Hypothesen: $H_0 : \mu \leq \mu_0$, $H_1 : \mu > \mu_0$.
  Entscheidung für H_1 genau dann, wenn $T > Q^{(t)}_{n-1}(1 - \alpha)$.
- Hypothesen: $H_0 : \mu \geq \mu_0$, $H_1 : \mu < \mu_0$.
  Entscheidung für H_1 genau dann, wenn $T < -Q^{(t)}_{n-1}(1 - \alpha)$.

6–4 Löse die Aufgabe 6–1, wenn die Standardabweichung σ nicht bekannt ist und daher aus der Stichprobe geschätzt wird, wenn in der Stichprobe $s = 0.25\ kg$ ermittelt wird.

Lösung: Aus den Angaben entnehmen wir die Nullhypothese

$$H_0 : \mu = 2kg \quad \text{sowie die Alternative} \quad H_1 : \mu \neq 2kg.$$

Mit $s_{\bar{x}} = s/\sqrt{n} = 0.25/\sqrt{30} = 0.045644$ ergibt sich für die Teststatistik T aus Formel (6.4)

$$T = -2.63.$$

Aus Tabelle 2 entnehmen wir das $1 - \alpha/2 = 0.975$ Quantil der t-Verteilung mit $n - 1 = 29$ Freiheitsgraden $Q_{29}^{(t)}(0.975) = 2.045$. Da $|T| > 2.045$, können wir H_0 (Sollgewicht wird eingehalten) ablehnen. ♣

Die Entscheidung, die mittels der Teststatistik 6.4 getroffen wurde, kann (bei zweiseitigen Testproblemen) auch mit Hilfe eines Konfidenzintervalls ermittelt werden.

6–5 Der Gehalt an Calcium eines Mineralwassers (in mg/l) wird an 6 verschiedenen Tagen ermittelt:

840, 680, 920, 1000, 750, 850.

Berechnen Sie ein 95 % Konfidenzintervall für den durchschnittlichen Calciumgehalt dieses Mineralwassers.

Der Produzent behauptet, dass das Mineralwasser einen mittleren Calciumgehalt von 1000 mg/l hat. Testen Sie diese Hypothese zum Niveau $\alpha = 0.05$ unter Verwendung des Konfidenzintervalls.

Nilpferdgehalt?

Lösung: Als 95% Konfidenzintervall ergibt sich [720, 960]. (Siehe Formel (5.3).) Die Entscheidung des Tests für die Hypothesen

$$H_0 : \mu = 1000 \quad \text{gegen} \quad H_1 : \mu \neq 1000$$

kann nun mit Hilfe des Konfidenzintervalls getroffen werden. Da 1000 nicht im Konfidenzintervall liegt, kann nämlich die Nullhypothese zum Niveau $1 - 0.95 = 0.05$ abgelehnt werden. (Würde 1000 innerhalb des Intervalls liegen, wäre eine Ablehnung von H_0 für $\alpha = 0.05$ nicht möglich.) ♣

Falls die Varianz (z.B. aus Voruntersuchungen) bekannt ist, kann man diese zusätzliche Information nützen und erhält einen Test mit kleinerem Fehler 2. Art bei gleichem Fehler erster Art. (Also einen besseren Test.)

6.2 Tests für den Anteilswert

Der folgende Test prüft, ob der Anteilswert in der Grundgesamtheit gleich einem bestimmten Wert p_0 ist.

Test für den Anteilswert:

Teststatistik: (n Beobachtungen)

$$T = \frac{\hat{p} - p_0}{\sqrt{\frac{p_0(1-p_0)}{n}}}. \tag{6.5}$$

Entscheidung: (zum Niveau α)

- Hypothesen: $H_0 : p = p_0, \quad H_1 : p \neq p_0$
  Entscheidung für H_1 genau dann, wenn $|T| > Q^{(N)}(1 - \frac{\alpha}{2})$.
- Hypothesen: $H_0 : p \leq p_0, \quad H_1 : p > p_0$
  Entscheidung für H_1 genau dann, wenn $T > Q^{(N)}(1 - \alpha)$.
- Hypothesen: $H_0 : p \geq p_0, \quad H_1 : p < p_0$
  Entscheidung für H_1 genau dann, wenn $T < -Q^{(N)}(1 - \alpha)$.

Eigentlich ist der Stichprobenanteilswert—multipliziert mit der Anzahl der Beobachtungen—binomial oder (bei Ziehen ohne Zurücklegen) hypergeometrisch verteilt (vgl. Beispiel 20). Da aber das Berechnen des Ablehnbereichs unter Verwendung der exakten Stichprobenverteilung mühsam wäre, benützt man die approximierende Normalverteilung um Ablehnschranken für die Teststatistik zu ermitteln. Das bedeutet, dass die Schranke α für eine fälschliche Ablehnung von H_0 nicht exakt eingehalten wird. (Allerdings nähert sich die tatsächliche Fehlerwahrscheinlichkeit unter einer beliebigen (festgehaltenen) Nullhypothese H_0 mit zunehmenden Stichprobenumfang n immer mehr dem Wert α an.)

6–6 Ein Politiker behauptet, bei 50 % der Bevölkerung beliebt zu sein. Bei einer Umfrage an 400 Personen gaben allerdings nur 160 Personen an, den betreffenden Politiker zu mögen. Teste die Aussage des Politikers zum Niveau $\alpha = 0.01$!

Lösung: Folgende Hypothesen sind zu testen:

$$H_0 : p = 0.5, \quad H_1 : p \neq 0.5.$$

Mit $\hat{p} = 160/400$ berechnen wir nach Formel (6.5) die Teststatistik

$$T = \frac{0.4 - 0.5}{\sqrt{\frac{0.5^2}{400}}} = -4.$$

T ist nun mit dem $(1 - \alpha/2)$–Quantil der Normalverteilung zu vergleichen. Aus der Tabelle 2 ($df = \infty$) entnehmen wir $Q_N(0.995) = 2.58$. Da $|T| = 4 > 2.58$ ist, können wir die Nullhypothese verwerfen. ♣

6–7 Die zwei Spieler Max und Moritz streiten, ob ein bestimmter Würfel fair ist. Moritz behauptet nämlich, dass der Würfel seltener Sechsen liefert, als bei einem fairen Würfel zu erwarten wäre. Führe einen geeigneten Test zum Niveau $\alpha = 0.01$ durch, wenn sich bei 60 Testwürfen 5 Sechsen ergaben.

Kein fairer Würfel!

Lösung: Folgende Hypothesen sind zu testen:

$$H_0 : p = 1/6 \quad H_1 : p < 1/6.$$

Mit $\hat{p} = 5/60$ und $p_0 = 1/6$ ergibt sich für die Teststatistik (6.5)

$$T = -1.732.$$

Genau wie bei der Nullhypothese $H_0 : p \geq p_0$ könnte H_0 abgelehnt werden, falls $T < -Q^{(N)}(0.99) = -2.33$. Im vorliegenden Beispiel kann H_0 daher nicht verworfen werden. ♣

6.3 Tests für die Differenz zweier Erwartungswerte

Manchmal ist es von Interesse, die Mittelwerte von Stichproben aus zwei Populationen zu vergleichen um zu testen, ob es hinsichtlich eines Merkmals Unterschiede zwischen den Populationen gibt. Wie bei den Konfidenzintervallen in Abschnitt 5.3 ist für die Auswahl des Testverfahrens zu prüfen, ob zwei unabhängige oder zwei gepaarte Stichproben vorliegen.

6.3.1 Vorher–Nachher Vergleiche

Gepaarte Stichproben treten oft im Zusammenhang mit Vorher–Nachher Vergleichen auf. Um zu testen, ob sich die beiden Stichproben im Mittelwert unterscheiden, wird für jedes Beobachtungspaar die Differenz der Werte berechnet. Danach wird der Einstichproben-t-Test verwendet.

6–8 Betrachte die Angaben zu Aufgabe 5–7. Teste zum Niveau $\alpha = 0.05$, ob die Kur zu einer Gewichtsabnahme führt.

Lösung: Die Hypothesen lauten $H_0 : \mu \leq 0$ und $H_1 : \mu > 0$, wobei μ die größte erwartete Gewichtsveränderung (vorher minus nachher) durch die Diät bezeichnet, wenn die Nullhypothese wahr ist. Wir führen einen Einstichproben–t-Test durch, wobei sich die Beobachtungen durch Differenzenbildung (vorher minus nachher) ergeben. Aus der Lösung zu Aufgabe 5–7 entnehmen wir, dass $\bar{x} = 4.8$ und $s/\sqrt{n} = s_{\bar{x}} = 1.228$. Die Teststatistik (6.4) lautet daher $T = 3.9$. Da $T > Q_9^{(t)}(0.95) = 1.833$, kann H_0 zum Niveau $\alpha = 0.05$ verworfen werden und von einer Wirksamkeit des Kuraufenthalts hinsichtlich Gewichtsreduktion ausgegangen werden. ♣

6.3.2 Unabhängige Stichproben

Wie bei den Schätzverfahren für die Differenz zweier Erwartungswerte unterscheiden sich auch die Tests für die Differenz zweier Erwartungswerte in Abhängigkeit von der Information, die wir über die Varianzen σ_1^2 und σ_2^2 der Grundgesamtheiten haben.

Der folgende Test kann bei bekannten Varianzen angewendet werden.

Test für die Differenz zweier Erwartungswerte:
(Aus Erfahrung bekannte Varianzen σ_1^2 und σ_2^2)

Teststatistik: (n_1 und n_2 Beobachtungen)

$$T = \frac{\bar{x}_1 - \bar{x}_2}{\sqrt{\frac{\sigma_1^2}{n_1} + \frac{\sigma_2^2}{n_2}}} \tag{6.6}$$

Entscheidung: (zum Niveau α)

- Hypothesen: $H_0 : \mu_1 = \mu_2$, $H_1 : \mu_1 \neq \mu_2$.
  Entscheidung für H_1 genau dann, wenn $|T| > Q^{(N)}(1 - \frac{\alpha}{2})$.
- Hypothesen: $H_0 : \mu_1 \leq \mu_2$, $H_1 : \mu_1 > \mu_2$.
  Entscheidung für H_1 genau dann, wenn $T > Q^{(N)}(1 - \alpha)$.
- Hypothesen: $H_0 : \mu_1 \geq \mu_2$, $H_1 : \mu_1 < \mu_2$.
  Entscheidung für H_1 genau dann, wenn $T < -Q^{(N)}(1 - \alpha)$.

6–9 Um zu untersuchen, ob das Interesse an Fußballsendungen bei Männern und Frauen gleich groß ist, wurde der wöchentliche Konsum an Fußballsendungen bei 80 Männern und 60 Frauen erhoben. Die Männer konsumierten im Mittel $\bar{x}_M = 60$ Minuten Fußball, während die Frauen im Mittel $\bar{x}_F = 50$ Minuten konsumierten. Aus vorhergehenden Untersuchungen ist bekannt, dass die Varianzen $\sigma_M^2 = 100$ und $\sigma_F^2 = 64$ betragen. Teste zum Niveau $\alpha = 0.01$ die Hypothese, dass Frauen nicht weniger Fußball sehen als Männer gegen die Alternative, dass Männer mehr von diesem Sport konsumieren.

Lösung: Unsere Hypothesen lauten

$$H_0 : \mu_M \leq \mu_F, \quad H_1 : \mu_M > \mu_F.$$

Zunächst berechnen wir

$$\sigma_D = \sqrt{\frac{\sigma_F^2}{n_1} + \frac{\sigma_M^2}{n_2}} = 1.522.$$

Daraus ermitteln wir nach (6.6)

$$T = \frac{60 - 50}{\sigma_D} = 6.57.$$

Da somit $T = 6.57 > Q^{(N)}(0.99) = 2.33$, kann H_0 verworfen werden, was auf unterschiedliche Fußballsehgewohnheiten schließen lässt. ♣

Sind σ_1^2 und σ_2^2 nicht bekannt, unterscheiden wir (wie bei den Schätzungen) die folgenden zwei Fälle:

- Wir kennen die Varianzen der Grundgesamtheiten zwar nicht, gehen aber davon aus, dass sie gleich sind.

- Die zwei Stichproben stammen aus Grundgesamtheiten mit ungleichen Varianzen.

Ein Test auf Gleichheit zweier Varianzen wird in Abschnitt 6.7 vorgestellt.

Test für die Differenz zweier Erwartungswerte:
(Aus den Beobachtungen geschätzte Varianzen s_1^2 und s_2^2)
(Annahme: Gleiche Varianzen $\sigma_1^2 = \sigma_2^2$)

Teststatistik: (n_1 und n_2 Beobachtungen)

$$T = \frac{\bar{x}_1 - \bar{x}_2}{s_P} \tag{6.7}$$

mit

$$s_P = \sqrt{\frac{1}{n_1} + \frac{1}{n_2}} \sqrt{\frac{(n_1 - 1)s_1^2 + (n_2 - 1)s_2^2}{n_1 + n_2 - 2}}.$$

Entscheidung: (zum Niveau α)

- Hypothesen: $H_0 : \mu_1 = \mu_2$, $H_1 : \mu_1 \neq \mu_2$.
  Entscheidung für H_1 genau dann, wenn $|T| > Q^{(t)}_{n_1+n_2-2}(1 - \frac{\alpha}{2})$.
- Hypothesen: $H_0 : \mu_1 \leq \mu_2$, $H_1 : \mu_1 > \mu_2$.
  Entscheidung für H_1 genau dann, wenn $T > Q^{(t)}_{n_1+n_2-2}(1 - \alpha)$.
- Hypothesen: $H_0 : \mu_1 \geq \mu_2$, $H_1 : \mu_1 < \mu_2$.
  Entscheidung für H_1 genau dann, wenn $T < -Q^{(t)}_{n_1+n_2-2}(1 - \alpha)$.

6–10 Um zu prüfen ob die beiden Sushi Restaurants "Tako" und "Maguro" gleich frischen Fisch verwenden, kauft eine Sushiliebhaberin in beiden Restaurants jeweils an 8 zufällig ausgewählten Tagen um 12:00 eine Portion Sushi. Danach untersucht sie die Lagefähigkeit in Stunden und erhält die folgenden Zeiten:

	Lagerfähigkeit in Stunden							
Tako	7	6	8	7.5	8	9	7	8.5
Maguro	7	5	5.5	6	6.5	7	5	4

Teste zum Niveau $\alpha = 0.1$ und unter der Annahme gleicher Varianzen, ob die beiden Restaurants gleich frischen Fisch verwenden!

Lösung: Zunächst berechnen wir für beide Stichproben Mittelwerte und Varianzen. (Der Index "T" steht für Tako, "M" für Maguro.)

$$\bar{x}_T = 7.625, \quad \bar{x}_M = 5.75, \quad s_T^2 = 0.9107, \quad s_M^2 = 1.1429.$$

Nach (6.7) berechnen wir $s_P = 0.5067$ und $T = 3.7$.
Da $|T| > Q_{14}^{(t)}(0.95) = 1.761$, können wir H_0 verwerfen. ♣

Test für die Differenz zweier Erwartungswerte:
(Aus den Beobachtungen geschätzte Varianzen s_1^2 und s_2^2)
(Annahme: Ungleiche Varianzen $\sigma_1^2 \neq \sigma_2^2$)

Teststatistik: (n_1 (Stichprobe 1) und n_2 (Stichprobe 2) Beobachtungen)

$$T = \frac{\bar{x}_1 - \bar{x}_2}{s_D} \quad \text{mit} \quad s_D = \sqrt{\frac{s_1^2}{n_1} + \frac{s_2^2}{n_2}}. \tag{6.8}$$

Entscheidung: (zum Niveau α)

- Hypothesen: $H_0 : \mu_1 = \mu_2$, $H_1 : \mu_1 \neq \mu_2$.
  Entscheidung für H_1 genau dann, wenn $|T| > Q_\nu^{(t)}(1 - \frac{\alpha}{2})$.
- Hypothesen: $H_0 : \mu_1 \leq \mu_2$, $H_1 : \mu_1 > \mu_2$.
  Entscheidung für H_1 genau dann, wenn $T > Q_\nu^{(t)}(1 - \alpha)$.
- Hypothesen: $H_0 : \mu_1 \geq \mu_2$, $H_1 : \mu_1 < \mu_2$.
  Entscheidung für H_1 genau dann, wenn $T < -Q_\nu^{(t)}(1 - \alpha)$.

Dabei ist

$$\nu = \frac{s_D^4}{\frac{\left(\frac{s_1^2}{n_1}\right)^2}{n_1 - 1} + \frac{\left(\frac{s_2^2}{n_2}\right)^2}{n_2 - 1}}.$$

6–11 50 Zahnräder von Betrieb A haben einen mittleren Durchmesser von 1.82 cm ($s = 0.3cm$, bei 50 Stück von B ist $\bar{x} = 1.65$ ($s = 0.4$). Teste unter Annahme verschiedener Varianzen, ob beide Betriebe Zahnräder mit gleichem mittleren Durchmesser liefern! ($\alpha = 0.05$)

Lösung: Folgendes Hypothesenpaar ist zu testen:

$$H_0 : \mu_1 = \mu_2 \quad H_1 : \mu_1 \neq \mu_2,$$

wobei μ_1 bzw. μ_2 die tatsächlichen mittleren Durchmesser der gesamten Produktion von Betrieb A bzw. B sind. Wir verwenden die Teststatistik (6.8). In unserem Fall ist $s_D = 0.07071$, $T = 2.404$ und $\nu = 90.88$ ist. Der Test lehnt H_0 ab, falls $|T| > Q^{(t)}_{90.88}(0.975)$ ist. Aus Tabelle 2 entnehmen wir, dass $Q^{(t)}_{90.88}(0.975) \approx Q^{(t)}_{90}(0.975) = 1.987$. (Um das Niveau $\alpha = 0.05$ sicher einzuhalten, runden wir die Freiheitsgrade auf 90 ab; damit wird zwar die Power des Tests ein wenig reduziert, dafür ist die Fehlerwahrscheinlichkeit erster Art etwas kleiner als das vorgegebene α.)

Da $|T| > 1.987$ ist, kann H_0 zum Niveau $\alpha = 0.05$ abgelehnt werden. Die beiden Fabriken liefern also Zahnräder, die zum Niveau $\alpha = 0.05$ verschiedene mittlere Durchmesser aufweisen. ♣

6.4 Tests für die Differenz zweier Anteilswerte

Zum Test auf Gleichheit zweier Anteilswerte dient folgender Test:

Test für die Differenz zweier Anteilswerte:

Teststatistik: (n Beobachtungen)

$$T = \frac{\hat{p}_1 - \hat{p}_2}{s_D} \tag{6.9}$$

mit

$$s_D = \sqrt{\hat{p}(1-\hat{p})}\sqrt{\frac{n_1 + n_2}{n_1 n_2}} \quad \text{und} \quad \hat{p} = \frac{n_1\hat{p}_1 + n_2\hat{p}_2}{n_1 + n_2}.$$

Entscheidung: (zum Niveau α)

- Hypothesen: $H_0 : p_1 = p_2$, $H_1 : p_1 \neq p_2$.
  Entscheidung für H_1 genau dann, wenn $|T| > Q^{(N)}(1 - \frac{\alpha}{2})$.
- Hypothesen: $H_0 : p_1 \leq p_2$, $H_1 : p_1 > p_2$.
  Entscheidung für H_1 genau dann, wenn $T > Q^{(N)}(1 - \alpha)$.
- Hypothesen: $H_0 : p_1 \geq p_2$, $H_1 : p_1 < p_2$.
  Entscheidung für H_1 genau dann, wenn $T < -Q^{(N)}(1 - \alpha)$.

6–12 Um den Bekanntheitsgrad des Waschmittels "Sunny day" zu steigern, wurde eine Werbekampagne durchgeführt. Der Erfolg wurde durch eine begleitende Umfrage von 200 Personen (vorher) und 400 zufällig ausgewählte Personen nach der Kampagne überprüft. Vor der Werbeoffensive gaben 60 Personen an, das Waschmittel "Sunny day" zu kennen. Danach waren es 240 der Befragten. Teste zum Niveau $\alpha = 0.05$, ob sich der Bekanntheitsgrad verändert hat!

Lösung: Wir prüfen die Hypothesen

$$H_0 : p_1 = p_2 \quad H_1 : p_1 \neq p_2.$$

Der Test benützt die Statistik (6.9). Mit $\hat{p}_1 = 60/200 = 0.3$ und $\hat{p}_2 = 240/400 = 0.6$ ergibt sich

$$\hat{p} = \frac{200 \times 0.3 + 400 \times 0.6}{200 + 400} = 0.5,$$

und daraus $s_D = 0.0433$.

Somit beträgt $T = -6.928$. Da $Q_N(0.975) = 1.96$ und $|T| > 1.96$ kann die Nullhypothese verworfen werden. Die Behauptung, dass die Werbeoffensive den Bekanntheitsgrad verändert hat, ist somit zum Niveau $\alpha = 0.05$ statistisch abgesichert. (Man hätte hier statt der betrachteten Hypothesen auch die einseitigen Hypothesen $H_0 : p_1 \leq p_2$ versus $H_1 : p_1 > p_2$ testen können.) ♣

6.5 Anpassungstests

In den vorherigen Abschnitten sind wir davon ausgegangen, dass wir schon ziemlich viel Information über die untersuchte Verteilung haben. So wurde etwa vorausgesetzt, dass die betrachtete Verteilung eine Normalverteilung ist, von der wir nur die Parameter Parameter μ und/oder σ^2 nicht kennen.

Die Tests galten dann auch nur diesen Parametern, z.B. dem Erwartungswert μ der Normalverteilung oder dem Anteilswert p einer Binomialverteilung. Im vorliegenden Abschnitt sind die Verteilungsfunktionen selber Gegenstand der Hypothesen, d.h., wir testen z.B. eine Nullhypothese der Form: "Folgen die Daten einer Normalverteilung mit Erwartungswert 1?" Wird diese Nullhypothese verworfen, so kann das bedeuten, dass der Erwartungswert der Verteilung nicht 1 ist oder dass die Daten nicht normalverteilt sind (oder beides). Nicht weiter behandelt werden in diesem Buch die sogenannten *parameterfreien Tests*, in denen einzelne Kenngrößen wie Median oder Erwartungswert von Zufallsvariablen getestet werden, über deren Verteilungsfunktion keine Information zur Verfügung steht.

Chi-Quadrat Verteilungsanpassungstest:

Notation: Gegeben ein Merkmal mit m möglichen Ausprägungen. Aufgrund von n Beobachtungen werden die Hypothesen

H_0 : P(Ausprägung j) $= p_j$
H_1 : Mindestens eine Ausprägung hat eine andere Wahrscheinlichkeit.

geprüft. Dazu benötigt man die beobachteten absoluten Häufigkeiten der Merkmalsausprägungen $h_1, \ldots, h_m$, sowie die unter H_0 erwarteten Häufigkeiten $e_i = np_i$ $(1 \leq i \leq m)$.

Teststatistik:

$$T = \sum_{i=1}^{m} \frac{(h_i - e_i)^2}{e_i}, \tag{6.10}$$

Entscheidung: (zum Niveau α)
H_0 wird genau dann abgelehnt, falls $T > Q^{(\chi^2)}_{m-1}(1-\alpha)$.

6–13 Ein Handelsvertreter besucht täglich 20 Kunden. In den letzten 90 Tagen ergaben sich folgende Geschäftsabschlussdaten:

Anzahl der Geschäftsabschlüsse	0	1	2	≥ 3
Anzahl der Tage	30	34	21	5

Teste zum Niveau $\alpha = 0.01$ die Hypothese, dass die Kunden unabhängig voneinander mit einer Wahrscheinlichkeit von 0.05 ein Geschäft mit dem Vertreter abschließen.

Lösung: Unter H_0 ist die Anzahl der täglichen Geschäftsabschlüsse binomialverteilt mit $n = 20$ und $p = 0.05$. Die Wahrscheinlichkeit für i Geschäftsabschlüsse beträgt daher $\binom{20}{i} \cdot 0.05^i \cdot 0.95^{20-i}$.

Insbesondere berechnet man

Anzahl der Geschäftsabschlüsse	0	1	2	3 u. mehr
Wahrscheinlichkeit unter H_0	0.358	0.377	0.189	0.076

Daraus ergeben sich die unter H_0 zu erwarteten Häufigkeiten, wenn man 90 Tage beobachtet:

Anzahl	0	1	2	3 u. mehr
e_i	$0.358 \times 90 = 32.22$	33.93	17.01	6.84

H_0 kann nun mittels χ^2–Anpassungstest (6.10) geprüft werden.

In unserem Fall ist

$$T = \frac{(30-32.22)^2}{32.22} + \frac{(34-33.93)^2}{33.93} + \frac{(21-17.01)^2}{17.01} + \frac{(5-6.84)^2}{6.84} = 1.584$$

Aus Tabelle 3 entnimmt man, dass $Q_3^{(\chi^2)}(0.99) = 11.3$. Da $T < 11.3$ kann H_0 nicht verworfen werden. ♣

6.6 Testen des Zusammenhangs bei kategoriellen Variablen

Um zu prüfen, ob ein Zusammenhang zwischen zwei kategoriellen Merkmalen vorliegt, kann der Chi-Quadrat Unabhängigkeitstest verwendet werden. Um zu prüfen, ob eine kategorielle Variable in zwei oder mehr Gruppen die gleiche Verteilung hat, steht der Chi-Quadrat Homogenitätstest zur Verfügung. Beide Tests laufen identisch ab. Beispiel 6–14 behandelt eine Situation in der ein Homogenitätstest anzuwenden ist, d.h., die Häufigkeiten der Gruppen (Zeilensummen) sind im vorhinein fest gewählt und daher nicht zufällig. Beim Unabhängigkeitstest (Beispiel 6–15) wird hingegen nur die Gesamtzahl n von Beobachtungen vor dem Sammeln der Daten festgelegt. Die Zeilensummen ergeben sich dann erst aus den konkreten Daten.

Chi-Quadrat Unabhängigkeits- bzw. Homogenitätstest:

Notation: Gegeben 2 Merkmale A und B, wobei A r und B s Ausprägungen aufweist. Die Hypothesen, dass die Merkmale A und B unabhängig sind, bzw., dass A homogen bzgl. B ist, werden geprüft. Man beobachtet n Objekte und ermittelt für $1 \leq i \leq r$, $1 \leq j \leq s$ die Häufigkeiten h_{ij} der Merkmalskombination i mit j:

Merkmal A	Merkmal B 1	...	s	Zeilen-summe
1	h_{11}	...	h_{1s}	$h_{1\cdot}$
$\vdots$	$\vdots$	$\vdots$	$\vdots$	$\vdots$
r	h_{r1}	...	h_{rs}	$h_{r\cdot}$
Spaltensumme	$h_{\cdot 1}$	$\cdots$	$h_{\cdot s}$	n

Daraus ermittelt man die unter H_0 erwarteten Häufigkeiten

$$e_{ij} = h_{i\cdot} h_{\cdot j}/n.$$

Teststatistik:

$$T = \sum_{i=1}^{r} \sum_{j=1}^{s} \frac{(h_{ij} - e_{ij})^2}{e_{ij}}, \tag{6.11}$$

Entscheidung: (zum Niveau α)
H_0 wird genau dann abgelehnt, falls $T > Q^{(\chi^2)}_{(r-1)(s-1)}(1-\alpha)$.

6–14 110 zufällig ausgewählte Autofahrer, davon 50 aus Österreich und 60 aus Italien unterziehen sich einem Fahrtest. Von den 50 österreichischen Autofahrern schneiden 10 gut, 35 mittelmäßig und 5 schlecht ab. Von den italienischen Autofahrern erzielen 20 ein gutes, 20 ein mittelmäßiges und 20 ein schlechtes Ergebnis. Testen Sie zum Niveau $\alpha = 0.05$, ob sich Österreicher und Italiener in der Verteilung der Fahrleistung unterscheiden.

Lösung: Wir fassen die Angaben in einer Tabelle zusammen.

	gut	mittel	schlecht	Insges.
Österreich	10	35	5	50
Italien	20	20	20	60
Insgesamt	30	55	25	110

Die rechte Spalte dieser Tabelle gibt die sogenannten *Randhäufigkeiten* für der Ausprägungen des Merkmals "Nationalität", die unterste Spalte die Randhäufigkeiten für das Merkmal "Fahrleistung". Unter der Nullhypothese ist die Wahrscheinlichkeit für jede Kombination von Ausprägungen gleich dem Produkt ihrer Randwahrscheinlichkeiten, damit ergeben sich aus der Randverteilung die unter H_0 erwarteten Häufigkeiten e_{ij}.

	gut	mittel	schlecht
Österreich	$\frac{50\times30}{110} = 13.64$	$\frac{50\times55}{110} = 25$	11.36
Italien	$\frac{60\times30}{110} = 16.36$	30	13.64

Aus Formel (6.11) errechnen wir

$$T = \frac{(10-13.64)^2}{13.64} + \frac{(35-25)^2}{25} + \cdots + \frac{(20-13.64)^2}{13.64} = 15.64.$$

Da $T > Q_2^{(\chi^2)}(0.95) = 5.99$, kann H_0 verworfen werden. ♣

6–15 Um zu prüfen, ob es einen Zusammenhang zwischen Familienstand und Präferenz für Sportcabrios (gegenüber anderen Autos) gibt, werden 200 zufällig ausgewählte Personen befragt. Dabei ergaben sich folgende Häufigkeiten.

	Sportcabrios präferiert	
	ja	nein
ledig	46	22
verheiratet	60	72

Teste zum Niveau $\alpha = 0.01$, ob ein Zusammenhang vorliegt.

Lösung: Aus den Zeilen- und Spaltensummen ermitteln wir die erwarteten Häufigkeiten e_{ij}:

	ja	nein
ledig	$\frac{68\times106}{200} = 36.04$	31.96
verheiratet	69.96	62.04

Aus Formel (6.11) errechnen wir

$$T = \frac{(46-36.04)^2}{36.04} + \frac{(22-31.96)^2}{31.96} + \cdots + \frac{(72-62.04)^2}{62.04} = 8.87.$$

Da $T > Q_1^{(\chi^2)}(0.99) = 6.63$, kann H_0 verworfen werden. ♣

6.7 Test auf Gleichheit zweier Varianzen

Die Verteilung des Quotienten zweier unabhängiger χ^2-verteilter Zufallsgrößen heißt F-Verteilung. Unter der Nullhypothese gleicher Varianzen in den Grundgesamtheiten ist der Quotient s_1^2/s_2^2 der aus zwei unabhängigen Stichproben berechneten Varianzen F-verteilt, was man zur Ableitung eines Tests benützen kann.

F-Test auf Gleichheit zweier Varianzen:

Teststatistik: (n_1 (Stichprobe 1) und n_2 (Stichprobe 2) Beobachtungen)

$$T = \frac{s_1^2}{s_2^2} \tag{6.12}$$

Entscheidung: (zum Niveau α)

- Hypothesen: $H_0 : \sigma_1^2 = \sigma_2^2$, $H_1 : \sigma_1^2 \neq \sigma_2^2$.
  Entscheidung für H_1, **außer** wenn

$$Q^{(F)}_{n_1-1,n_2-1}(\frac{\alpha}{2}) \leq T \leq Q^{(F)}_{n_1-1,n_2-1}(1-\frac{\alpha}{2}).$$

- Hypothesen: $H_0 : \sigma_1^2 \leq \sigma_2^2$, $H_1 : \sigma_1^2 > \sigma_2^2$.
  Entscheidung für H_1 genau dann, wenn $T > Q^{(F)}_{n_1-1,n_2-1}(1-\alpha)$.
- Hypothesen: $H_0 : \sigma_1^2 \geq \sigma_2^2$, $H_1 : \sigma_1^2 < \sigma_2^2$.
  Entscheidung für H_1 genau dann, wenn $T < Q^{(F)}_{n_1-1,n_2-1}(\alpha)$,

wobei $Q^{(F)}_{n_1-1,n_2-1}(\gamma)$ das γ–Quantil der F–Verteilung mit $n_1 - 1$ und $n_2 - 1$ Freiheitsgraden bezeichnet.

Eigenschaft der Quantile der F–Verteilung:

Für $n, m \geq 1$ und $0 < \gamma < 1$ gilt, dass

$$Q^{(F)}_{n,m}(\gamma) = \frac{1}{Q^{(F)}_{m,n}(1-\gamma)}.$$

(Beachte die Reihenfolge der Freiheitsgrade!)

6–16 Eine Fluggesellschaft hat auf zwei Flugrouten die Zufriedenheit der Passagiere auf einer Skala von 1 bis 10 erhoben. Auf jeder Route wurden 8 Passagiere befragt. Folgende Kennzahlen wurden berechnet:

	Zufriedenheit	
Route	Mittel	Standardabweichung
1	5,22	1,66
2	6,30	2,02

a) Ist die *Variabilität* der Zufriedenheit auf beiden Routen gleich? Teste zum Niveau $\alpha = 0.1$.

b) Welche Bedeutung hat das Testergebnis aus a), wenn die Gleichheit der *mittleren* Zufriedenheit geprüft werden soll?

Lösung:

a) Wir führen einen F-Test auf Gleichheit der Varianzen in den Grundgesamtheiten durch. Dazu berechnen wir die Teststatistik

$$T = \frac{1.66^2}{2.02^2} = 0.675$$

nach (6.12). Nun ist

$$Q^{(F)}_{7,7}(0.95) = 3.79 \quad \text{und} \quad Q^{(F)}_{7,7}(0.05) = 1/Q^{(F)}_{7,7}(0.95) = 0.26.$$

Da $0.26 \leq T \leq 3.79$ kann H_0 nicht verworfen werden.

b) Für das Testen der Differenz zweier Erwartungswerte bei unbekannter Varianz haben wir zwei Verfahren kennengelernt. Eines der Verfahren (siehe (6.8)) beruht auf der Annahme ungleicher Varianzen in den Grundgesamtheiten, das andere (6.7) setzt gleiche Varianzen voraus. Da i.a. nicht mit Sicherheit bekannt ist, welche der beiden Voraussetzungen zutrifft, wird das Testverfahren in der Praxis oft mit Hilfe eines Tests auf Gleichheit zweier Varianzen gewählt. ♣

6.8 Testen mit statistischen Programmpaketen

Die Durchführung von Hypothesentests erfolgt in der Praxis zumeist unter Zuhilfenahme von statistischen Programmpaketen am Computer.

Betrachten wir nochmals das Testproblem aus Aufgabe 6–8. Angewandt auf die dort vorliegenden Daten, liefert das Programmpaket SPSS unter anderen die folgenden Ergebnisse:

Test bei gepaarten Stichproben

Gepaarte Differenzen					
Mittelw.	Standardabw.	Standardf. d. Mittelw.	T	df	Sig. (2-seitig)
4.8000	3,8816	1.2275	3.911	9	.004

Insbesondere finden wir den in der Lösung zu 6–8 berechneten Wert der Teststatistik $T = 3.9$ wieder. Der in der Spalte "Sig. (2-seitig)" angegebene p-Wert (Signifikanz) erspart das Nachschlagen in der Tabelle 2 zur t–Verteilung. Der Test für die zweiseitige Alternative

$$H_1 : \mu_1 - \mu_2 \neq 0$$

lehnt H_0 nämlich genau dann ab, wenn der p-Wert *kleiner* als das gewählte Signifikanzniveau α ist.

Für gegebene Daten und eine Teststatistik T ist der p-Wert gleich dem kleinsten Signifikanzniveau α, dass zu einer Ablehnung von H_0 führt. Äquivalent dazu kann der (zweiseitige) p-Wert als die Chance unter H_0 aufgefasst werden, dass die Teststatistik einen Wert annimmt, der betragsmäßig größer ist als jener, der sich aufgrund der vorliegenden Daten ergeben hat.

Achtung: *Es wäre falsch, den p-Wert als die Wahrscheinlichkeit für das Zutreffen von H_0 aufzufassen!*

6.9 Beispiele zum Üben

6.9.1 Aufgaben

6–17 Es soll geprüft werden, ob es zwischen einer neuen Sorte von weißer Schokolade und dem herkömmlichen Produkt Unterschiede in der Präferenz gibt oder nicht. Dazu verkosteten 100 zufällig ausgewählte Testpersonen beide Schokoladesorten. Die Vorzeichen der Differenzen der Geschmacksbeurteilungen konnten ermittelt werden: 65 Personen empfanden die neue Sorte als wohlschmeckender, 35 das herkömmliche Produkt. Teste zum Niveau $\alpha = 0.05$, ob sich die beiden Sorten in der Beliebtheit unterscheiden!

6–18 In einem Betrieb verteilen sich die Krankenstände der letzten 6 Monate folgendermaßen auf die Wochentage.

	MO	DI	MI	DO	FR
Anzahl	125	111	98	104	112

Testen Sie zum Niveau $\alpha = 0.05$, ob die Krankenstände über die Wochentage gleichverteilt sind.

6–19 Bei einer Stichprobe vom Umfang $n = 100$ Konservendosen wurde ein mittleres Füllgewicht von 994g gemessen. Testen Sie die Nullhypothese $\mu \geq 1000$ gegen die Alternative $\mu < 1000$ zum Niveau $\alpha = 0.01$ und unter der Annahme, dass die Standardabweichung der Produktion bekannt ist ($\sigma = 3g$). Erklären Sie das Ergebnis des Tests in eigenen Worten.

6–20 Eine Firma erzeugt Glühbirnen mit einer bestimmten Lebensdauer. Aus Erfahrung ist bekannt, dass die Varianz der Produktion $\sigma^2 = 10000$ beträgt. Eine Stichprobe von 100 Glühbirnen ergibt eine mittlere Lebensdauer von 1250 Stunden. Erstellen Sie ein 95% Konfidenzintervall für die mittlere Lebensdauer, und ermitteln Sie daraus die Entscheidung des Tests für die Hypothesen $H_0 : \mu = 1300$ gegen $H_1 : \mu \neq 1300$ zum Niveau $\alpha = 0.05$.

6–21 Um die Lebensdauer von Autoreifen einer bestimmten Marke zu untersuchen, wurden Sie an 5 Testwagen erprobt. Die Benutzbarkeit der Reifen (in km) betrug

$$62000,\ 56000,\ 75000,\ 70000,\ 82000.$$

Testen Sie (zweiseitig) zum Niveau $\alpha = 0.05$, ob die Aussage des Herstellers, dass die Lebensdauer der Reifen durchschnittlich 80000 km beträgt, zutrifft.

6–22 Die Lebensdauer von Alkalibatterien der Marke "POWER-ON" wurde in einem Belastungstest ermittelt. Folgende Werte in (min.) wurden ermittelt.

$$456, 482, 511, 440, 497, 504, 468, 488, 421, 455.$$

Führen Sie aufgrund der vorliegenden Informationen einen Test zum Niveau $\alpha = 0.05$ für die folgenden Hypothesen durch:

$$H_0 : \mu \leq 480, \quad H_1 : \mu > 480$$

6–23 Um die Lebensdauer von Autoreifen einer bestimmten Marke zu untersuchen, wurden sie an 5 Testwagen erprobt. Die Benutzbarkeit der Reifen (in km) betrug

$$65000, 56000, 75000, 72000, 82000.$$

Aus Erfahrung ist bekannt, dass die Standardabweichung $\sigma = 6000$ beträgt.

Testen Sie (zweiseitig) zum Niveau $\alpha = 0.01$, ob die Aussage des Herstellers, dass die Lebensdauer der Reifen durchschnittlich 80000 km beträgt, zutrifft.

6–24 In einer Werbekampagne wird der Slogan gebraucht, dass "POWER-ON" Batterien deutlich länger als herkömmliche Zink-Kohle Batterien leben. Testen Sie diese Aussage zum Niveau $\alpha = 0.05$ unter Benutzung der Daten aus 6–22 ("POWER-ON") und der Lebensdauermessungen

$$388, 354, 365, 344, 404, 412, 320, 360, 355$$

für Zink-Kohle Batterien. (Annahme: Gleiche Varianzen, Nullhypothese: "POWER-ON" hält höchstens gleich lang.)

6–25 Um die Lebensdauer von Autoreifen einer bestimmten Marke zu untersuchen, wurden an 5 Testwagen Reifen erprobt. Die mittlere Benutzbarkeit der Reifen betrug $\bar{x} = 72000$ km. Die Standardabweichung betrug $s = 5000$ km.

Testen Sie (zweiseitig) zum Niveau $\alpha = 0.01$, ob die Aussage des Herstellers (H_0), dass die Lebensdauer der Reifen durchschnittlich 80000 km beträgt, zutrifft.

6–26 Eine Firma behauptet, dass der Einbau ihrer neuartigen Bremsklötze den Bremsweg von Autos verkürzt. An 6 Wagen wird jeweils vor und nach Einbau der neuen Bremsklötze der Bremsweg von 50 km/h auf 0 km/h gemessen.

	Wagen					
	1	2	3	4	5	6
vorher	24	34	28	32	36	38
nachher	21	29	26	31	47	33

Testen Sie zum Niveau $\alpha = 0.05$, ob sich der Bremsweg verkürzt hat. Warum könnte das Ergebnis wenig aussagekräftig sein?

6–27 Eine Fahrschule behauptet, dass 80 % Ihrer Schüler den Führerschein beim ersten Versuch schaffen. Im vergangenen Jahr schafften 450 von 600 Fahrschülern den Führerschein sofort.

Testen Sie (zweiseitig) zum Niveau $\alpha = 0.05$, ob die Aussage der Fahrschule zutrifft.

6–28 Eine Fabrik möchte eine neue Geschmacksrichtung für Zuckerl auf den Markt bringen. Zwei mögliche Geschmacksrichtungen "YUM" und "YAM" stehen zur Auswahl. Als Hilfe zur Entscheidung, welche Sorte tatsächlich produziert werden soll, werden an 40 Personen Warenmuster verteilt. Von diesen Personen bevorzugten 25 "YUM" und 15 "YAM". Testen Sie zum Niveau $\alpha = 0.05$, ob es Unterschiede in der Beliebtheit von "YUM" und "YAM" gibt.

6–29 Ein Politiker behauptet, dass 60 % der Bevölkerung eines Landes eine Verschlechterung der Konjunktur erwartet. In einer Umfrage unter 500 Personen gaben allerdings nur 220 Personen an, mit einer Konjunkturverschlechterung zu rechnen. Glauben Sie der Aussage des Politikers? Testen Sie zum Niveau $\alpha = 0.01$! (Hypothesen: $H_0 : p = 0.6$, $H_1 : p \neq 0.6$.)

6–30 Eine neue Zeitschrift kommt auf den Markt. Es soll geprüft werden, ob Personen, die politisch interessiert sind, eher dazu neigen die Zeitschrift zu kaufen. Dazu wurden in einer Umfrage folgende Daten erhoben.

	politisch interessiert	
Käufer	ja	nein
ja	58	44
nein	35	23

Testen Sie zum Niveau $\alpha = 0.05$, ob ein Zusammenhang zwischen den beiden Merkmalen vorliegt.

6–31 Eine Firma beliefert einen Supermarkt mit 200g Packungen Tee. Aus Erfahrung ist bekannt, dass die Packungen eine Standardabweichung von $\sigma = 15$g aufweisen. Im Supermarkt werden 20 Packungen zur Probe gewogen. Das mittlere Gewicht betrug 198g. Kann man aufgrund der Stichprobe dem Lieferanten glauben, der behauptet, dass die Gewichtsabweichung nur auf Zufall beruht?

Testen Sie zum Niveau $\alpha = 0.05$ die Hypothesen

$$H_0 : \mu = 200, \qquad H_1 : \mu \neq 200\,!$$

6–32 Eine neue Werbekampagne wird gestartet. Um zu prüfen, ob diese auf Frauen und Männer gleich gut wirkt, werden 50 Frauen und 50 Männer befragt.

	Werbekampagne empfunden als		
	sehr gut	gut	weniger gut
Männer	12	25	13
Frauen	18	20	12

Testen Sie zum Niveau $\alpha = 0.05$, ob die Kampagne bei Männern und Frauen gleich gut ankommt.

6–33 Löse Aufgabe 6–31, falls das mittlere Gewicht 195g betrug und sich als Varianz der geprüften Packungen $s^2 = 12\,g^2$ ergab.

6–34 Unter 100 befragten LeserInnen von "Täglich Etwas" mögen 25 eine bestimmte Politikerin. Unter 120 LeserInnen eines Konkurrenzblattes mögen 22 die betreffende Politikerin. Testen Sie zum Niveau $\alpha = 0.05$ ob sich die Einschätzung der Politikerin in den Lesergruppen beider Zeitungen unterscheidet.

6–35 Löse Aufgabe 6–31, falls die aus Erfahrung bekannte Standardabweichung $\sigma =$ 10g beträgt, und aus einer Stichprobe der Größe $n = 15$ ein mittleres Gewicht von 196g erhoben wurde. Testen Sie zum Niveau $\alpha = 0.10$!

6–36 Bei 10 Wettbewerben unter ähnlichen Bedingungen erreichte der Skispringer R. Blackmountain im Mittel eine Weite von $\bar{x} = 104$ m bei einer Standardabweichung von $s = 8$m. Sein Konkurrent A. Goldmountain erreichte $\bar{x} = 116$ m und $s = 17$m.

a) Testen Sie zum Niveau $\alpha = 0.05$, ob die Leistungsschwankungen beider Springer im Mittel verschieden sind.

b) Testen Sie zum Niveau $\alpha = 0.05$, ob sich die mittleren Sprungweiten der Skispringer unterscheiden (unter der Annahme unterschiedlicher Varianzen).

6–37 Die folgende Tabelle gibt die mittlere Anzahl von ausgefallenen Arbeitsstunden an, die in 10 vergleichbaren Fabriken im Laufe eines Jahres aufgetreten sind. Die ersten fünf Fabriken arbeiteten ohne einem Sicherheitsprogramm („ohne SP"), die letzten fünf mit einem Sicherheitsprogramm („mit SP").

Fabrik	1	2	3	4	5	6	7	8	9	10
ohne SP	50	80	30	20	130					
mit SP						10	20	30	10	20

Weisen diese Beobachtungen auf eine Verringerung des Ausfalls von Arbeitsstunden durch das Sicherheitsprogramm hin? Testen Sie unter Annahme ungleicher Varianzen. ($\alpha = 0,05$)

6–38 Zur Untersuchung der Variabilität der Stärke (in Tonnen pro cm^2) von zwei Typen von Stahlseilen (Typ 1 und 2) ergaben sich folgende Werte: $n_1 = 10$, $s_1^2 = 19.2$, $n_2 = 16$, $s_2^2 = 3.5$. Weist der Unterschied in den Standardabweichungen s_1 und s_2 auf eine höhere Variabilität des Typen 1 hin? Testen Sie auf einem Niveau von $\alpha = 0.01$.

6–39 Eine Konsumentenschutzorganisation testet zwei Marken von Farben. Von jeder werden vier Packungen zu 5 Liter untersucht. Bei Marke A reichte die Farbe im Mittel für $15.2m^2$ bei einer Standardabweichung von $1.2\,m^2$. Mit Marke B konnten im Mittel $14.6m^2$ gestrichen werden, und die Standardabweichung betrug $0.9\,m^2$.

a) Unter der Annahme, dass die Untersuchungsergebnisse normalverteilt mit gleichen Varianzen sind: Teste, ob sich die Marken in der mittleren Streichleistung unterscheiden ($\alpha = 0.05$).

b) Führe einen Test durch, um die Annahme gleicher Varianzen zu überprüfen ($\alpha = 0.05$).

6–40 Die folgende Tabelle ist Teil eines Computerausdrucks des Statistik-Programmes SPSS.

Independent Samples Test

	t-test for Equality of Means				
Equal variances	t	df	Sig. (2-tailed)	Mean Difference	Std. Error Difference
assumed	2.284	20	.033	1.7667	.7735
not assumed	2.282	19.232	.034	1.7667	.7740

a) Welche statistischen Tests wurden durchgeführt. Nennen Sie Null- und Alternativhypothese der Tests.

b) Kann die Nullhypothese auf einem Niveau von $\alpha = 0.05$ verworfen werden?

6–41 In wieweit wirkt sich ein Manager–Kurs auf die Persönlichkeit aus? Um diese Frage zu beantworten wurde bei 9 Teilnehmern eine Persönlichkeitstest vor und nach dem Kurs durchgeführt. Die folgende Tabelle – Teil eines Computerausdrucks (SPSS) – enthält das Ergebnis einer statistischen Auswertung der bei den Persönlichkeitstests erzielten Punkte.

Paired Samples Test

	Paired Differences					
	Mean	Std. Deviation	Std. Error Mean	t	df	Sig. (2-tailed)
NACHHER - VORHER	-3.8889	9.7525	3.2508	-1.196	8	.266

a) Welcher statistische Test wurden durchgeführt. Nennen Sie seine Null- und Alternativhypothesen. Welche Annahme wird bei diesem Test getroffen.

b) Kann die Nullhypothese auf einem Niveau von $\alpha = 0.05$ verworfen werden?

c) Berechnen Sie ein 95%-Konfidenzintervall für die Nachher/Voher-Differenz.

6–42 Betrachten Sie nochmals die Daten aus Beispiel 5–30

a) Können Sie mit diesen Daten die Vermutung belegen, dass die Schnecken auf der Farm im Durchschnitt größer sind als freilebende? Formulieren Sie Null- und Alternativhypothese und führen Sie mithilfe der Daten einen geeigneten Test durch ($\alpha = 0.05$)!

b) Testen Sie, ob die Annahme ungleicher Varianzen gerechtfertigt ist!

6–43 Vor der EU-Wahl 2009 wurden 420 Männer und 780 Frauen nach ihrer Absicht, wählen zu gehen, befragt. 50 % der Männer und 44 % der Frauen gaben an, zu Wahl gehen zu wollen. Lässt sich mit diesen Daten die Vermutung erhärten, dass die Wahlbeteiligung bei den Männern größer ist als bei den Frauen? ($\alpha = 0.05$).

6–44 Ein Nachhilfeinstitut will die Wirksamkeit seiner Kurse beweisen; dazu werden jeweils fünf Studenten vor und nach dem Kurs gebeten, eine Prüfung zu absolvieren. Hier die Ergebnisse:

						$\bar{x}_i$	s_i^2
Punkte vorher	62	30	56	30	17	39	366
Punkte nachher	76	43	69	45	37		
Differenz							

Kann das Institut die Effizienz der Lernmethode mit den Daten belegen? Formulieren Sie Null- und Alternativhypothese und testen Sie mit $\alpha = 0.05$ unter der Annahme, dass

a) die gleichen Studenten vor und nach dem Besuch des Kurses getestet wurden, wir also einen vorher–nachher Vergleich vorliegen haben,bzw.

b) die Ergebnisse von unterschiedlichen Studenten kommen, wir also einen Zwei-Stichprobentest haben, unter der Annahme gleicher Varianzen!

Hinweis: Nur für Punkt (a) benötigen Sie die dritte Zeile der Tabelle! Ihre Stichprobe besteht dann aus den fünf Differenzen, Sie testen, ob der Erwartungswert der Differenz > 0 ist!

6–45 Zwei Medikamente A und B werden an jeweils 10 (verschiedenen) Versuchspersonen getestet. Die Patienten der ersten Gruppe waren durchschnittlich 23 Tage krank, die Standardabweichung s_1 betrug 3.6 Tage, Die Patienten der zweiten Gruppe waren durchschnittlich 21.5 Tage krank, die Standardabweichung s_2 betrug 4.1 Tage.

a) Testen Sie, ob die Varianzen der Krankheitsdauern gleich sind! ($\alpha = 0.05$)

b) Ermitteln Sie nun unter Verwendung Ihres Resultats aus Punkt (a) ein 95% Konfidenzintervall für die Unterschiede der Krankheitsdauern bei Behandlung mit Medikament A und B! Deutet dieses Resultat auf unterschiedliche durchschnittliche Krankheitsdauer hin? ($\alpha = 0.05$)

6–46 Jeweils 50 Versuchspersonen werden mit drei verschiedenen Lernmethoden (A, B, C) trainiert und bekommen dann ein Problem gestellt. Die Lösungen werden mit Gut, Mittelmäßig oder Schlecht bewertet.

	Gut	Mittelmäßig	Schlecht
A	30	10	10
B	30	15	5
C	5	25	20

a) Wie groß ist der Gesamtanteil der guten Problemlöser? Wie groß ist die Wahrscheinlichkeit, dass eine zufällig ausgewählte Versuchsperson das Problem gut löst *und* zur Gruppe A gehört? Wie groß ist die Wahrscheinlichkeit, dass eine Person zur Gruppe A gehört, wenn wir schon wissen, dass sie das Problem gut gelöst hat?

b) Lassen diese Daten darauf schließen, dass die Leistungsfähigkeit von der Trainingsmethode abhängt? Formulieren Sie Null- und Alternativhypothese und führen Sie den geeigneten Test durch! ($\alpha = 0.05$)

c) Aus welcher Eigenschaft unabhängiger Ereignisse folgt die Formel für die erwarteten Häufigkeiten?

6–47 Der Kärntner Landeshauptmann erzählt einen Witz. Anschließend werden jeweils 100 Parteimitglieder von BZÖ, FPÖ, ÖVP und Grünen gefragt, ob sie den Witz lustig finden:

	lustig	nicht lustig	
BZÖ	95	5	
FPÖ	99	1	
ÖVP	55	45	
Grüne	15	85	

Lassen diese Ergebnisse darauf schließen, dass die Bewertung des Witzes unabhängig von der Parteizugehörigkeit ist? Formulieren Sie Null- und Alternativhypothese und führen Sie den geeigneten Test durch! ($\alpha = 0.05$)

6–48 1021 Mädchen und 1045 Buben zwischen 8 und 19 Jahren wurden nach ihrem Traumberuf gefragt. 39 Mädchen und 55 Buben gaben als Antwort "Weiß noch nicht". Sind die Buben unentschlossener? Testen Sie mit $\alpha = 0.05$! (*Quelle: http://www.eltern.de)*

6–49 Ein Nachhilfeinstitut bietet Kleingruppen zu jeweils 5 Schülern und Schülerinnen an und verspricht eine 90% Erfolgsgswahrscheinlichkeit bei der Matura, unabhängig von der Gruppe. Bislang wurden dort 100 Gruppen unterrichtet, aus 70 Gruppen schafften alle fünf Kandidaten und Kandidatinnen die Matura, aus 18 Gruppen schafften es vier, aus den verbleibenden 12 Gruppen weniger als vier.
Sind diese Resultate mit der Behauptung des Instituts im Einklang? Testen Sie mit $\alpha = 0.05$. Gehen Sie dabei folgendermaßen vor:

a) Ermitteln Sie unter der Nullhypothese, dass die Behauptung wahr ist, die Wahrscheinlichkeit dafür, dass 5, 4 und 3 oder weniger Erfolge in einer einzelnen Gruppe zu verzeichnen sind!

b) Ermitteln Sie nun damit die Anzahl der Gruppen mit diesen Erfolgsquoten, die Sie unter der Nullhypothese in den 100 Gruppen erwarten!

c) Vergleichen Sie diese erwarteten Häufigkeiten mit den tatsächlich beobachteten und führen Sie einen geeigneten Test durch!

6–50 Von einem Durchbruch bei der Suche nach einer Impfung gegen AIDS wurde im Herbst 2009 berichtet: in zwei Thailändischen Provinzen wurden insgesamt 8200 HIV-negative Menschen mit einer Kombination verschiedener Impfstoffe behandelt, eine ebenso große Kontrollgruppe erhielt stattdessen einen Placebo. Nach drei Jahren hatten sich von der Versuchsgruppe 51 Menschen mit dem HIV-Virus infiziert, von der Kontrollgruppe waren es 74.

a) Ist die Verringerung der Ansteckungsrate signifikant?

b) Berechnen Sie ein 95% Konfidenzintervall für die Verringerung der Ansteckungsgefahr!

Quelle: http://www.spiegel.de/wissenschaft/medizin/0,1518,650998,00.html

6.9.2 Lösungen

6–19: Als Teststatistik ergibt sich $T = -20$. Da $T < -2.326$, kann H_0 verworfen werden.

6–21: Hypothesen: $H_0 : \mu = 80000$, $H_1 : \mu \neq 80000$. Prüfgröße: $|T| = 2.39$. H_0 kann nicht abgelehnt werden, da $|T| < 2.78$. (Grenzen des Ablehnbereichs aus der Tabelle der t-Verteilung!)

6–23: Hypothesen: $H_0 : \mu = 80000$, $H_1 : \mu \neq 80000$. Prüfgröße: $|T| = 3.73$. H_0 kann abgelehnt werden, da $|T| > 2.58$. (Grenzen des Ablehnbereichs aus der Tabelle der Normalverteilung!)

6–25: Hypothesen: $H_0 : \mu = 80000$, $H_1 : \mu \neq 80000$. Prüfgröße: $|T| = 3.58$. H_0 kann nicht abgelehnt werden, da $|T| < 4.60$. (Grenzen des Ablehnbereichs aus der Tabelle der t-Verteilung mit 4 Freiheitsgraden!)

6–27: Hypothesen: $H_0 : p = 0.8$, $H_1 : p \neq 0.8$. Prüfgröße: $|T| = 3.06$. H_0 kann abgelehnt werden, da $|T| > 1.96$.

6–29: Prüfgröße: $|T| = 7.30$. H_0 kann abgelehnt werden, da $|T| > 2.58$. (Quantil aus der Normalverteilungstabelle.)

6–31: Prüfgröße: $|T| = 0.60$. H_0 kann nicht abgelehnt werden, da $|T| < 1.96$. (Quantil aus der Normalverteilungstabelle.)

6–33: Prüfgröße: $|T| = 6.45$. H_0 kann abgelehnt werden, da $|T| > 2.09$. (Quantil aus der Tabelle der t-Verteilung mit 19 Freiheitsgraden.)

6–35: Prüfgröße: $|T| = 1.55$. H_0 kann nicht abgelehnt werden, da $|T| < 1.64$. (Quantil aus der Tabelle der Normalverteilung.)

6–37: Prüfgröße: $T = 2.18$. H_0 kann abgelehnt werden, da $T > 2.13$. (Quantil aus der Tabelle der t-Verteilung mit 4 Freiheitsgraden.)

6–39:
a) Prüfgröße: $|T| = 0.8$. Da $|T| < 2.45$, H_0 nicht ablehnen.
b) Prüfgröße: $|T| = 1.78$. Da $0.65 < T < 15.44$, H_0 nicht verwerfen.

6–41:
a) Statistischer Test a.d. Differenzen zwischen Punkten nach bzw. vor dem Kurs. Hypothesen: H_0 : *mittlere Differenz gleich Null* gegen H_1 : *mittlere Differenz ungleich Null.* Annahme: Das arithmetische Mittel der 9 Punktedifferenzen ist normalverteilt.
b) H_0 kann nicht verworfen werden, da der p-Wert (Sig.) $0.266 > 0.05$.
c) $[-11.4; 3.6]$

6–43: Ja: $T = 1.98 > 1.65$.

6–45:
a) $T = 0.77$ und liegt damit zwischen den kritischen Werten $Q^5_{9,9}(0.025) = 0.25$ und $Q^5_{9,9}(0.975) = 4.03$.
b) Nein; $|T| = 0.98 < Q^t_{18}(0.975) = 2.1$.

6–47: $T = 186 > Q^{\chi^2}_3(0.95) = 7.81, \Rightarrow H_0$ wird verworfen.

6–49: Nein;

a) $p(5) = 0.590$, $p(4) = 0.328, \mathbf{P}(N \leq 3) = 0.081$;
b) $e_i = p(i) * 100$;
c) $T = 10.4 > 5.99 = Q^{\chi^2}_2$

Kapitel 7

Einfachregression

In der Wirtschaft ist man am Erkennen von Zusammenhängen interessiert: Man möchte z.B. wissen, wie bestimmte wirtschaftspolitische Maßnahmen die Arbeitslosigkeit beeinflussen, wie der Gewinn einer Aktiengesellschaft mit dem Aktienpreis zusammenhängt, oder welche Umsatzsteigerung ein Unternehmen durch das Eröffnen einer neuen Filiale erwarten kann. Eine in vielen Situationen anwendbare Methode zur Untersuchung von Zusammenhängen bieten Regressionsmodelle. In diesem Kapitel befassen wir uns mit dem einfachsten Regressionsmodell, der linearen Einfachregression. Dabei versucht man eine metrische Variable mittels einer linearen Funktion durch eine andere metrische Variable zu erklären.

Beispiel 21 *Es erscheint naheliegend, dass Familien mit höherem Einkommen typischerweise auch mehr sparen. Daher könnte man versuchen, die jährliche Sparleistung einer Familie als Funktion des Haushaltseinkommens zu betrachten. In der linearen Einfachregression geht man davon aus, dass die typische (mittlere) Sparleistung y einer Familie mit Einkommen x durch eine Gerade der Form $y = \beta_0 + \beta_1 x$ beschrieben werden kann. Für individuelle Familien ist der Zusammenhang allerdings nicht deterministisch: Es ist nicht zu erwarten, dass zwei Familien exakt gleich viel sparen, selbst wenn sie über das gleiche Einkommen verfügen.* ◊

Wenn der Zusammenhang zwischen zwei Größen nicht deterministisch ist, so ist seine genaue Form oft unbekannt. Bei der linearen Einfachregression geht von einer linearen *Regressionsfunktion* $y = \beta_0 + \beta_1 x$ aus, deren Koeffizienten β_0 und β_1 unbekannt sind. Zur Schätzung dieser Koeffizienten, und damit der Regressionsfunktion, steht uns eine Stichprobe bestehend aus Beobachtungspaaren (x_i, y_i) $1 \leq i \leq n$ zur Verfügung, wobei die Beobachtungen y_i zur abhängigen Variablen y sich aus dem Einfluss der unabhängigen x plus einem Störterm ϵ_i, der alle anderen unberücksichtigten Einflüsse umfasst, ergeben:

$$y_i = \beta_0 + \beta_1 x_i + \epsilon_i \tag{7.1}$$

Dabei wird vorausgesetzt, dass die Störterme unabhängig sind mit $\mathbf{E}\epsilon_i = 0$ und $\mathbf{Var}\epsilon_i = \sigma_\epsilon^2$ für $1 \leq i \leq n$.

Die unabhängige Variable x nennt man auch *Regressor*, die Abhängige y nennt man *Regressand*. Gilt für alle Störterme, dass $\epsilon_i = 0$ ist (deterministischer Fall), so würden bei Vorliegen eines linearen Zusammenhangs zwei Beobachtungspaare ausreichen, um die Regressionsgerade $y = \beta_0 + \beta_1 x$ exakt zu rekonstruieren[1]. Die Statistik befasst sich mit der komplizierteren Situation, wenn nichtverschwindende Störterme vorliegen. In Beispiel 21 umfassen die Störterme Faktoren wie die individuelle Sparneigung und die Haushaltsgröße.

7.1 Regressionsanalyse

7.1.1 Streudiagramme

Es empfiehlt sich zu Beginn einer Regressionsanalyse ein *Streudiagramm* (engl. scatter plot) zu erstellen. Damit kann man erste (qualitative) Antworten auf folgende Fragen geben:

- Liegt überhaupt ein Zusammenhang zwischen den untersuchten Variablen vor?
- Kann davon ausgegangen werden, dass der Zusammenhang durch eine lineare Funktion (Gerade) beschrieben werden kann?
- Wie stark ist der Zusammenhang?
- Gibt es Ausreißer?

Streudiagramme erstellt man einfach, indem man die Beobachtungspunkte (x_i, y_i) in ein Koordinatensystem einträgt. Die folgenden Abbildungen geben Beispiele und deren Interpretation.

[1]Denn eine Gerade ist bekanntlich bereits durch zwei ihrer Punkte festgelegt.

Liegt Zusammenhang vor?

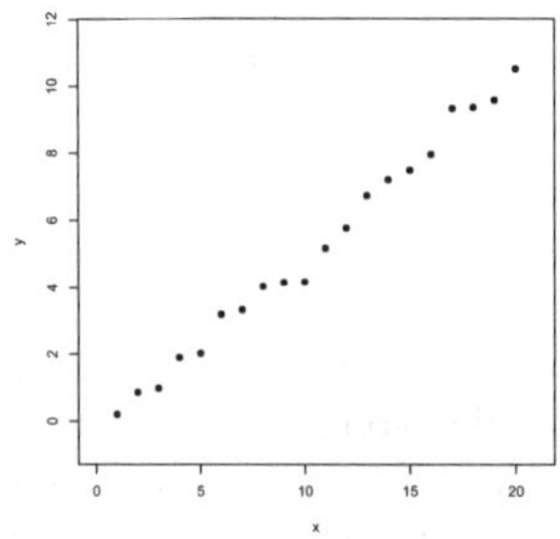

Zusammenhang (direkt proportional)

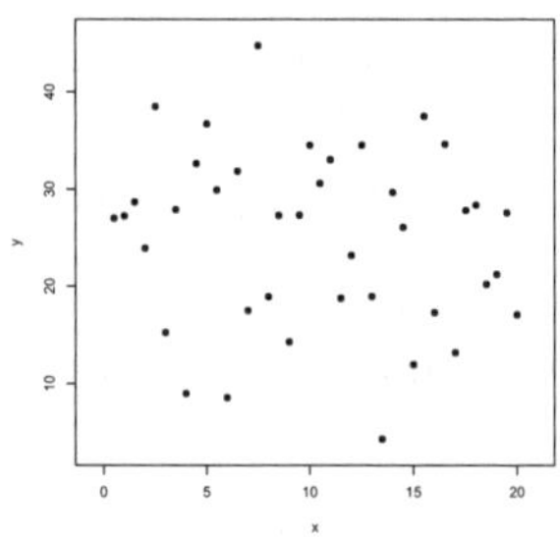

kein erkennbarer Zusammenhang

Stärke des Zusammenhangs?

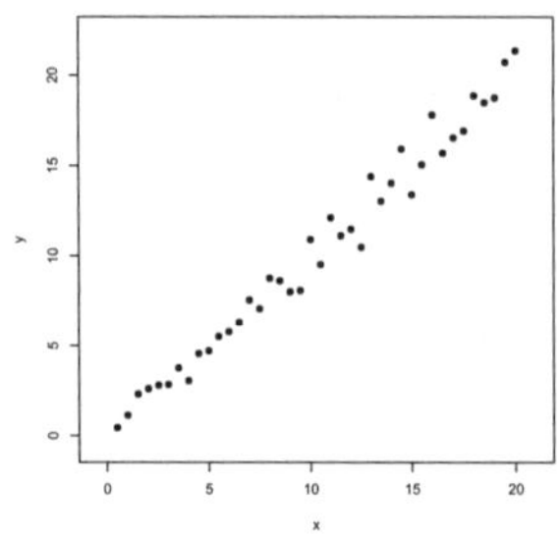

stark

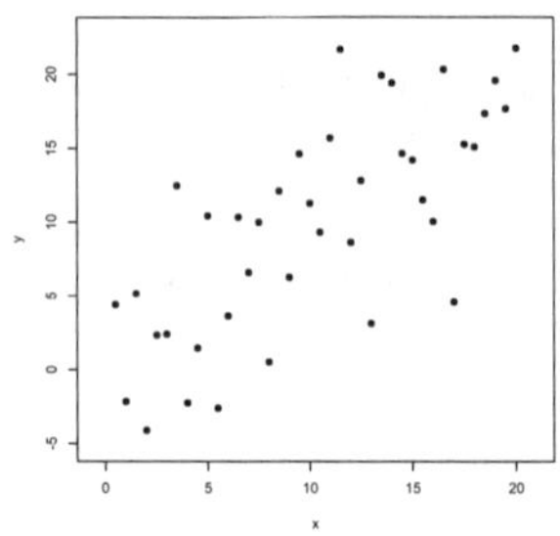

schwach

Liegt ein nichtlinearer Zusammenhang vor, so wird man anstatt des Modells der linearen Einfachregression ein anderes, geeigneteres Modell wählen. (Siehe dazu das Kapitel Mehrfachregession!) Falls Ausreißer, d.h., weit abseits liegende Beobachtungen, erkennbar sind, sollten diese näher untersucht werden: Liegen hier bei den Daten Eingabefehler vor? Gibt es einen inhaltlichen Grund, aufgrund dessen man die Ausreißer besser aus der Stichprobe entfernen und getrennt analysieren sollte?

Linearität des Zusammenhangs?

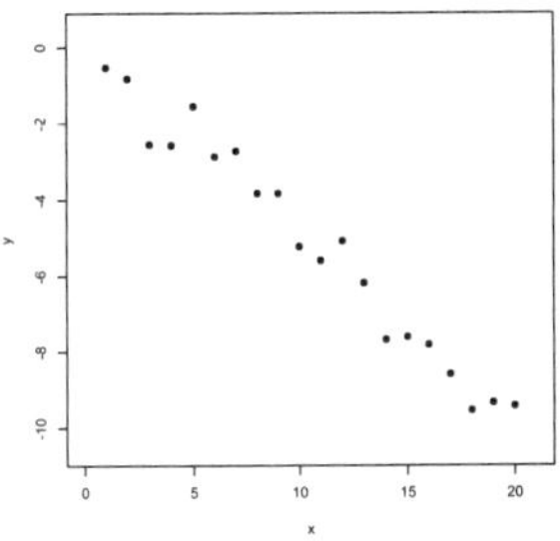

linear (umgekehrt proportional)

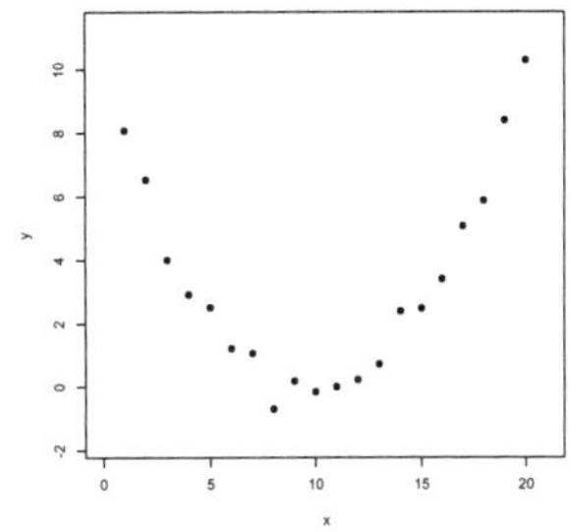

nichtlinear

Ausreißer?

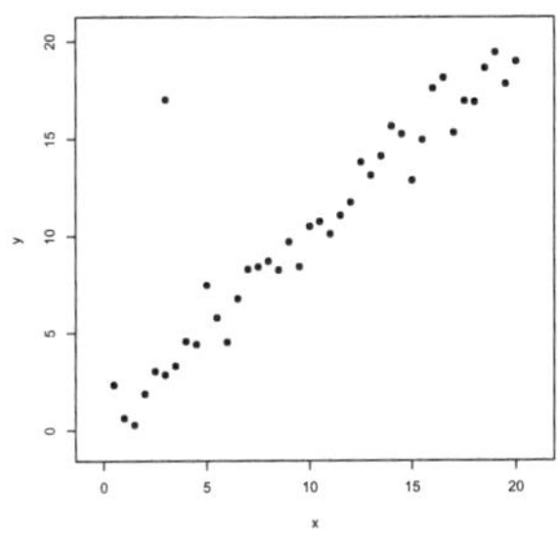

Ausreißer: Punkt (3,17)

7–1 Bei einer Stichprobe bestehend aus 10 Wiener Haushalten, die zufällig aus allen Haushalten Wiens ausgewählt wurden, ermittelte man jeweils die Höhe des jährlichen Einkommens und die Sparleistung (in 1000 EURO).

Einkommen	12	24	30	40	80	60	25	45	50	32
Sparen	2	8	14	12	30	20	5	10	15	7

Erstelle ein Streudiagramm. Welche Schlüsse können gezogen werden?

Lösung: Streudiagramm:

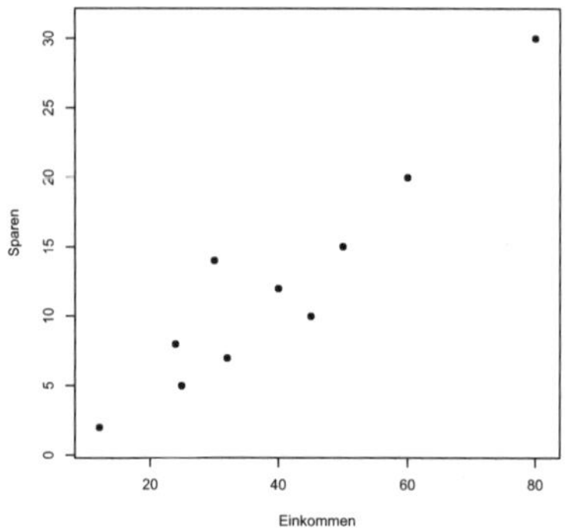

Das Streudiagramm spricht nicht gegen einen linearen Zusammenhang. Der Zusammenhang scheint eher stark zu sein. Ausreißer sind nicht zu erkennen. ♣

7.1.2 Schätzen von Regressionsgeraden

Hat man sich mittels eines Streudiagramms von der Plausibilität eines linearen Zusammenhangs zwischen den beiden betrachteten Variablen überzeugt, so kann man im nächsten Schritt versuchen, die unbekannte Regressionsfunktion zu schätzen. Das populärste Schätzverfahren ist die "Methode der kleinsten Quadrate". Dabei wird die geschätzte Regressionsfunktion als jene Gerade $\hat{y} = b_0 + b_1 x$ bestimmt, die die Summe der quadrierten Abstände $(y_i - \hat{y})^2$ über alle Beobachtungen (x_i, y_i) $1 \leq i \leq n$ minimiert. Die Koeffizienten b_0 und b_1 erhält man, indem man diese Summe nach b_0 und b_1 ableitet und die Ableitungen 0 setzt. Dadurch erhält man die folgende Formel:

Schätzung der Regressionskoeffizienten:

$$b_0 = \frac{\sum_{i=1}^n x_i^2 \sum_{i=1}^n y_i - \sum_{i=1}^n x_i \sum_{i=1}^n x_i y_i}{n \sum_{i=1}^n x_i^2 - (\sum_{i=1}^n x_i)^2}, \qquad (7.2)$$

$$b_1 = \frac{n \sum_{i=1}^n x_i y_i - \sum_{i=1}^n x_i \sum_{i=1}^n y_i}{n \sum_{i=1}^n x_i^2 - (\sum_{i=1}^n x_i)^2}. \qquad (7.3)$$

7–2 Schätze eine Regressionsgerade zu den Daten aus Beispiel 7–1 und zeichne die Regressionsgerade in das Streudiagramm aus 7–1 ein.

Lösung: Wir berechnen zunächst die Hilfsgrößen

$$\sum_{i=1}^{n} x_i^2 = 19394, \sum_{i=1}^{n} x_i = 398, \sum_{i=1}^{n} y_i = 123, \sum_{i=1}^{n} x_i y_i = 6265.$$

Da die Anzahl der Beobachtungen $n = 10$ beträgt, ergibt sich somit aus Gleichung (7.2) und (7.3)

$$b_1 = 0.3854, \; b_0 = -3.0394.$$

Daraus ergibt sich die geschätzte Regressionsgerade

$$\hat{y} = -3.0394 + 0.3854x. \tag{7.4}$$

Aufgrund der Beziehung

$$\bar{y} = b_0 + b_1 \bar{x}$$

hätte man b_0 auch aus b_1 und den arithmetischen Mittelwerten $\bar{x} = 39.8$ sowie $\bar{y} = 12.3$ berechnen können. Zum Einzeichnen der Regressionsgerade in das Streudiagramm berechnen wir für die zwei weit entfernten Werte $x = 12$ und $x = 80$ jeweils die zugehörigen Werte auf der geschätzten Regressionsgeraden $\hat{y}_{12} = 1.6$ und $\hat{y}_{80} = 27.8$. Durch Verbinden der resultierenden Punkte $(12, 1.6)$ und $(80, 27.8)$ erhalten wir die gesuchte Gerade:

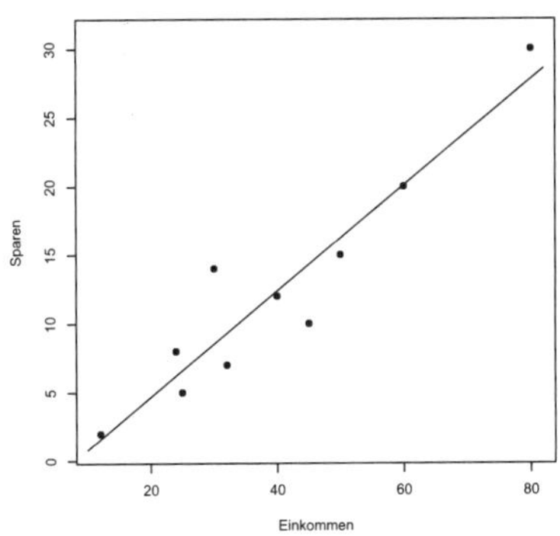

In der Praxis ist es sinnvoll, neben der grafischen Darstellung der Regressionsgeraden auch noch Residuengrafiken anzufertigen, um die Gültigkeit der Modellvoraussetzungen zu prüfen. Diese werden in Aufgabe 8–16 (Kapitel Mehrfachregession) näher erklärt. ♣

7.2 Korrelation

Hat man eine Regressionsgerade geschätzt, so stellt sich die Frage, wie gut die Regression die Daten erklärt. Korrelationskoeffizient und Bestimmtheitsmaß sind quantitative Maßzahlen zur Beantwortung dieser Frage.

Korrelationskoeffizient:

$$r = \frac{\sum_{i=1}^{n}(x_i - \bar{x})(y_i - \bar{y})}{\sqrt{\sum_{i=1}^{n}(x_i - \bar{x})^2}\sqrt{\sum_{i=1}^{n}(y_i - \bar{y})^2}}. \tag{7.5}$$

Eine äquivalente Formel für den Korrelationskoeffizienten ist

$$r = \frac{n\sum_{i=1}^{n} x_i y_i - \left(\sum_{i=1}^{n} x_i\right)\left(\sum_{i=1}^{n} y_i\right)}{\sqrt{n\sum_{i=1}^{n} x_i^2 - \left(\sum_{i=1}^{n} x_i\right)^2} \cdot \sqrt{n\sum_{i=1}^{n} y_i^2 - \left(\sum_{i=1}^{n} y_i\right)^2}}. \tag{7.6}$$

Man kann r auch über b_1 berechnen:

$$r = b_1\sqrt{\frac{\sum_{i=1}^{n}(x_i - \bar{x})^2}{\sum_{i=1}^{n}(y_i - \bar{y})^2}} = b_1\frac{s_x}{s_y}, \tag{7.7}$$

wobei s_x bzw. s_y die Standardabweichung der Beobachtungen x_i bzw. y_i ist (Siehe Formel (2.10)). Der Korrelationskoeffizient r liegt zwischen -1 und 1, wobei Werte nahe bei 0 für einen schwachen Zusammenhang sprechen. Werte nahe bei 1 sprechen für einen starken direkt proportionalen Zusammenhang, Werte nahe bei -1 deuten auf eine starke umgekehrt proportionale Beziehung hin. Eine weitere Maßzahl für die Erklärungskraft der geschätzten Regression ist das Bestimmtheitsmaß r^2. Zur Berechnung können die auch im folgenden oftmals benötigten Residuen benützt werden.

Die Größen

$$e_i = y_i - \hat{y}_i = y_i - (b_0 + b_1 x_i), \quad (1 \leq i \leq n)$$

nennt man *Residuen.*

Eigenschaften:

- $\sum_{i=1}^{n} e_i = 0$,
- $\sum_{i=1}^{n} e_i x_i = 0$,
- $\sum_{i=1}^{n} e_i(\hat{y}_i - \bar{y}) = 0$.

Bestimmtheitsmaß:

$$r^2 = 1 - \frac{\sum_{i=1}^{n} e_i^2}{\sum_{i=1}^{n}(y_i - \bar{y})^2} \qquad (7.8)$$

Man kann das Bestimmtheitsmaß als den Quotienten

$$\frac{\text{“durch die Regression erklärten Varianz von } Y\text{”}}{\text{“Gesamtvarianz von } Y\text{”}}.$$

interpretieren.

Da bei der Einfachregression das Bestimmtheitsmaß gleich dem quadrierten Korrelationskoeffizienten ist, ergibt sich,

- dass $0 \leq r^2 \leq 1$,
- und dass die Erklärungskraft der Regression umso größer ist, je näher r^2 bei 1 liegt.

7–3 Betrachte nochmals Beispiel 7–1. Berechne

a) den Korrelationskoeffizienten,

b) die Residuen,

c) das Bestimmtheitsmaß.

Lösung:

a) Zur Berechnung des Korrelationskoeffizienten können wir eine der Formeln (7.5)–(7.7) verwenden. Da wir b_1 schon berechnet haben, verwenden wir Formel (7.7). Mit den Standardabweichungen $s_x = 19.871$ (Einkommen) und $s_y = 8.125$ (Sparen) erhalten wir $r = 0.943$, was für einen starken direkt proportionalen Zusammenhang spricht.

b) Das erste Residuum ergibt sich als

$$e_1 = y_1 - (b_0 + b_1 x_1) = 2 - (-3.0394 + 0.3854 * 12) = 0.41.$$

Analog erhalten wir die weiteren Residuen:

$$1.79,\ 5.48,\ -0.38,\ 2.21,\ -0.08,\ -1.6,\ -4.3,\ -1.23,\ -2.29$$

Die Summe unserer Residuen beträgt 0.01 (ist also nicht exakt gleich null), was auf die Rundung zurückzuführen ist.

c) Mittels der Residuen und mit $\sum_{i=1}^{n}(y_i - \bar{y})^2 = 594.1$ erhalten wir nach (7.8) ein Bestimmtheitsmaß von $r^2 = 0.89$. Man sieht, dass $0.943^2 = 0.89$, da das Bestimmtheitsmaß gleich dem Quadrat des Korrelationskoeffizienten ist.

♣

7.3 Testen der Regressionskoeffizienten

Wenn die Beobachtungen einer zufälligen Stichprobe entstammen, so stellen die im vorhergehenden Abschnitt berechneten Kennzahlen Schätzungen für den Zusammenhang der untersuchten Variablen in der Grundgesamtheit dar. (Beispiel: Der Korrelationskoeffizient zur Stichprobe bestehend aus 10 Wiener Haushalten stellt eine Schätzung für die Korrelation zwischen Einkommen und Sparen in der Grundgesamtheit aller Wiener Haushalte dar.) Eine hohe Korrelation könnte prinzipiell auch durch die Zufälligkeit bei der Stichprobenauswahl entstanden sein. Daher ist man interessiert zu testen, ob ein Zusammenhang tatsächlich statistisch abgesichert werden kann. Diese Frage kann man durch Prüfen der folgenden Hypothesen klären:

$$H_0 : \beta_1 = 0, \qquad H_1 : \beta_1 \neq 0 \tag{7.9}$$

Wenn der Koeffizient β_1 der wahren (zur Grundgesamtheit gehörigen) Regressionsgerade $y = \beta_0 + \beta_1 x$ gleich null ist, so trägt offenbar x nicht zu Erklärung von y bei.

Die im folgenden behandelten Testverfahren und Konfidenzintervalle (auch jene für andere Hypothesen als Hypothese (7.9)) beruhen auf Voraussetzungen an die Störterme ϵ_i in unserem Modell (7.1). Die Ergebnisse von Tests und Konfidenzintervallen sind daher nur dann sinnvoll interpretierbar, wenn folgende Modellannahmen zumindest annähernd erfüllt sind:

Modellannahmen:

Die Störterme ϵ_i sind

- *unabhängig,*
- *normalverteilt mit Erwartungswert $\mu = 0$ und konstanter Varianz σ_ϵ^2.*

Es gibt Möglichkeiten, die obigen Modellvoraussetzungen zu überprüfen: Für die Annahme unabhängiger Fehlerterme steht der Durbin–Watson Test (siehe Abschnitt 10.3) zur Verfügung, für die Verteilungseigenschaften der Fehlerterme z.B. verschiedene Residuenplots, die im Kapitel Mehrfachregression vorgestellt werden.

Tests für β_1 :

Teststatistik: (Bei n Beobachtungen.)

$$T = \frac{b_1}{s_{b_1}}, \tag{7.10}$$

wobei $s_{b_1}^2 := \frac{s_e^2}{\sum_{i=1}^n (x_i - \bar{x})^2}$ und

$$s_e^2 := \frac{1}{n-2} \sum_{i=1}^n e_i^2 \tag{7.11}$$

die (empirische) *Residualvarianz* ist.

Entscheidung: (Zum Niveau α.)

- Hypothesen: $H_0 : \beta_1 = 0$, $H_1 : \beta_1 \neq 0$.
  Entscheidung für H_1, falls $|T| > Q_{n-2}^{(t)}(1 - \frac{\alpha}{2})$.
- Hypothesen: $H_0 : \beta_1 \leq 0$, $H_1 :, \beta_1 > 0$.
  Entscheidung für H_1, falls $T > Q_{n-2}^{(t)}(1 - \alpha)$.
- Hypothesen: $H_0 : \beta_1 \geq 0$, $H_1 : \beta_1 < 0$.
  Entscheidung für H_1, falls $T < -Q_{n-2}^{(t)}(1 - \alpha)$.

Man kann die Teststatistik (7.10) alternativ auch über den Korrelationskoeffizienten r aus (7.5) berechnen:

$$T = \frac{r\sqrt{n-2}}{\sqrt{1-r^2}}. \tag{7.12}$$

Kann die Nullhypothese beim Testen von β_1 verworfen werden, so ist ein Zusammenhang zwischen den untersuchten Größen zum Niveau α statistisch nachgewiesen.

7–4 Teste, ob ein Zusammenhang zwischen Einkommen und Sparen mit den Daten aus (7–1) statistisch nachgewiesen werden kann, wenn als Wahrscheinlichkeit für einen Fehler erster Art $\alpha = 0.05$ gewählt wird.

Lösung: Wir wissen aus Aufgabe 7–2, dass $b_1 = 0.3854$. Unter Verwendung der Residuen aus 7–3 ergibt sich die Residualvarianz $s_e^2 = \sum_{i=1}^n e_i^2/(n-2) = 66.2445/8 = 8.28$, und mit

$$\sum (x_i - \bar{x})^2 = \sum x_i^2 - (\sum x_i)^2/n = 3553.6,$$

erhalten wir, dass

$$s_{b_1}^2 = \frac{s_e^2}{\sum_{i=1}^n (x_i - \bar{x})^2} = \frac{8.28}{3553.6} = 0.00233.$$

Daher ist $T = b_1/s_{b_1} = 7.894$. Alternativ könnte man T auch aus dem Korrelationskoeffizienten über (7.12) ermitteln. Da $Q_8^{(t)}(0.975) = 2.31$ und $|T| > 2.31$, kann H_0 verworfen werden. Ein Zusammenhang zwischen dem Einkommen und dem Sparen kann somit für $\alpha = 0.05$ statistisch nachgewiesen werden. Man hätte in dieser Situation auch einen einseitigen Test durchführen können, da man einen umgekehrt proportionalen Zusammenhang (je höher das Einkommen, desto weniger wird gespart) wohl auch ohne die vorliegenden Daten zu betrachten ausschließen kann. ♣

Konfidenzintervalle für den Koeffizienten β_1 berechnet man nach der folgenden Formel.

Konfidenzintervall für β_1:

$$[b_1 - Q_{n-2}^{(t)}(1 - \frac{\alpha}{2})\, s_{b_1},\ b_1 + Q_{n-2}^{(t)}(1 - \frac{\alpha}{2})\, s_{b_1}] \qquad (7.13)$$

7–5 Angenommen das Einkommen einer Familie erhöht sich um 1000 EURO. Wieviel würde eine solche Familie dann typischerweise (im Mittel) zusätzlich sparen?

Verwende zur Antwort die Daten aus Beispiel 7–1 und berechne auch ein 95% Konfidenzintervall.

Lösung: Eine Schätzung ist problemlos mittels der in 7–2 berechneten Regressionsgerade möglich. Man sieht, dass eine Erhöhung von x um eine Einheit (=1000 EURO) in Gleichung (7.4) $\hat{y}$ um $b_1 = 0.3854$ Einheiten, bzw. um 385.4 EURO erhöht.

Ein Konfidenzintervall für diese Schätzung ergibt sich aus Formel (7.13). Mit s_{b_1} und $Q^{(t)}(0.975)$ aus der Lösung zu Aufgabe 7–4 erhalten wir das (gerundete) Konfidenzintervall [0.27, 0.50], was einem Intervall von 270 bis 500 EURO entspricht. ♣

Ohne auf Details einzugehen, soll noch erwähnt werden, dass auch für das Prüfen der Nullhypothese $\beta_0 = 0$ ein Test zur Verfügung steht. Ebenfalls kann man natürlich Konfidenzintervalle für den Koeffizienten β_0 berechnen.

7.4 Vorhersagen mittels Regression

Für einen Wert x der unabhängigen Variablen ergibt sich durch Einsetzen in die Regressionsfunktion eine Prognose für die abhängige Variable y, die sich für zwei Typen von Fragestellungen eignet.

Prognose für den Mittelwert: Welchen Wert nehmen Beobachtungen der abhängigen Variable bei einem bestimmten Wert der unabhängigen Variablen im Mittel an? *Beispiel: Wieviel sparen Familien mit einem Jahreseinkommen von 40000 EURO typischerweise?*

Individuelle Prognose: Welchen Wert nimmt eine neue individuelle Beobachtung an einem Punkt x an? *Beispiel: Angenommen wir wählen eine Familie mit einem Jahreseinkommen von 40000 EURO zufällig aus. Welche Schätzung können wir für die Sparleistung dieses individuellen Haushalts abgeben?*

Für das Berechnen der Prognose ist es nicht relevant, welcher Typ von Fragestellung vorliegt. Zur Beurteilung der Präzision der Schätzung mit Hilfe von Konfidenzintervallen muss jedoch zwischen den beiden Problemstellungen unterschieden werden.

Konfidenzintervall für den Mittelwert an einer Stelle x_0:

$$[\hat{y}_0 - Q^{(t)}_{n-2}\left(1-\frac{\alpha}{2}\right) s_\mu(x_0),\ \hat{y}_0 + Q^{(t)}_{n-2}\left(1-\frac{\alpha}{2}\right) s_\mu(x_0)], \tag{7.14}$$

wobei $\hat{y}_0 = b_0 + b_1 x_0$ und

$$s_\mu(x_0) = s_e \sqrt{\frac{1}{n} + \frac{(x_0-\bar{x})^2}{\sum_{i=1}^n (x_i-\bar{x})^2}}$$

ist.

Konfidenzintervall für eine individuelle Prognose an einer Stelle x_0:

$$[\hat{y}_0 - Q^{(t)}_{n-2}(1-\alpha/2)s(x_0),\ \hat{y}_0 + Q^{(t)}_{n-2}(1-\alpha/2)s(x_0)], \tag{7.15}$$

wobei $\hat{y}_0 = b_0 + b_1 x_0$ und

$$s(x_0) = s_e \sqrt{\left[1 + \frac{1}{n} + \frac{(x_0-\bar{x})^2}{\sum_{i=1}^n (x_i-\bar{x})^2}\right]}$$

ist.

Die Genauigkeit der Prognosen an einer Stelle x_0 nimmt mit zunehmenden Abstand zwischen x_0 und Mittelwert $\bar{x}$ ab. Insbesondere sollte beachtet werden, dass Prognosen bzw. Konfidenzintervalle außerhalb des Bereichs, in dem Daten vorliegen, mit großer Vorsicht zu genießen sind: Neben den Ungenauigkeiten, die auf die Entfernung von x_0 zu $\bar{x}$ zurückzuführen sind, kann nämlich nicht geprüft werden, ob sich der lineare Zusammenhang auch in Bereiche ohne Daten fortsetzt.

7–6 Betrachte wieder die Daten aus Beispiel 7–1. (Siehe auch Beispiel 7–2.)

a) Wieviel sparen typischerweise (im Mittel) Familien mit einem Jahreseinkommen von 50000 EURO?

b) Berechnen ein 95% Konfidenzintervall zur Schätzung aus a).

c) Familie Yamada hat ein jährliches Einkommen von 50000 EURO. Schätze welchen Geldbetrag Familie Yamada von Ihrem Einkommen spart.

d) Berechnen ein 95% Konfidenzintervall zur Schätzung aus c).

Lösung:

a) Durch Einsetzen in die Regressionsgleichung erhalten wir

$$\hat{y} = -3.0394 + 0.3854 \cdot 50 = 16.231,$$

bzw. 16231 EURO.

b) Wir verwenden Formel (7.14). In unserem Fall ist $(x_0 - \bar{x})^2 = 104.04$. Weiters ist (siehe Beispiel 7–4) $\sum_{i=1}^{n}(x_i - \bar{x})^2 = 3553.60$ und $s_e^2 = 8.28$. Wir erhalten daher

$$s_\mu(x_0) = 1.035.$$

Mit $Q_8^{(t)}(0.975) = 2.306$ ergibt sich das Konfidenzintervall

$$[16.231 - 2.306 \cdot 1.035,\ 16.231 + 2.306 \cdot 1.035] = [13.84,\ 18.62],$$

bzw. [13840, 18620] EURO.

c) Wie in a) beträgt die Schätzung der Sparleistung von Familie Yamada 16230 EURO.

d) Wir verwenden Formel (7.15). Mit $s(x_0) = 3.058$ erhalten wir das Konfidenzintervall

$$[16.23 - 2.306 \cdot 3.058,\ 16.23 + 2.306 \cdot 3.058] = [9.18,\ 23.28],$$

bzw. [9180, 23280] EURO.

♣

> *Konfidenzintervalle für individuelle Prognosen sind breiter als Konfidenzintervalle für den Mittelwert, wenn sie am selben Punkt x_0 berechnet werden!*

7.5 Beispiele zum Üben

7.5.1 Aufgaben

7–7 In einer Untersuchung zum Zusammenhang zwischen Preis und Fläche von Grundstücken ergab sich das hier abgebildete Streudiagramm. Welche der drei Korrelationen 0.12, −0.64, 0.91 passt am besten zum Streudiagramm?

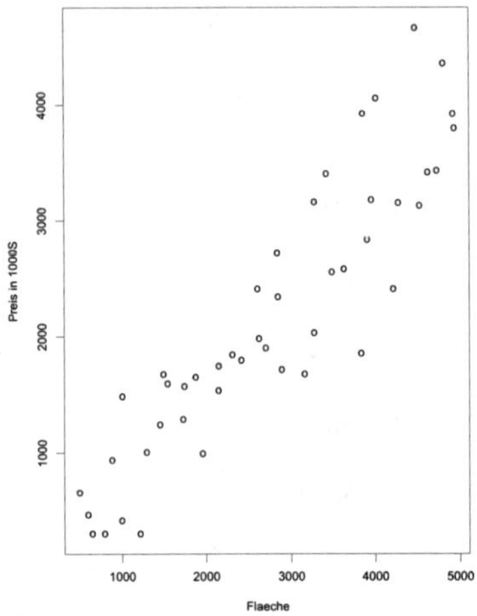

7–8 Der Zusammenhang zwischen Vorbereitungszeit und erreichten Punkten bei einer Prüfung in ABWL soll ermittelt werden. Dazu wurden von 5 Studenten folgende Daten eingeholt.

Vorbereitungszeit (in Stunden)	4	6	9	7	12
Punkte	45	62	88	94	85

a) Zeichnen Sie das Streudiagramm. Erscheint Ihnen eine Einfachregression sinnvoll?

b) Schätzen Sie die Regressionsgerade!

c) Berechnen Sie die Standardabweichung der Residuen.

d) Wie groß ist das Bestimmtheitsmaß?

e) Berechnen Sie ein 95% Konfidenzintervall für β_1! Deutet das Konfidenzintervall auf einen Zusammenhang zwischen Vorbereitungsdauer und Prüfungsergebnis hin?

7–9 Der Zusammenhang zwischen Düngemitteleinsatz der Marke Biogrün (angegeben in $10g/m^2$) und Ernteertrag (in kg geernteter Weizen pro $10m^2$) wurde untersucht. Dazu wurde auf 15 gleichartigen Versuchsflächen jeweils eine bestimmte Menge Dünger aufgebracht.

	Düngereinsatz (x_i)	Ertrag (y_i)	e_i
	5	8	-10.77
	10	15	-6.2
	15	22	-1.63
	20	26	-0.06
	23	28	0.48
	24	30	2
	25	32	3.51
	30	38	7.08
	35	42	8.66
	40	43	7.23
	45	45	6.8
	50	44	3.37
	55	42	-1.06
	60	38	-7.49
	65	36	-11.92
Mittel	33.47	32.6	0
Varianz (s^2)	341.41	124.11	$s_e^2 = 46.77$

Obige Tabelle enthält als Rechenhilfe neben den beobachteten Daten auch die Residuen, sowie Mittelwerte und Varianzen. Weiters wurde folgende Regressionsgerade geschätzt:

$$\hat{y} = 16.33 + 0.486x$$

a) Gibt es einen statistisch signifikanten Zusammenhang zwischen Düngereinsatz und Ernteertrag? ($\alpha = 0.05$)

b) Berechne das Bestimmtheitsmaß und den Korrelationskoeffizienten.

c) Zeichen ein Streudiagramm. War die lineare Regression sinnvoll?

7–10 Eltern möchten oft wissen, wie groß ihr Kind einmal wird. Um festzustellen ob solche Prognosen (basierend auf der Körpergröße im Alter von 2 Jahren) möglich sind, wurden in einer Studie folgende Daten gesammelt (Größen in cm).

mit 2 Jahren	99	76	81	86	89	91	91	76
als Erwachsener	180	160	160	170	172	173	178	163

a) Berechne die Regressionsgerade! (Sinnvolle Wahl der abhängigen und unabängigen Variablen!)

b) Angenommen ein Kind ist mit zwei Jahren 88 cm groß. Geben Sie eine Prognose für die Körpergröße im Erwachsenenalter an. Berechnen Sie weiters ein 95%-Konfidenzintervall zur Prognose. (Hinweis um Rechenarbeit zu ersparen: Die Residuenstandardabweichung beträgt $s_e = 2.89$.)

c) Welchen Test könnte man durchführen, um zu prüfen, ob grundsätzlich eine Vorhersage der Körpergröße im Erwachsenenalter aus der Größe im Alter von zwei Jahren möglich ist? Führen Sie den Test durch! ($\alpha = 0.05$)

7–11 In einem Regressionsmodell wurde der Zusammenhang zwischen Übergewicht (Y) und Süßigkeitskonsum (X) untersucht. (Dabei ist X die Anzahl der Tage pro Woche an denen die Befragten Süßigkeiten konsumierten.)

Folgende Ergebnisse sind bekannt: Es wurden insgesamt 7 Personen befragt, deren Süßigkeitskonsum jeweils $1, 2, 3, \ldots, 7$ betrug.
Geschätzte Regressionskoeffizienten: $b_0 = -1.2$, $b_1 = 2.1$.
Standardabweichung der Residuen: $s_e = 2.1$.

a) Berechnen Sie die Standardabweichung des Koeffizienten b_1!

b) Testen Sie zum Niveau $\alpha = 0.05$, ob der Süßigkeitskonsum zur Erklärung von Übergewicht beiträgt!

c) Welches Übergewicht haben typischerweise (im Mittel) Personen, die an 3 Tagen pro Woche Süßigkeiten konsumieren? Berechnen Sie ein 95% Konfidenzintervall!

7–12 Die folgende Tabelle gibt Größe und Körpergewicht von 8 Studenten wieder.

Größe	168	188	175	192	166	185	169	184
Gewicht	69	74	77	86	75	91	78	85

a) Betrachte die Variablen Gewicht (Y) und Körpergröße (X) und berechne die Regressionsgerade!

b) Berechne die Korrelation zwischen Größe und Gewicht. Wie groß ist das Bestimmtheitsmaß der Regression in a)? Wie beurteilen Sie den Zusammenhang zwischen beiden Variablen?

c) Welchen Test könnte man durchführen, um zu prüfen, ob ein Zusammenhang zwischen Gewicht und Körpergröße besteht? Führen Sie den Test durch! ($\alpha = 0.05$) (Hinweis: Die Residuenstandardabweichung beträgt $s_e = 6.075$.)

7–13 Mit Hilfe von 46 Beobachtungen wurde der Zusammenhang zwischen dem Preis (Y in 100 EURO) und der Fläche (X in m^2) von Grundstücken untersucht. Die Flächen der untersuchten Grundstücke lagen zwischen 300 m^2 und 5000 m^2. Die mittlere Fläche der Grundstücke betrug $\bar{x} = 2751.2$. Weiters betrug die Standardabweichung der Flächen $s_x = 1351$ und die Standardabweichung der Preise $s_y = 1164$. Folgende Regressionsgleichung wurde geschätzt:

$$\hat{y} = 7.8691 + 0.7827x$$

a) Eines der 46 Grundstücke hatte einen Preis von 90000 EURO und eine Fläche von 1000 m^2. Berechnen Sie das dazugehörige Residuum.

b) Berechnen Sie das Bestimmtheitsmaß. Liegt ein starker Zusammenhang zwischen Preis und Fläche vor?

7–14 Für 6 japanische Betriebe wurde jeweils der Jahresumsatz im Mio.$ und die Ausgaben für Qualitätskontrolle in 100 000 $ erhoben.

Betrieb	1	2	3	4	5	6
Ausgaben f. Qualitätskontr.	3	5	2	8	6	9
Umsatz	10	15	8	27	20	28

a) Schätze die Regressionsgerade wobei die Ausgaben für Qualitätskontrolle die unabhängige Variable sein soll.

b) Wie ändern sich die Koeffizienten, wenn die Ausgaben für Qualitätskontrolle auch in Mio.$ gemessen werden?

c) Berechne ein 95% Konfidenzintervall für die mittleren Ausgaben für Qualitätskontrolle, wenn der Umsatz eines Betriebs 20 Mio.$ beträgt.

d) Welches Konfidenzintervall erhält man, wenn gewünscht wird, dass die Ausgaben für Qualitätskontrolle eines zufällig neu ausgewählten Betriebs (Umsatz 20 Mio.$), mit einer Wahrscheinlichkeit von 95% im Intervall enthalten sind.

e) Wird die Länge des obigen (d) Konfidenzintervalls größer oder kleiner, wenn es für einen Umsatz von 2 Mio. $ berechnet wird?

7–15 Betrachten Sie nochmals die Angaben zu Aufgabe 7–13.

a) Wie groß war der mittlere Preis $\bar{y}$ der Grundstücke?

b) Berechnen Sie den Korrelationskoeffizienten. Liegt ein starker Zusammenhang zwischen Preis und Fläche vor?

c) Berechnen Sie mit Hilfe der Standardabweichung der Residuen $s_e = 491.68$ ein 95% Prognoseintervall für den Preis *individueller* Grundstücke mit einer Fläche von 2000 m^2.

7–16 Ein Immobilienmakler hat 6 Wohnungen verkauft und dabei jeweils Fläche und Preis (in 1000 Schilling) notiert:

Preis	Fläche (m^2)
3400	120
500	35
3000	80
2200	68
1500	70
600	60

a) Schätzen Sie eine Regressionsgerade zur Erklärung des Preises durch die Fläche!

b) Wie groß ist das Bestimmtheitsmaß? (Rechenhilfe: $s_e = 661.58$.)

c) Berechne ein 95% Konfidenzintervall für b_1!

d) Ist der Einfluss der Wohnungsfläche auf den Preis statistisch abgesichert? Führen Sie einen geeigneten Test zum Niveau $\alpha = 0.05$ durch!

7–17 In einem Regressionsmodell wurden an 5 Stellen Beobachtungen gesammelt. Als Regressionsgerade ergab sich $\hat{y} = -1.256 + 3.350x$.

a) Vervollständigen Sie folgende Residuentabelle!

x_i	1	1	2	4	7
e_i	-0.13	1.16	?	2.83	-0.92

b) Führen Sie einen geeigneten Test durch, um die Sinnhaftigkeit des Regressionsmodells zu prüfen! ($\alpha = 0.05$.)

7–18 Um herauszufinden welche Aktionsangebote in einem Supermarkt besonders beliebt sind, soll der Einfluss des Preises von Bananen (X in EURO pro kg) auf die Kundenzufriedenheit (Y) (gemessen auf einer Skala von -50 bis 50) ermittelt werden. Bei der Auswertung der Daten ergab sich folgender Computeroutput.

```
----------- Variables in the Equation -----------
Variable            B         SE B       T     Sig T
PREIS          -19.49468   2.96289    6.580   0.0012
(Constant)       0.79521   1.54769    0.514   0.6293
            Number of observations: 7
```

Weitere Kennzahlen:

Standardabweichung der Residuen: $s_e = 2.17150$,
Mittelwert der Beobachtungen x_i: $\bar{x} = 1.453$.

a) Welche Erhöhung der Kundenzufriedenheit würden Sie erwarten, wenn der Preis von Bananen um 0.25 EURO pro kg reduziert würde?

b) Berechnen Sie ein 95% Konfidenzintervall für die mittlere Zufriedenheitssteigerung bei so einer Preisreduktion!

c) Berechnen Sie den Korrelationskoeffizienten, wenn sie wissen, dass die Standardabweichung der Beobachtungen y_i $s_y = 6.161$ beträgt.

d) Berechnen Sie ein 95%-Konfidenzintervall für die mittlere Zufriedenheit eines Kunden bei einem Preis von einem EURO pro kg.

e) Ein Statistiker hat sich folgende Zahlenwerte notiert:

$$-7.6,\ 31.9,\ 3.2,\ -21.6,\ -22.1,\ 19.4,\ -3.2$$

Er hat aber vergessen, ob es sich dabei um die Residuen seines auf 7 Beobachtungen basierenden Regressionsmodells handelt. Können diese Zahlen prinzipiell Residuen sein? Handelt es sich um die Residuen dieser Studie?

7.5.2 Lösungen

7–7: Die Korrelation von 0.91.

7–9: a) Teststatistik: $T = 4.9$, $Q_{13}^{(t)}(0.975) = 2.16$. Ja, da H_0 verworfen werden kann.

b) $r^2 = 0.65$, $r = 0.806$

7–11: a) $s_{b_1} = 0.397$

b) $T = 5.29$, $Q_5^{(t)}(0.975) = 2.571$, Entscheidung für H_1.

c) [2.8, 7.4]

7–13: a) Residuum: 109

b) $r^2 = 0.825$. Rund 83% der Variabilität der Grundstückspreise wird durch die Fläche erklärt, was für einen eher starken Zusammenhang spricht.

7–15: a) $\bar{y} = 2161$

b) $r = 0.908$. Zusammenhang ziemlich stark.

c) [56846, 257808] EURO

7–17: a) $e_3 = -2.94$

b) $T = 6.81$, $Q_3^{(t)}(0.975) = 3.182$, Entscheidung für H_1.

Kapitel 8

Mehrfachregression

Oft hat man mehr als eine unabhängige Variable, d.h., man möchte untersuchen, wie eine Variable Y (die *abhängige Variable*) von k *unabhängigen Variablen* $X_1, \ldots, X_k$ beeinflusst wird (wobei also $k \geq 2$). Die Daten sollten dann aus n $(n > k)$ Datenpunkten der Form

$$(y_{0i}, x_{1i}, \ldots, x_{ki}), \quad i = 1, \ldots, n \qquad \text{bestehen.}$$

Beispiel 22 *Eine großer internationaler Computerhersteller möchte herausfinden inwieweit Ausbildungsgrad und Berufserfahrung seiner Zweigstellenleiter Einfluss auf den Umsatz (in Millionen EURO) der Zweigstelle haben. Der Ausbildungsgrad wurde in einer Punkteskala von 0 bis 4 bewertet (0 entspricht „keiner Ausbildung", und 4 entspricht einer „akademischen Ausbildung"). Die Berufserfahrung ist in Berufsjahren angeben. Zur Untersuchung des Zusammenhangs wurden die Daten von 8 vergleichbar großen Zweigstellen herangezogen.*

i	1	2	3	4	5	6	7	8
Umsatz (in Mio. EURO):								
y_i	9.25	5.79	14.75	13.20	3.19	4.77	10.83	10.15
Ausbildungsgrad:								
x_{1i}	3	1	4	3	0	1	3	0
Berufserfahrung (in Jahren):								
x_{2i}	4	7	7	6	1	2	6	12

◇

In der *linearen Mehrfachregression* geht man von einem Zusammenhang der Form $y = \beta_0 + \beta_1 x_1 + \cdots \beta_k x_k$ aus. Wie bei der Einfachregression erwartet man nicht, dass die Daten diesen Zusammenhang perfekt wiederspiegeln, sondern dass andere unberücksichtigte Faktoren eine Abweichung der Daten von der Regressionsgleichung bewirken, d.h., Störterme ε_i auftreten

$$y_i = \beta_0 + \beta_1 x_{1i} + \cdots + \beta_k x_{ki} + \varepsilon_i \ . \tag{8.1}$$

Man nimmt an (motiviert durch den zentralen Grenzwertsatz):

Die Störterme sind Realisierungen von unabhängigen *normalverteilten* Zufallsvariablen mit Erwartungswert 0 und (konstanter) Varianz σ_e^2.

Am wichtigsten ist die Annahme, dass die Störterme im Mittel verschwinden und die Varianz σ_e^2 unabhängig von den Werten der *Regressoren* ist.

8.1 Schätzen der Regressionsgleichung

Wie bei der linearen Einfachregression schätzen wir die Koeffizienten einer linearen Mehrfachregression $\beta_0, \beta_1, \ldots, \beta_k$ durch die *Methode der kleinsten Quadrate*, d.h., wir bestimmen jene Koeffizienten $b_0, b_1, \ldots, b_k$ für die die Abweichungsquadratsumme

$$\sum_{i=1}^{n} (y_{0i} - [b_0 + b_1\, x_{1i} + \cdots + b_k\, x_{ki}])^2$$

minimiert wird. Dieses Minimierungsproblem lässt sich durch ein lineares Gleichungssytem lösen (den sogen. *Normalgleichungen*). Wir wollen sie als Matrixgleichung aufschreiben. Dazu fassen wir die Daten in Form von Vektoren und Matrizen zusammen:

$$\mathbf{y} := \begin{pmatrix} y_1 \\ y_2 \\ \vdots \\ y_n \end{pmatrix} \qquad \text{und} \qquad X := \begin{pmatrix} 1 & x_{11} & \cdots & x_{k1} \\ 1 & x_{12} & \cdots & x_{k2} \\ \vdots & \vdots & \vdots & \vdots \\ 1 & x_{1n} & \cdots & x_{kn} \end{pmatrix}$$

Die geschätzten Regressionskoeffizienten sind dann Lösung des Gleichungssystems.

$$(X^t \cdot X) \cdot \mathbf{b} = X^t \cdot \mathbf{y} \tag{8.2}$$

mit

$$\mathbf{b} := \begin{pmatrix} b_0 \\ b_1 \\ \cdot \\ \cdot \\ b_k \end{pmatrix} \qquad \text{und} \qquad X^t := \begin{pmatrix} 1 & 1 & \cdots & 1 \\ x_{11} & x_{12} & \cdots & x_{1n} \\ \vdots & \vdots & \vdots & \vdots \\ x_{k1} & x_{k2} & \cdots & x_{kn} \end{pmatrix},$$

wobei X^t die Transponierte der Matrix X ist. Die Komponenten des Lösungsvektors $\mathbf{b}$ sind die *kleinsten Quadratschätzer* der Regressionskoeffizienten. In den meisten Fällen (wenn keine Designfehler vorliegen) ist die $(k+1) \times (k+1)$–Matrix $X^t \cdot X$ invertierbar und $\mathbf{b}$ kann mittels der Inversen $(X^t \cdot X)^{-1}$ als

$$\mathbf{b} = (X^t \cdot X)^{-1} \cdot X^t \cdot \mathbf{y} \tag{8.3}$$

bestimmt werden.

8–1 Bestimme den *kleinsten Quadratschätzer* der Regressionsgleichung aus Beispiel 22.

Lösung: Wir haben

$$\mathbf{y} = \begin{pmatrix} 9.25 \\ 5.79 \\ 14.75 \\ 13.20 \\ 3.19 \\ 4.77 \\ 10.83 \\ 10.15 \end{pmatrix} \qquad \text{und} \qquad X = \begin{pmatrix} 1 & 3 & 4 \\ 1 & 1 & 7 \\ 1 & 4 & 7 \\ 1 & 3 & 6 \\ 1 & 0 & 1 \\ 1 & 1 & 2 \\ 1 & 3 & 6 \\ 1 & 0 & 12 \end{pmatrix},$$

Damit berechnet man (rechnen Sie das nach)

$$X^t = \begin{pmatrix} 1 & 1 & 1 & 1 & 1 & 1 & 1 & 1 \\ 3 & 1 & 4 & 3 & 0 & 1 & 3 & 0 \\ 4 & 7 & 7 & 6 & 1 & 2 & 6 & 12 \end{pmatrix} \quad \text{und} \quad X^t \cdot X = \begin{pmatrix} 8 & 15 & 45 \\ 15 & 45 & 85 \\ 45 & 85 & 335 \end{pmatrix}.$$

Berechnet man die Inverse von $X^t \cdot X$, so erhält man

$$(X^t \cdot X)^{-1} = \begin{pmatrix} 0.710407000 & -0.108597000 & -0.067873300 \\ -0.108597000 & 0.059276000 & -0.000452489 \\ -0.067873300 & -0.000452489 & 0.012217200 \end{pmatrix}.$$

Weiters ist

$$X^t \cdot \mathbf{y} = \begin{pmatrix} 1 & 1 & 1 & 1 & 1 & 1 & 1 & 1 \\ 3 & 1 & 4 & 3 & 0 & 1 & 3 & 0 \\ 4 & 7 & 7 & 6 & 1 & 2 & 6 & 12 \end{pmatrix} \begin{pmatrix} 9.25 \\ 5.79 \\ 14.75 \\ 13.20 \\ 3.19 \\ 4.77 \\ 10.83 \\ 10.15 \end{pmatrix} = \begin{pmatrix} 71.93 \\ 169.4 \\ 459.49 \end{pmatrix}$$

und daher

$$\mathbf{b} = \begin{pmatrix} 0.710407000 & -0.108597000 & -0.067873300 \\ -0.108597000 & 0.059276000 & -0.000452489 \\ -0.067873300 & -0.000452489 & 0.012217200 \end{pmatrix} \cdot \begin{pmatrix} 71.93 \\ 169.40 \\ 459.49 \end{pmatrix}$$

$$= \begin{pmatrix} 1.51611 \\ 2.02204 \\ 0.65490 \end{pmatrix}.$$

Die Schätzung für die Regressionsfunktion ist somit

$$\hat{y} = 1.51611 + 2.02204 \cdot x_1 + 0.6549 \cdot x_2 \ .$$

♣

In der Praxis wird man die Koeffizienten $b_0, \ldots, b_k$ nicht händisch berechnen, sondern ein Statistiksoftwareprogramm dazu verwenden. Trotzdem sollte man (zum Verständnis) eine solche Rechnung einmal durchgeführt haben.

Die geschätzte Regressionsfunktion hat folgende (miteinander verwandte) Eigenschaften:

- Sind $\bar{y}, \bar{x}_1, \ldots, \bar{x}_k$ die arithmetischen Mittel der zur jeweiligen Variable gehörenden Datenreihe, dann gilt

$$\bar{y} = b_0 + b_1 \bar{x}_1 + \cdots + b_k \bar{x}_k \;. \tag{8.4}$$

- Für die *Residuen* $e_i := y_i - \hat{y}_i$ mit $\hat{y}_i = b_0 + b_1 x_{1i} + \cdots b_k x_{ki}$ gilt:

$$\sum_{i=1}^{n} e_i = 0 \;.$$

8.2 Bestimmtheitsmaß und F-Test

Natürlich muss man sich die Frage stellen, wie gut die geschätzte Regressiongleichung den Zusammenhang der Daten tatsächlich beschreibt. Nach unserem Modell (8.1) werden die Daten auch durch zufällige Faktoren (die Störterme) bestimmt. Je größer die Störterme, desto ungenauer die Schätzung. Eine Größe zur Beurteilung der Güte der Schätzung ist das bereits im vorigen Kapitel eingeführte *Bestimmtheitsmaß*. Im Falle der Mehrfachregression spricht man auch vom *multiplen Bestimmtheitsmaß*.

Das (**multiple**) **Bestimmtheitsmaß:**

$$r^2 := \frac{SQE}{SQT} = 1 - \frac{SQR}{SQT} \tag{8.5}$$

wobei

$$SQT := \sum_{i=1}^{n} (y_i - \frac{\sum_{j=1}^{n} y_j}{n})^2 = (\sum_{i=1}^{n} y_i^2) - \frac{(\sum_{j=1}^{n} y_j)^2}{n}$$

die *Gesamtquadratsumme*,

$$SQE := \sum_{i=1}^{n} (\, \hat{y}_i - \frac{\sum_{j=1}^{n} y_j}{n} \,)^2$$

die durch die Regression *erklärte Quadratsumme* und

$$SQR := \sum_{i=1}^{n} e_i^2$$

die *nicht erklärte Quadratsumme* von Y sind.

Das rechte Gleichheitszeichen in (8.5) ist eine Konsequenz der sogenannten *Varianzzerlegungseigenschaft*:

$$SQT = SQE + SQR$$

Das *multiple Bestimmtheitsmaß* r^2 liegt immer zwischen 0 und 1. Je größer r^2, desto kleiner ist der Einfluss der Störterme.

> *Es gilt $r^2 = 1$ genau dann, wenn alle Störterme $\varepsilon_i = 0$ sind, d.h., wenn die Daten auf einer Hyperebene liegen.*

Auch die Wurzel r des Bestimmtheitsmaßes r^2 wird manchmal betrachtet. Man nennt r die *multiple Korrelation* zwischen $Y, X_1, \ldots, X_k$ (in Anlehnung an den Zusammenhang zwischen Bestimmtheitsmaß und Korrelationskoeffizient bei der Einfachregression).

Aus dem *Bestimmtheitsmaß* lässt sich ein statistischer Test ableiten, der sogen. *F-Test*, der entscheidet, ob sich aus den Daten schließen lässt, dass *wenigstens einer* der Regressoren X_i einen Einfluss auf den Regressand Y hat. Man beachte: X_i hat einen Einfluss auf Y genau dann, wenn der Koeffizient β_i von 0 verschieden ist.

Der **F-Test:**

$$H_0 : \quad \beta_1 = \beta_2 = \cdots = \beta_k = 0$$
$$H_1 : \quad \text{wenigstens ein } \beta_i \neq 0$$

Teststatistik:

$$\tilde{f} = \frac{(n-k-1) \cdot r^2}{k \cdot (1-r^2)} \tag{8.6}$$

Entscheidung: (zum Niveau α) für H_1, falls $\tilde{f} > Q^{(F)}_{k,\ (n-k-1)}(1-\alpha)$

Unter der Nullhypothese sind die Verteilungen der Residuen und die vorhergesagten Werte $\hat{y}_i$ voneinander unabhängig und besitzen die gleiche Varianz σ^2, die Residuen mit $n-k-1$ Freiheitsgraden, die vorgesagten Werte k Freiheitsgraden. Der *F-Test* überprüft nun, ob die Varianzen dieser beiden Verteilungen tatsächlich gleich sind. Wenn die Testgröße den kritischen Wert übersteigt, so spricht das dafür, dass mehr Varianz durch die Regression erklärbar ist als unter der Nullhypothese zu erwarten wäre, daher wird diese verworfen.

8–2 Bestimme das *multiple Bestimmtheitsmaß* der Regression zu Beispiel 22. Hat wenigstens einer der Regressoren einen Einfluss auf den Umsatz? Teste auf einem Niveau von $\alpha = 0.01$.

Lösung: Die Prognosewerte $\hat{y}_i = 1.51611 + 2.02204 \cdot x_{1i} + 0.6549 \cdot x_{2i}$ und Residuen $e_i = y_i - \hat{y}_i$ sind (gerundet auf die zweite Dezimalstelle)

i	1	2	3	4	5	6	7	8
y_i	9.25	5.79	14.75	13.20	3.19	4.77	10.83	10.15
$\hat{y}_i$	10.20	8.12	14.19	11.51	2.17	4.85	11.51	9.37
e_i	-0.95	-2.33	0.56	1.69	1.02	-0.08	-0.68	0.78

Es ist $SQR = \sum_{i=1}^{8} e_i^2 = 11.619$ und $SQT = (\sum_{i=1}^{8} y_i^2) - ((\sum_{j=1}^{n} y_j)^2/8)$ $= 764.1295 - (71.93^2/8) = 117.389$. Damit ist das *Bestimmtheitsmaß*

$$r^2 = 1 - (SQR/SQT) = 0.90 \ .$$

Zur Beantwortung der zweiten Frage verwenden wir den F-Test. Die Hypothesen lauten:

$$H_0 : \ \beta_1 = \beta_2 = \cdots = \beta_k = 0 \quad \text{gegen} \quad H_1 : \ \text{wenigstens ein } \beta_i \neq 0 \ .$$

Nun ist $Q^{(F)}_{2,\ (8-2-1)}(0.99) = Q^{(F)}_{2,\ 5}(0.99) = 13.27$ und

$$\tilde{f} = \frac{5 \cdot 0.90}{2 \cdot (1 - 0.90)} = 23$$

Da die Teststatistik $\tilde{f}$ größer als der kritische Wert $Q^{(F)}_{2,\ 5}(0.99)$ ist, entscheiden wir uns für H_1. Wir können also mit einer Irrtumswahrscheinlichkeit von $\alpha = 0.01$ schließen:

> *Wenigstens einer der Faktoren* – Ausbildung *bzw.* Berufserfahrung *des Zweigstellenleiter – hat einen Einfluss auf den* Umsatz *der Zweigstelle.*

♣

Der F-Test wird häufig in folgender Form festgehalten (z.B. bei Outputs von Softwareprogrammen).

Varianzanalysetabelle:

Streuquelle	Quadrats.	*df*	Mittlere QS	Testst.
Regression	SQE	k	$MQE := \frac{SQE}{k}$	$\tilde{f} = \frac{MQE}{MQR}$
Residuen	SQR	$n-k-1$	$MQR := \frac{SQR}{n-k-1}$	
Gesamt	SQT	$n-1$		

8–3 Die folgende Tabelle entspricht einem Teil der Ausgabe von SPSS nach Berechnung einer Mehrfachregression.

ANOVA

Model		Sum of Squares	df	Mean Square	F	Sig.
1	Regression	990.568	3	330.189	8.898	.001
	Residual	705.051	19	37.108		
	Total	1695.619	22			

a) Wie viele Regressoren gab es in dieser Mehrfachregression?

b) Mit wie vielen Daten je Variable wurde die Regression berechnet?

c) Wie groß ist die *Quadratsumme der Residuen*?

d) Wie groß ist das *Bestimmtheitsmaß* r^2?

e) Kann auf einem Niveau von $\alpha = 0.01$ geschlossen werden, dass wenigstens eine der unabhängigen Variablen einen Einfluss auf die abhängige Variable hat?

Lösung:

a) Die Zahl der unabhängigen Variablen entspricht dem unter „Regression" aufgeführten Freiheitsgrad (Spalte *df*), also $k = 3$.

b) Der letzte Eintrag der Spalte *df* ist $n - 1 = 22$, d.h., es waren $n = 23$ Daten pro Variable.

c) Die Quadratsumme der Residuen $\sum_{i=1}^{23} e_i^2$ ist $SQR = 705.051$.

d) Das Bestimmtheitsmaß ist gleich $r^2 = \frac{SQE}{SQT} = \frac{990.568}{1695.619} = 0.58$.

e) Die Teststatistik hat den Wert $\tilde{f} = F = 8.898$. Nun ist $Q^{(F)}_{3,\ 19}(0.99) = 5.01$, also kleiner als $\tilde{f}$. Es kann daher mit einer Fehlerwahrscheinlichkeit von 0.01 geschlossen werden, dass wenigstens einer der Regressoren Einfluss auf den Regressanden hat.

♣

Die meisten Programmpakete liefern neben dem Wert der Teststatistik den sogenannten *p-Wert.* In der Tabelle des Beispiels 8–3 ist er in der mit „Sig." überschriebenen Spalte festgehalten und ist gleich 0.001. Dass wir in Beispiel 8–3 die Nullhypothese verwerfen können, sieht man auch daran, dass $\alpha = 0.01$ größer als der von SPSS gelieferte p-Wert 0.001 ist.

8.3 Tests für einzelne Regressionskoeffizienten

Hat man sich durch den F-Test vergewissert, dass wenigstens einer der gewählten unabhängigen Variablen einen Einfluss hat (d.h., das Modell als ganzes sinnvoll ist), dann kann man den Einfluss jedes einzelnen Regressors untersuchen, indem man einen t-Test für das entsprechende β_i formuliert. Dazu benötigen wir eine Schätzung für die Varianz des Koeffizienten b_i.

Die **empirische Varianz** $s_{b_i}^2$ **von** b_i ist durch das $(i+1)$-te Diagonalelement der *Kovarianzmatrix*

$$V := s_e^2 \cdot (X^t \cdot X)^{-1}$$

gegeben.

Dabei ist

$$s_e^2 := \frac{1}{n-k-1} \sum_{i=1}^{n} e_i^2 \tag{8.7}$$

die *Residualvarianz* (eine Schätzung für σ_e^2). Die *empirischen Varianzen der Regressionskoeffizienten* $s_{b_i}^2$ folgen der χ^2-Verteilung mit $df = n-k-1$ Freiheitsgraden. Daraus ergeben sich folgende **Tests für** β_i **:**

Teststatistik:

$$T = \frac{b_i}{s_{b_i}} \tag{8.8}$$

Entscheidung:

- Hypothesen $H_0 : \beta_i = 0$, $H_1 : \beta_i \neq 0$.
  Entscheidung für H_1, falls $|T| > Q_{n-k-1}^{(t)}(1 - \frac{\alpha}{2})$.
- Hypothesen $H_0 : \beta_i \leq 0$, $H_1 : \beta_i > 0$.
  Entscheidung für H_1, falls $T > Q_{n-k-1}^{(t)}(1 - \alpha)$.
- Hypothesen $H_0 : \beta_i \geq 0$, $H_1 : \beta_i < 0$.
  Entscheidung für H_1, falls $T < -Q_{n-k-1}^{(t)}(1 - \alpha)$.

8–4 Überprüfe mittels der Regression aus Beispiel 8–1, ob der Ausbildungsgrad des Zweigstellenleiters einen *positiven* Einfluss auf den Umsatz der Zweigstelle hat. Entscheide auf einem Niveau von $\alpha = 0.01$.

Lösung: Wir beantworten die Frage durch den T-Test für:

$$H_0 : \beta_1 \leq 0 \quad \text{gegen} \quad H_1 : \beta_1 > 0 \ .$$

Wir berechnen s_{b_1}. Die *Residualvarianz* kennen wir bereits aus Beispiel 8–2, denn

$$s_e^2 = SQR/(n-k-1) = 11.619/5 = 2.324 \ .$$

Die Matrix $(X^t \cdot X)^{-1}$ haben wir in Beispiel 8–1 berechnet. Ihr zweites Diagonalelement ist gleich 0.0593 (gerundet) und daher ist

$$s_{b_1} = \sqrt{s_e^2 \cdot 0.0593} = 0.3712 \ .$$

Wir erhalten schließlich

$$T = \frac{2.022}{0.3712} = 5.4$$

($b_1 = 2.022$ kennen wir aus Beispiel 8–1). Da $Q_5^{(t)}(0.99) = 3.4 < T$, können wir H_0 verwerfen; d.h., wir schließen mit einer Irrtumswahrscheinlichkeit von 1%, dass

> *der* Ausbildungsgrad *des Zweigstellenleiters einen* positiven *Einfluss auf den* Umsatz *der Zweigstelle hat.*

♣

8–5 Lässt sich aus den Daten des Beispiels 22 schließen, dass die Berufserfahrung des Zweigstellenleiters einen Einfluss auf den Umsatz der Zweigstelle hat? Entscheide auf einem Niveau von $\alpha = 0.01$.

Lösung: Wir testen

$$H_0 : \beta_1 = 0 \quad \text{gegen} \quad H_1 : \beta_1 \neq 0 \ .$$

Aus der vorigen Aufgabe wissen wir, dass $s_e^2 = 2.324$. Mit dem letzten Diagonalelement der Matrix $(X^t \cdot X)^{-1}$ ergibt sich $s_{b_2} = \sqrt{2.324 \cdot 0.0122} = 0.168$ und damit

$$T = 0.655/0.168 = 3.9 \ .$$

Nun ist $Q_5^{(t)}(1-(0.01/2)) = Q_5^{(t)}(0.995) = 4.0 > |T|$. Wir können H_0 also **nicht** verwerfen. Es folgt:

> *Aus den Daten kann* **nicht** *geschlossen werden, dass die* Berufserfahrung *des Zweigstellenleiters einen Einfluss auf den* Umsatz *der Zweigstelle hat.*

♣

Man beachte, dass man aus dem Ergebnis des letzten Beispiels *nicht* schliessen darf, dass die Berufserfahrung keinen Einfluss auf den Umsatz hat (d.h., $\beta_2 = 0$). Die Daten liefern lediglich nicht ausreichend Evidenz, um einen Einfluss nachweisen zu können.

Um die Schätzung der Koeffizienten in ihrer Qualität zu beurteilen, sollte man Konfidenzintervalle berechnen:

$(1-\alpha)\cdot 100\%$ **Konfidenzintervall des Koeffizienten** β_i:

$$\left[b_i - Q^{(t)}_{n-k-1}(1-\frac{\alpha}{2})\cdot s_{b_i}\,,\, b_i + Q^{(t)}_{n-k-1}(1-\frac{\alpha}{2})\cdot s_{b_i}\right] \qquad (8.9)$$

8–6 Berechne ein 99% Konfidenzintervall des Koeffizienten β_1 der Regression aus Beispiel 22 (unter Verwendung der Ergebnisse aus 8–4).

Lösung: Aus Beispiel 8–4 wissen wir, dass $b_1 = 1.022$ und $s_{b_1} = 0.370$. Weiters ist $Q^{(t)}_5(1-(0.01/2)) = Q^{(t)}_5(0.995) = 4.032$ und daher lautet das 99% Konfidenzintervall

$$[\,2.022 - 4.032\cdot 0.3712\,,\, 2.022 + 4.032\cdot 0.3712\,] = [\,0.53\,,\, 3.52\,]\ .$$

♣

Der zweiseitige Test

$$H_0 : \beta_i = 0 \quad \textit{gegen} \quad H_i : \beta_i \neq 0$$

kann auf einem Niveau von α *über das* $(1-\alpha)\cdot 100\%$*-Konfidenzintervall für* β_i *entschieden werden: es gilt nämlich*

$$|T| > Q^{(t)}_{n-k-1}(1-(\alpha/2))$$

genau dann, wenn 0 *nicht in diesem Konfidenzintervall enthalten ist.*

Beispielsweise können wir aus dem Konfidenzintervall des Beispiels 8–6 schließen, dass auf einem Sicherheitsniveau von 99% die Hypothese $H_0 : \beta_1 = 0$ zugunsten der Hypothese $H_1 : \beta_1 \neq 0$ verworfen werden kann, denn $[\,0.53\,,\,3.51\,]$ enthält nicht 0.

8–7 Die folgende Tabelle enthält einen Teil der Ausgabe von SPSS zu einer Mehrfachregression mit $k = 3$ unabhängigen Variablen und $n = 23$ Daten je Variable. (Sie gehört zur Regression aus Aufgabe 8–3.)

Coefficients

Model		Unstandardized Coefficients B	Std. Error	t	Sig.
1	(Constant)	-8.785	6.121	-1.435	.167
	X_1	5.006	1.652	3.030	.007
	X_2	2.026	1.138	1.779	.091
	X_3	1.455	.393	3.705	.002

8–8 a) Wie lautet die geschätzte Regressionsfunktion?

b) Welche der Koeffizienten β_i $(i = 1, \ldots, 3)$ sind signifikant von 0 verschieden? Entscheide mit einer Irrtumswahrscheinlichkeit von $\alpha = 0.05$.

c) Berechne ein 95% Konfidenzintervall für β_3.

Lösung:

a) Die Koeffizienten sind in der mit B überschriebenen Spalte festgehalten. Die geschätzte Regressionsfunktion lautet

$$\hat{y} = -8.785 + 5.006\, x_1 + 2.026\, x_2 + 1.455\, x_3 \ .$$

b) Für jeden der Koeffizienten β_i testen wir

$$H_0 : \beta_i = 0 \quad \text{gegen} \quad H_1 : \beta_i \neq 0 \ .$$

Die Werte der Teststatistiken dieser t-Tests können der mit t überschriebenen Spalte entnommen werden. Nun ist $Q^{(t)}_{23-3-1}(0.975) = 2.093$. Daher sind β_1 und β_3 signifikant von 0 verschieden (denn $t = 3.030$ bzw. $t = 3.705$), während $\beta_2 = 0$ **nicht** ausgeschlossen werden kann ($t = 1.779$).

Die zweiseitigen t-Tests können auch (schneller) mittels der letzten Spalte (Sig.) entschieden werden. Sie enthält den *p-Wert* des jeweiligen t-Tests. Man sieht, die zweiseitigen t-Tests für β_1 und β_3 haben einen p-Wert kleiner als $\alpha = 0.05$, während der p-Wert des zweiseitigen t-Tests für β_2 gleich 0.091 und daher größer als $\alpha = 0.05$ ist.

c) Die *empirische Standardabweichung* von b_3 ist $S_{b_3} = 0.393$. (Die Standardabweichungen befinden sich in der Spalte „Std. Error".) Das 95% Konfidenzintervall für β_3 lautet daher ($Q^{(t)}_{19}(0.975) = 2.093$):
$[\,1.455 - 2.093 \cdot 0.393\,,\, 1.455 + 2.093 \cdot 0.393\,] = [\,0.63\,,\, 2.28\,]$.

♣

8.4 Vorhersagen mittels Mehrfachregression

Die Regressionsfunktion einer Mehrfachregression kann wie die Regressionsgerade einer Einfachregression verwendet werden, um *Prognosen für den Mittelwert* und *individuelle Prognosen* zu erstellen.

$(1-\alpha)\cdot 100\%$ **Konfidenzintervall für den Mittelwert an einer Stelle** $(x_{10},\ldots,x_{k0})$:

$$\left[\hat{y}_0 - Q^{(t)}_{n-k-1}(1-\frac{\alpha}{2})\cdot s_\mu(\mathbf{x}_0)\,,\,\hat{y}_0 + Q^{(t)}_{n-k-1}(1-\frac{\alpha}{2})\cdot s_\mu(\mathbf{x}_0)\right] \tag{8.10}$$

wobei $\hat{y}_0 = b_0 + b_1\,x_{10} + \cdots + b_k\,x_{k0}$ und

$$s_\mu(\mathbf{x}_0) := \sqrt{\mathbf{x}_0\,V\,\mathbf{x}_0^t} \qquad \text{mit} \quad \mathbf{x}_0 = (1, x_{10},\ldots,x_{k0}) \tag{8.11}$$

die *empirische Standardabweichung* der *Prognose für den Mittelwert* ist.

Man erinnere sich, dass die *Kovarianzmatrix* durch $V = s_e^2\cdot(X^t\cdot X)^{-1}$ gegeben ist. Daher kann $s_\mu(\mathbf{x}_0)$ auch durch die Formel

$$s_\mu(\mathbf{x}_0) = s_e\cdot\sqrt{\mathbf{x}_0\,(X^t\cdot X)^{-1}\,\mathbf{x}_0^t}$$

berechnet werden.

Eine alternative Formel zum Berechnen von $s_\mu^2(\mathbf{x}_0)$ ist

$$s_\mu^2(\mathbf{x}_0) = \sum_{i=1}^{k}\sum_{j=1}^{k}(x_{i0}-\bar{x}_i)\cdot(x_{j0}-\bar{x}_j)\cdot v_{ij} + \frac{s_e^2}{n}\,, \tag{8.12}$$

wobei $\bar{x}_i$ das arithmetische Mittel der Datenreihe $x_{i1},\ldots,x_{in}$ und v_{ij} die Kovarianz zwischen b_i und b_j sind. (v_{ij} ist das Element von V, das sich in der i-ten Zeile und j-ten Spalte befindet.)

$(1-\alpha)\cdot 100\%$ **Konfidenzintervall für den individuellen Prognosewert an einer Stelle** $(x_{10},\ldots,x_{k0})$:

$$\left[\hat{y}_0 - Q^{(t)}_{n-k-1}(1-\frac{\alpha}{2})\cdot s(\mathbf{x}_0)\,,\,\hat{y}_0 + Q^{(t)}_{n-k-1}(1-\frac{\alpha}{2})\cdot s(\mathbf{x}_0)\right], \tag{8.13}$$

wobei $\hat{y}_0 = b_0 + b_1\,x_{10} + \cdots + b_k\,x_{k0}$ und $s(\mathbf{x}_0) := \sqrt{s_\mu^2(\mathbf{x}_0) + s_e^2}$ die *empirische Standardabweichung* der *individuellen Prognose* mit $\mathbf{x}_0$ wie in (8.11) ist.

8–9 Eine weitere Zweigstelle des Computerherstellers aus Beispiel 22 hat einen Leiter mit Ausbildungsgrad 3 und einer Berufserfahrung von 5 Jahren.

Prognostiziere unter Verwendung der Regression aus 8–1 den Umsatz dieser Zweigstelle und erstelle ein 95% Konfidenzintervall.

Lösung: Es soll eine individuelle Prognose an der Stelle $x_{10} = 3$, $x_{20} = 5$ erstellt werden. Wir berechnen zuerst $(X^t \cdot X)^{-1} \mathbf{x}_0^t$ mit $\mathbf{x}_0 = (1, 3, 5)$

$$\begin{pmatrix} 0.710407000 & -0.108597000 & -0.067873300 \\ -0.108597000 & 0.059276000 & -0.000452489 \\ -0.067873300 & -0.000452489 & 0.012217200 \end{pmatrix} \begin{pmatrix} 1 \\ 3 \\ 5 \end{pmatrix} = \begin{pmatrix} 0.0452489 \\ 0.0669683 \\ -0.0081448 \end{pmatrix}$$

und multiplizieren $\mathbf{x}_0$ von links

$$\mathbf{x}_0 \, (X^t \cdot X)^{-1} \, \mathbf{x}_0^t = (\, 1, 3, 5 \,) \cdot \begin{pmatrix} 0.0452489 \\ 0.0669683 \\ -0.0081448 \end{pmatrix} = 0.205$$

Schließlich ist $s_\mu^2(\mathbf{x}_0) = s_e^2 \cdot \mathbf{x}_0 \, (X^t \cdot X)^{-1} \, \mathbf{x}_0^t = 2.324 \cdot 0.205 = 0.476$ und daher $s(\mathbf{x}_0) = \sqrt{0.476 + 2.324} = 1.673$. Weiters ist

$$\hat{y}_0 = 1.5161 + 2.0220 \cdot 3 + 0.6549 \cdot 5 = 10.857 \ .$$

Da $Q_5^{(t)}(0.975) = 2.571$ lautet das 95% Konfidenzintervall

$$[\, 10.857 - 2.571 \cdot 1.673 \, , \; 10.857 + 2.571 \cdot 1.673 \,] = [\, 6.57 \, , \; 15.17 \,]$$

♣

8–10 In Beispiel 7–1 wurde die Sparleistung in Abhängigkeit vom Einkommen untersucht. Sicher hängt die Sparleistung eines Haushalts auch von der Haushaltsgröße (Zahl der Personen pro Haushalt) ab. Die folgenden Tabellen sind das Ergebnis einer linearen Regression (gerechnet mit SPSS) zur Erklärung der Sparleistung (SPAR in 1000 EURO) nach Einkommen (EINK in 1000 EURO) und Haushaltsgröße (HAUSHG).

Descriptive Statistics

	Mean	Std. Deviation	N
SPAR	7.9375	9.6088	16
EINK	37.6071	12.5810	16
HAUSHG	2.5625	1.5478	16

Model Summary

Model	R	R Square	Adjusted R Square	Std. Error of the Estimate
1	.811	.658	.606	6.0330

Coefficients

Model		Unstandardized Coefficients		t	Sig.
		B	Std. Error		
1	(Constant)	5.468	5.063	1.080	0.300
	EINK	.399	.129	3.089	.009
	HAUSHG	-4.896	1.051	-4.660	.000

Coefficient Correlations

Model			HAUSHG	EINK
1	Correlations	HAUSHG	1.000	-.287
		EINK	-.287	1.000
	Covariances	HAUSHG	1.104	-3.902E-02
		EINK	-3.902E-02	1.671E-02

a) Wie groß ist die typische (d.h. mittlere) Sparleistung eines Haushaltes der Größe 3 mit einem Jahreseinkommen von 37000 EUR0?

b) Berechne ein 95% Konfidenzintervall für die Prognose aus a).

Lösung:

a) Die Regressionsfunktion ist $\hat{y} = 5.468 + 0.399 \cdot x_1 - 4.896 \cdot x_2$, wobei x_1 das Einkommen und x_2 die Haushaltsgröße sind. Für $x_1 = 37$ und $x_2 = 3$ erhalten wir eine typische Sparleistung von $\hat{y}_0 = 5.543$.

b) Zum Berechnen der Standardabweichung s_μ der Prognose aus a) verwenden wir Formel (8.12). Dazu benötigen wir die Kovarianzen der Koeffizienten b_1 und b_2, die der Tabelle „Coefficient Correlations" („Covariances") entnommen werden können: $v_{11} = 0.01671$, $v_{22} = 1.104$ und $v_{12} = -0.03902$. Weiters sind $\bar{x}_1 = 37.6071$ und $\bar{x}_2 = 2.5625$ (siehe Tabelle „Descriptive Statistics") und $s_e^2 = 36.397$ (s_e ist „Std. Error of the Estimate" in Tabelle „Model Summary"). Damit ist $s_\mu^2(\mathbf{x}_0) = 2.513$. Da $Q_{13}^{(t)}(0.975) = 2.160$, berechnet sich das 95% Konfidenzintervall zu

$$\left[\, 5.543 - 2.160 \cdot \sqrt{2.513}\,,\, 5.543 + 2.160 \cdot \sqrt{2.513},\right] = [\, 2.12\,,\, 8.97\,]\,.$$

♣

8.5 Dummy-Variablen

Oft entstammen die Daten zwei verschiedenen Teilpopulationen. Dies kann durch eine weitere unabhängige Variable berücksichtigt werden, nämlich einer Variablen, die den Wert 0 für Daten der ersten und den Wert 1 für die Daten der zweiten Teilpopulation annimmt. Einen solchen Regressor nennt man eine *Dummy-Variable.* Bei der Berechnung der Regression werden *Dummy-Variablen* genauso wie andere Variablen behandelt.

8–11 Die Einkommen (Y in 1000 EURO) von Angestellten einer Branche sollen aus den Variablen Geschlecht ($X_1 = 0$ für Frauen und $X_1 = 1$ für Männer) und Anstellungsdauer in Jahren (X_2) erklärt werden. Ein Regressionsmodell liefert folgendes Ergebnis (gerechnet mit SPSS):

Model Summary

Model	R	R Square	Std. Error of the Estimate
1	.955	.912	1.949

ANOVA

Model		Sum of Squares	df	Mean Square	F	Sig.
1	Regression	471.34	2	235.67	62.02	.000
	Residual	45.60	12	3.80		
	Total	516.93	14			

Coefficients

Model		Unstandardized Coefficients		t	Sig.
		B	Std. Error		
1	(Constant)	8.495	0.976	8.70	.000
	X_1	1.450	1.072	1.35	.201
	X_2	1.529	0.154	9.95	.000

a) Die Variable X_1 hat die Werte 0 (Frauen) und 1 (Männer). Wie nennt man Variablen eines solchen Typs in Regressionsmodellen?

b) In der mit **ANOVA** überschriebenen Tabelle wird ein Test berechnet. Welche Nullhypothese wird hier getestet? Kann Sie abgelehnt werden? ($\alpha = 0.01$)

c) Schätzen Sie das Einkommen eines männlichen Angestellten mit 3 Jahren Anstellungsdauer aus dieser Branche!

d) Schätzen Sie den Gehaltsunterschied von Männern und Frauen! Gibt es einen signifikanten Geschlechtsunterschied bei der Bezahlung in dieser Branche? ($\alpha = 0.05$)

e) Hat die Anstellungsdauer einen Einfluss auf die Bezahlung. Teste zum Niveau $\alpha = 0.05$!

f) Auf wie vielen Beobachtungen beruht obiges Regressionsmodell?

Lösung:

a) Variablen, mit deren Hilfe man auch nominalskalierte Merkmale in das Regressionsmodell aufnehmen kann, heißen Dummy-Variablen.

b) Man testet $H_0 : \beta_1 = \beta_2 = 0$ gegen $H_1 : \beta_1 \neq 0$ oder $\beta_2 \neq 0$. H_0 entspricht der Behauptung, dass weder Geschlecht noch Anstellungsdauer einen Einfluss auf das Einkommen haben. In unserem Fall kann H_0 verworfen werden, da

$$\tilde{f} = 62.02 > 6.93.$$

Der kritische Wert 6.93 ist das 0.99 Quantil der F-Verteilung mit 2 und 12 Freiheitsgraden.

Man könnte auch hier wieder den p-Wert für die Entscheidung heranziehen: p-Wert < 0.01.

c) Aus dem obigen Computerausdruck entnimmt man die Regressionsgleichung

$$\hat{y} = 8.495 + 1.450 \cdot x_1 + 1.529 \cdot x_2.$$

Durch Einsetzen von $x_1 = 1$ und $x_2 = 3$ erhält man als Schätzung $\hat{y} = 14.532$ bzw. 14532 EURO.

d) Zur Beantwortung dieser Frage testet man $H_0 : \beta_1 = 0$ gegen $H_1 : \beta_1 \neq 0$. Die Teststatistik lautet

$$T = \frac{b_1}{s_{b_1}} = \frac{1.450}{1.072} = 1.35 \qquad (T \text{ findet man im Output unter } t!)$$

Da der dazugehörige p-Wert (Sig.) 0.201 beträgt (siehe Output) und somit größer als $\alpha = 0.05$ ist, kann H_0 nicht verworfen werden. Aufgrund der vorliegenden Daten kann daher auf keinen signifikanten Geschlechtsunterschied bei der Bezahlung geschlossen werden.

Die Entscheidung könnte alternativ auch mittels Vergleich von T mit dem 0.975 Quantil der t-Verteilung mit $15 - 3 = 12$ Freiheitsgraden (siehe Tabelle 2) getroffen werden: Da $|T| < 2.179$ kann H_0 nicht verworfen werden.

e) Hier testet man $H_0 : \beta_2 = 0$ gegen $H_1 : \beta_2 \neq 0$. Die Teststatistik lautet

$$T = \frac{b_2}{s_{b_2}} = 9.95 \qquad \text{(Siehe Output.)}$$

Da der dazugehörige p-Wert (Sig.) kleiner als $\alpha = 0.05$ ist, kann H_0 verworfen werden. Aufgrund der vorliegenden Daten kann daher auf einen signifikanten Einfluss der Anstellungsdauer auf die Bezahlung geschlossen werden.

Die Entscheidung könnte auch hier mittels Vergleich von T mit dem 0.975 Quantil der t-Verteilung mit 12 Freiheitsgraden gefällt werden: Da $|T| > 2.179$ kann H_0 verworfen werden.

f) Die Anzahl der Beobachtungen kann man der ANOVA-Tabelle (Spalte df) entnehmen: Sie beträgt $14 + 1 = 15$.

♣

8.6 Nichtlineare Zusammenhänge

Bisher haben wir stets einen Zusammenhang zwischen abhängiger und unabhängigen Variablen in Form einer linearen Funktion unterstellt. In vielen Fällen ist der Zusammenhang aber eher durch eine nichtlineare Funktion gegeben. Ein solches Phänomen haben wir beispielsweise in Abschnitt 7.1.1 im rechten Streudiagramm zur Linearität des Zusammenhangs gesehen. Dieses Streudiagramm legt nahe, die Abhängigkeit zwischen Y und X durch eine quadratische Funktion zu modellieren. Quadratische Funktionen können mit den Methoden der linearen Mehrfachregression geschätzt werden, indem man das Quadrat der unabhängigen Variablen als weitere unabhängige Variablen mitberücksichtigt.

8–12 Im Fach Statistik soll der Zusammenhang zwischen Vorbereitungszeit x (in Stunden) und erreichten Punkten bei einer Prüfung ermittelt werden. Dafür hat man $n = 10$ Studenten befragt und die quadratische Funktion

$$\hat{y} = 2.5 + 0.968 \cdot x + 0.0357 \cdot x^2$$

geschätzt.

a) Die obige Funktion wurde durch eine *lineare Mehrfachregression* geschätzt. Welches waren die unabhängigen Variablen?

b) Wie viele Punkte würde man bei einem Studenten erwarten, der sich 10 Stunden vorbereitet hat?

c) Berechne ein 95% Prognoseintervall für das Ergebnis eines individuellen Studenten bei 10 Stunden Vorbereitung, falls die empirische Standardabweichung der Prognose für den Erwartungswert bei $x = 10$ als $s_\mu = 0.296$ ermittelt wurde und die Standardabweichung der Residuen $s_e = 0.9094$ betrug.

d) Die Standardabweichungen der Koeffizienten betrugen $s_{b_0} = 0.664$, $s_{b_1} = 0.208$, sowie $s_{b_2} = 0.014$. Prüfe mittels eines geeigneten Tests zum Niveau $\alpha = 0.1$, ob ein quadratischer Zusammenhang abgesichert ist!

Lösung:

a) Die Mehrfachregression wurde mit zwei unabhängigen Variablen gerechnet: $x_1 = x$ und $x_2 = x^2$, d.h., alle Beobachtungen zu x wurden quadriert, und diese Daten wurden als Werte einer zusätzlichen Variable aufgefasst.

b) Aufgrund der geschätzten Regressionsfunktion würde man

$$\hat{y} = 2.5 + 0.968 \cdot 10 + 0.0357 \cdot 10^2 = 15.75 \quad \text{Punkte erwarten.}$$

c) Wir berechnen ein Prognoseintervall an der Stelle $\mathbf{x}_0 = (1, 10, 100)$ Zur Berechnung benötigt man $s^2(\mathbf{x}_0) = s_\mu^2(\mathbf{x}_0) + s_e^2 = 0.91462$. Daher ist $s(\mathbf{x}_0) = 0.956$. Weiters benötigt man das 0.975 Quantil der t-Verteilung mit $n - k - 1 = 7$ Freiheitsgraden $Q_7^{(t)}(0.975) = 2.365$. Somit erhält man als Prognoseintervall

$$[15.75 - 0.956 \cdot 2.365,\ 15.75 + 0.956 \cdot 2.365] = [13.5,\ 18.0].$$

d) Man testet $H_0 : \beta_2 = 0$ gegen $H_1 : \beta_2 \neq 0$. Als Teststatistik erhält man

$$|T| = |\frac{b_2}{s_{b_2}}| = 2.55 > 1.895 = Q_7^{(t)}(0.95).$$

Daher kann H_0 verworfen werden. Man kann somit nicht von einem linearen Zusammenhang ausgehen, denn dafür müsste $\beta_2 = 0$ sein.

♣

Manche nichtlineare Funktionen können durch das Anwenden einer geeigneten Transformation (Funktion) der Variablen in einen linearen Zusammmenhang gebracht werden.

8–13 Die unten angeführte Tabelle enthält den Kapital- und Arbeitseinsatz, sowie die Wertschöpfung des ökonomischen Sektors Elektronikindustrie in den USA. Aus den Daten soll die Cobb–Douglas Produktionsfunktion geschätzt werden:

$$V_t = \delta K_t^{\beta_1} L_t^{\beta_2} \eta_t. \tag{8.14}$$

(η_t ist ein Fehlerterm mit $\mathbf{E}[\log(\eta_t) = 0]$ und $\mathbf{Var}[\log(\eta_t)]$ konstant.)

Jahr	K_t (Kapital)	L_t (Arbeit)	V_t (Wertschöpfung)
72	291610	881231	6713.75
73	314728	960917	7551.68
74	278746	899144	6776.40
75	264050	739485	5554.89
76	286152	791485	6589.67
77	286584	832818	7232.56
78	280025	851178	7417.01
79	279806	848950	7425.69
80	258823	779393	6410.91
81	264913	757462	6263.26
82	247491	664834	5718.46
83	246028	664249	5936.93
84	256971	717273	6659.30
85	248237	678155	6632.67
86	261943	670927	6651.02

Quelle: US Federal Reserve Bank, bzw. Sen & Srivastava, Regression Analysis, Springer (1990).

a) Transformiere das Problem, sodass die unbekannten Koeffizienten durch lineare Regression geschätzt werden können.

b) Wie lautet die Matrix X und der Vektor $\mathbf{y}$, aus denen die Regressionsgleichung für das transformierte Problem aus a) geschätzt wird?

c) Schätze die Regressionsfunktion und die Koeffizienten δ, β_1, β_2.

d) Berechne die Residuen und das Bestimmtheitsmaß.

e) Tragen die unabhängigen Variablen insgesamt signifikant zur Erklärung der Wertschöpfung bei? ($\alpha = 0.05$)

f) Berechne ein 95% Konfidenzintervall für β_1.

g) Teste nun, ob β_1 signifikant von Null verschieden ist. ($\alpha = 0.05$)

h) Wie hoch ist die vorhergesagte Wertschöpfung bei einem Kapitaleinsatz von 260000 und einem Arbeitseinsatz von 700000.

i) Bestimme ein 95% Konfidenzintervall zu h), wenn die mittlere Wertschöpfung geschätzt werden soll.

j) Wie lautet das Konfidenzintervall, wenn die Schätzung in h) eine individuelle Prognose darstellen soll?

Lösung:

a) Man logarithmiert die Gleichung:

$$\ln(V_t) = \beta_0 + \beta_1 \ln(K_t) + \beta_2 \ln(L_t) + \ln(\eta_t),$$

wobei $\beta_0 = \ln(\delta)$.

b) Da in der neuen Regressionsgleichung die Variablen V_t, K_t und L_t logarithmiert auftreten, müssen wir X und $\mathbf{y}$ entsprechend umrechnen (den natürlichen Logarithmus anwenden):

$$X = \begin{pmatrix} 1 & 12.583 & 13.689 \\ 1 & 12.659 & 13.776 \\ \vdots & \vdots & \vdots \\ 1 & 12.476 & 13.416 \end{pmatrix}, \quad \mathbf{y} = \begin{pmatrix} 8.812 \\ 8.930 \\ \vdots \\ 8.803 \end{pmatrix}$$

(Die erste Spalte von X, sie gehört zum konstanten Term β_0, bleibt unverändert.)

c) Zur Schätzung der Regressionskoeffizienten muss man das Gleichungssystem $X^t X \mathbf{b} = X^t \mathbf{y}$ lösen, also in unserem Fall

$$\begin{pmatrix} 15.000 & 187.617 & 203.452 \\ 187.617 & 2346.745 & 2544.845 \\ 203.452 & 2544.845 & 2759.717 \end{pmatrix} \begin{pmatrix} b_0 \\ b_1 \\ b_2 \end{pmatrix} = \begin{pmatrix} 131.944 \\ 1650.393 \\ 1789.726 \end{pmatrix}$$

Durch Lösen des Gleichungssystems oder mittels der Inversen der Matrix $X^t \cdot X$

$$(X^t X)^{-1} = \begin{pmatrix} 3349.439 & -463.76 & 180.724 \\ -463.76 & 88.105 & -47.056 \\ 180.724 & -47.056 & 30.069 \end{pmatrix}$$

erhält man ($\mathbf{b} = (X^t X)^{-1} X^t \mathbf{y}$) $b_0 = -1.292$, $b_1 = 0.5375$, und $b_2 = 0.2481$. (Die Lösungen wurden mit auf drei Nachkommastellen gerundeten logarithmierten Angaben berechnet. Durch andere Rundung können sich etwas andere Schätzungen ergeben.)

Die Konstante δ wird durch $\exp(b_0) = 0.27$ geschätzt. Da $b_1 > b_2$, erhöhen anscheinend zusätzliche Kapitalinvestitionen die Wertschöpfung stärker als Investitionen in Arbeit. (Die Präzision der Schätzungen ist allerdings noch zu untersuchen.)

d) Die Residuen berechnet man nach $e_i = y_i - (b_0 + b_1 x_{1,i} + b_2 x_{2,i})$. Man erhält $e_1 = 8.812 - (-1.292 + 0.5375 \cdot 12.583 + 0.2481 \cdot 13.689) = -0.056$ und weiter

$$0, -0.027, -0.149, -0.038, 0.041, 0.075, 0.077, -0.007,$$

$$-0.037, -0.058, -0.017, 0.055, 0.084, 0.061.$$

Mit den Residuen und $\bar{y} = 8.796$ erhält man

$$r^2 = 1 - \frac{\sum_{i=1}^{n} e_i^2}{\sum_{i=1}^{n} (y_i - \bar{y})^2} = 0.51.$$

e) Ob das Regressionsmodell insgesamt überhaupt Sinn macht, kann man mit Hilfe des F-Tests beurteilen. Wir testen $H_0 : \beta_1 = \beta_2 = 0$ gegen H_1 : mind. eines der β_i für $i \geq 1$ ist ungleich null. Die Teststatistik lässt sich z.B. durch $\tilde{f} = MQE/SQE$ (siehe die Varianzanalysetabelle) berechnen:

$$\tilde{f} = \frac{\frac{1}{k} \sum_{i=1}^{n} (\hat{y}_i - \bar{y})^2}{\frac{1}{n-k-1} \sum_{i=1}^{n} e_i^2} = \frac{\frac{1}{2} 0.061}{\frac{1}{12} 0.059} = 6.18 \ .$$

Vergleicht man die Teststatistik mit $Q_{2,\ 12}^{(F)}(0.95) = 3.885$, so sieht man (da $\tilde{f} > 3.885$), dass die Nullhypothese „weder Kapitaleinsatz noch Arbeitseinsatz beeinflussen die Wertschöpfung" abgelehnt werden kann.

f) Wir verwenden Formel (8.9) für das Konfidenzintervall für β_1. Die Standardabweichung s_{b_1} ist die Quadratwurzel des zweiten Diagonalelements von $V = s_e^2 \, (X^t \cdot X)^{-1}$. Da $s_e^2 = \frac{1}{n-k-1} \sum_{i=1}^{n} e_i^2 = \frac{1}{12}((-0.056)^2 + \cdots + 0.06^2) = 0.0050$ ist, erhalten wir mit der Matrix $(X^t \cdot X)^{-1}$ aus a), dass

$$V = \begin{pmatrix} 16.605 & -2.299 & 0.896 \\ -2.299 & 0.437 & -0.233 \\ 0.896 & -0.233 & 0.149 \end{pmatrix}.$$

und somit $s_{b_1} = \sqrt{0.437} = 0.661$. Weiters ist $Q_{12}^{(t)}(0.975) = 2.179$ (siehe Tabelle 2) und damit das 95% Konfidenzintervall $[-0.90, 1.98]$.

g) Zu testen ist $H_0 : \ \beta_1 = 0 \quad$ gegen $\quad H_1 : \ \beta_1 \neq 0$. Da das 95% Konfidenzintervall in f) Null enthält, ist β_1 nicht signifikant von 0 verschieden, wenn man $\alpha = 0.05$ wählt, d.h., wir können $\beta_1 = 0$ nicht ausschließen.

h) $\hat{y} = -1.292 + 0.5375 \cdot \ln(260000) + 0.2481 \cdot \ln(700000) = 8.749$. Die Vorhersage für die Wertschöpfung V_t ist $\exp(8.749) = 6304$.

i) Das Konfidenzintervall der Prognose aus h) für das transformierte Regressionsproblem berechnet sich nach Formel (8.10), wobei $\mathbf{x}_0 = (1, \ln(260000), \ln(700000)) = (1,\ 12.468,\ 13.459)$ und (vgl. (8.11)) $s_\mu(\mathbf{x}_0) = s_e\,[\mathbf{x}_0^t(X^tX)^{-1}\mathbf{x}_0]^{1/2}$. Für $Q^{(t)}_{n-k-1}(1-(\alpha/2))$, s_e und $(X^tX)^{-1}$ siehe f). Es ist $s_\mu(\mathbf{x}_0) = 0.0704 \cdot [0.1431]^{1/2} = 0.0266$ und das Konfidenzintervall beträgt $[8.749 - 0.058,\ 8.749 + 0.058] = [8.691,\ 8.807]$. Das Intervall ist in unserem Beispiel noch für die Wertschöpfung umzurechnen. Man erhält $[\exp(8.691),\ \exp(8.807)] = [5949,\ 6680]$.

j) Das Konfidenzintervall für eine zukünftige Beobachtung ist stets größer als jenes für den Erwartungswert einer Vorhersage, denn es geht die (im Vergleich zu $s_\mu(\mathbf{x}_0)$) größere Standardabweichung $s(\mathbf{x}_0) = [s_e^2 + s_\mu^2(\mathbf{x}_0)]^{1/2}$ ein. Die zur Berechnung benötigten Größen findet man alle in i). Man erhält $s(\mathbf{x}_0) = 0.0755$ und für (8.13) $[8.585,\ 8.913]$. Transformiert man noch zurück, dann erhält man als Konfidenzintervall für die Wertschöpfung $[\exp(8.585),\ \exp(8.913)] = [5351,\ 7428]$.

♣

8.7 Überprüfen der Modellvoraussetzungen

Wir diskutieren in diesem Abschnitt zwei grafische Methoden zum Überprüfen der Modellvoraussetzungen: die *Residuenplots* und den *q-q-Plot der Residuen.*

Mit *Residuenplots* überprüft man die Konstanz der Residualvarianzen (Homoskedastizität). Verletzungen im Modell vorausgesetzter Linearitäten sowohl wie Ausreißer können häufig ebenfalls mit Residuenplots erkannt werden. Bei einer Einfachregression trägt man die Residuen in einem zweidimensionalen Diagramm über die unabhängige Variable auf (vgl. mit Streudiagrammen in Kapitel 7, bei denen die abhängige Variable über die unabhängige aufgetragen wird). Bei mehreren erklärenden Variablen sind Verletzungen der Modellvoraussetzungen nicht in jedem Fall erkennbar, wenn die Residuen nur über die einzelnen erklärenden Variablen geplottet werden. In diesem Fall trägt man die Residuen auch über die Prognosewerte auf.

8–14 Die folgenden Daten geben Länge (X) und Gewicht (Y) von 24 Alligatoren.

X	94	74	147	58	86	94	63	86	69	72	128	85
Y	130	51	640	28	80	110	33	90	36	38	366	84
X	86	88	72	74	61	90	89	68	76	114	90	78
Y	83	70	61	54	44	106	84	39	42	197	102	57

a) Bestimme die Regressionsgerade, welche den Einfluss der Länge auf das Gewicht beschreibt, und zeichne den Residuenplot.

b) Sind die Annahmen der linearen Regression erfüllt? Wenn nicht wähle ein Regressionsmodell, dass den Zusammenhang besser beschreibt, und untersuche es wieder mittels eines Residuenplots.

Lösung:

a) Die Regressionsgerade lautet $Y = -392.530 + 5.899 \cdot X$. Als Residuenplot zeichnen wir für jeden Alligator die Länge über das jeweilige Residuum auf, also z.B. $e_1 = 130 - (-392.530 + 5.899 * 94) = -31.98$ über $x_1 = 94$. Der zugehörige Residuenplot ist Abbildung (a) in der Graphik am Ende der Lösung von b).

b) Man erkennt eine U-förmige Struktur in den Residuen: Erst fallen sie mit X und steigen sie wieder mit X. Das ist ein Hinweis auf einen nichtlinearen Zusammenhang. Wir versuchen also, ob der Zusammenhang besser durch eine quadratische Regressiongleichung beschrieben werden kann. Eine quadratische Regression ergibt $Y = 414.813 + 11.428 \cdot X + 0.087 \cdot X^2$. Wieder tragen wir die Residuen über X auf. Das führt zum Residuenplot (b).

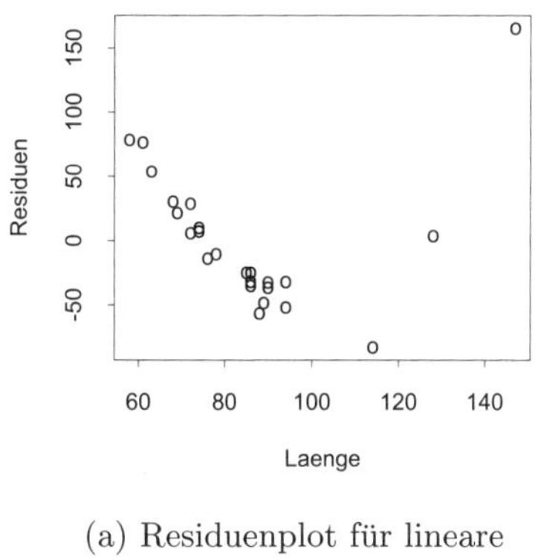

(a) Residuenplot für lineare Regression

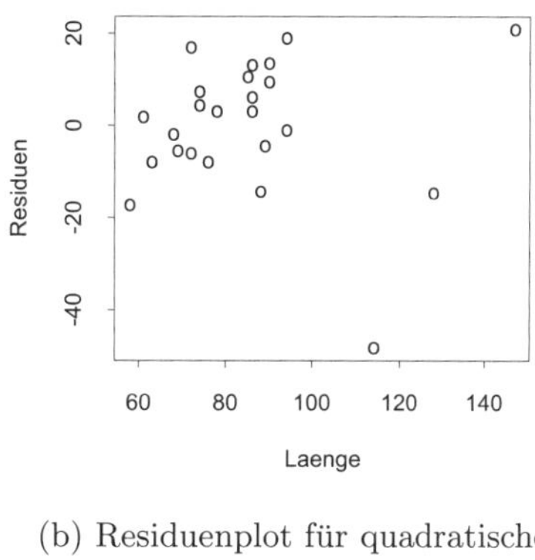

(b) Residuenplot für quadratische Regression

In (b) sehen wir nun keine deutliche Struktur mehr. Die quadratische Regression beschreibt den Zusammenhang zwischen Länge und Gewicht somit besser als die lineare Regression. Zusätzlich erkennen wir einen Ausreißer: das Residuum mit dem Wert −48 des Alligators mit der Länge 114 liegt außergewöhnlich weit weg vom Wert 0 (die Residualvarianz beträgt $s_e = 15.5$).

♣

8–15 Der Geschmack von Cheddar-Käse hängt von der Konzentration verschiedener chemischer Substanzen ab. Dabei erweisen sich insbesondere die Substanzen Hydrogensulfid und Milchsäure als gute Prediktoren. Unten angeführte Daten enthalten den Geschmack (Gesamtscore gebildet aus den Scores verschiedener Testpersonen) und die Logarithmen der Konzentrationen an Hydrogensulfid (H2S) und Milchsäure (Lactat) 28 Cheddar-Käseproben (`http://lib.stat.cmu.edu/DASL/Datafiles/Cheese.html`).

Probe	Geschm.	H2S	Lactat
1	12.30	3.135	0.86
2	20.90	5.043	1.53
3	39.00	5.438	1.57
4	47.90	7.496	1.81
5	5.60	3.807	0.99
6	25.90	7.601	1.09
7	37.30	8.726	1.29
8	21.90	7.966	1.78
9	18.10	3.850	1.29
10	21.00	4.174	1.58
11	34.90	6.142	1.68
12	57.20	7.908	1.90
13	25.90	4.942	1.30
14	54.90	6.752	1.52

Probe	Geschm.	H2S	Lactat
15	40.90	9.588	1.74
16	15.90	3.912	1.16
17	6.40	4.700	1.49
18	18.00	6.174	1.63
19	38.90	9.064	1.99
20	14.00	4.949	1.15
21	15.20	5.220	1.33
22	32.00	9.242	1.44
23	56.70	10.199	2.01
24	16.80	3.664	1.31
25	11.60	3.219	1.46
26	26.50	6.962	1.72
27	13.40	6.685	1.08
28	5.50	4.787	1.25

a) Führe die Mehrfachregression durch, welche den Einfluss von Hydrogensulfid (H2S) und Milchsäure (Lactat) auf den Geschmack beschreibt. Zeichne den dazugehörigen Residuenplot.

b) Sind die Modellvoraussetzungen der Mehrfachregression erfüllt? Wenn nicht, wähle ein Regressionsmodell, welches besser geeignet ist und untersuche es mittels eines Residuenplots.

Lösung:

a) Die Regressiongleichung lautet mit y Geschmack, x_1 H2S, x_2 Lactat: $y = -24.412 + 3.642 \cdot x_1 + 19.390 \cdot x_2$. Da wir mehr als eine unabhängige Variable haben tragen wir für den Residuenplot die Residuen e_i über die Prognosewerte $\hat{y}_1$ auf, also z.B. $e_1 = 12.30 - (-24.412 + 3.642 \cdot 3.135 + 19.390 \cdot 0.86) = 8.62$ über $\hat{y}_1 = -24.412 + 3.642 \cdot 3.135 + 19.390 \cdot 0.86 = 3.68$. Der vollständige Residuenplot ist Graphik (a) der unteren Abbildung.

b) Im Residuenplot (a) erkennt man folgende Tendenz: Die Residuen streuen umso mehr, je größer der Wert der Prognose ist. Das ist ein Hinweis auf Heteroskedastizität, d.h. dass die Residualvarianzen nicht (wie angenommen) homogen sind. Um diesen Defizit zu bereinigen, logarithmieren wir die Geschmackscores und bestimmen die Regressiongleichung mit den logarithmierten Werten $z = \log(y)$ als unabhängige Variable. Wir verwenden also z.B. $z_1 = \log(y_1) = 2.510$ statt $y_1 = 12.30$ und so weiter. Die resultierend Regressionsgleichung lautet $z = 1.0051 + 0.15586 * x_1 + 0.76470 * x_2$.

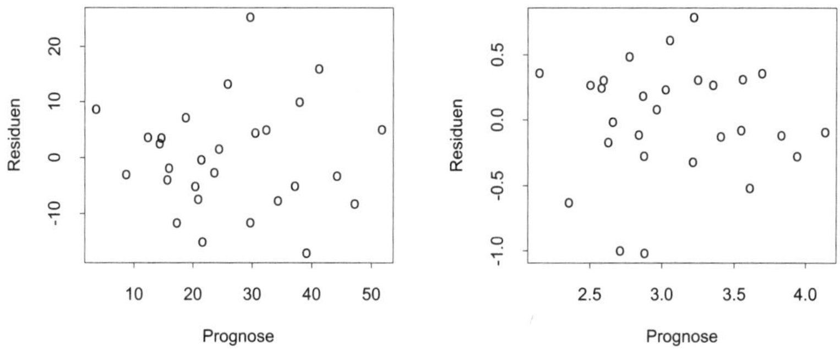

(a) Residuenplot mit den Originaldaten

(b) Residuenplot mit Geschmack logarithmiert

Graphik (b) in der unteren Abbildung zeigt den zugehörigen Residuenplot. Die Varianz der Residuen scheint nun mehr oder weniger homogen zu sein. ♣

q-q-Plots sind eine grafische Methode um festzustellen, ob Daten (z.B. die Residuen) einer Normalverteilung entstammen. Man trägt die Werte $\gamma_i = \Phi^{-1}[(i-3/8)/(n+1/4)]$ auf der x-Achse eines zweidimensionalen Diagramms auf. Als y-Koordinaten wählt man die aufsteigend geordneten standardisierten Residuen $e_i^{(s)} = \frac{e_i}{s_e(1-h_{ii})}$, wobei h_{ii} das i-te Diagonalelement der Matrix $H = X(X^tX)^{-1}X^t$ ist. Es ist aufwendig q-q-Plots händisch zu erstellen, sie können aber mit vielen Statistik Programmpaketen direkt erzeugt werden.

Sind die Daten (Residuen) tatsächlich normalverteilt, dann liegen die standardisierten Residuen (Punkte des q-q-Plots) ungefähr auf einer Geraden.

Zur Erklärung: Betrachtet man n unabhängige $N(0,1)$ verteilte Zufallsvariablen $Z_1, Z_2 \ldots, Z_n$. und ordnet diese der Größe nach aufsteigend, so erhält man die sogenannten Ordnungsstatistiken $Z_{[1]} \leq Z_{[2]} \leq \ldots \leq Z_{[n]}$. Nun ist $E(Z_{[i]}) \approx \gamma_i = \Phi^{-1}[(i - 3/8)/(n + 1/4)]$. Unter der Annahme normalverteilter Residuen e_i sind die standardisierten Residuen $e_i^{(s)}$ praktisch $N(0,1)$ verteilt.

8–16 Erkläre zu jedem Diagrammtyp, welche Modellvoraussetzung überprüft wird? Bei welchem der jeweils zwei Plots ist die Modellvoraussetzung eher verletzt und warum?

a) Werte einer erklärenden Variable gegen die Residuen e_i:

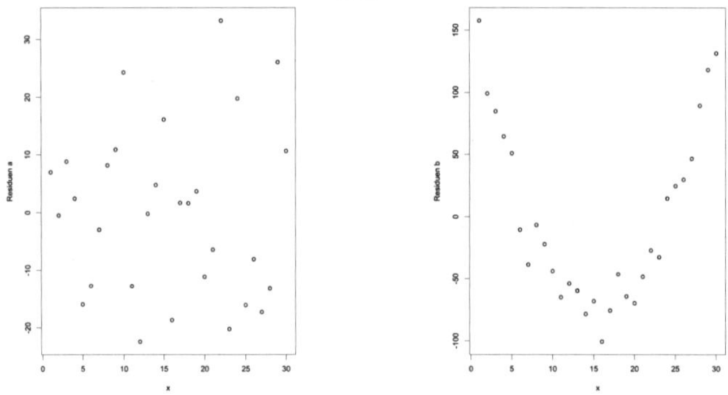

b) Plot der geordneten standardisierten Residuen gegen die (approximierten) Erwartungswerte der Ordnungsstatistiken von unabhängigen $N(0,1)$ verteilten Zufallsvariablen. (q-q–Plot.)

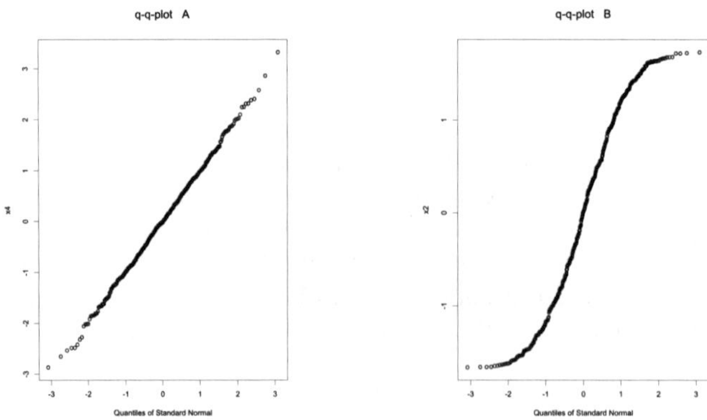

c) Plot der Residuen gegen die Erklärungswerte $\hat{y}_i$.

Lösung: (zu 8–16.)

a) Man überprüft, ob tatsächlich ein linearer Zusammenhang besteht. Beim rechten Plot ist die Linearitätsaussage verletzt, da eine deutliche Struktur in den Residuen zu erkennen ist. (Die Residuen sind nicht zufällig um die x-Achse verteilt.)

b) Man testet, ob die Residuen normalverteilt sind. Normalverteilte standardisierte liegen Residuen (ungefähr) auf einer Geraden. Der rechte Plot spricht gegen die Normalverteilungsannahme. Der Verlauf der Residuen entspricht dem einer S-förmigen Kurve.

c) Man testet die Homogenität der Residualvarianzen. Sind die Varianzen inhomogen, so wird es im Diagramm meist Bereiche gibt in denen die Residuen typischerweise viel weiter von der horizontalen Achse entfernt sind als in anderen. Dies ist im rechten Plot der Fall.

♣

Schwache Verletzungen der Modellvoraussetzungen sind bei realen Daten oft schwer erkennbar.

8.8 Beispiele zum Üben

8.8.1 Aufgaben

8–17 Ein Übungsleiter führt eine Lehrveranstaltunganalyse durch. Anhand einer Stichprobe von 8 Studenten möchte er nun feststellen, ob Note und Semester der Studenten Einfluss auf die Bewertung hat. Die Studenten konnten ihn über eine Punkteskala von 1 (gute Bewertung) bis 10 (sehr schlechte Bewertung) beurteilen.

Semester	2	2	3	3	6	3	3	2
Note	1	4	3	2	3	3	4	2
Bewertung	3	5	5	4	6	5	5	4

a) Führen Sie ein lineare Mehrfachregression durch.

b) Hat wenigstens einer der unabhängigen Variablen einen Einfluss auf die Bewertung? Testen Sie auf einem Niveau von $\alpha = 0.01$.

c) Testen Sie jeweils für die Koeffizienten β_1 und β_2, ob sie signifikant von Null verschieden sind. ($\alpha = 0.01$)

d) Welche Punkte kann sich der Übungsleiter im Mittel von einem Studenten im 3ten Semester mit Note 3 erwarten.

e) Bestimmen Sie das 99% Konfidenzintervall für die Prognose aus d).

8–18 Ein Statistiker hat für einige Restaurants gleichen Typs den wöchentlichen Umsatz (in 1000 US Dollar) y, das Durchschnittsjahreseinkommen x_1 (in 1000 US Dollar) und die Populationsgröße x_2 (in 1000 Personen) der Region, in der sich das Restaurant befindet, erfragt. Anhand der Daten von 11 Restaurants errechnet er folgende Regressionsgleichung

$$\hat{y} = -9.02 + 0.768\,x_1 + 0.176\,x_2 \ .$$

Zusätzlich gibt er bekannt:

- Gesamtabweichungsquadratsumme $SQT = \sum_{i=1}^{11}(y_i - \bar{y})^2 = 364.91$
- Quadratsumme der Residuen $SQR = \sum_{i=1}^{11} e_i^2 = 130.12$
- Standardabweichungen der Koeffizienten: $s_{b_1} = 0.204$, $s_{b_2} = 0.084$.

a) Wie groß ist das Bestimmtheitsmaß dieser Mehrfachregression?

b) Welcher Test steht mit dem Bestimmtheitsmaß in Verbindung? Führen Sie ihn durch und interpretieren Sie das Ergebnis. (Wählen Sie selbst ein Signifikanzniveau.)

c) Berechnen Sie das 95% Konfidenzintervall für den Koeffizienten der zur Populationsgröße gehört.

d) Ist der Einfluss der Populationsgröße signifikant? Testen Sie auf einem Niveau von $\alpha = 0.05$!

8–19 Im folgenden finden Sie Ergebnisse einer Mehrfachregression zur Erklärung der Obdachlosenrate Y (Prozent der Bevölkerung) durch die unabhängigen Variablen

- Arbeitslosenrate X_1 (Prozent der Erwerbsfähigen) und
- durchschnittliche Lebenshaltungskosten X_2 (Prozent des Bruttoeinkommens).

Die Regression wurde mit einer Stichprobe von 21 vergleichbar großen Städten berechnet.

Variable	Koeffizient b_k	Standardabweichung s_{b_k}
X_1	0.097	0.027
X_2		0.002
Konstante	-0.018	

Die Stichprobe hatte eine durchschnittliche Obdachlosenrate von

$$\bar{Y} = \frac{1}{21}\sum_{i=1}^{21} y_i = 1.518\%$$

mit einer Standardabweichung von

$$s_Y = \sqrt{\frac{1}{20}\sum_{i=1}^{21}(y_i - \bar{y})^2} = 0.189\%.$$

Die erklärte Abweichungsquadratsumme beträgt

$$SQE = \sum_{i=1}^{21}(\hat{y}_i - \bar{y})^2 = 0.521\ .$$

Die durchschnittliche Arbeitslosenrate der Stichprobe betrug 7.986%. Die über alle Städte der Stichprobe gemittelten Lebenshaltungskosten betrugen 71.472%.

a) Bestimmen Sie den fehlenden Regressionskoeffizienten und schätzen Sie die Obdachlosenrate in einer Stadt mit einer Arbeitslosenrate von 9% und durchschnittlichen Lebenshaltungskosten von 70%.

b) Berechnen Sie das Bestimmtheitsmaß.

c) In welchem statistischen Test spielt das Bestimmtheitsmaß eine Rolle? Formulieren sie Null- und Alternativhypothese dieses Tests und führen Sie ihn durch. Interpretieren Sie Ihr Ergebnis! ($\alpha = 0.01$)

d) Berechnen Sie ein 99% Konfidenzintervall für den Koeffizienten der Arbeitslosenrate.

e) Hat die Arbeitslosenrate einen signifikanten Einfluss auf die Obdachlosenrate Y? Testen Sie auf einem Niveau von $\alpha = 0.01$.

8–20 Um die Koeffizienten des Modells

$$y = \beta_0 + \beta_1 x_1 + \beta_2 x_2 + \beta_3 x_3 + \beta_4 x_4 + \epsilon$$

zu schätzen, wurden 30 Beobachtungen gesammelt, mit folgendem Ergebnis:

Source of Variation	Degrees of Freedom	Sum of Squares	Mean Squares
Regression	4	126.3	31.58
Residual	25	269.1	10.76
Total	29	395.4	

Testen Sie (mit $\alpha = 0.01$) die folgende Hypothese

H_0: $\beta_1 = \beta_2 = \beta_3 = \beta_4 = 0$
H_1: $\beta_i \neq 0$ für wenigstens ein $i \geq 1$.

8–21 Die folgende Regressionsgleichung zur Erklärung den Monatszins y (in 1000 EURO) von Mietwohnungen nach ihrer Nutzfläche x_1 (in m^2) und Art der Beheizung x_2 wurde anhand einer Stichprobe von 20 Wohnungen bestimmt.

$$\hat{y} = -0.150 + 0.012\,x_1 - 0.300\,x_2\ ,$$

Dabei nimmt x_2 den Wert 0 an, falls mit Gas, und den Wert 1 an, falls mit Kohle geheizt wird.

Die Standardabweichung des Koeffizienten b_1 beträgt 0.001, die des Koeffizienten b_2 ist 0.098.

a) Schätzen Sie die Differenz zwischen dem Monatszins einer Wohnung mit Gasheizung und dem Monatszins einer Wohnung mit Kohleofen.

b) Hat die Art der Heizung wirklich einen signifikanten Einfluss auf den Mietzins? Testen Sie auf einem Niveau von $\alpha = 0.01$.

c) Wie lautet das 99% Konfidenzintervall für den Koeffizienten b_1?

8–22 Um Grundstückspreise erklären zu können, zieht ein Immobilienmakler einen Statistiker zu Rate. Dieser empfiehlt als unabhängige Variablen Fläche und Lage des Grundstücks heranzuziehen. Anhand von 10 Grundstücken wurden folgende Ergebnisse ermittelt.

```
Variable                B         SE B          T  Sig T

Fläche (m^2) 26,856703    8,205586      3,273  ,0136
Lage           830,637904 367,610268      2,260  ,0584
(Constant)   -748,086287 569,904998     -1,313  ,2307
-------------------------------------------------------------------
Analysis of Variance
                 DF   Sum of Squares     Mean Square     F       Signif F

Regression       2        7708674       3854336,97997   14,70058     ,0031
Residual         7        1835326        262189,43429
-------------------------------------------------------------------
                  Mean  Std Dev.

Fläche         74,200    23,612
Lage             ,500      ,527
```

Grundstücke in guter Lage wurden dabei mit „1" codiert, diejenigen in weniger guter Lage mit „0".

a) Schätzen Sie den typischen (d.h. mittleren) Preisaufschlag für ein Grundstück in guter Lage! (Im Vergleich zu Grundstücken in weniger guter Lage.)

b) Bestimmen Sie die empirische Varianz der Preise der 10 Grundstücke.

c) Tragen insgesamt gesehen Fläche und Lage zur Erklärung des Preises bei? Führen Sie *einen* geeigneten Test zum Niveau $\alpha = 0.01$ durch!

d) Geben Sie ein 99% Konfidenzintervall für den mittleren Preis für einen zusätzlichen Quadratmeter Fläche an! Hängt dieser Preis in unserem Modell von der Lage ab?

8–23 Um Einflussfaktoren auf die Kundenzufriedenheit mit Polo–Hemden zu untersuchen, wurden die folgenden Daten gesammelt.

Hemd	1	2	3	4	5	6	7	8	9	10
Zufriedenheit	15	12	10	20	18	11	9	4	8	12
Material	1	1	1	1	1	0	0	0	0	0
Haltbarkeit	26	42	32	18	20	25	28	23	15	19

Die Zufriedenheit der Kunden wurde auf einer Skala von 0-25 erhoben. Die betrachteten Einflussfaktoren waren: Material (0 ... Baumwolle, 1... Polyacryl) und die Haltbarkeit (in Waschgängen bis die Hemden zu 30% ausbleichen).

a) Führen Sie eine lineare Mehrfachregression durch.

b) Berechnen Sie die Standardabweichung der Residuen.

c) Ist das Modell als ganzes sinnvoll? Testen Sie auf einem Niveau von $\alpha = 0.05$.

d) Beeinflusst die Haltbarkeit die Kundenzufriedenheit? Testen Sie zum Niveau $\alpha = 0.05$!

e) Beeinflusst das Material die Kundenzufriedenheit? Testen Sie zum Niveau $\alpha = 0.05$!

f) Berechnen Sie ein 95% Konfidenzintervall für die mittlere Zufriedenheit des Käufers eines Polo-Hemd aus Baumwolle und einer Haltbarkeit von 23.

8–24 Die Rutschfestigkeit von Sportschuhen soll in Abhängigkeit des Alters (X1, gemessen in Benutzungsstunden) und Neupreis (X2, in 10 EURO) der Schuhe untersucht werden. Zusätzlich wird unterschieden ob es sich um Damen- (X3 = 0) oder Herrenschuhe (X3 = 1) handelt. Die Rutschfestigkeit wurde in einer Skala von 0 (absolut keine Rutschfestigkeit) bis 20 (perfekte Rutschfestigkeit) gemessen. Eine Mehrfachregression ergab folgenden Computeroutput:

```
  * * * *   M U L T I P L E   R E G R E S S I O N   * * * *

R Square              0.965     (Bestimmtheitsmaß)
Adjusted R Square     0.953
Standard Error      !!......!!  (Standardabweichung der Residuen)

Analysis of Variance

                      DF       Sum of Squares        Mean Square
Regression         !!.....!!        851.45            !!......!!
Residual                9        !!.......!!              3.43

F =     82.77                  Signif F =  .0000

---------------- Variables in the Equation ----------------
Variable                 B          SE B              T  Sig T

X1                -0.03595      0.02930          -1.23   0.251
X2                 0.24972      0.03446           7.25   0.000
X3                -0.79500      1.10000          -0.72   0.488
(Constant)        12.13800      6.56400           1.85   0.097
```

a) Ergänzen Sie obigen Computerausdruck! (Die fehlenden Daten sind durch „ !!...!! " gekennzeichnet.)

b) Ist die Regression als ganzes sinnvoll? Testen Sie auf einem Niveau von $\alpha = 0.01$!

c) Schätzen Sie die durchschnittliche Rutschfestigkeit eines Herrensportschuhs für einen Preis von 100 EURO nachdem er 150 Stunden gebraucht wurde?

d) Angenommen das 99%– Konfidenzintervall für einen durschnittlichen Prognosewert hat als Grenzen die Werte 6.45 und 10.45. Wie groß ist dann die geschätzte Varianz des durchschnittlichen Prognosewertes?

c) Ist es wesentlich, zwischen Damen- bzw. Herrenschuhen zu unterscheiden? Welcher Test gibt Aufschluss über diese Frage? Führen Sie ihn durch! ($\alpha = 0.01$)

8–25 Ein (etwas schrulliger) Süßwarenhändler möchte feststellen, inwieweit der Schokoladenkonsum vom Alter seiner Kunden abhängt. Dazu ermittelte er für 6 Stammkunden das Alter x (in Jahren) und den Schokoladenkonsum y (in Gramm) des letzen Monats.

x	15	12	35	55	75	26
y	312	362	212	512	1212	208

Er vermutet einen quadratischen Zusammenhang der Form

$$y = \beta_0 + \beta_1 x + \beta_2 x^2 + \epsilon.$$

a) Schätzen Sie die quadratische Regressionsfunktion mittels Mehrfachregression.

b) Wird seine Vermutung bestätigt, d.h., besteht wirklich ein nichtlinearer Zusammenhang? Testen Sie auf einem Niveau von $\alpha = 0.05$.

c) Welcher Schokoladenkonsum ist für einen 35 Jahre alten Kunden zu erwarten?

d) Berechnen Sie ein 95% Konfidenzintervall für den individuellen Schokoladenkonsum eines 35 Jahre alten Kunden.

8–26 Es soll die Abhängigkeit einer Variablen Y von einer erklärenden Variablen X anhand folgender Daten untersucht werden.

x_i	0	1	2	3	4	5
y_i	40	49	60	53	25	6

Dazu wurde eine quadratische Regression durchgeführt. Sie liefert die Gleichung (die Koeffizienten wurden auf die dritte Dezimalstelle gerundet)

$$y = 39.000 + 19.314 \cdot x - 5.286 \cdot x^2$$

a) Zeichnen Sie ein Streudiagramm. Entsprechen die Daten eher einem linearen oder eher einem quadratischen Zusammenhang?

b) Zeichnen Sie die geschätzte Regressionsfunktion in das Streudiagramm ein.

c) Die quadratische Regression kann als lineare Mehrfachregression aufgefasst werden. Welches sind ihre Variablen. Nennen Sie die Daten mit denen diese lineare Mehrfachregression gerechnet wurde.

d) Wie groß ist das Residuum e_2 für $x = 1$?

e) Schätzen Sie die Varianz der Residuen und berechnen Sie das lineare multiple Bestimmtheitsmaß.

f) Welcher Test gehört zum multiplen Bestimmtheitsmaß? Führen Sie ihn durch ($\alpha = 0.01$) und interpretieren Sie sein Ergebnis.

g) Wie lautet das 95% Konfidenzintervall für den Koeffizienten des quadratischen Terms? Ist dieser Koeffizient signifikant von 0 verschieden? ($\alpha = 0.05$).

8–27 Oft wird die Wertschöpfung aus Beispiel 8–13 über einen Zeitraum auch stark vom technischen Fortschritt beeinflusst. Man betrachtet dann die modifizierte Cobb-Douglas Funktion

$$V_t = \delta\,\gamma^t K_t^{\beta_1} L_t^{\beta_2} \eta_t.$$

Dabei steht t für das Jahr. Der Einfachheit halber kann man die Jahreszählung mit 1 beginnen lassen. (72 $\to$ 1, 73 $\to$ 2, usw.)

Setzen Sie $\beta_3 = \ln(\gamma)$ und lösen a)-j) aus 8–13 mit den Daten aus 8–13. Verwenden Sie bei den Vorhersagen und Konfidenzintervallen in h)–j) $t = 16$ (i.e. 1987). Vergleichen Sie die Resultate mit 8–13.

8–28 Um festzustellen inwieweit der Ertrag Y an Tomaten von der Bewässerungsmenge X (in Liter/m^2) abhängt, wurden die Erträge von Versuchsfeldern mit unterschiedlichen Bewässerungsmengen festgehalten. Die Felder befanden sich entweder in Region A oder in Region B, was durch eine Dummy Variable Z berücksichtigt wurde. ($Z = 0$ für Region A und $Z = 1$ für Region B). Es waren 10 Versuchfelder aus Region A und 14 aus Region B. Eine in X quadratische Regression ergab folgenden Zusammenhang

$$Y = 44.225 + 8.847\,X - 1.859\,X^2 + 4.043\,Z$$

Als empirische Residuenvarianz ergab sich $s_e^2 = 34.554$; die Koeffizienten haben eine empirische Standardabweichung von $s_{b_X} = 3.396$, $s_{b_{X^2}} = 0.436$ und $s_{b_Z} = 2.443$. Die Erträge $y_1, \ldots, y_{24}$ hatten einen Mittelwert und eine empirische Varianz von

$$\bar{y} = \frac{\sum_{i=1}^{24} y_i}{24} = 3.458 \qquad \text{bzw.} \qquad s_y^2 = \frac{1}{23}\sum_{i=1}^{24}(y_i - \bar{y})^2 = 260.7$$

a) Welcher Ertrag ist in Region B bei einer Bewässerungsmenge von 4 Liter/m^2 zu erwarten? Um wieviel verändert sich der Ertrag in Region A, wenn mit 5 statt mit 4 Liter/m^2 bewässert wird?

b) Wie groß ist das multiple Bestimmtheitsmaß? Testen Sie, ob das quadratische Regressionsmodell als Ganzes sinnvoll ist. ($\alpha = 0.05$)

c) Welcher Test überprüft, ob es sich eher um einen linearen oder quadratischen Zusammenhang handelt? Führen Sie ihn durch und entscheiden Sie, ob ein quadratischer Ansatz notwendig ist.($\alpha = 0.05$)

d) Schätzen Sie den Unterschied des durchschnittlichen Ertrags zwischen Region A und B. Berechnen Sie das dazugehörige 95% Konfidenzintervall.

8–29 Bei welchem der beiden Residuendiagramme liegt eher Heteroskedastizität vor?

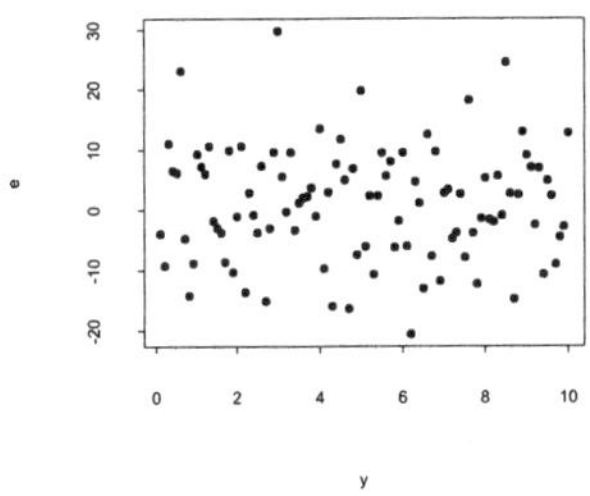

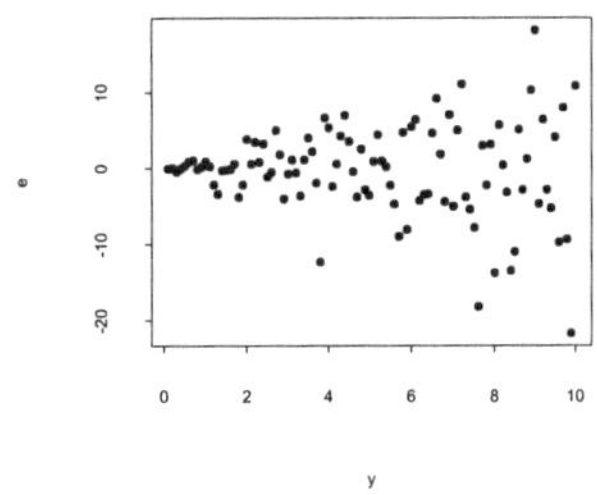

8–30 Gegeben sind drei Tabellen mit beobachteten und durch eine lineare Regression vorhergesagten Werten y und $\hat{y}$ die zu verschiedenen Datensätzen gehören.

(i)

y	55	12	63	30	43	82	60	4
$\hat{y}$	43	8	80	33	46	93	40	1
y	25	61	89	2	42	49	80	30
$\hat{y}$	43	80	80	25	46	39	40	30

(ii)

y	10	22	29	15	24	13	17
$\hat{y}$	7	21	29	13	25	16	19
y	23	11	27	19	26	20	14
$\hat{y}$	22	14	27	17	27	22	11

(iii)

y	46	40	53	60	56	62	44	49	52
$\hat{y}$	48	43	54	63	54	65	46	47	49
y	59	45	55	47	61	42	57	50	52
$\hat{y}$	56	41	53	44	57	45	62	52	51

a) Berechnen Sie die Residuen für alle drei Datensätze.

b) Zeichnen Sie jeweils zu den Daten (i) bis (iii) Residuenplots, d.h., tragen Sie in drei zweidimensionalen Diagrammen die Residuen über die beobachteten Werte auf.

c) Entscheiden Sie anhand der Residuenplots, bei welchem der drei Datensätzen die Annahme von Homoskedastizität (konstante Varianz der Residuen) nicht gerechtfertigt scheint.

8.8.2 Lösungen

8–17: a): x_1 ist das Semester, x_2 die Note, $\hat{y} = 1.791 + 0.401 \cdot x_1 + 0.593 \cdot x_2$.
b): Hypothesen: $H_0 : \beta_1 = \beta_2 = 0$, $H_1 : \beta_1 \neq 0$ oder $\beta_2 \neq 0$, Prüfgröße: $\tilde{f} = 38.914$, H_0 kann abgelehnt werden, da $\tilde{f} > 13.27$. (Grenze des Ablehnbereichs aus der Tabelle der F-Verteilung mit $n_1 = 2$ und $n_2 = 5$ Freiheitsgraden!), d.h., wenigstens einer der unabhängigen Variablen hat einen Einfluss.
c): Hypothesen: $H_0 : \beta_i = 0$, $H_1 : \beta_i \neq 0$ für $i = 1, 2$, Prüfgröße: $T = 5.101$ für $i = 1$ und $T = 5.961$ für $i = 2$, in beiden Fällen kann H_0 verworfen werden, da jeweils $|T| > 4.03$. (Grenzen des Ablehnbereichs aus der Tabelle der t-Verteilung mit $n = 5$ Freiheitsgraden!), d.h., β_1 und β_2 sind signifikant von Null verschieden (beide unabhängigen Variablen haben also einen Einfluss). d): $\hat{y} = 4.77$, e): $[4.38, 5.16]$

8–19: a): Man verwendet, dass immer $\bar{y} = b_0 + b_1 \cdot \bar{x}_1 + b_2 \cdot \bar{x}_2$, daher

$$b_2 = \frac{\bar{y} - b_0 - b_1 \cdot \bar{x}_1}{\bar{x}_2} = 0.01065 \,, \quad \hat{y}(9, 70) = 1.6.$$

b): $SQT = 20 \cdot S_y^2 = 0.71442$, $r^2 = 0.73$.
c): Hypothesen: $H_0 : \beta_1 = \beta_2 = 0$, $H_1 : \beta_1 \neq 0$ oder $\beta_2 \neq 0$, Prüfgröße: $\tilde{f} = 24.33$, H_0 kann abgelehnt werden, da $\tilde{f} > 6.01 = Q^{(F)}_{2,\,18}(0.99)$.
d) $[0.02, 0.17]$. e): Hypothesen: $H_0 : \beta_1 = 0$, $H_1 : \beta_1 \neq 0$, H_0 kann abgelehnt werden, da 0 nicht im Konfidenzintervall aus d), d.h., X_1 hat einen signifikanten Einfluss.

8–21: a): Eine Wohnung mit Gasheizung ist im Mittel um (geschätzte) 300 EURO teurer.
b): Hypothesen: $H_0 : \beta_2 = 0$, $H_1 : \beta_2 \neq 0$, Prüfgröße: $T = -3.06$, H_0 verwerfen, da $|T| > 2.898 = Q^{(t)}_{17}(0.995)$. Der Einfluss der Heizungsart ist signifikant.
c) $[0.009, 0.015]$, b_1 ist der Preis pro Quadratmeter (abzüglich den Fixkosten b_0).

8–23: a): x_1 Material, x_2 Haltbarkeit, $\hat{y} = 15.038 + 7.788 \cdot x_1 - 0.284 \cdot x_2$, b): $s_e = 3.1158$.
c): Hypothese: $H_0 : \beta_1 = \beta_2 = 0$, $H_1 : \beta_1 \neq 0$ oder $\beta_2 \neq 0$, Prüfgröße: $\tilde{f} = 6.59$, H_0 kann abgelehnt werden, da $\tilde{f} > 4.74 = Q^{(F)}_{2,\,7}(0.95)$. Das Modell ist als Ganzes sinnvoll.
d): Hypothese: $H_0 : \beta_2 = 0$, $H_1 : \beta_2 \neq 0$, Prüfgröße: $T = -2$, H_0 kann nicht abgelehnt werden, da $|T| < 2.365 = Q^{(t)}_7(0.975)$, ein Einfluss der Haltbarkeit kann nicht nachgewiesen werden.
e): Hypothese: $H_0 : \beta_1 = 0$, $H_1 : \beta_1 \neq 0$, Prüfgröße: $T = 3.666$, H_0 kann abgelehnt werden, da $|T| > 2.365$, ein Einfluss des Materials ist gegeben.
f) [5.20,11.83]

8–25: a) $b_0 = 649.983$, $b_1 = -30.013$, $b_2 = 0.500$. b): Hypothesen: $H_0 : \beta_2 = 0$, $H_1 : \beta_2 \neq 0$, Prüfgröße: $T = 1741.128$, H_0 kann abgelehnt werden, da $|T| > 3.182 = Q^{(t)}_3(0.975)$, der Zusammenhang ist quadratisch.
c): $\hat{y} = 212.13$. d): $[211.09, 213.18]$

8–27: a): $\ln(V_t) = \beta_0 + \beta_1 \ln(K_t) + \beta_2 \ln(L_t) + \beta_3 t + \ln(\eta_t)$, wobei $\beta_0 = \ln(\delta)$, $\beta_3 = \ln(\gamma)$.
b):

$$X = \begin{pmatrix} 1 & 12.583 & 13.689 & 1 \\ 1 & 12.659 & 13.776 & 2 \\ 1 & 12.439 & 13.458 & 3 \\ \vdots & \vdots & \vdots & \vdots \\ 1 & 12.476 & 13.416 & 15 \end{pmatrix}, \quad Y = \begin{pmatrix} 8.812 \\ 8.930 \\ \vdots \\ 8.803 \end{pmatrix}$$

c): $b_0 = -13.691$, $b_1 = 0.824$, $b_2 = 0.883$, $b_3 = 0.025$, $\delta = 1.1 \cdot 10^{-6}$, $\gamma = 1.0253$
d): 0.018, −0.028, −0.003, −0.011, 0.009, 0.03, 0.032, 0.01, −0.021, −0.065, −0.009, 0.01, −0.005, 0.045, −0.012, $r^2 = 0.914$, e): Teststatistik $T = 38.98$. $Q^{(F)}_{3,\,11}(0.95) = 3.59$. Also H_0 ablehnen, f): $s_e = 0.0307$, Konfidenzintervall: [0.18, 1.46]. g): Der Koeffizient b_1 ist signifikant von 0 verschieden, da $T_1 = -5.54$ h): $\hat{y}_0 = 8.873$, $\hat{V}_t = 7137$, i): $S_{\hat{y}_0} = 0.0206$, Konfidenzintervall: [8.828, 8.918], transformiert [6820, 7468], j): Konfidenzintervall (transformiert): [6579, 7742].

8–29: Beim rechten Plot.

Kapitel 9

Varianzanalyse

9.1 Einleitung

Ziel der *Varianzanalyse* (engl. **an**alysis **o**f **va**riance, kurz: ANOVA) ist es, den Einfluss von Faktoren mit endlich vielen Ausprägungen – genannt Stufen – auf eine metrisch skalierte abhängige Variable zu untersuchen. (Achtung: Die Tabelle, welche in Regressionsmodellen oft im Zusammenhang mit dem F-Test erstellt wird, nennt man ebenfalls ANOVA-Tabelle.)

Die *Faktoren* (manchmal auch *Einstellgrößen* oder *Attribute* genannt) implizieren eine Einteilung der Grundgesamtheit (und auch der vorliegenden Daten) in Gruppen. Eine Gruppe besteht dabei aus jenen Beobachtungen, die unter einer bestimmten *Faktorstufe* (oder bei mehreren Faktoren: Faktorstufenkombination) gesammelt wurden.

Beispiel 23 *Angenommen die Flecklösekraft verschiedener Waschmittel soll untersucht werden. Mit der Reflektomax Methode wird die Reinheit von Wäsche auf einer Skala von 0 bis 100 ermittelt. Man könnte nun den Einfluss des Faktors "Waschmittelmarkeäuf den Reflektomax Sauberkeitswert untersuchen. Die Messungen zu jeweils einer Waschmittelmarke gehören zu einer Gruppe. Falls man nicht nur einen sondern mehrere Typen von Flecken betrachten möchte, ist es sinnvoll, noch einen zweiten Einflussfaktor (z.B. die Fleckenart) in die Untersuchung einzubeziehen. Dann bildet jede Ausprägungskombination der beiden Faktoren eine Gruppe bzw. einen* Block. *Zum Beispiel würden die Wäschestücke mit Grasflecken, die mit dem Waschmittel SSunny"gewaschen wurden, einen Block bilden.* ◇

Im Zuge einer Varianzanalyse prüft man nun, ob die betrachteten Faktoren einen Einfluss auf die untersuchte Variable (im obigen Beispiel: Flecklösekraft) haben. Falls mehrere Einflussfaktoren vorliegen, kann auch getestet werden, ob Wechselwirkungen zwischen Faktoren vorliegen. Führen die Tests zu signifikanten Ergebnissen, so kann man im Zuge einer sogenannten *post-hoc Analyse* die Struktur der Einflüsse näher untersuchen.

Die Schlüsse, die aus einer Varianzanalyse gezogen werden können, hängen von der Art der Versuchsdurchführung ab. In der statistischen Versuchsplanung unterscheidet man daher zwischen Beobachtungsstudien und kontrollierten Experimenten. In Beobachtungsstudien wählen die Versuchseinheiten die Gruppenzugehörigkeit selbst, während sie in kontrollierten Experimenten den Gruppen zugeteilt werden.

In Beobachtungsstudien besteht stets die Gefahr systematischer Fehler, bedingt dadurch, dass sich die Gruppen nicht nur durch den untersuchten Faktor sondern auch hinsichtlich anderer Merkmale unterscheiden.

Beispiel 24 *Es soll geprüft werden, ob sich die drei Autotypen Mazda 626, Opel Corsa und Audi Quattro in ihrer Fahrsicherheit unterscheiden. Dazu wird bei jeweils 10000 Fahrern dieser Marken die Unfallrate erhoben. (Unfallrate: Unfälle pro 100000 gefahrenen Kilometern)*

Da die Automarken von den Fahrern selbst gewählt werden, liegt eine Beobachtungsstudie vor. Es ist durchaus möglich, dass verschiedene Automarken auch von verschiedenen Fahrertypen bevorzugt werden. Daher ist es unklar in welchem Ausmaß gefundene Unterschiede tatsächlich auf den Autotyp zurückzuführen sind, bzw. wie viel von den Unterschieden durch unterschiedliches Fahrverhalten der Besitzer bedingt ist. ◇

Auch bei kontrollierten Experimenten kann dieses Problem auftreten.

Beispiel 25 *Würde man etwa den Versuch zur Flecklösekraft so durchführen, dass man zunächst einen Vorrat von verschmutzten Textilien anlegt und dann z.B. jeden Tag ein Waschmittel an Tüchern, die dem Vorrat entnommen wurden, erprobt, so könnte das zu systematischen Fehlern führen. Wenn man nämlich davon ausgeht, dass ältere Flecken schwerer zu lösen sind, könnten Unterschiede in der Sauberkeit sowohl auf die Waschmittelmarke als auch auf den nicht berücksichtigten Faktor Älter"der Verschmutzung zurückzuführen sein.* ◇

Im obigen Beispiel ist der Fehler einleuchtend. Oft ist es jedoch schwierig, alle Einflussfaktoren zu erkennen, die zu systematischen Unterschieden zwischen den Gruppen führen. Bei kontollierten Experimenten kann dieses Problem durch Randomisierung vermieden werden. Unter einem *randomisierten Experiment* versteht man ein Experiment bei dem die Faktorstufen den Versuchseinheiten zufällig zugeordnet werden.

Bei Beobachtungsstudien, wo eine zufällige Zuordnung nicht möglich ist, kann versucht werden weitere Einflussgrößen durch Einbeziehung in die Untersuchung zu kontrollieren. Das kann durch die Aufnahme weiterer Faktoren in die Varianzanalyse geschehen. Es besteht jedoch immer die Gefahr, dass Größen, die zu Unterschieden zwischen den Gruppen führen, unidentifiziert Größen bleiben. Es ist außerdem oft günstig die Versuche blind durchzuführen.

Beispiel 26 *Eine Firma möchte ihre Kaffeemarke einem Geschmackstest unterziehen und lässt dazu ihr Produkt zusammen mit einigen Vergleichsprodukten verkosten. Dann ist es für die Interpretierbarkeit der Ergebnisse vorteilhaft, wenn die Testpersonen nicht wissen, welcher Kaffee ihnen vorgesetzt wird. Das Wissen über die Erwartungen der Firma könnte nämlich die Testpersonen beeinflussen.* ◇

Das Buch von Scheffé (1959) ist ein klassisches Lehrbuch zur Varianzanalyse.

9.2 Einfaktorielle Varianzanalyse

Untersucht man nur einen Einflussfaktor, so spricht man von *einfaktorieller Varianzanalyse* bzw. *einfache Varianzanalyse*, engl.: one-way ANOVA.

Für einen Einflussfaktor mit r Stufen betrachtet man das folgende Modell, bei dem X_{ij}, die $j-te$ Beobachtungen zu Stufe i durch

$$X_{ij} = \mu + \alpha_i + \varepsilon_{ij}$$

zustandekommen, wobei μ als Gesamtmittelwert bezeichnet wird. Die Parameter α_i bezeichnen die Verschiebungen des Mittelwertes, die durch die Faktorstufe i erzeugt werden. (Nicht zu verwechseln mit dem Niveau α!) Um eine eindeutige Darstellung zu haben, verlangt man, dass $\sum_{i=1}^{r} \alpha_i = 0$. Von den zufälligen Fehlern ε_{ij} wird verlangt, dass sie normalverteilt mit Mittelwert 0 und gleicher Varianz σ^2, sowie unabhängig sind.

Typischerweise testet man im Zuge einer Varianzanalyse die Hypothese

$$H_0 : \alpha_1 = \ldots = \alpha_r = 0 \tag{9.1}$$

gegen

$$H_1 : \alpha_i \neq 0 \quad \text{für zumindest ein } i \in \{1, 2, \ldots, r\}.$$

Falls H_0 abgelehnt werden kann, ist der Einfluss des Faktors zum gewählten Niveau statistisch abgesichert.

Die obigen Hypothesen können auch mittels der Gruppenmittelwerte $\mu_i = \mu + \alpha_i$ formuliert werden:

$$H_0: \ \mu_1 = \mu_2 = \ldots = \mu_r (= \mu) \quad \text{(kein Unterschied zwischen den Gruppen)},$$

gegen

$$H_1: \ \mu_j \neq \mu_k \quad \text{für mindestens zwei Indizes } j,\ k \text{ aus } \{1, 2, \ldots, r\}.$$

Die Ergebnisse der Varianzanalyse werden meist in einer *Varianzanalysetabelle* (engl. ANOVA table) zusammengefasst. Im einfachsten Fall liegen für jede Stufe i des Einflussfaktors gleich viele Beobachtungen $x_{i1}, \ldots, x_{in}$ vor. Bei einem Einflussfaktor mit r Stufen und n Beobachtungen pro Faktorstufe sieht die Varianzanalysetabelle folgendermaßen aus:

Varianzanalysetabelle:

Streuungs-ursache	Summe der Abweichungsquadr.	df	Mittlere Quadratsumme	Teststatistik
Faktor	SQA	$r-1$	MQA $= \frac{\text{SQA}}{r-1}$	$\tilde{f} = \frac{\text{MQA}}{\text{MQR}}$
Rest	SQR	$nr-r$	MQR $= \frac{\text{SQR}}{nr-r}$	
Total	SQT=SQA+SQR	$nr-1$		

Für die Berechnungen von SQA und SQR benötigt man für jede Gruppe i $(1 \leq i \leq r)$ das arithmetische Mittel

$$\bar{x}_{i.} = (\sum_{j=1}^{n} x_{ij})/n$$

(Schätzung für μ_i), sowie das Mittel aus allen nr Beobachtungen

$$\bar{x}_{..} = (\sum_{i=1}^{r} \bar{x}_{i.})/r \quad \text{(Schätzung für } \mu).$$

Man nennt

$$\text{SQA} = n \sum_{i=1}^{r} (\bar{x}_{i.} - \bar{x}_{..})^2 = n \sum_{i=1}^{r} \bar{x}_{i.}^2 - nr\bar{x}_{..}^2 \qquad (9.2)$$

die Summe der Abweichungsquadrate zwischen *den Gruppen.*

> Weiter heißt
> $$\mathrm{SQR} = \sum_{i=1}^{r} \sum_{j=1}^{n} (x_{ij} - \bar{x}_{i.})^2. \tag{9.3}$$
> *die Summe der Abweichungsquadrate* innerhalb *der Gruppen.*

Mit

$$\mathrm{SQT} = \sum_{i=1}^{r} \sum_{j=1}^{n} (x_{ij} - \bar{x}_{..})^2 = \sum_{i=1}^{r} \sum_{j=1}^{n} x_{ij}^2 - nr\bar{x}_{..}^2$$

könnte man SQR alternativ auch aus der *Varianzzerlegung*

$$\mathrm{SQT} = \mathrm{SQA} + \mathrm{SQR}$$

ermitteln. Die Spalte *df* (**d**egrees of **f**reedom) enthält die *Freiheitsgrade*, die die Verteilung der Testgröße $\tilde{f}$ unter der Nullhypothese (9.1) charakterisieren. Man lehnt H_0 genau dann ab, wenn

$$\tilde{f} > Q^{(F)}_{r-1,nr-r}(1-\alpha)$$

gilt. Dabei ist $Q^{(F)}_{r-1,nr-r}(\cdot)$ die Quantilsfunktion der F-Verteilung mit $r-1$ und $nr-r$ Freiheitsgraden. (Siehe Tabelle 4 für Werte an ausgewählten Stellen $1-\alpha$.)

Das folgende Beispiel veranschaulicht die Zusammenhänge in der Varianzanalysetabelle.

9–1 Bei einer Varianzanalyse mit gleichen Gruppengrößen erhielt man unter anderen folgende Ergebnisse.

source of variation	sum of squares	df	mean square	F
Between groups	200	4	—	—
Within groups	—	—	5	
Total	—	49		

Ergänze das Varianzanalysetableau!

Lösung: Die Nummern neben den Lösungen geben die Reihenfolge der Berechnung an. ((1) wurde zuerst berechnet, dann (2) als $49-4=45$. Zuletzt errechnet man (5) als den Quotient der mittleren Quadratsummen in der vorletzten Spalte.)

	sum of squares	df	mean square	F
Faktor	200	4	$\frac{200}{4} = \mathbf{50}$ (1)	**10** (5)
Rest	$5 \cdot 45 = \mathbf{225}$ (3)	**45** (2)	5	
Total	$200 + 225 = \mathbf{425}$ (4)	49		

♣

Nun wollen wir eine Varianzanalyse mit konkreten Daten durchführen.

9–2 Eine Lebensmittelfirma vertreibt Konserven mit Wurstsalat. Um eine angemessene Haltbarkeit zu gewährleisten, muss dem Produkt ein Konservierungsmittel beigefügt werden. Drei verschiedene Substanzen (Substanz A, B und C) kommen dafür in Betracht.

Die Firma möchte nun wissen, ob die Haltbarkeit vom verwendeten Konservierungsmittel abhängt. Dazu wurden die drei Substanzen in der empfohlenen Menge in jeweils 4 Konserven beigegeben. Nach einer Woche Lagerung bei $+8°C$ ermittelte man die Keimzahlen aus Proben von den insgesamt 12 Konserven.

Keimzahl bei Substanz		
A	B	C
56	68	72
70	63	82
48	58	80
60	62	85

Beantworten Sie die Frage mittels eines geeigneten statistischen Testverfahrens.

Lösung: Wir bezeichnen die (unbekannte) typische Keimzahl bei Anwendung der Substanzen A, B bzw. C mit μ_1, μ_2 bzw. μ_3. Die Hypothesen

$$H_0 : \mu_1 = \mu_2 = \mu_3 \quad \text{(kein Unterschied zwischen den Substanzen),}$$

gegen

$$H_1 : \mu_j \neq \mu_k \quad \text{für mindestens zwei Indizes } j, k \text{ aus } \{1, 2, 3\}$$

können mittels der *Varianzanalyse* geprüft werden. Da α nicht vorgegeben ist, wählen wir den beliebten Wert $\alpha = 0.05$. In unserem Fall erhält man als Gruppenmittel

$$\bar{x}_{1.} = 58.5, \quad \bar{x}_{2.} = 62.75, \quad \bar{x}_{3.} = 79.75,$$

und daraus $\bar{x}_{..} = \frac{1}{3}(\bar{x}_{1.} + \bar{x}_{2.} + \bar{x}_{3.}) = 67$. Daraus errechnet man

$$SQA = 4[(58.5 - 67)^2 + (62.75 - 67)^2 + (79.5 - 67)^2] = 1011.5.$$

Weiter errechnet man

$$\sum_{j=1}^{4}(x_{j1} - \bar{x}_{1.})^2 = (56 - 58.5)^2 + \cdots + (60 - 58.5)^2 = 251,$$

$$\sum_{j=1}^{4}(x_{j2} - \bar{x}_{2.})^2 = (68 - 62.75)^2 + \cdots + (62 - 62.75)^2 = 50.75,$$

$$\sum_{j=1}^{4}(x_{j3} - \bar{x}_{3.})^2 = (72 - 79.75)^2 + \cdots + (85 - 79.75)^2 = 92.75,$$

so dass nach (9.3) $SQR = 394.5.$.

Somit erhalten wir

$$\tilde{f} = \frac{SQA/(r-1)}{SQR/(nr-r)} = \frac{1011.5/2}{394.5/9} = 11.54.$$

Aus Tabelle 4 entnehmen wir $Q^{(F)}_{2,9}(0.95) = 4.26$. Da $T > 4.26$ kann die Nullhypothese gleicher mittlerer Haltbarkeit verworfen werden. ♣

Varianzanalyse am Computer: Aufgrund ihrer großen praktischen Bedeutung sind in den meisten statistischen Programmpaketen varianzanalytische Verfahren implementiert. Zu den Daten aus Aufgabe 9–2 liefert das Programmpaket SPSS die folgenden Ergebnisse.

ANOVA

		Quadrat-summe	df	Mittel d. Quadrate	F	Sig.
KEIM-ZAHL	Zwischen d. Gr.	1011,500	2	505,750	11,54	,003
	Innerh. d. Gr.	394,500	9	43,833		
	Gesamt	1406,000	11			

Durch Vergleichen mit der Lösung zu Aufgabe 9–2 fällt die Interpretation der obigen Tabelle nicht schwer. Wie schon in Abschnitt 6.8 erklärt wurde, erspart der in der Spalte SSig.ängeführte p-Wert das Nachschlagen des benötigten Quantils der Teststatistik. Wenn der p-Wert kleiner als das zuvor festgelegte Signifikanzniveau α ist, kann H_0 zum Niveau α verworfen werden.

9–3 Drei Nachhilfeinstitute bieten einen Vorbereitungskurs für eine Mathematikklausur an. Von jedem Institut werden 10 Kursteilnehmer zufällig ausgewählt und ihre bei der Diplomprüfung erreichten Punkte ermittelt. Aus Datenschutzgründen werden nur die aggregierten Ergebnisse bekanntgegeben:

	Erreichte Punkte		
	Institut A	Institut B	Institut C
Mittelwert	28.2	32.5	26.3
Standardabweichung	4.2	3.6	4.0

a) Welches Institut scheint die beste Vorbereitung zu bieten?

b) Können die Abweichungen bei den Instituten auch auf puren Zufall zurückgeführt werden? Teste zum Niveau $\alpha = 0.01$!

c) Erfinde einen Grund der (bei Vorliegen) dazu führen könnte, dass die Modellvoraussetzung unabhängiger Beobachtungen nicht erfüllt ist.

d) Besteht die Gefahr, dass der Test auch aus anderen Gründen (als die Qualität des Nachhilfeinstituts) ein signifikantes Ergebnis liefern könnte? (Wenn ja, z.B. aus welchem Grund.)

Lösung:

a) Die beste Ausbildung scheint Institut B zu bieten. Um zu prüfen ob die Unterschiede nicht nur auf Zufall zurückgeführt werden können, ist es nützlich einen geeigneten Test durchzuführen. (Siehe b))

b) Wir führen eine einfaktorielle Varianzanalyse durch.
Da $s_i^2 = \frac{1}{n-1}\sum_{j=1}^{n}(x_{ij} - \bar{x}_{i.})^2$ ersieht man aus (9.3), dass

$$\text{SQR} = (n-1)(s_1^2 + s_2^2 + s_3^2) = 9(4.2^2 + 3.6^2 + 4^2) = 419.4$$

Weiter ist $\bar{x}_{..} = 29$ und somit nach (9.2)

$$\text{SQA} = 10[(28.2 - 29)^2 + (32.5 - 29)^2 + (26.3 - 29)^2] = 201.8$$

Damit ergibt sich als Teststatistik $\tilde{f} = \frac{\text{SQA}/2}{SQR/27} = 6.5$. Aus Tabelle 4 ermittelt man durch Interpolation, dass

$$\begin{aligned} & Q_{2,27}^{(F)}(1 - 0.01) \\ \approx\; & Q_{2,25}^{(F)}(0.99) + \left(Q_{2,30}^{(F)}(0.99) - Q_{2,25}^{(F)}(0.99)\right)\frac{27-25}{30-25} \\ =\; & 5.57 + (-0.18)\frac{2}{5} = 5.5. \end{aligned}$$

Da $\tilde{f} > Q_{2,27}^{(F)}(0.99)$ kann H_0 verworfen werden.

c) Die Modellvoraussetzung unabhängiger Beobachtungen könnte z.B. dann verletzt sein, wenn die ausgewählten Studenten jeweils eines Instituts auch privat eine Lerngruppe bilden. (Oder wenn Sie bei der Prüfung gemeinsam schummeln.)

d) Signifikante Ergebnisse aus anderen Gründen können auftreten, wenn der Faktor "Nachhilfeinstitut" mit einem anderen Einflussfaktor vermengt wurde. Das kann z.B. dann der Fall sein, wenn die Studenten unter den Instituten nicht zufällig wählen, also z.B. besonders lernmotivierte Studenten eher das Institut B wählen. ♣

9–4 Betrachte nochmals Beispiel 9–1.

a) Wie entscheidet der zur Varianzanalysetabelle gehörige F-Test? ($\alpha = 0.01$)

b) Wie viele Beobachtungen und wie viele Gruppen gibt es?

Lösung:

a) Dazu vergleichen wir $\tilde{f} = 10$ mit $Q^{(F)}_{4,45}(0.99) = 3.77$. Da $10 > 3.77$ können wir H_0 verwerfen.

b) Es gibt $4 + 1 = 5$ Gruppen und insgesamt $49 + 1 = 50$ Beobachtungen (10 pro Gruppe).

♣

(1)

Es ist nicht notwendig, dass alle Gruppen gleiche Stichprobenumfänge aufweisen. Falls für jede Gruppe i $(1 \leq i \leq r)$ eine Stichprobe mit individueller Größe n_i gezogen wurde, erstellt man folgende Varianzanalysetabelle:

Varianzanalysetabelle bei unterschiedlichen Gruppengrößen:

Streuungsursache	Summe der Abweichungsquadr.	df	Mittlere Quadratsumme	Teststatistik
Faktor	SQA	$r-1$	$\text{MQA} = \frac{\text{SQA}}{r-1}$	$\tilde{f} = \frac{\text{MQA}}{\text{MQR}}$
Rest	SQR	$N-r$	$\text{MQR} = \frac{\text{SQR}}{N-r}$	
Total	SQT=SQA+SQR	$N-1$		

Dabei ist $N = \sum_{i=1}^{r} n_i$. Zur Berechnung von SQA und SQR verwenden wir

$$\bar{x}_{i.} = \frac{1}{n_i} \sum_{j=1}^{n_i} x_{ij} \qquad \text{und} \qquad \bar{x} = \frac{1}{N} \sum_{i=1}^{r} n_i \bar{x}_{i.}. \tag{9.4}$$

Wir wählen die Bezeichnung $\bar{x}$ für den Gesamtmittelwert (anstelle von $\bar{x}_{..}$ im Falle gleicher Gruppengrößen), da dieser nun ein gewichtetes Mittel der $\bar{x}_{i.}$ ist.

(2) Noch eine Stichprobe ...

Daraus errechnen wir

$$\mathrm{SQA} = \sum_{i=1}^{r} n_i (\bar{x}_{i.} - \bar{x})^2. \tag{9.5}$$

SQR berechnet man analog zu (9.3) als

$$\mathrm{SQR} = \sum_{i=1}^{r} \sum_{j=1}^{n_i} (x_{ij} - \bar{x}_{i.})^2. \tag{9.6}$$

Im Falle ungleicher Gruppengrößen ist $\tilde{f}$ unter H_0 F-verteilt mit $r-1$ und $N-r$ Freiheitsgraden. Wenn wir zum Niveau α testen wollen, müssen wir daher $\tilde{f}$ mit dem Quantil $Q^{(F)}_{r-1,N-r}(1-\alpha)$ vergleichen. H_0 wird wieder genau dann abgelehnt, falls der aus den Daten berechnete Wert für $\tilde{f}$ das Quantil überschreitet.

Bei 2 Gruppen ist dieser Test äquivalent zum zweiseitigen Zweistichproben t-Test[1] unter der Annahme, dass die Varianzen in beiden Gruppen gleich sind. (D.h. beide Tests lehnen in genau den selben Fällen H_0 ab.)

(3)

9–5 Für drei verschiedene Prüfungen wurde bei Studenten die Vorbereitungszeit in Stunden erhoben.

Vorbereitungszeit		
Prüfung 1	Prüfung 2	Prüfung 3
5	12	12
4	9	8
3	4	6
2	8	7
6	6	6
	6	8
	11	7
		10

Benötigen die drei Prüfungen unterschiedliche Vorbereitungszeiten? ($\alpha = 0.05$)

Lösung: Es liegt eine Varianzanalyse mit unterschiedlichen Gruppengrössen vor. Für die drei Gruppen der Größe $n_1 = 5$, $n_2 = 7$, $n_3 = 8$ ergeben sich aus den Stichproben folgende arithmetische Mittel: Prüfung 1: $\bar{x}_{1.} = 4$, Prüfung 2: $\bar{x}_{2.} = 8$, Prüfung 3: $\bar{x}_{3.} = 8$.

Daraus erhalten wir gemäß Formel (9.4), dass $\bar{x} = 7$. Weiter ist nach (9.5) SQA $= 60$ und (nach (9.6)) $SQR = 90$. Mit $r = 3$ und $N = 4 + 8 + 8 = 20$ ergibt sich folgende ANOVA-Tabelle.

Streuungs-ursache	Summe der Abweichungsquadr.	df	Mittlere Quadratsumme	Test-statistik
Faktor	60	2	30	$\tilde{f} = 5.667$
Rest	90	17	5.294	
Total	150	19		

[1]Siehe (6.7) in Abschnitt 6.3.

Da $\tilde{f} > Q^{(F)}_{2,17}(0.95) = 3.59$, kann H_0 verworfen werden und von unterschiedlichen Vorbereitungszeiten ausgegangen werden. ♣

9–6 Eine Fluggesellschaft hat auf drei Flugrouten die Zufriedenheit von jeweils n_i Passagieren auf einer Skala von 1 bis 10 erhoben. Dabei ergaben sich folgende Resultate:

		Zufriedenheit	
Route	n_i	Mittel	Standardabw.
1	28	4.17	1.47
2	20	6.50	1.87
3	15	7.83	2.23

Gibt es signifikante Unterschiede zwischen den Gruppen? ($\alpha = 0.01$)

Lösung: Zunächst errechnen wir $N = 28 + 20 + 15 = 63$ und

$$\bar{x} = \frac{28 \cdot 4.17 + 20 \cdot 6.5 + 15 \cdot 7.83}{63} = 5.7811.$$

Nach (9.5) erhalten wir SQA = 145.984. Weiter ist

$$SQR = 27 \cdot 1.47^2 + 19 \cdot 1.87^2 + 14 \cdot 2.23^2 = 194.406.$$

Als ANOVA–Tabelle erhalten wir

Streuungsursache	Summe der Abweichungsquadr.	df	Mittlere Quadratsumme	Teststatistik
Faktor	145.984	2	72.992	$\tilde{f} = 22.53$
Rest	194.406	60	3.240	
Total	340.390	62		

Da $Q^{(F)}_{2,60}(0.99) = 4.98$, kann H_0 (keine Unterschiede in der Zufriedenheit) verworfen werden.

♣

9.3 Mehrfache Varianzanalyse

Durch Erweiterung des Modells der einfachen Varianzanalyse lassen sich zwei oder mehr Einflussfaktoren simultan betrachten. Wir untersuchen den Fall zweier Einflussfaktoren näher.

Beispiel 27 *Betrachten wir nochmals das erste Beispiel aus Abschnitt 9.1 und nehmen wir an, dass die Flecklösekraft für verschiedene Flecktypen geprüft werden soll. Es liegen dann zwei Einflussfaktoren vor: Die Waschmittelmarke und die Fleckenart.* ◇

Zur Untersuchung, ob die Sauberkeit tatsächlich von der Waschmittelmarke (Faktor A) bzw. von der Fleckenart (Faktor B) abhängt, kann das folgende zweidimensionale Varianzanalysemodell verwendet werden:

$$x_{ij\ell} = \mu + \alpha_i + \beta_j + (\alpha\beta)_{ij} + \varepsilon_{ij\ell}, \quad (1 \leq i \leq k; 1 \leq j \leq p; 1 \leq \ell \leq n).$$

Im Kontext unseres Beispiels wäre k gleich der Anzahl der untersuchten Waschmittelmarken und p gleich der Anzahl der Fleckentypen. Weiter stellt $x_{ij\ell}$ eine Sauberkeitsmessung für ein Wäschestück dar, welches mit Waschmittel i gewaschen wurde und einen Fleck vom Typ j aufweist. Falls, wie in unserem Modell, für jede Faktorkombination (i, j) eine gleiche Anzahl n von Beobachtungen gesammelt wird, spricht man von einem balancierten Design. (Es gibt auch varianzanalytische Modelle für unbalancierte Designs, die wir hier aber nicht näher erläutern wollen.)

Der Term α_i steht für den Effekt des Faktors A in der Stufe i. Falls $\alpha_1 = \cdots = \alpha_k = 0$ wäre, so hätte der Waschmitteltyp keinen direkten Einfluss auf die Sauberkeit. Positive Werte für α_i signalisieren eine überdurchschnittliche Waschleistung, negative Werte eine Leistung unter dem Durchschnitt. Analog modellieren die Terme β_j den Effekt des Faktors B in der Stufe j. Wieder würde $\beta_1 = \cdots = \beta_p = 0$ bedeuten, dass die Sauberkeit nicht vom Fleckentyp abhängt. Die Terme $(\alpha\beta)_{ij}$ modellieren eine allfällige *Wechselwirkung* der Faktoren A und B. (Eine Wechselwirkung liegt vor, wenn die Faktoren A und B nicht einfach additiv wirken. In unserem Beispiel würde das Vorliegen einer Wechselwirkung bedeuten, dass Unterschiede in der Wirksamkeit der einzelnen Waschmittel von der Fleckenart abhängen.) Wechselwirkungen können nur dann analysiert werden, wenn $n > 1$ ist, wenn also für jede Faktorkombination mehr als eine Beobachtung gesammelt wurde. Schließlich modellieren die Fehlerterme $\varepsilon_{ij\ell}$ die Komponenten von $x_{ij\ell}$, die durch die Einflussfaktoren unerklärt bleiben.

Modellvoraussetzungen: Die Fehlerterme sind Realisierungen unabhängiger normalverteilter Zufallsvariablen, welche gleiche Varianz haben. (Insbesondere die Hypothese gleicher Varianzen sollte überprüft werden!)

Mittels einer Varianzanalysetabelle kann man nun testen, ob die Faktoren A bzw. B einen Einfluss haben, sowie ob eine Wechselwirkung vorliegt. Die folgenden Größen werden zur Erstellung der Tabelle benötigt:

$$\overline{x}_{\cdot\cdot\cdot} = \frac{1}{kpn}\sum_{i=1}^{k}\sum_{j=1}^{p}\sum_{\ell=1}^{n} x_{ij\ell} \quad \text{(Gesamtmittelwert)}, \tag{9.7}$$

$$\overline{x}_{i\cdot\cdot} = \frac{1}{pn}\sum_{j=1}^{p}\sum_{\ell=1}^{n} x_{ij\ell} \quad \text{(Mittelwerte Faktor } A\text{)}, \tag{9.8}$$

$$\overline{x}_{\cdot j\cdot} = \frac{1}{kn}\sum_{i=1}^{k}\sum_{\ell=1}^{n} x_{ij\ell} \quad \text{(Mittelwerte Faktor } B\text{)}, \tag{9.9}$$

$$\overline{x}_{ij\cdot} = \frac{1}{n}\sum_{\ell=1}^{n} x_{ij\ell} \quad \text{(Mittelwerte für Faktorkomb.)}. \tag{9.10}$$

Daraus ermittelt man

$$SQA = pn\sum_{i=1}^{k}(\overline{x}_{i\cdot\cdot} - \overline{x}_{\cdot\cdot\cdot})^2, \tag{9.11}$$

$$SQB = kn\sum_{j=1}^{p}(\overline{x}_{\cdot j\cdot} - \overline{x}_{\cdot\cdot\cdot})^2, \tag{9.12}$$

$$SQ(AB) = n\sum_{i=1}^{k}\sum_{j=1}^{p}(\bar{x}_{ij\cdot} - \bar{x}_{i\cdot\cdot} - \bar{x}_{\cdot j\cdot} + \bar{x}_{\cdot\cdot\cdot})^2, \tag{9.13}$$

sowie

$$SQT = \sum_{i=1}^{k}\sum_{j=1}^{p}\sum_{\ell=1}^{n}(x_{ij\ell} - \overline{x}_{\cdot\cdot\cdot})^2. \tag{9.14}$$

Addiert man die Fehlerquadratsumme SQR ergibt sich eine zur einfachen Varianzanalyse analoge Zerlegung:

$$SQT = SQA + SQB + SQ(AB) + SQR.$$

Die obigen Größen werden zur Prüfung der folgenden Hypothesen verwendet:

- Ob ein Einfluss von Faktor A vorliegt:

$$\begin{aligned} H_{0,A} &: \quad \alpha_i = 0 \quad \text{für alle } i = 1, \ldots, k \quad \text{(kein Einfluss)}, \\ H_{1,A} &: \quad \text{Mindestens ein } \alpha_i \neq 0. \end{aligned}$$

- Ob ein Einfluss von Faktor B vorliegt:

$$\begin{aligned} H_{0,B} &: \quad \beta_j = 0 \quad \text{für alle } j = 1, \ldots, p \quad \text{(kein Einfluss)}, \\ H_{1,B} &: \quad \text{Mindestens ein } \beta_j \neq 0. \end{aligned}$$

- Sowie ob eine Wechselwirkung zwischen den beiden Faktoren A und B gegeben ist:

$$\begin{aligned} H_{0,AB} &: \quad (\alpha\beta)_{ij} = 0 \text{ für alle Paare } (i,j) \quad \text{keine Wechselwirkung}, \\ H_{1,AB} &: \quad \text{Mindestens ein } (\alpha\beta)_{ij} \neq 0. \end{aligned}$$

Zur Prüfung der Hypothesen erstellt man nun folgende Varianzanalysetabelle:

Varianzanalysetabelle:

Streuungsursache	Summe d. Abw.Q.	df	Mittlere Quadratsumme	Teststatistik
Faktor A	SQA	$k-1$	$MQA = \frac{SQA}{k-1}$	$\tilde{f}_A = \frac{MQA}{MQR}$
Faktor B	SQB	$p-1$	$MQB = \frac{SQB}{p-1}$	$\tilde{f}_B = \frac{MQB}{MQR}$
Wechsel wirkung	SQ(AB)	$(k-1)(p-1)$	$MQ(AB) = \frac{SQ(AB)}{(k-1)(p-1)}$	$\tilde{f}_{AB} = \frac{MQ(AB)}{MQR}$
Rest	SQR	$kp(n-1)$	$\text{MQR} = \frac{\text{SQR}}{kp(n-1)}$	
Total	SQT	$kpn-1$		

Tabelle 9.1: Zweifache Varianzanalyse mit Wechselwirkung

Folgende Regeln werden zur Entscheidung bei diesen Hypothesen angewendet:

Hypothese *verwerfen*	genau dann falls
$H_{0,A}$	$\tilde{f}_A > Q^{(F)}_{k-1,kp(n-1)}(1-\alpha)$
$H_{0,B}$	$\tilde{f}_B > Q^{(F)}_{p-1,kp(n-1)}(1-\alpha)$
$H_{0,AB}$	$\tilde{f}_{AB} > Q^{(F)}_{(k-1)(p-1),kp(n-1)}(1-\alpha)$

Dabei sind $Q^{(F)}_{\cdot,\cdot}(\cdot)$ wieder die entsprechenden Quantile der F-Verteilung.

9–7 Die Wirksamkeit dreier Waschmittel soll anhand zweier Fleckentypen (Gras und Schokolade) untersucht werden. Dazu wurden insgesamt zwölf Kleidungsstücke gewaschen und die jeweils erzielte Sauberkeit auf einer Skala von 0 bis 100 ermittelt. Die folgende Tabelle enthält die Ergebnisse dieses Experiments.

	Fleckentyp	
Waschmittel	Gras	Schokolade
1	25	43
	35	21
2	20	80
	50	76
3	85	95
	92	75

a) Unterscheiden sich die drei Waschmittel in Ihrer Waschkraft?

b) Sind die beiden Fleckentypen gleich schwer zu entfernen oder nicht?

c) Liegt eine Wechselwirkung zwischen Waschmitteltyp und Fleckenart vor?

Führe für alle drei Fragen Tests zum Niveau $\alpha = 0.05$ durch!

Lösung: Die Lösung der Aufgabe erfolgt mittels zweifacher Varianzanalyse. Dafür berechnen wir zunächst die Mittelwerte gemäß (9.7)–(9.10).

	Fleckentyp		
Waschmittel	Gras $j = 1$	Schokolade $j = 2$	
1	$\bar{x}_{11.} = 30$	$\bar{x}_{12.} = 32$	$\bar{x}_{1..} = 31$
2	$\bar{x}_{21.} = 35$	$\bar{x}_{22.} = 78$	$\bar{x}_{2..} = 56.5$
3	$\bar{x}_{31.} = 88.5$	$\bar{x}_{32.} = 85$	$\bar{x}_{3..} = 86.75$
	$\bar{x}_{.1.} = 51\frac{1}{6}$	$\bar{x}_{.2.} = 65$	$\bar{x}_{...} = 58\frac{1}{12}$

Da ein balanciertes Design vorliegt (mit 2 Beobachtungen in jeder Zelle), ergeben sich die Mittelwerte $\bar{x}_{i..}$ bzw. $\bar{x}_{.j.}$ einfach als Mittel der Zeilen bzw. Spaltenwerte aus obiger Tabelle. Mit diesen Mittelwerten können wir nun $SQA = 6231.167$, $SQB = 574.083$, $SQ(AB) = 1291.167$, sowie $SQT = 9070.917$ berechnen. Daraus ergibt sich, dass

$$SQR = SQT - SQA - SQB - SQ(AB) = 974.5$$

ist. Weiter ist $k = 3$ (Anzahl der Ausprägungen Faktor A), $p = 2$ (Ausprägungen Faktor B) und $n = 2$ (Beobachtungen pro Faktorstufenkombination). Durch Einsetzen in Tabelle 9.1 erhalten wir das folgende Varianzanalysetableau:

Streuungsursache	Summe der Abweichungsq.	df	Mittlere Quadrats.	Teststatistik
Faktor A	6231.167	2	3115.583	19.183
Faktor B	574.083	1	574.083	3.535
Wechselwirkung	1291.167	2	645.583	3.975
Rest	974.5	6	162.417	
Total	9070.917	11		

Da $\tilde{f}_A = 19.183 > Q_{2,6}^{(F)}(0.95) = 5.14$, kann ein Einfluss von Faktor A (Waschmittelmarke) zum Niveau $\alpha = 0.05$ statistisch nachgewiesen werden. Da für Faktor B

$$\tilde{f}_B = 3.535 < Q_{1,6}^{(F)}(0.95) = 5.99$$

und auch für die Wechselwirkung

$$\tilde{f}_{AB} = 3.975 < Q_{2,6}^{(F)}(0.95) = 5.14,$$

kann aufgrund der vorliegenden Daten weder ein Einfluss von Faktor B noch eine Wechselwirkung zum Niveau $\alpha = 0.05$ nachgewiesen werden. ♣

Die zweifache Varianzanalyse kann auch ohne Wechselwirkungsterme durchgeführt werden, wenn man inhaltlich begründen kann, dass zwischen den einzelnen Faktoren keine Wechselwirkung besteht. In diesem Fall kann der Einfluss der betrachteten Faktoren auch bei nur einer Beobachtung pro Faktorstufenkombination getestet werden. Das Modell lautet dann (für $n = 1$)

$$x_{ij} = \mu + \alpha_i + \beta_j + \varepsilon_{ij} \quad (1 \leq i \leq k; 1 \leq j \leq p)$$

und man verwendet folgende Varianzanalysetabelle:

Streuungsursache	Summe d. Abw.Q.	df	Mittlere Quadratsumme	Teststatistik
Faktor A	SQA	$k-1$	$MQA = \frac{SQA}{k-1}$	$\tilde{f}_A = \frac{MQA}{MQR}$
Faktor B	SQB	$p-1$	$MQB = \frac{SQB}{p-1}$	$\tilde{f}_B = \frac{MQB}{MQR}$
Rest	SQR	$(k-1)(p-1)$	MQR = $\frac{\text{SQR}}{(k-1)(p-1)}$	
Total	SQT	$kp-1$		

Tabelle 9.2: Zweifache Varianzanalyse ohne Wechselwirkung

Es gilt die Varianzzerlegung

$$SQT = SQA + SQB + SQR,$$

wobei sich die Quadratsummenterme SQA, SQB und SQT wie im Falle der Varianzanalyse mit Wechselwirkung und $n = 1$ Beobachtung pro Faktorstufenkombination berechnen.

9–8 Die Qualität von Polo-Shirts soll untersucht werden. Zwei Einflussfaktoren werden betrachtet: Die Marke und das Material (Baumwolle, bzw. Acryl). Folgende Tabelle gibt die Reißfestigkeit bei einem Test an 6 Shirts wieder.

	Material	
Marke	Baumw.	Acryl
1	63	47
2	60	50
3	42	44

Prüfe unter der Annahme, dass keine Wechselwirkung vorliegt, ob sich die Marken in ihrer Haltbarkeit unterscheiden, sowie ob das Material einen Einfluss auf die Reißfestigkeit hat. ($\alpha = 0.05$)

Lösung: Die Lösung der Aufgabe erfolgt wieder mittels zweifacher Varianzanalyse. (Aber diesmal ohne Wechselwirkung.) Wir berechnen zunächst die Mittelwerte zu unseren Angaben.

	Material		
Marke	Baumw. $j = 1$	Acryl $j = 2$	
1	63	47	$\bar{x}_{1..} = 55$
2	60	50	$\bar{x}_{2..} = 55$
3	42	44	$\bar{x}_{3..} = 43$
	$\bar{x}_{.1.} = 55$	$\bar{x}_{.2.} = 47$	$\bar{x}_{...} = 51$

Mit diesen Mittelwerten können wir nun $SQA = 192$ (Marke), $SQB = 96$ (Material) sowie $SQT = 372$ berechnen. Daraus ergibt sich, dass $SQR = SQT - SQA - SQB = 84$ ist. Weiter ist $k = 3$ (Anzahl der Marken) und $p = 2$ (Anzahl der Materialien).

Durch Einsetzen in Tabelle 9.2 ergibt sich das folgende Varianzanalysetableau:

Streuungsursache	Summe der Abweichungsq.	df	Mittlere Quadratsumme	Teststatistik
Faktor A	192	2	96	2.286
Faktor B	96	1	96	2.286
Rest	84	2	42	
Total	372	5		

Da $Q^{(F)}_{2,2}(0.95) = 19$ (Faktor A) und $Q^{(F)}_{1,2}(0.95) = 18.51$ (Faktor B), ist weder der Unterschied zwischen den Marken statistisch signifikant, noch der Einfluss des Materials. ♣

9.4 Beispiele zum Üben

9.4.1 Aufgaben

9–9 Es soll untersucht werden, ob der Erfolg bei einer bestimmten Diplomprüfung für Betriebswirte (auch) vom zur Vorbereitung benützten Lehrbuch abhängt. Dazu wurden für drei gängige Lehrbücher jeweils 20 Studenten ausgewählt und deren Prüfungsleistungen auf einer Skala von 0 bis 100 ermittelt. Folgende Kennzahlen wurden aus den Daten berechnet.

	Prüfungsergebnisse	
Lehrbuch	$\bar{x}$	s^2
A	66	12
B	70	14
C	72	10

a) Sind diese drei Lehrbücher unterschiedlich effizient? Testen Sie zum Niveau $\alpha = 0.05$ und interpretieren Sie das Resultat in eigenen Worten!

b) Nachträglich erfahren Sie, dass Lehrbuch A an einer anderen Universität als die Lehrbücher B und C benützt wurden. Beeinflusst diese Information Ihre in a) gemachte Aussage?

9–10 Drei Firmen hatten auf je 5 Terrassen (von jeweils 50 m^2) 40 cm Erde aufzubringen. Die folgende Tabelle enthält die Arbeitszeiten in Stunden, die dazu benötigt wurden.

Terrasse	Firma A	Firma B	Firma C
1	22.5	19.6	22.8
2	24.2	18.2	20.6
3	22.7	21.4	19.1
4	20.9	22.1	18.9
5	23.7	23.4	21.5

Testen Sie zum Niveau $\alpha = 0.05$, ob es signifikante Unterschiede zwischen den Firmen bezüglich der benötigten Zeit gibt.

9–11 Ergänzen Sie folgendes Varianzanalysetableau.

Source of var.	Sum of sq.	df	mean sq.	F
Between groups	____	4	20	____
Within groups	200	____	____	
Total	____	39		

Gibt es signifikante Unterschiede der Gruppen bezüglich der Mittelwerte? ($\alpha = 0.01$)

9–12 Wie viele Beobachtungen pro Gruppe und wie viele Gruppen gibt es im Varianzanalysetableau aus Aufgabe 9–11? Annahme: Gleiche Beobachtungszahl pro Gruppe.

9–13 Drei verschiedene Kopierermarken sollen bezüglich Tonerverbrauch in Liter pro 100000 Kopien verglichen werden. Von jeder Marke wurden 5 Kopierer getestet und folgende Verbrauchswerte gemessen:

Marke A	Marke B	Marke C
3.5	4.6	2.8
4.2	5.2	2.6
2.7	5.4	2.1
2.9	5.1	3.1
3.7	3.4	3.5

a) Teste zum Niveau $\alpha = 0.05$, ob es signifikante Verbrauchsunterschiede zwischen den Kopierermarken gibt.

b) Wenn es nur zwei Marken zu vergleichen gäbe, welchen Test könnten Sie dann alternativ anwenden?

c) Welche Modellannahmen hat der Test aus a)?

9–14 Vier Düngemittel für Rüben wurden hinsichtlich Ertrag untersucht. (Pro Düngemittel wurden jeweils 7 Versuche durchgeführt.) Dabei ergaben sich folgende Werte:

Düngemittel	Mittlerer Ertrag in kg/m^2	Standardabw. d. Ertrags
A	40	2.4
B	41	3.1
C	38	4.5
D	44	2.6

a) Erstelle ein Varianzanalysetableau!

b) Gibt es signifikante Ertragsunterschiede zwischen den Gruppen?

c) Was sind die Modellvoraussetzungen zur Anwendung der Varianzanalyse?

9–15 Vier Benzinmarken wurden bezüglich Verunreinigungen untersucht. Es wurden jeweils bei n_i Tankstellen Proben genommen. Dabei ergaben sich folgende Werte:

Marke	n_i	Mittlere Verunreinigung in %	Standardabweichung
A	6	1.8	0.15
B	8	0.9	0.25
C	10	1.4	0.1
D	5	1.6	0.06

a) Erstelle ein Varianzanalysetableau!

b) Gibt es signifikante Unterschiede zwischen den Marken? ($\alpha = 0.05$)

9–16 Drei Firmen bieten ein bestimmtes biologisches Düngemittel an. Um die Wirkung zu vergleichen wurde jedes Düngemittel auf jeweils 4 Versuchsflächen verwendet. Das Ergebnis (in kg geernteter Salat) wurde gemessen.

Fläche	Mittel A	Mittel B	Mittel C
1	122	125	145
2	131	134	148
3	144	136	166
4	132	128	133

a) Testen Sie zum Niveau $\alpha = 0.05$, ob es signifikante Unterschiede zwischen den Düngemitteln gibt.

b) Unterscheiden sich die Versuchsflächen hinsichtlich des Ertrags?

c) Ist es möglich aufgrund der vorliegenden Daten zu testen, ob eine Wechselwirkung zwischen Düngemittel und Versuchsfläche vorliegt?

9–17 Drei verschiedene Medikamente A_1, A_2 und A_3 wurden bei der Behandlung von zwei Typen von Krankheiten B_1 und B_2 verwendet. Für den Behandlungserfolg wurden Maßzahlen erhoben, die in der folgenden Tabelle wiedergegeben sind:

	Mittel A_1	Mittel A_2	Mittel A_3
Krankheit B_1	6 5 2	6 4 2	5 3 7
Krankheit B_2	12 18 8	8 7 9	16 15 13

a) Welches Medikament scheint am effizientesten? Welches am wenigsten effizient?

b) Deuten die Daten darauf hin, dass eine der beiden Krankheiten schwerer zu behandeln ist?

c) Führen Sie eine Varianzanalyse durch. Können die Unterschiede zwischen den Medikamenten bzw. zwischen den Krankheiten auf Zufall zurückgeführt werden? Liegt eine Wechselwirkung vor? ($\alpha = 0.05$)

9–18 Der Benzinverbrauch von drei Automarken soll unter zwei Bedingungen (Stadt- und Überlandverkehr) verglichen werden. Die folgende Tabelle gibt den Benzinverbrauch in Liter pro 100 km von jeweils vier Autos pro Marke wieder.

	Verbrauch	
Marke	Stadt	Überland
A	7.4, 8.2	5.5, 6.2
B	8.4, 9.6	7.5, 7.3
C	9.5, 9.1	7.8, 8.0

a) Welche Automarke scheint am wenigsten zu verbrauchen?

b) Testen Sie mittels Varianzanalyse, ob die Unterschiede der Marken im Verbrauch signifikant sind. Hängen die Verbrauchsunterschiede der Wagen vom Gelände ab? ($\alpha = 0.05$).

9–19 In einem Land kommt es zu einem Konjunkturaufschwung. Es soll geprüft werden, ob drei bestimmte Branchen vom Aufschwung in gleicher Weise profitieren. Weiter soll untersucht werden, ob der Aufschwung kleine Betriebe anders betrifft als große Betriebe. Dazu wurden aus den drei Branchen jeweils ein kleiner und ein großer Betrieb zufällig ausgewählt und folgende prozentualen Gewinnveränderungen erhoben:

	Betriebsgröße	
Branche	klein	groß
Metallindustrie	3.5	-0.2
Textilindustrie	5.4	4.2
Handel	8.6	9.4

a) Prüfen Sie, ob die Branchen vom Aufschwung unterschiedlich profitieren. ($\alpha = 0.05$).

b) Prüfen Sie, ob kleine Betriebe vom Aufschwung gleich stark wie große Betriebe profitieren. ($\alpha = 0.05$).

c) Welche Modellvoraussetzungen haben Sie beim Prüfen obiger Hypothesen getroffen?

9.4.2 Lösungen

9–9: a) Teststatistik: $\tilde{f} = 15.56$, $Q^{(F)}_{2,57} = 3.15$, H_0 verwerfen.

b) Ja: Die Unterschiede könnten in diesem Fall auch auf den (nicht berücksichtigten) Faktor ,,Universität" zurückzuführen sein. (Zum Beispiel könnten die Prüfungen an verschiedenen Universitäten unterschiedlich schwierig sein.)

9–11:

Source of var.	Sum of sq.	df	mean sq.	F
Between groups	80	4	20	3.5
Within groups	200	35	5.714	
Total	280	39		

$Q^{(F)}_{4,35}(0.99) = 3.91$. Nein, H_0 kann nicht verworfen werden.

9–13:

a)

Streuungsursache	SQ	df	MQ	F
Faktor	9.697	2	4.849	11.2
Rest	5.180	12	0.432	
Total	14.877	14		

$Q^{(F)}_{2,12}(0.95) = 3.89$. Ja, denn H_0 kann verworfen werden.

b) T-Test für zwei Stichproben.

c) Unabhängige, normalverteilte Fehlerterme mit gleichen Varianzen.

9–15:

a)

Source of var.	Sum of sq.	df	mean sq.	F
Between groups	3.148	3	1.049	40
Within groups	0.654	25	0.026	
Total	3.802	28		

b) $Q^{(F)}_{3,25}(0.95) = 2.99$. Ja, H_0 kann verworfen werden.

9–17:

a) Mittel A_3, mittlerer Erfolg 9.833.

b) Bei Krankheit B_1 scheint der Erfolg im Mittel kleiner zu sein.

c)

Varianzanalysetabelle:

Streuungsursache	Summe d. Abw.Q.	df	Mittlere Quadrats.	Teststatistik
Faktor A	45.44	2	22.722	3.325
Faktor B	242	1	242	35.415
Wechselwirkung	26.33	2	13.167	1.927
Rest	82	12	6.833	
Total	395.77	17		

Zum Niveau $\alpha = 0.05$ kann eine Abhängigkeit des Behandlungserfolgs von der Krankheit nachgewiesen werden. Unterschiede zwischen den Medikamenten bzw. eine Wechselwirkung können aufgrund der vorliegenden Daten nicht nachgewiesen werden.

9–19:

a) Keine signifikanten Unterschiede, $\tilde{f}_A = 10.7$, $Q^{(F)}_{2,2}(0.95) = 19$.

b) Keine signifikanten Unterschiede, $\tilde{f}_B = 1.1$, $Q^{(F)}_{1,2}(0.95) = 18.51$.

c) Modellvoraussetzungen: Unabhängige, normalverteilte Fehlerterme mit gleichen Varianzen. Hier insbesondere noch: keine Wechselwirkung zwischen den Einflussfaktoren. (In der Praxis sollte das Vorliegen der Modellvoraussetzungen näher untersucht werden.)

Kapitel 10

Zeitreihenanalyse

Vielfach werden Daten aus Unternehmen und Wirtschaft in regelmäßigen zeitlichen Abständen erhoben, z.B. Börsenkurse, Umsätze, Arbeitslosenzahlen. Eine Serie solcher Beobachtungen nennt man Zeitreihe. Der Verlauf einer *Zeitreihe* wird durch vier Komponenten bestimmt:

- Die *Trendkomponente* F_t beschreibt die langfristige Entwicklung der Zeitreihe.
- Die *saisonale Komponente* S_t modelliert periodische Schwankungen um den Trend. Der Name kommt daher, dass solche Schwankungen oft jahreszeitlich bedingt sind. (Beispiel: Schwankungen der Arbeitslosigkeit über das Jahr.)
- Daneben findet man in Zeitreihen oft noch eine zyklische Variation C_t um den Trend. Typisch sind längere, über mehrere Jahre gehende Zyklen mit variabler Periodenlänge. Eine häufige Ursache von zyklischer Variation sind Konjunkturschwankungen. Die Komponenten F_t und C_t können auch zusammengefasst betrachtet werden.
- Den durch die obigen Komponenten nicht erklärten Anteil der Zeitreihe fasst man als Zufallsschwankung E_t zusammen.

Ein Ziel der Zeitreihenanalyse ist die Zerlegung von Zeitreihen in ihre Komponenten. Ein anderes Ziel ist das Erstellen von Prognosen über die zukünftige Entwicklung der Zeitreihe.

Bei Unternehmens- und Wirtschaftsdaten wird oft von einer multiplikativen Zeitreihenstruktur der Form

$$X_t = F_t \cdot C_t \cdot S_t \cdot E_t,$$

ausgegangen. Manchmal ist aber auch eine additive Zerlegung der Form

$$Y_t = F_t + C_t + S_t + E_t$$

nützlich. Durch Anwenden der Exponentialfunktion bzw. Logarithmusfunktion können additive Modelle und multiplikative Modelle ineinander übergeführt werden.

Im folgenden besprechen wir Methoden zur Schätzung der einzelnen Zeitreihenkomponenten. Danach wird das Erstellen von Prognosen behandelt. Zuletzt diskutieren wir noch das in Zeitreihen häufig auftretende Phänomen der Autokorrelation. Weiterführendes Material zur Zeitreihenanalyse findet sich z.B. im Buch von Schlittgen und Streitberg (1991).

10.1 Zerlegung von Zeitreihen

10.1.1 Untersuchung der saisonalen Komponente

Zur Schätzung des gemeinsamen Effekts $F_t \cdot C_t$ von Trend F_t und zyklischer Komponente C_t werden oft gleitende Mittel verwendet. Hat nämlich eine Zeitreihe eine saisonale Komponente der Periodenlänge k, dann wird diese durch die Bildung eines gleitenden Durchschnitts über k Zeitschritte eliminiert. Über den Vergleich der ursprünglichen Zeitreihe X_t mit der Schätzung von $F_t \cdot C_t$ lassen sich Aussagen betreffend der saisonalen Komponente machen.

In den folgenden Beispielen wird zunächst die Berechnung gleitender Durchschnitte besprochen. Danach behandeln wir die Schätzung der saisonalen Komponente. Wir beginnen mit dem Fall einer ungeraden Periodenlänge.

10–1 Über drei Wochen wurden folgende Verkaufszahlen für Hemden ermittelt:

Woche	1	2	3
Mo	38	35	35
Di	44	45	45
Mi	49	52	47
Do	54	54	52
Fr	55	59	51

Berechne die gleitenden 5-Tagesmittel.

Lösung: Wir haben gleitende Durchschnitte mit Periodenlänge 5 (ungerade!) zu berechnen. Die dritte Spalte der folgenden Tabelle enthält die in a) gesuchten gleitenden Durchschnitte. (Für die ersten und letzten beiden Tage ist eine Berechnung nicht möglich.) Der Wert für den dritten Tag ergibt sich z.B. als

$$(38 + 44 + 49 + 54 + 55)/5 = 48,$$

und für den 4. Tag erhält man $(44+49+54+55+35)/5 = 47.4$, für die folgenden Tage geht man analog vor.

Tag	Verkauf	Gleitende Mittel
1	38	
2	44	
3	49	48
4	54	47.4
5	55	47.6
6	35	48.2
7	45	48.2
8	52	49
9	54	49
10	59	49
11	35	48
12	45	47.6
13	47	46
14	52	
15	51	

♣

Ist die Periodenlänge k gerade, so verwendet man ein zweistufiges Rechenschema zur Berechnung gleitender Durchschnitte.

10–2 Über zwei Jahre wurden folgende Quartalseinnahmen (in 1000 Schilling) eines Eisverkäufers erhoben.

Quartal	95	96
I	24	22
II	120	104
III	216	182
IV	68	56

Berechne die gleitenden Mittel über jeweils 4 Quartale. Für welche Quartale ist eine Berechnung möglich?

Lösung: Ist die Länge des gleitenden Durchschnitts gerade, so schreibt man die Mittel zunächst zwischen jeweils jene zwei Zahlen der Zeitreihe, die im Zentrum der zur Durschnittsbildung verwendeten Zahlen stehen. So wird z.B. das Mittel $(24 + 120 + 216 + 68)/4$ zwischen 120 und 216 geschrieben. Aus diesen Hilfsgrößen kann man nun den zentrierten gleitenden Durchschnitt berechnen, indem man die beiden unmittelbar benachbarten Hilfsgrößen mittelt. Damit ist eine Berechnung für den Zeitbereich zwischen III/95 und II/96 möglich.

Quartal	Einnahmen	Hilfsgrößen	Gleitende Durchschnitte
I/95	24		
II/95	120		
		107	
III/95	216		106.75
		106.5	
IV/95	68		104.5
		102.5	
I/96	22		98.25
		94	
II/96	104		92.5
		91	
III/96	182		
IV/96	56		

♣

Wenn wir vom multiplikativen Modell ausgehen und die Zeitreihe X_t durch Trend und zyklische Komponente dividieren, so ergibt sich

$$S_t \cdot E_t = \frac{X_t}{F_t \cdot C_t}.$$

Über die bereinigte Zeitreihe $X_t^{(-TC)} = S_t \cdot E_t$ kann die saisonale Komponente S_t näher untersucht werden. Da die Komponenten F_t und C_t in der Praxis nicht bekannt sind, müssen sie allerdings durch Schätzungen ersetzt werden. Wir verwenden dazu die zuvor besprochenen gleitenden Mittel.

Betrachten wir nochmals die Zeitreihe aus Beispiel 10–1 mit täglichen Verkaufszahlen. Zur (näherungsweisen) Berechnung von $X_t^{(-TC)}$ dividieren wir die Zeitreihe zunächst durch die zuvor berechneten gleitenden Mittel. Aus $X_t^{(-TC)}$ kann die saisonale Komponente geschätzt und mittels saisonaler Indizes bzw. saisonaler Gewichte beschrieben werden. Wenn wir annehmen, dass eine saisonale Komponente mit einer Periodendauer von einer Woche vorliegt, können wir für jeden Wochentag einen *saisonalen Index* ermitteln. Ein Saisonindex von 118 für Freitag würde dann etwa bedeuten, dass die Verkäufe am Freitag typischerweise um geschätzte 18% über dem Durchschnitt aller Wochentage liegen. Ein saisonales Gewicht von 23.6 für Freitag interpretiert man dahingehend, dass geschätzte 23.6% des Wochenumsatzes auf Freitag entfallen. Die Details der Berechnung werden im folgenden Beispiel 10–3 erklärt.

10–3 Betrachte nochmals die Daten aus Beispiel 10–1.

a) Ermittle die Saisonindizes unter Verwendung des arithmetischen Mittels.

b) Berechne die saisonalen Gewichte.

c) Berechne den Saisonindex für Mittwoch unter Verwendung des Medians.

d) Ermittle (basierend auf dem arithmetischen Mittel) die saisonbereinigte Zeitreihe.

Lösung:

a) Zur Berechnung der saisonalen Indizes werden zunächst die Verhältnisse Zeitreihe : gleitender Durchschnitt bestimmt. (Z.B. $\frac{49}{48}$ für Tag 3). Dann mittelt man jeweils die zum gleichen Wochentag gehörigen Ergebnisse in Spalte 4 und multipliziert mit 100. Für Mittwoch ergibt sich damit ein unnormierter Saisonindex von

$$100 \cdot \frac{1.021 + 1.061 + 1.022}{3} = 103.5$$

Analog erhält man Werte für die anderen Wochentage.

Tag	Verkauf	Gleitende Mittel	Verhältnis	saisonbereinigte Zeitreihe
1	38			52.2
2	44			46.9
3	49	48.0	1.0208	47.4
4	54	47.4	1.1392	48.2
5	55	47.6	1.1555	46.6
6	35	48.2	0.7261	48.1
7	45	48.2	0.9336	47.9
8	52	49.0	1.0612	50.3
9	54	49.0	1.1020	48.2
10	59	49.0	1.2041	50.0
11	35	48.0	0.7292	48.1
12	45	47.6	0.9454	47.9
13	47	46.0	1.0217	45.5
14	52			46.4
15	51			43.3

Nun kann man die Saisonindizes noch normieren, so dass ihr arithmetisches Mittel 100 ergibt. (Das erreicht man, indem man die unnormierten Saisonindizes durch deren arithmetisches Mittel (= 100.04) dividiert.) Die Ergebnisse sind in der folgenden Tabelle zusammengefasst.

	Saisonindizes	
Tag	nicht normiert	normiert
Mo	72.8	72.8
Di	93.9	93.9
Mi	103.5	103.4
Do	112.1	112.0
Fr	118.0	117.9

b) Die saisonalen Gewichte ergeben sich mittels Division der saisonalen Indizes durch die Periodenlänge (hier: 5 (Tage)).

Tag	Mo	Di	Mi	Do	Fr
Sais. Gewicht	14.56	18.78	20.68	22.4	23.58

c) Saisonindizes kann man alternativ auch mit Hilfe des Medians berechnen. Der (nicht normierte) Saisonindex für Mittwoch beträgt dann 102.17. (Median aus $1.0208, 1.0612, 1.0217$ mit 100 multiplizieren.)

d) Die saisonbereinigte Zeitreihe erhält man, indem man die ursprüngliche Zeitreihe durch die Saisonindizes dividiert und mit 100 multipliziert. Die Ergebnisse sind in der letzten Spalte der Tabelle zusammengefasst.

♣

10.1.2 Schätzung von Trend und zyklischer Komponente

Häufig wird die Trendkomponente F_t in Zeitreihen mittels Regression geschätzt. Liegen stärkere saisonale Effekte vor, so sollte dazu die saisonbereinigte Zeitreihe X_t^{-S} verwendet werden. Beim multiplikativen Modell $X_t = F_t \cdot C_t \cdot S_t \cdot E_t$ ist $X_t^{-S} = F_t \cdot C_t \cdot E_t$. Diese wird gemäß Beispiel 10–4c) unter Verwendung der saisonalen Indizes berechnet. Beim multiplikativen Modell wird oft die logarithmierte Zeitreihe $\log(X_t)$ bzw. $\log(X_t^{-S})$ für die Trendschätzung herangezogen, da sich dann eine additive Fehlerstruktur ergibt.

Im folgenden Beispiel wird eine Zeitreihe sukzessive zerlegt. Der Trend wird mittels Regression geschätzt.

10–4 Betrachte folgende Zeitreihe von Umsatzdaten in tausend Euro.

	1.Quartal	2.Quartal	3.Quartal	4.Quartal
1997	734.9	815.2	868.6	982.0
1998	783.2	829.4	1023.2	1024.3
1999	879.9	914.6	976.8	1152.4
2000	921.7	925.9	1097.1	1177.4

a) Berechne die gleitenden Jahresmittel.

b) Schätze die saisonalen Indizes.

c) Berechne die saisonbereinigte Zeitreihe.

d) Schätze den *Trend* unter Verwendung der saisonbereinigten Zeitreihe.

e) Schätze die zyklische Komponente C_t.

f) Stelle die Schätzungen für F_t, $F_t \cdot C_t$ und $F_t \cdot C_t \cdot S_t$ graphisch dar.

Lösung:

a) Wir berechnen die gleitenden Mittel wie in Beispiel 10–2. Bestimmt man die Hilfgrößen auf zwei Dezimalstellen genau, so ergeben sich folgenden Werte:

	1.Quartal	2.Quartal	3.Quartal	4.Quartal
1997			856.2	864.0
1998	885.1	909.7	927.1	949.8
1999	954.7	964.9	986.2	992.8
2000	1009.2	1027.4		

b) Unter Verwendung der gleitenden Mittel aus a) können die saisonalen Indizes wie in Beispiel 10–3 berechnet werden. Aus den unnormierten Indizes 90.66 (Q1), 92.03 (Q2), 103.62 (Q3), 112.53 (Q4) ergeben sich nach Division durch den Mittelwert 99.71 und Multiplikation mit 100 die folgenden normierten Saisonindizes

1.Quartal	2.Quartal	3.Quartal	4.Quartal
90.9	92.3	103.9	112.9

c) Mittels der Saisonindizes aus b) erhalten wir (analog zu Beispiel 10–3) die folgende saisonbereinigte Zeitreihe $X_t^{(-S)}$.

	1.Quartal	2.Quartal	3.Quartal	4.Quartal
1997	808.5	883.2	836.0	869.8
1998	861.6	898.6	984.8	907.3
1999	968.0	990.9	940.1	1020.7
2000	1014.0	1003.1	1055.9	1042.9

d) Die Trendschätzung basiert auf einer Regressionanalyse gemäß Kapitel 7. Benützt man die logarithmierte Zeitreihe $\log(X_t^{(-S)})$ aus c) als abhängige Variable, so ergibt sich als Trendschätzung $\log(\hat{F}_t) = 6.71 + 0.016t$, bzw. $\hat{F}_t = 821 \cdot e^{0.016t}$. Als unabhängige Variable wurde das laufende Quartal $t = 1, 2, \ldots, 16$ verwendet. Dabei ist z.B. $t = 6$ als das zweite Quartal des zweiten Jahres zu interpretieren.

Hätten wir statt $\log X_t^{(-S)}$ die untransformierte Zeitreihe $X_t^{(-S)}$ zur Trendschätzung benützt, so wäre die Trendschätzung $\hat{F}_t = 814 + 15.1 \cdot t$. Berechnet man Schätzungen für konkrete Quartale ($1 \leq t \leq 16$), so liefern beide Ansätze sehr ähnliche Resultate. Das liegt daran, dass die Steigung der Trendfunktion in unserem Beispiel verhältnismäßig niedrig ist.

e) Die geschätzte zyklische Komponente C_t ergibt sich nun, indem man die Schätzung für $F_t \cdot C_t$ aus a) durch jene für F_t aus d) dividiert. Wir verwenden die Trendschätzung $\hat{F}_t = 821 \cdot \exp(0.016 \cdot t)$. Durch Substitution von $t = 1, 2, \ldots, 16$ ergibt sich folgende Trendschätzung für die einzelnen Quartale.

	1.Quartal	2.Quartal	3.Quartal	4.Quartal
1997	834.2	847.7	861.4	875.3
1998	889.4	903.7	918.3	933.1
1999	948.2	963.5	979	994.8
2000	1010.8	1027.1	1043.7	1060.5

Durch Division der gleitenden Mittel aus a) durch obige Trendwerte erhält man die geschätzte saisonale Komponente C_t für die einzelnen Quartale.

	1.Quartal	2.Quartal	3.Quartal	4.Quartal
1997			0.994	0.987
1998	0.995	1.007	1.01	1.018
1999	1.007	1.001	1.007	0.998
2000	0.998	1		

f)

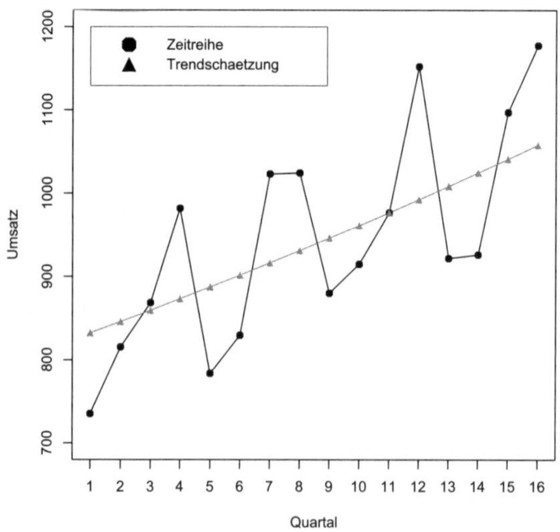

Schätzung des Trends F_t

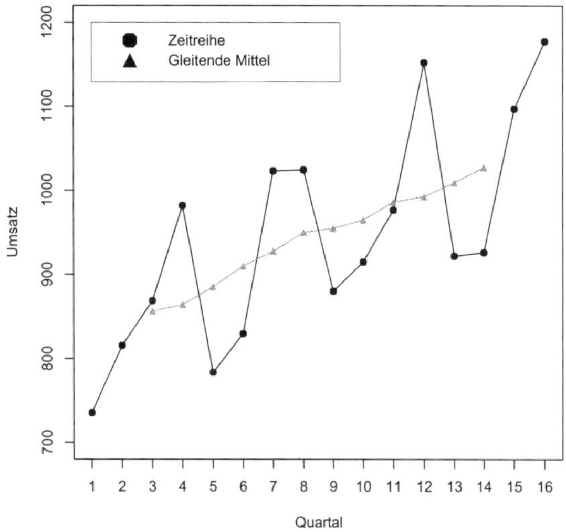

Schätzung von $F_t \cdot C_t$
(gleitende Mittel)

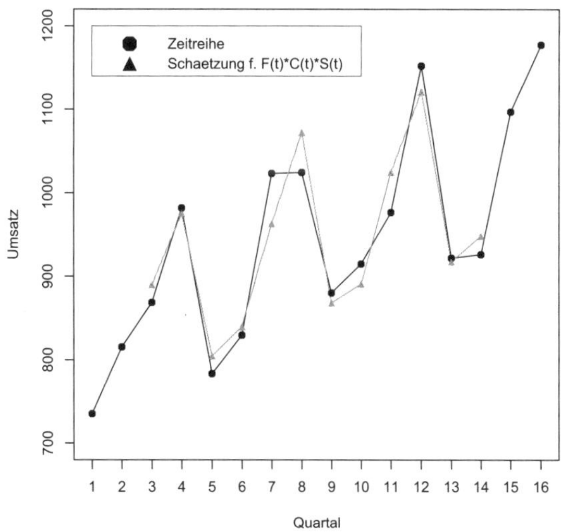

Schätzung von $F_t \cdot C_t \cdot S_t$

♣

10.2 Erstellen von Prognosen

Viele wirtschaftliche Entscheidungen beruhen auf der Einschätzung zukünftiger Entwicklungen. Oft werden Consulting–Unternehmen beauftragt, Prognosen zu erstellen. Auch in den Medien werden ständig Vorhersagen künftiger Entwicklungen präsentiert. Hier ein paar Beispiele:

- Aufgrund der erhöhten Ölpreise wird mit einem Rückgang des Wirtschaftswachstums gerechnet.
- Banken reduzieren ihre Aktienbestände, weil sie mit einem Ansteigen der Zinsen rechnen.
- Die Entscheidung über den Zeitpunkt einer Investition in den USA wird von der Einschätzung der Wechselkursentwicklung mitbestimmt.
- Aufgrund einer erwarteten Umsatzsteigerung stellt Intel zusätzliches Personal ein.

Man unterscheidet zwei grundsätzliche Ansätze zur Erstellung von Prognosen. Beim ersten Ansatz wird die Entwicklung einer Größe aus anderen Variablen vorhergesagt. Beispiel: Im US-Präsidentschaftswahlkampf 2000 wurde ein Sieg von Bush vorhergesagt, da von ihm mehr Halloween-Masken verkauft wurden als vom Gegenkandidaten Al Gore. Diese Prognose beruht auf der Erfahrung, dass bei den vergangenen Wahlen stets jener Kandidat gewann, von dem zu Halloween mehr Masken verkauft wurden. Exaktere Prognosen dieses Typs werden mit Hilfe von Regressionstechniken erstellt. Beispiel: Ein Unternehmen versucht die zukünftigen Gewinne mittels Regression aus Variablen wie Wirtschaftswachstum, Rohstoffpreisen und Arbeitskosten vorherzusagen. Die Kapitel 7 und 8 haben einen Einblick in die dabei verwendeten Techniken geliefert.

Hier konzentrieren wir uns auf zeitreihenorientierte Techniken. Bei diesen werden Zyklen, Trends und Zeitreihenwerte aus der Vergangenheit benützt, um die weitere Entwicklung der Zeitreihe vorherzusagen. Wir betrachten dabei zwei Ansätze: Prognosen über die Zerlegung der Zeitreihe und Prognosen mittels exponentieller Glättung.

10–5 Betrachte nochmals Beispiel 10–4 und erstelle, basierend auf der Zerlegung der Zeitreihe, eine Prognose für den Umsatz im ersten Quartal 2001.

Lösung: Die gewünschte Prognose wird durch Multiplikation der Schätzungen für die Komponenten F_t, C_t und S_t erstellt. (Man geht davon aus, dass die Zufallskomponente E_t nicht vorhergesagt werden kann.) Durch Einsetzen in die Trendfunktion aus Beispiel 10–4 d) erhalten wir die Trendprognose

$$\hat{F}_{17} = 821 \cdot \exp(0.016 \cdot 17) = 1078.$$

Zur Schätzung von S_t für das erste Quartal 2001 benützen wir den saisonalen Index für Quartal I aus 10–4 b) und erhalten $\hat{S}_{17} = 90.9/100 = 0.909$. Am schwierigsten gestaltet sich die Schätzung der zyklischen Komponente C_t. Liegen keine Zusatzinformationen über die Konjunkturentwicklung vor, so kann man folgendermaßen vorgehen: Der letzte vorhandene Schätzwert für die zyklische Komponente stammt vom 2. Quartal 2000 und beträgt 1.0. Wenn wir nach einem sehr ähnlichen Wert in der Vergangenheit suchen, sehen wir, dass wir im 2. Quartal 1999 für die zyklische Komponente 1.001 erhalten haben. Unsere Prognose soll für I/2001 erfolgen, was drei Quartale nach II/2000 liegt. Betrachten wir das dritte Quartal nach 2/1999 (also I/2000) so finden wir einen Wert von 0.998 für C_t. Dieser kann als Prognose für die zyklische Komponente C_{17} im Quartal I/2001 benützt werden. Insgesamt erhalten wir

$$\hat{F}_{17} \cdot \hat{C}_{17} \cdot \hat{S}_{17} = 1078 \cdot 0.909 \cdot 0.998 \approx 978$$

als Prognose für den Umsatz im ersten Quartal 2001.

♣

Die exponentielle Glättung kann als Durchschnittsbildung aufgefasst werden, wobei die Gewichte in Richtung Vergangenheit exponentiell abnehmen. Aus der ursprünglichen Zeitreihe $(X_t)_{t=0}^{T}$ erhält man die exponentiell geglättete Zeitreihe $(S_t)_{t=0}^{T}$ nach folgender Formel:

Exponentielle Glättung:

Startzeitpunkt:	$t = 0$	$S_0 = X_0$	
Zeitreihenglättung:	$1 \leq t \leq T$	$S_t = (1-\gamma)S_{t-1} + \gamma X_t$	(10.1)
Prognose:	$t = T+1$	$S_{T+1} = (1-\gamma)S_T + \gamma X_T$	

Der Wert γ heißt Glättungsparameter. Für $\gamma = 1$ wird die ursprüngliche Datenreihe reproduziert, für $\gamma = 0$ erhält man die konstante Reihe $S_t = X_0$. Für die Wahl des Glättungsparameters existieren Kriterien, die darauf abzielen, den Vorhersagefehler bei der Prognose von X_{T+1} zu minimieren. Dabei werden oft Prognosen für vergangene Zeitpunkte erstellt, die dann mit der tatsächlichen Entwicklung der Zeitreihe verglichen werden können.

10–6 Gegeben sind die folgenden Arbeitslosenraten in einer Region gemessen jeweils am 1. Juni:

Jahr	Arbeitslosenrate
88	6.2
89	7.4
90	7.8
91	7.5
92	7.4
93	7.8

a) Bestimmen Sie eine exponentielle Glättung der Zeitreihe für die Jahre 1988–1993 mit Glättungsparameter $\gamma = 0.3$.

b) Erstellen Sie mittels der exponentiellen Glättung eine Prognose für 1994.

Lösung:

a) Wir verwenden Formel (10.1). Somit ergibt sich für das Jahr 1988 $S_{88} = 6.2$ und für 1989

$$S_{89} = 0.7 \cdot 6.20 + 0.3 \cdot 7.4 = 6.56.$$

Weiter erhält man:

Jahr	Arbeitslosenrate	Exp. Glättung
88	6.2	6.20
89	7.4	6.56
90	7.8	6.93
91	7.5	7.10
92	7.4	7.19
93	7.8	7.37

b) Eine Prognose für 1994 erstellt man wie folgt:

$$S_{94} := (1 - \gamma)S_{93} + \gamma X_{93} = 0.7 \cdot 7.37 + 0.3 \cdot 7.80 = 7.5$$

♣

Zwei komplexere Techniken zur exponentiellen Glättung, die wir hier nicht im Detail besprechen wollen, wurden von Holt und Winter vorgeschlagen (vgl. Hackl und Katzenbeisser, 1996).

10.3 Autokorrelation

Wenn die Fehlerterme in einem Regressionsmodell korreliert sind, spricht man von Autokorrelation oder serieller Korrelation. Bei Geschäfts- und Wirtschaftsdaten, die über die Zeit erhoben werden ist Autokorrelation ein häufiges Phänomen. Dabei tritt die serielle Korrelation zumeist als positive Autokorrelation auf. Das bedeutet, dass aufeinanderfolgende Fehlerterme typischerweise gleiche Vorzeichen haben. (Das heißt: Auf positive Fehlerterme folgen meist positive Fehlerterme und auf negative Fehler in der Regel negative.) Wenn in Regressionsmodellen Autokorrelation vorliegt, so kann das zu verschiedenen Problemen führen. Insbesondere gilt:

- Die Optimalitätseigenschaften der Schätzverfahren sind nicht mehr garantiert, die Schätzungen der Koeffizienten können ineffizient sein.
- Positiv autokorrelierte Fehler führen zu einer Unterschätzung der Fehlervarianz s_e^2. Da s_e^2 bei Tests und Konfidenzintervallen in Regressionsmodellen eine wichtige Rolle spielt, wird die Wahrscheinlichkeit einen Fehler erster Art zu begehen, größer als das vorgegebene Signifikanzniveau.

Mit Hilfe des *Durbin–Watson Tests* kann man prüfen, ob Autokorrelation vorliegt. Exakter formuliert prüft der Test die Alternativhypothese einer Lag 1 Autokorrelation. Lag 1 Autokorrelation ist die praktisch am häufigsten auftretende Form von Autokorrelation. Dabei sind Fehlerterme von unmittelbar (zeitlich) aufeinanderfolgenden Beobachtungen korreliert.

Beim Durbin–Watson Test verwendet man die im Zuge des Regressionsmodells ermittelten Residuen $e_1, \ldots, e_n$. Null- und Alternativhypothese lauten folgendermaßen:

H_0 : Die Zeitreihe weist keine Lag 1 Autokorrelation auf.

H_1 : Es liegt Autokorrelation vor.

Bei Wirtschaftsdaten konzentriert man sich aber auch oft auf die einseitige Alternative H_1 : Positive Autokorrelation.

Teststatistik (bei T Beobachtungen):

$$D = \frac{\sum_{t=2}^{T}(e_t - e_{t-1})^2}{\sum_{t=1}^{T} e_t^2} \tag{10.2}$$

Entscheidung (zweiseitig):

- H_0 falls $d_U < D < 4 - d_U$,
- H_1 falls $D < d_L$ oder $D > 4 - d_L$.
- In allen anderen Fällen kann keine Entscheidung getroffen werden.

Der Grund, warum nicht in allen Fällen eine Entscheidung getroffen werden kann, ist, dass die Verteilung der Teststatistik unter H_0 von der Matrix der erklärenden Variablen X abhängt und die verfügbaren Tabellen nur die maximal möglichen Quantile d_U und minimal möglichen Quantile d_L enthält. Die Werte für d_U und d_L hängen vom Stichprobenumfang, der Anzahl der geschätzten Parameter und vom Signifikanzniveau ab. (Siehe Tabelle 5.)

10–7 In einem Regressionsmodell mit einer erklärenden Variablen (Einfachregression) und $n = 16$ Beobachtungen soll getestet werden ob Autokorrelation vorliegt. Als Residuen ergaben sich:

$$-1.3,\ -0.8,\ -1.0,\ 0.9,\ 2.4,\ 4.1,\ 1.1,\ 1.2,$$
$$-1.7,\ -2.1,\ -3.1,\ -2.8,\ 1.8,\ 3.6,\ -2.6, 0.3$$

Teste mittels Durbin-Watson Test (zweiseitig) ob Autokorrelation vorliegt! ($\alpha = 0.05$)

Lösung: Für die Teststatistik des Durbin–Watson Tests erhält man nach (10.2): $D = 1.2825$. Aus Tabelle 5 entnimmt man, dass $d_L = 0.98$ und $d_U = 1.24$.

Da $d_U < D < 4 - d_U$, kann H_0 nicht verworfen werden. ♣

In Fällen, wo H_0 verworfen wird, gibt es verschiedene Strategien mit Autokorrelation umzugehen. Wir wollen zwei erwähnen.

Hinzufügen weiterer unabhängiger Variablen: Oft tritt Autokorrelation auf, wenn wichtige erklärende Variablen übersehen wurden. Das Problem kann dann oft durch die Aufnahme dieser Variablen behoben werden.

Transformieren von Variablen: Wenn die Hinzunahme von neuen Variablen die Autokorrelation nicht hinreichend reduziert, kann versucht werden, die Variablen zu transformieren. Eine Möglichkeit besteht im Bilden von Differenzen oder Quotienten. Dabei arbeitet man nicht mit den ursprünglichen Daten, sondern schätzt die Regressionsgleichung basierend auf der absoluten oder prozentualen Wertveränderung der Variablen in aufeinanderfolgenden Zeitperioden.

10–8 Betrachte die folgende Tabelle mit den Preissteigerungen (in % zum Vorjahr) für Nahrungsmittel und Wohnen.

Jahr	Nahrung	Wohnen	Jahr	Nahrung	Wohnen
1974	14.3	9.6	1986	3.2	5.5
1975	8.5	9.9	1987	4.1	4.7
1976	3	5.5	1988	4.1	4.8
1977	6.3	6.6	1989	5.8	4.5
1978	9.9	10.2	1990	5.8	5.4
1979	11	13.9	1991	2.9	4.5
1980	8.6	17.6	1992	1.2	3.3
1981	7.8	11.7	1993	2.2	3
1982	4.1	7.1	1994	2.4	3.1
1983	2.1	2.3	1995	2.8	3.2
1984	3.8	4.9	1996	3.3	3.2
1985	2.3	5.6	1997	2.6	3.1

Schätze eine Regressionsgerade zur Vorhersage der Preisveränderung für Nahrungsmittel aus jener für Wohnen. Liegt Autokorrelation vor? Teste zweiseitig zum Niveau $\alpha = 0.05$. Betrachte ein alternatives Regressionsmodell welches bei Vorliegen von Autokorrelation verwendet werden kann.

Lösung: Mittels linearer Einfachregression (siehe Kapitel 7) ergibt sich die folgende Regressionsgerade:

$$\hat{y} = 0.7542 + 0.6788 \cdot x$$

Dabei ist $\hat{y}$ die geschätzte Preisveränderung für Nahrungsmittel. Als Residuen erhalten wir

$$7.03, 1.03, -1.49, 1.07, 2.22, 0.81, -4.10, -0.90, -1.47, -0.22, -0.28, -2.26,$$

$$-1.29, 0.16, 0.09, 1.99, 1.38, -0.91, -1.79, -0.59, -0.46, -0.13, 0.37, -0.26$$

Nach Formel 10.2 erhalten wir $D = 1.11$. Gemäß Tabelle 5 für $n = 24$ gilt, dass $D < d_L = 1.16$. H_0 muss somit verworfen werden und wir gehen davon aus, dass Autokorrelation vorliegt.

Eine Strategie zur Behebung des Problems ist das Bilden von Differenzen.

Jahr	Nahrung	Wohnen	Jahr	Nahrung	Wohnen
74-75	-5.8	0.3	86-87	0.9	-0.8
75-76	-5.5	-4.4	87-88	0	0.1
76-77	3.3	1.1	88-89	1.7	-0.3
77-78	3.6	3.6	89-90	0	0.9
78-79	1.1	3.7	90-91	-2.9	-0.9
79-80	-2.4	3.7	91-92	-1.7	-1.2
80-81	-0.8	-5.9	92-93	1	-0.3
81-82	-3.7	-4.6	93-94	0.2	0.1
82-83	-2	-4.8	94-95	0.4	0.1
83-84	1.7	2.6	95-96	0.5	0
84-85	-1.5	0.7	96-97	-0.7	-0.1
85-86	0.9	-0.1			

Basierend auf den oben angeführten Differenzen können wir versuchen, die Veränderung der Inflationsrate für Nahrungsmittel aus der Veränderung der Teuerungsratesrate für Wohnen vorherzusagen. Mittels Einfachregression ergibt sich

$$\hat{y} = -0.3785 + 0.4607 \cdot x,$$

wobei $\hat{y}$ die geschätzte Veränderung der Inflationsrate für Nahrungsmittel ist. Wenn wir nun die Residuen berechnen erhalten wir

$$-5.56, -3.09, 3.17, 2.32, -0.23, -3.73, 2.30, -1.20, 0.59, 0.88, -1.44, 1.32$$

$$1.65, 0.33, 2.22, -0.04, -2.11, -0.77, 1.52, 0.53, 0.73, 0.88, -0.28.$$

Die Teststatistik zum Durbin–Watson Test beträgt nun $D = 1.56$. Ein Vergleich mit $d_U = 1.32$ ($n = 23$) zeigt, dass nun für $\alpha = 0.05$ keine Autokorrelation mehr nachweisbar ist. ♣

10.4 Beispiele zum Üben

10.4.1 Aufgaben

10–9 Ein Versandhaus ermittelt während 4 Wochen die Anzahl der täglich einlangenden Beschwerdeanrufe:

Woche	1	2	3	4
Mo	54	69	61	62
Di	51	56	55	59
Mi	46	41	38	45
Do	48	42	42	45
Fr	26	35	28	26

a) Berechnen Sie das gleitende Mittel für den Freitag der 2. Woche. (Welche Periodenlänge ist hier sinnvoll?)

b) Berechnen Sie den unnormierten saisonalen Index für Freitag unter Verwendung des arithmetischen Mittels.

10–10 In einem Regressionsmodell mit einer erklärenden Variablen (Einfachregression) und $n = 15$ Beobachtungen wurden nach Schätzung der Regressionsgleichung folgende Residuen ermittelt:

$$-1.6,\ -0.9,\ -1.2,\ 3.9,\ 2.1,\ -3.2,\ 2.1,\ 5.0,\ -5.7,\ 1.0,\ -4.4,\ 2.9,\ 1.8,\ 0.8,\ -2.6$$

Testen Sie mittels Durbin-Watson Test (zweiseitig), ob Autokorrelation vorliegt! Welche Maßnahmen können beim Vorliegen von Autokorrelation helfen?

10–11 Aus den Quartalsdaten einer Versicherung wurden folgende (normierte) saisonale Gewichte berechnet:

Quartal	Gewicht
I	30
II	?
III	20
IV	30

a) Berechnen Sie das fehlende saisonale Gewicht für das zweite Quartal!

b) Berechnen Sie den saisonalen Index für das dritte Quartal!

10–12 Aus den Umsätzen einer Computerfirma wurden folgende normierte saisonale Indizes berechnet:

Quartal	Index
I	105
II	80
III	?
IV	120

a) Berechnen Sie den fehlenden saisonalen Index für das dritte Quartal!

b) Berechnen Sie das saisonale Gewicht für das erste Quartal!

10–13 Gegeben sind die folgenden Residuen aus einem Regressionsmodell mit 2 erklärenden Variablen und 18 Beobachtungen.

$$2,\ 3,\ 4,\ 1,\ -2,\ -2,\ -3,\ -1,\ 1,\ 2,\ 4,\ 6,\ 4,\ 1,\ -2,\ -6,\ -3,\ -9$$

Testen Sie, ob positive Autokorrelation vorliegt! ($\alpha = 0.025$).

10–14 Über drei Wochen wurden Verkaufszahlen ermittelt:

Woche	1	2	3
Mo	38	35	35
Di	44	45	45
Mi	49	52	47
Do	54	54	52
Fr	55	59	51

a) Berechnen Sie die gleitenden 5-Tagesmittel jeweils für Mittwoch.

b) Berechne Sie den Saisonindex für Mittwoch unter Verwendung des arithmetischen Mittels und dann unter Verwendung des Medians auf drei Nachkommastellen gerundet. (Die Summe der unnormierten Saisonindizes beträgt 500.22 (Mittel) und 498.93 (Median).)

10–15 Gegeben sind die folgenden Inflationsraten in einer Region gemessen jeweils am 1. Juni:

Jahr	Inflationsrate	Jahr	Inflationsrate
1995	5.7	1998	6.1
1996	5.8	1999	6.5
1997	5.9	2000	6.3

a) Bestimmen Sie eine exponentielle Glättung der Zeitreihe. (Glättungsparameter $\gamma = 0.2$.)

b) Erstellen Sie eine Prognose für die Inflation im Jahr 2001.

10–16 Der Umsatz einer bestimmten Branche (in Mio. Schilling) ist in folgender Tabelle wiedergegeben:

Quartal	1/95	2/95	3/95	4/95	1/96	2/96	3/96	4/96
Umsatz	76	78	75	68	75	80	70	60

a) Berechnen Sie die gleitenden Jahresmittel!

b) Das gleitende Mittel für das Quartal 3/96 betrug 72. Wie hoch muss dann der Umsatz im ersten Quartal des Jahres 1997 gewesen sein?

c) Berechnen Sie den saisonalen Index für das dritte Quartal unter Verwendung des arithmetischen Mittels und unter Mitberücksichtigung des Quartals "3/96"!

10–17 Der Absatz an Basketbällen in einem Sportgeschäft ist in folgender Tabelle wiedergegeben:

Quartal	1/91	2/91	3/91	4/91	1/92	2/92	3/92	4/92
Umsatz	23	28	21	19	25	30	20	21
Quartal	1/93	2/93	3/93	4/93				
Umsatz	26	32	21	20				

a) Berechnen Sie die gleitenden Jahresmittel!

b) Berechnen Sie die normierten saisonalen Indizes (unter Verwendung des arithmetischen Mittels)!

10–18 Der Umsatz einer bestimmten Branche (in Mio. Schilling) ist in folgender Tabelle wiedergegeben:

Quartal	1/94	2/94	3/94	4/94	1/95	2/95	3/95	4/95
Umsatz	46	48	44	34	45	60	32	22

a) Berechnen Sie die gleitenden Mittel! (Welche Periodenlänge ist sinnvoll?)

b) Berechnen Sie die saisonalen Indizes!

c) Berechnen Sie die Trendgerade basierend auf der saisonbereinigten Zeitreihe.

d) Bestimmen Sie eine Schätzung für die zyklische Komponente!

e) Bestimmen sie eine auf der Zeitreihenzerlegung basierende Vorhersage für das Quartal 1/96.

10.4.2 Lösungen

10–9: a): 46.8, b): 63 (auf ganze Zahlen gerundet).

10–11: a): 0.20, b): 80.

10–13: Prüfgröße $T = 0.48$, $d_L = 0.93$. H_0 (keine Autokorrel.) verwerfen.

10–15: a) Auf drei Nachkommastellen gerundete Ergebnisse:

Jahr	1995	1996	1997	1998	1999	2000
Expon.Gl.	5.7	5.72	5.756	5.825	5.960	6.028

b) Prognose für 2001: 6.08%

10–17: Gleitende Mittel:

Quartal	3/91	4/91	1/92	2/92	3/92	4/92
Gl. Mittel	23	23.5	23.625	23.75	24.125	24.5
Quartal	1/93	2/93				
Gl. Mittel	24.875	24.875				

Saisonale Indizes:

Quartal	1	2	3	4
Index	1.04	1.26	0.87	0.83

Kapitel 11

Indexrechnung

11.1 Einführung

Die amtliche Statistik beschäftigt sich unter anderem mit der Erstellung von *Indexzahlen*. Indexzahlen sind Größen, mit denen man Verhältnisse misst. (Z.B. das Verhältnis zwischen dem heurigen Umsatz und dem Vorjahresumsatz einer Branche oder das Verhältnis der Preise der Jahre 1997 und 1987.) In der Wirtschaft sind folgende drei Typen von Indizes besonders bedeutsam:

- Preisindizes,
- Mengenindizes,
- Umsatzindizes.

11.1.1 Preisindizes

Preisindizes haben im Wirtschaftsleben große Bedeutung. Preisindizes, die laufend berechnet werden, sind z.B. der Verbraucherpreisindex, der Großhandelspreisindex oder der Baupreisindex.

Um aufgrund von individuellen Preisveränderungen eine Maßzahl für die allgemeine Preissteigerung zu erhalten, betrachtet man einen repräsentativen Warenkorb. Beim österreichischen Verbraucherpreisindex etwa besteht dieser Korb aus 615 Waren und Dienstleistungen, die monatlich in 2500 Geschäften in 20 österreichischen Städten erhoben werden.

Betrachten wir nun einen Warenkorb, der aus n Objekten besteht. Angenommen die Preise im Warenkorb betragen zum Zeitpunkt 0

$$p_0^{(1)}, p_0^{(2)}, \dots, p_0^{(n)}$$

und zum Zeitpunkt t

$$p_t^{(1)}, p_t^{(2)}, \dots, p_t^{(n)}.$$

Dann berechnet man die Preissteigerung des Warenkorbs von 0 auf t als

$$P_{0,t} = \frac{\sum_{i=1}^{n} \frac{p_t^{(i)}}{p_0^{(i)}} c^{(i)}}{\sum_{i=1}^{n} c^{(i)}} \cdot 100,$$

wobei $c^{(i)}$ $(1 \leq i \leq n)$ geeignet gewählte Gewichte sind. Die Quotienten $p_t^{(i)}/p_0^{(i)}$ (Preismesszahlen) sind die Preissteigerungen eines individuellen Objekts aus dem Warenkorb. Die obige Formel stellt eine leichte Vereinfachung zur Praxis dar: Da der Preis für eine Ware normalerweise auch vom Einkaufsort abhängt, berechnet man die Preismesszahlen in der Praxis etwas aufwendiger aufgrund von Preiserhebungen in mehreren Geschäften.

Wählt man als Gewichte $c^{(i)} = p_0^{(i)} q_0^{(i)}$, wobei $q_0^{(i)}$ die nachgefragte Menge des Gutes i bezeichnet, so erhält man den Preisindex nach Laspeyres. Dieser lässt sich auch folgendermaßen schreiben:

$$\text{Laspeyres Preisindex:} \quad P_{0,t}^{(L)} = \frac{\sum_{i=1}^{n} p_t^{(i)} q_0^{(i)}}{\sum_{i=1}^{n} p_0^{(i)} q_0^{(i)}} \cdot 100 \qquad (11.1)$$

Wenn man als Gewichte $c^{(i)} = p_0^{(i)} q_t^{(i)}$ wählt, so ergibt sich der Preisindex nach Paasche:

$$\text{Paasche Preisindex:} \quad P_{0,t}^{(P)} = \frac{\sum_{i=1}^{n} p_t^{(i)} q_t^{(i)}}{\sum_{i=1}^{n} p_0^{(i)} q_t^{(i)}} \cdot 100. \qquad (11.2)$$

Preisindizes sind auch zur Bereinigung anderer Indexreihen von Bedeutung (Wirtschaftswachstum, Entwicklung von Löhnen und Gehältern). So erhält man etwa den realen Lohnindex als

$$\text{Realer Lohnindex} = \frac{\text{Nominaler Lohnindex}}{\text{Preisindex für Lebenshaltung}} \cdot 100,$$

wobei der Basiszeitpunkt bei den in die Berechnung eingehenden Indizes derselbe sein muss.

11.1.2 Verkettung und Umbasierung von Indexreihen

Zur Erstellung von Indexreihen zeitlich aufeinanderfolgender Preisindizes der Form $P_{0,1}, P_{0,2}, \ldots, P_{0,t}$ ist der Preisindex nach Laspeyres besonders praktisch, da die nachgefragten Mengen nur einmal, nämlich zum Basiszeitpunkt 0 erhoben werden müssen. In gewissen Zeitabständen (z.B. alle 10 Jahre) wird allerdings ein neuer Basiszeitpunkt gewählt, um den Warenkorb und die Mengen $q_0^{(i)}$ den veränderten Konsumgewohnheiten anzupassen. Angenommen das geschieht zum Zeitpunkt t. Man berechnet dann alle folgenden Indizes $P_{t,t+1}, P_{t,t+2}, \ldots, P_{t,T}$ zur Basis t und hat schließlich zwei Indexreihen mit verschieden Basiszeiten:

Zeit	1	2	···	t	t+1	t+2	t+3	···
Basiszeit 0	$I_{0,1}$	$I_{0,2}$	···	$I_{0,t}$				
Basiszeit t				$I_{t,t} = 100$	$I_{t,t+1}$	$I_{t,t+2}$	$I_{t,t+3}$	···

wobei wir jetzt das Symbol I (wie Index) statt P verwenden, da die folgenden Überlegungen nicht nur für Preis- sondern auch andere Indizes gültig sind. Möchte man eine durchgehende Indexreihe (um beispielsweise die Preissteigerung von 0 auf $s > t$ festzustellen), so kann man die neue Indexreihe mit der früheren Indexreihe auf zwei Arten verketten. Man kann entweder die alte Indexreihe fortsetzen oder die neue zurückrechnen. Setzt man die Reihe fort, so erhält man Indizes zur Basiszeit 0; rechnet man sie zurück, so haben alle Indizes die Basis t. Das Vor- bzw. Zurückrechnen der Indizes geschieht wie folgt:

$$\text{Fortsetzen von Indexreihen:} \quad I_{0,s}^{\hookrightarrow} = \frac{I_{0,t} \cdot I_{t,s}}{100} \quad (s > t). \tag{11.3}$$

$$\text{Zurückrechnen von Indexreihen:} \quad I_{t,s}^{\hookleftarrow} = \frac{I_{0,s} \cdot 100}{I_{0,t}} \quad (s < t). \tag{11.4}$$

Oft möchte man eine bestehende Indexreihe $I_{0,1}, I_{0,2}, \ldots, I_{0,t}$ zur Basis 0 auf einen neuen Basiszeit $s > 0$ umrechnen, um beispielsweise im Falle von Preisindizes die Preissteigerung von s nach t zu bestimmen. Diese erhält man durch folgende (unmittelbar einleuchtende) Beziehung:

$$\text{Umbasierung:} \quad I_{s,t} = \frac{I_{0,t}}{I_{0,s}} \cdot 100. \tag{11.5}$$

11.1.3 Mengenindizes

Analog zu den Preisindizes kann man Mengenindizes als gewichtetes Mittel von Veränderungen abgesetzter Mengen interpretieren. Allgemein haben Mengenindizes die Form

$$Q_{0,t} = \frac{\sum_{i=1}^{n} \frac{q_t^{(i)}}{q_0^{(i)}} c^{(i)}}{\sum_{i=1}^{n} c^{(i)}} \cdot 100,$$

Wählt man $c^{(i)} = p_0^{(i)} q_0^{(i)}$ so erhält man den Laspeyres–Mengenindex.

$$\text{Laspeyres Mengenindex:} \quad Q_{0,t}^{(L)} = \frac{\sum_{i=1}^{n} q_t^{(i)} p_0^{(i)}}{\sum_{i=1}^{n} q_0^{(i)} p_0^{(i)}} \cdot 100 \qquad (11.6)$$

Bei Verwendung der Gewichte $c^{(i)} = p_t^{(i)} q_0^{(i)}$ erhält man den Mengenindex von Paasche:

$$\text{Paasche Mengenindex:} \quad Q_{0,t}^{(P)} = \frac{\sum_{i=1}^{n} q_t^{(i)} p_t^{(i)}}{\sum_{i=1}^{n} q_0^{(i)} p_t^{(i)}} \cdot 100 \qquad (11.7)$$

11.1.4 Umsatzindex

Wie man aus dem Namen errät, misst der Umsatzindex das Verhältnis der Umsätze zweier Perioden.

$$\text{Umsatzindex:} \quad U_{0,t} = \frac{\sum_{i=1}^{n} p_t^{(i)} q_t^{(i)}}{\sum_{i=1}^{n} p_0^{(i)} q_0^{(i)}} \cdot 100. \qquad (11.8)$$

11.2 Musterbeispiele

11–1 In einer Branche wurden für drei Güter folgende Preise und Mengen erhoben.

	Gut A		Gut B		Gut C	
Jahr	Preis	Menge	Preis	Menge	Preis	Menge
1995	25	10	10	20	20	5
1996	28	9	12	30	20	6
1997	30	-	15	-	24	-

a) Berechne die Preisindizes von Laspeyres für 1996 und 1997 zur Basis 1995.

b) Berechne den Preisindex von Paasche für 1996 zur Basis 1995. Welche Probleme treten bei der Berechnung für 1997 auf?

c) Berechne den Umsatzindex für 1996 zur Basis 1995.

Lösung:

a) Wir berechnen nach Formel (11.1)

$$P_{95,96}^{(L)} = \frac{28 \cdot 10 + 12 \cdot 20 + 20 \cdot 5}{25 \cdot 10 + 10 \cdot 20 + 20 \cdot 5} \cdot 100 = 112.7,$$

sowie

$$P_{95,97}^{(L)} = \frac{30 \cdot 10 + 15 \cdot 20 + 24 \cdot 5}{25 \cdot 10 + 10 \cdot 20 + 20 \cdot 5} \cdot 100 = 130.9.$$

b) Mittels (11.2) erhält man

$$P_{95,96}^{(P)} = \frac{28 \cdot 9 + 12 \cdot 30 + 20 \cdot 6}{25 \cdot 9 + 10 \cdot 30 + 20 \cdot 6} \cdot 100 = 113.5.$$

Für 1997 kann der Preisindex nach Paasche nicht berechnet werden, da die dafür nötigen Mengenangaben von 1997 fehlen.

c) Mittels (11.8) errechnet man

$$U_{96,95} = \frac{28 \cdot 9 + 12 \cdot 30 + 20 \cdot 6}{25 \cdot 10 + 10 \cdot 20 + 20 \cdot 5} \cdot 100 = 133.1.$$

♣

11–2 Für einen Industriezweig stehen folgende Informationen zur Verfügung:

	1993	1994	1995	1996
Preisindex nach Laspeyres (Basis 1986)	122	124	130	140
Umsätze	200	220	240	280

Im Jahre 1986 betrug der Umsatz 160 Mio. \$. Berechne einen geeigneten Mengenindex für die Jahre 1993–1996 zur Basis 1993.

Lösung: Zunächst transformieren wir den Preisindex auf das Basisjahr 1993 und berechnen die dazugehörige Umsatzindexreihe für 1993–1996.

	1993	1994	1995	1996
Preisindex nach Laspeyres (Basis 1993)	100	$\frac{124}{122} \cdot 100 = 101.6$	106.6	114.8
Umsatzindex (1993)	100	110	120	140

Durch Vergleichen der Formeln (11.1), (11.7) sowie (11.8) sieht man, dass

$$Q_{0,t}^{(P)} = \frac{U_{0,t}}{P_{0,t}^{(L)}} \cdot 100.$$

Somit ergibt sich der Mengenindex nach Paasche für 1994 als

$$Q_{93,94}^{(P)} = \frac{110}{101.6} \cdot 100 = 108$$

und analog die Indexreihe:

	1993	1994	1995	1996
Mengenindex nach Paasche (Basis 1993)	100	108	113	122

♣

11–3 In einem Land sind folgende Indexreihen gegeben:

Jahr	VPI 1976	VPI 1986	nominaler Lohnindex
1976	100		244
1978	103		246
1980	106		249
1982	110		252
1984	115		260
1986	120	100	270
1988		105	288
1990		120	302
1992		125	314
1994		140	352

a) Verkette die beiden Preisindexreihen (VPI steht für Verbraucherpreisindex) und erstelle eine durchgehende Indexreihe zur Basis 1980.

b) Berechne die realen Lohnindizes zur Basis 1980 für die in der Tabelle angeführten Jahre!

c) Sind die Löhne in dem untersuchten Land real gestiegen?

Lösung:

a)+b) Eine durchgehende Indexreihe erhält man z.B. durch eine vorwärts gerichtet Verkettung nach Formel (11.3),

$$VPI_{76,88} = VPI_{86,88} \cdot VPI_{76,86}/100 = 120 \cdot 105/100 = 126 \text{ usw.}$$

Nach erfolgter Verkettung, kann man die Basis wechseln, indem man mit $\frac{100}{106}$ multipliziert.

Jahr	VPI 1976 (verkettet)	VPI (1980)	nominaler Lohnindex	realer Lohnindex
1976	100	94	98	104
1978	103	97	99	102
1980	106	100	100	100
1982	110	104	101	98
1984	115	108	104	96
1986	120	113	108	96
1988	126	119	116	97
1990	144	136	121	89
1992	150	142	126	89
1994	168	158	141	89

c) Zwischen 1980 und 1994 sind die Löhne real gesunken.

♣

11–4 Für einen Warenkorb, der aus drei Gütern besteht, wurden von 1995 bis 1998 folgende Indizes nach Laspeyres erhoben:

Jahr	95	96	97	98
Index	100	105	112	122

Die Preise in den Jahren 1998 und 1999 waren:

Jahr	Gut 1	Gut 2	Gut 3
98	44	61	23
99	55	34	65

Die Mengen in der Basisperiode 1995 betrugen 75 (Gut 1), 43 (Gut 2), 12 (Gut 3). Setze die Preisindexreihe für das Jahr 1999 fort.

Lösung: Um den Laspeyres Preisindex für das Jahr 1999 nach Formel (11.1) zu berechnen zu können, benötigen wir die Preise der Güter im Basisjahr 1995. Es sind jedoch nur die Mengen für das Basisjahr gegeben. Wir können uns aber mit dem Preisindex des Jahre 1998 behelfen: Da der Nenner des Laspeyres Preisindexes nur von der Basisperiode abhängt, ist das Verhältnis $P^{(L)}_{95,99}/P^{(L)}_{95,98}$ gleich dem Verhältnis der Zähler

$$\left(\sum_{i=1}^{3} p^{(i)}_{99} q^{(i)}_{95}\right) \Big/ \left(\sum_{i=1}^{3} p^{(i)}_{98} q^{(i)}_{95}\right) = 6367/6199 = 1.027,$$

und es ist $P^{(L)}_{95,99} = P^{(L)}_{95,98} \cdot 1.027 = 122 \cdot 1.027 = 125.$ ♣

11.3 Beispiele zum Üben

11.3.1 Aufgaben

11–5 In einem Wirtschaftszweig sind der Preisindex nach Laspeyres (Basis 1986) und der Mengenindex nach Paasche (Basis 1988) bekannt.

Jahr	86	88	90
Preisindex	100	102	105
Mengenindex	90	100	110

Berechnen Sie den Umsatzindex für 1990 zur Basis 1986.

11–6 In einer Branche wurde folgende Preisindexreihe nach Laspeyres erhoben:

Jahr	92	93	94	95	96	97
Index 92	100	104	106	112		
Index 95				100	104	105

a) Verketten Sie die beiden Indexreihen.

b) Um wieviel Prozent sind die Preise zwischen 94 und 97 gestiegen?

c) Angenommen folgende Umsatzdaten stehen zusätzlich zur Verfügung:

Jahr	92	93	94	95	96	97
Umsatz	250	290	280	300	320	320

Berechnen Sie einen Mengenindex für das Jahr 1996 auf der Basis 1992.

11–7 Für drei Produkte liegen folgende Daten vor.

	Produkt A		Produkt B		Produkt C	
Jahr	Preis	Umsatz	Preis	Umsatz	Preis	Umsatz
96	20	200	40	400	10	100
97	25	500	60	1200	10	200
98	30	600	70	1750	10	250

a) Berechnen Sie den Preisindex nach Paasche für das Jahr 1998 zur Basis 1996.

b) Berechnen Sie den Preisindex nach Laspeyres für die Jahre 1997 und 1998 zur Basis 1996.

c) Angenommen die Preisindexreihe (nach Laspeyres) zu obigen Produkten (Basis 1990) lautet:

Jahr	93	94	95	96
Index	107	108	112	124

Erstellen Sie eine Indexreihe zur Basis 1993 für die Jahre 1993–1998.

11–8 In einer Branche wurde folgende Preisindexreihe nach Laspeyres erhoben:

Jahr	92	93	94	95	96	97
Index	100	103	106	112	115	120

a) Rechnen Sie den Index auf das Basisjahr 1994 um. (Auf ganze Punkte gerundet.)

b) Um wieviel Prozent sind die Preise von 1995 auf 1997 gestiegen?

c) Angenommen folgende Umsatzdaten stehen zusätzlich zur Verfügung:

Jahr	92	93	94	95	96	97
Umsatz	240	280	260	290	320	360

Berechnen Sie einen Mengenindex für das Jahr 1997 auf der Basis 1994.

d) Ist der obige Mengenindex ein Index nach Paasche oder nach Laspeyres?

11–9 In einer Branche wurde folgende Preisindexreihe nach Laspeyres erhoben:

Jahr	89	90	91	92	93	94
Index 89	100	103	107			
Index 91			100	102	104	107

a) Verketten Sie die beiden Indexreihen und erstellen Sie eine durchgehende Indexreihe zur Basis 1989 bzw. 1991.

b) Um wieviel Prozent sind die Preise zwischen 90 und 93 gestiegen?

c) Angenommen folgende Umsatzdaten stehen zusätzlich zur Verfügung:

Jahr	89	90	91	92	93	94
Umsatz	450	490	480	470	420	450

Berechnen Sie einen Mengenindex (auf ganze Indexpunkte gerundet) für das Jahr 1993 auf der Basis 1990.

11–10 Für drei Produkte liegen folgende Daten vor.

	Produkt A		Produkt B		Produkt C	
Jahr	Preis	Menge	Preis	Menge	Preis	Menge
91	20	30	40	10	10	5
92	20	40	50	16	10	7
93	22	90	80	15	10	10

a) Berechnen Sie den Umsatzindex für das Jahr 1993 zur Basis 1991.

b) Berechnen Sie den Preisindex nach Laspeyres für das Jahr 1993 zur Basis 1991.

c) Berechnen Sie den Mengenindex nach Paasche für das Jahr 1993 auf der Basis 1991.

d) Welches Produkt hat sich von 91 auf 93 am stärksten verteuert?

11–11 Von drei Gütern liegen die Mengen und Umsätze zur Basiszeit 1994 und zur Berichtszeit 1995 vor:

	Mengen		Umsätze	
Gut	94	95	94	95
A	5	6	30	42
B	6	5	24	25
C	4	5	22	30

a) Berechnen Sie den Mengenindex nach Laspeyres!

b) Berechnen Sie den Preisindex nach Paasche!

11–12 Ein Warenkorb besteht aus den Produkten A, B und C. Für den Warenkorb wurde von 1991-1994 folgende Indexreihe nach Laspeyres erhoben:

Jahr	91	92	93	94
Index	100	104	108	114

Als Preise in den Jahren 1994 und 1995 wurden erhoben:

Jahr	Preis A	Preis B	Preis C
94	40	20	40
95	35	20	55

Die Mengen in der Basisperiode 1991 betrugen 60 (A), 40 (B), 40 (C). Setzen Sie die Preisindexreihe für das Jahr 1995 fort.

11.3.2 Lösungen

11–5: 128.

11–7: a) 157.6.

b) 135.7, 157.1.

c)

Jahr	93	94	95	96	97	98
Basis 93	100	100.9	104.7	115.9	157.3	182.1

11–9:

a) Verkettung:

Jahr	89	90	91	92	93	94
Basis 89	100	103	107	109	111	114
Basis 91	93	96	100	102	104	107

b) um rund 8 %,

c) 79 (gerundet auf ganze Zahlen.)

11–11:

a) 109.9

b) 116

Kapitel 12

Übungsprojekte

Die folgenden praktischen Aufgaben sollen helfen statistische Grundkonzepte, besser zu verstehen. Sie können alleine oder im Team bearbeitet werden. Die Aufgaben benützen anonyme Daten der Lehrveranstaltungsteilnehmer/innen, welche z.B. zu Beginn (oder in einer Vorbesprechung) der Lehrveranstaltung gesammelt werden könnten. Ein Musterfragebogen findet sich in Abbildung 12.1.

Beschreibung von Daten Ziel dieser Aufgabe ist es, die in Kapitel 2 behandelten Verfahren auf konkrete Daten anzuwenden. Insbesondere soll geübt werden, geeignete, d.h. zu einzelnen Merkmalen passende, Maßzahlen und Graphiken auszuwählen.

Aufgabe: Wählen Sie eines der folgenden Merkmalspaare aus und benützen Sie die dazugehörigen Fragebogendaten. (Die Merkmalsnummern beziehen sich dabei auf die zugehörigen Nummern des Musterfragebogens.)

Paar	Merkmale	Paar	Merkmale
A	1, 10	F	6, 11
B	2, 10	G	7, 11
C	3, 10	H	8, 11
D	4, 10	I	9, 12
E	5, 10	J	10, 12

Präsentieren Sie nun die Daten zum gewählten Merkmalspaar. Welche Fragen könnten dabei von Interesse sein? (Beispiel: (Fragenpaar F) Wieviel Geld tragen die Teilnehmer an der Lehrveranstaltung bei sich? Wie hoch ist der Anteil der berufstätigen Studenten in der Lehrveranstaltung? Tragen die Berufstätigen mehr Geld bei sich? Wenn ja, um wieviel?) Berechnen Sie zur Beantwortung *geeignete* Lage- und Streuungsmaßzahlen und stellen Sie die Daten auf geeignete Weise grafisch dar. (Skalenniveau beachten!) Lassen die Ergebnisse Rückschlüsse auf größere Grundgesamtheiten, wie z.B. jene aller Studenten der Universität zu? (Begründung!) Gibt es Ausreißer? Wenn ja, wie beeinflussen diese atypischen Beobachtungen die berechneten Maßzahlen?

Konfidenzintervalle Diese Aufgabe soll ein besseres Verständnis für Konfidenzintervalle vermitteln und deren Interpretation erleichtern.

Aufgabe: Wir fassen nun die Teilnehmer/innen der Lehrveranstaltung, welche einen Fragebogen ausgefüllt haben, als Grundgesamtheit auf. In Analogie zu Situationen mit großen Grundgesamtheiten wollen wir durch das Ziehen von Zufallsstichproben Aussagen über Parameter der Grundgesamtheit (Mittelswert/Anteilswert) tätigen. Betrachten Sie dazu eine der Fragen 1–12. (Bei Fragen 8,9 und 12 empfiehlt es sich die möglichen Antworten zu 2 Gruppen zusammenfassen.) Die Stichproben können mittels gleichverteilter Zufallszahlen aus der Zufallszahlenliste (Tabelle 12.1) oder (besser) per Computer gezogen werden. (Zufällig gewählter Startpunkt auf der Zufallszahlenliste!) Der Einfachheit halber wollen wir die Zufallszahlen mit Zurücklegen ziehen. Ziehen Sie nun 20 Stichproben der Größe 10 und ermitteln Sie für jede Stichprobe ein 90% Konfidenzintervall für den entsprechenden Parameter der Grundgesamtheit. [1] Da uns aufgrund der Fragebögen die Verteilung der untersuchten Merkmale in der Grundgesamtheit vollständig bekannt ist, können wir nun unsere Konfidenzintervalle mit den entsprechenden Parametern der Grundgesamtheit vergleichen. Wie viele der Konfidenzintervalle enthalten den zugehörigen Parameter der Grundgesamtheit? Wenn wir nun alle von den Teilnehmern erstellten Konfidenzintervalle gemeinsam betrachten, wie groß ist dann der Anteil der Intervalle, die den interessierenden Parameter enthalten? Welchen Anteil würden wir erwarten?

Könnte es hier bei den Konfidenzintervallen für den Anteilswert ein Problem mit der Normalverteilungsapproximation geben?

Testverfahren Wir betrachten nochmals die Fragestellung der vorhergehenden Aufgabe, wollen jetzt aber Tests statt Konfidenzintervalle berechnen.

[1] Die Stichprobengröße 10 hat sich bei Übungsgruppen von ca. 50 Teilnehmern bewährt und sollte gegebenenfalls adaptiert werden.

Verwenden Sie nochmals die Daten zu einem Punkt des Fragebogens. Ermitteln Sie den zugehörigen Parameter (Mittelwert μ_G bzw. Anteilswert θ_G) der Grundgesamtheit. Falls Sie den Parameter nicht kennen würden, was bei großen Grundgesamtheiten in der Regel der Fall ist, könnten Sie versuchen mittels einer Stichprobe Hypothesen hinsichtlich des Parameters zu testen. Ziehen Sie wie in der vorhergehenden Aufgabe 20 Zufallsstichproben und führen Sie dann zweiseitige Hypothesentests zum Niveau $\alpha = 0.1$ durch. Angenommen Sie haben bei der Spezifikation der Nullhypothese für μ bzw. θ den korrekten Parameter der Grundgesamtheit μ_G (θ_G) gewählt. Wie oft lehnen ihre Test H_0 dann ab? Wie groß ist der Anteil der Ablehnungen insgesamt bei allen Teilnehmern? Wie verändert sich der Anteil der Ablehnungen, wenn in der Nullhypothese $\mu = \mu_G + \delta$ bzw. $\theta = \theta_G + \delta$ gewählt wird? Wie groß ist der Anteil z.B. für $\delta = 2\sigma/\sqrt{10}$ (bzw. $\delta = 2\theta_G(1 - \theta_G)/\sqrt{10}$?

96	41	71	15	68	45	19	90	31	93	57	4	90	80	11
60	62	26	96	52	93	22	12	30	10	5	80	30	35	53
79	33	85	11	25	47	15	70	36	35	65	2	18	42	23
17	24	14	23	34	15	70	86	15	41	23	77	52	85	64
76	55	20	75	92	29	7	63	69	46	92	22	92	74	67
11	90	54	43	9	70	41	93	30	55	85	2	72	52	43
9	11	7	90	17	65	8	16	1	65	50	55	66	31	93
53	65	1	47	96	94	19	95	21	44	17	86	47	97	98
92	86	82	91	10	27	20	93	1	34	71	74	76	58	23
6	48	95	62	83	84	4	25	80	62	45	7	15	70	62
17	99	37	64	83	54	4	39	46	87	55	22	7	68	31
79	49	68	67	57	26	70	77	50	78	65	60	5	39	32
49	80	55	60	27	97	33	80	59	5	5	28	68	21	9
32	15	30	3	94	40	23	49	90	55	98	45	92	38	94
57	21	16	57	62	84	88	96	24	76	27	51	63	65	56
6	2	60	69	37	68	1	20	77	56	3	67	30	2	58
92	38	91	99	99	14	21	56	18	8	39	12	3	48	59
27	73	77	62	83	43	49	71	60	23	40	47	84	52	84
37	73	94	23	68	75	66	33	98	19	96	64	84	59	9
48	8	8	31	23	30	78	46	49	82	34	12	43	9	93
30	78	76	83	99	23	71	11	17	55	6	2	4	2	98
66	5	90	14	55	58	95	12	75	11	50	26	4	5	67
59	82	2	21	38	18	12	61	8	71	49	83	70	54	65
13	35	33	93	43	26	25	66	24	58	89	83	49	11	92
16	13	92	36	38	79	60	96	18	72	80	81	83	15	29
50	51	84	12	17	19	93	54	7	15	27	43	40	23	4
95	83	84	88	58	42	14	31	62	64	22	70	69	58	36
65	71	69	39	15	75	15	75	1	23	39	61	55	50	20
27	5	63	60	78	5	11	47	46	53	58	62	52	39	97
86	48	61	97	17	73	91	45	89	65	79	95	76	85	64
84	60	57	40	71	29	66	15	30	5	64	92	15	52	28
30	5	33	43	92	9	60	37	75	68	63	60	76	78	2
89	12	99	38	74	87	90	30	43	23	77	72	37	69	56
17	34	68	88	8	50	35	71	81	29	41	69	72	96	58
88	23	98	51	8	68	98	8	32	64	58	50	19	21	47
36	89	49	84	90	48	24	40	37	61	63	32	71	46	42
90	86	24	20	76	59	32	45	47	6	55	11	13	49	79
43	91	74	37	54	2	38	39	18	57	19	84	91	75	68
70	76	48	21	43	58	11	73	88	57	74	1	58	86	31
82	98	36	65	30	52	95	14	91	35	64	11	76	38	85
42	16	16	24	57	88	89	50	13	7	92	75	55	74	44
68	40	46	67	53	50	86	72	62	93	45	53	52	35	37
28	19	69	20	88	90	8	85	90	64	72	48	10	38	66
50	74	97	52	27	96	63	58	65	4	72	86	48	35	41
8	93	66	61	17	67	19	2	16	76	73	76	39	66	2
67	97	78	78	5	28	79	52	6	19	33	10	17	39	98
57	48	81	62	27	85	99	87	91	64	97	26	3	47	31
45	40	98	93	23	22	93	56	66	17	56	34	22	46	23
51	64	59	65	58	54	54	16	2	50	45	94	46	11	61
64	16	51	25	64	77	65	94	69	2	56	30	37	80	88
9	6	80	22	23	87	1	3	86	21	98	70	24	65	73
6	33	86	91	64	11	84	23	79	94	82	37	39	35	36
71	37	94	72	83	26	93	8	63	28	12	25	76	10	9
32	21	44	75	17	47	9	8	17	84	12	54	85	51	23
27	8	6	22	43	54	45	2	61	11	12	26	97	72	38
50	36	46	96	52	63	13	4	92	28	7	3	5	67	66
71	42	47	67	15	29	83	44	78	46	45	7	28	3	19
85	12	30	92	14	31	63	92	47	43	18	74	68	4	76
15	30	42	2	60	99	50	63	75	17	77	2	59	15	28
47	88	12	49	14	74	85	75	67	87	23	13	97	45	13
14	52	77	42	62	27	73	4	60	63	89	14	80	84	21

Tabelle 12.1: 900 gleichverteilte Zufallszahlen zwischen 1 und 99.

FRAGEBOGEN

1. Ihre Körpergröße in cm: |___|___|___|
2. Wie hoch war Ihre letzte Friseurrechnung: (incl. Trinkgeld) Euro |___|___|___|___|
3. Schätzen Sie das Alter des Übungsleiters: |___|___|
4. Wie viele Musik-CDs besitzen Sie? |___|___|___|
5. Messen Sie Ihren Puls: (Schläge pro Minute) |___|___|___|
6. Wieviel Geld haben Sie momentan bei sich: |___|___|___|___|
7. Wie lange haben Sie letzte Nacht geschlafen? (auf halbe Stunden genau) |___|___|•|___|
8. Ein bestimmtes Studium wird von beiden Geschlechtern mit gleicher Wahrscheinlichkeit gewählt. In einem Jahr sind allerdings 75% der Neuanfänger weiblich. Wann ist dieses Ereignis wahrscheinlicher: Bei insgesamt 10 Studienanfängern in diesem Jahr..(A), bei 100..(B), oder hängt die Wahrscheinlichkeit nicht von der Zahl der Neuanfänger ab..(C)?) ☐
9. In welchem Semester Ihres Studiums befinden Sie sich? ☐
10. Ihr Geschlecht (M/W): ☐
11. Sind Sie berufstätig? (J/N) ☐
12. Halten Sie sich für mathematisch begabt? (3..ja, 2..eher ja, 1..eher nein, 0..nein) ☐

Abbildung 12.1: Musterfragebogen

Literatur

Einführende Lehrbücher

J. Bleymüller, G. Gehlert und H. Gülicher (2008). *Statistik für Wirtschaftswissenschaftler.* Vahlen, München. (WiSt-Studienkurs).

J. Bortz (1999). *Statistik für Sozialwissenschaftler.* Springer, Berlin.

D. Freedman, R. Pisani und R. Purves (1998). *Statistics*, Norton, New York. (Eine intuitive Einführung in statistische Grundkozepte.)

P. Hackl und W. Katzenbeisser (1996). *Statistik für Sozial- und Wirtschaftswissenschaften.* Oldenburg, München.

E. Mansfield (1994). *Statistics for Business and Economics: Methods and Applications.* Norton, New York.

E. Mansfield (1994). *Statistics for Business and Economics: Problems, Exercises, and Case Studies.* Norton, New York.

K. S. Trivedi (2001) *Probability and statistics with reliability, queuing and computer science applications.* John Wiley & Sons.

Weiterführende Bücher

C. Chatfield (1995). *Problem solving. A statistician's guide.* Chapman & Hall, London.

F. Ferschl (1985). *Deskriptive Statistik.* Physica-Verlag, Heidelberg.

J. Hartung und B. Elpelt (2006). *Multivariate Statistik. Lehr- und Handbuch der angewandten Statistik.* Oldenbourg, München.

H. Scheffé (1959). *The Analysis of Variance.* Wiley, New York.

R. Schlittgen und B. H. J. Streitberg (2001). *Zeitreihenanalyse.* Oldenbourg, München.

Nachschlagewerke

L. Sachs (2009). *Angewandte Statistik. Anwendungen statistischer Methoden.* Springer, Berlin.

J. Hartung, B. Elpelt und K.-H. Klösener (2005). *Statistik. Lehr- und Handbuch der angewandten Statistik.* Oldenbourg, München.

Tabellen

x	$\Phi(x)$	x	$\Phi(x)$	x	$\Phi(x)$	x	$\Phi(x)$
0.01	0.503989	0.51	0.694974	1.01	0.843752	1.51	0.934478
0.02	0.507978	0.52	0.698468	1.02	0.846136	1.52	0.935745
0.03	0.511966	0.53	0.701944	1.03	0.848495	1.53	0.936992
0.04	0.515953	0.54	0.705401	1.04	0.85083	1.54	0.93822
0.05	0.519939	0.55	0.70884	1.05	0.853141	1.55	0.939429
0.06	0.523922	0.56	0.71226	1.06	0.855428	1.56	0.94062
0.07	0.527903	0.57	0.715661	1.07	0.85769	1.57	0.941792
0.08	0.531881	0.58	0.719043	1.08	0.859929	1.58	0.942947
0.09	0.535856	0.59	0.722405	1.09	0.862143	1.59	0.944083
0.1	0.539828	0.6	0.725747	1.1	0.864334	1.6	0.945201
0.11	0.543795	0.61	0.729069	1.11	0.8665	1.61	0.946301
0.12	0.547758	0.62	0.732371	1.12	0.868643	1.62	0.947384
0.13	0.551717	0.63	0.735653	1.13	0.870762	1.63	0.948449
0.14	0.55567	0.64	0.738914	1.14	0.872857	1.64	0.949497
0.15	0.559618	0.65	0.742154	1.15	0.874928	1.65	0.950529
0.16	0.563559	0.66	0.745373	1.16	0.876976	1.66	0.951543
0.17	0.567495	0.67	0.748571	1.17	0.879	1.67	0.95254
0.18	0.571424	0.68	0.751748	1.18	0.881	1.68	0.953521
0.19	0.575345	0.69	0.754903	1.19	0.882977	1.69	0.954486
0.2	0.57926	0.7	0.758036	1.2	0.88493	1.7	0.955435
0.21	0.583166	0.71	0.761148	1.21	0.886861	1.71	0.956367
0.22	0.587064	0.72	0.764238	1.22	0.888768	1.72	0.957284
0.23	0.590954	0.73	0.767305	1.23	0.890651	1.73	0.958185
0.24	0.594835	0.74	0.77035	1.24	0.892512	1.74	0.95907
0.25	0.598706	0.75	0.773373	1.25	0.89435	1.75	0.959941
0.26	0.602568	0.76	0.776373	1.26	0.896165	1.76	0.960796
0.27	0.60642	0.77	0.77935	1.27	0.897958	1.77	0.961636
0.28	0.610261	0.78	0.782305	1.28	0.899727	1.78	0.962462
0.29	0.614092	0.79	0.785236	1.29	0.901475	1.79	0.963273
0.3	0.617911	0.8	0.788145	1.3	0.9032	1.8	0.96407
0.31	0.62172	0.81	0.79103	1.31	0.904902	1.81	0.964852
0.32	0.625516	0.82	0.793892	1.32	0.906582	1.82	0.96562
0.33	0.6293	0.83	0.796731	1.33	0.908241	1.83	0.966375
0.34	0.633072	0.84	0.799546	1.34	0.909877	1.84	0.967116
0.35	0.636831	0.85	0.802337	1.35	0.911492	1.85	0.967843
0.36	0.640576	0.86	0.805105	1.36	0.913085	1.86	0.968557
0.37	0.644309	0.87	0.80785	1.37	0.914657	1.87	0.969258
0.38	0.648027	0.88	0.81057	1.38	0.916207	1.88	0.969946
0.39	0.651732	0.89	0.813267	1.39	0.917736	1.89	0.970621
0.4	0.655422	0.9	0.81594	1.4	0.919243	1.9	0.971283
0.41	0.659097	0.91	0.818589	1.41	0.92073	1.91	0.971933
0.42	0.662757	0.92	0.821214	1.42	0.922196	1.92	0.972571
0.43	0.666402	0.93	0.823814	1.43	0.923641	1.93	0.973197
0.44	0.670031	0.94	0.826391	1.44	0.925066	1.94	0.97381
0.45	0.673645	0.95	0.828944	1.45	0.926471	1.95	0.974412
0.46	0.677242	0.96	0.831472	1.46	0.927855	1.96	0.975002
0.47	0.680822	0.97	0.833977	1.47	0.929219	1.97	0.975581
0.48	0.684386	0.98	0.836457	1.48	0.930563	1.98	0.976148
0.49	0.687933	0.99	0.838913	1.49	0.931888	1.99	0.976705
0.5	0.691462	1.0	0.841345	1.5	0.933193	2.0	0.97725

Tabelle 1: Verteilungsfunktion der Standardnormalverteilung.

x	Φ(x)	x	Φ(x)	x	Φ(x)	x	Φ(x)
2.01	0.977784	2.51	0.993963	3.01	0.998694	3.51	0.999776
2.02	0.978308	2.52	0.994132	3.02	0.998736	3.52	0.999784
2.03	0.978822	2.53	0.994297	3.03	0.998777	3.53	0.999792
2.04	0.979325	2.54	0.994457	3.04	0.998817	3.54	0.9998
2.05	0.979818	2.55	0.994614	3.05	0.998856	3.55	0.999807
2.06	0.980301	2.56	0.994766	3.06	0.998893	3.56	0.999815
2.07	0.980774	2.57	0.994915	3.07	0.99893	3.57	0.999822
2.08	0.981237	2.58	0.99506	3.08	0.998965	3.58	0.999828
2.09	0.981691	2.59	0.995201	3.09	0.998999	3.59	0.999835
2.1	0.982136	2.6	0.995339	3.1	0.999032	3.6	0.999841
2.11	0.982571	2.61	0.995473	3.11	0.999065	3.61	0.999847
2.12	0.982997	2.62	0.995604	3.12	0.999096	3.62	0.999853
2.13	0.983414	2.63	0.995731	3.13	0.999126	3.63	0.999858
2.14	0.983823	2.64	0.995855	3.14	0.999155	3.64	0.999864
2.15	0.984222	2.65	0.995975	3.15	0.999184	3.65	0.999869
2.16	0.984614	2.66	0.996093	3.16	0.999211	3.66	0.999874
2.17	0.984997	2.67	0.996207	3.17	0.999238	3.67	0.999879
2.18	0.985371	2.68	0.996319	3.18	0.999264	3.68	0.999883
2.19	0.985738	2.69	0.996427	3.19	0.999289	3.69	0.999888
2.2	0.986097	2.7	0.996533	3.2	0.999313	3.7	0.999892
2.21	0.986447	2.71	0.996636	3.21	0.999336	3.71	0.999896
2.22	0.986791	2.72	0.996736	3.22	0.999359	3.72	0.9999
2.23	0.987126	2.73	0.996833	3.23	0.999381	3.73	0.999904
2.24	0.987455	2.74	0.996928	3.24	0.999402	3.74	0.999908
2.25	0.987776	2.75	0.99702	3.25	0.999423	3.75	0.999912
2.26	0.988089	2.76	0.99711	3.26	0.999443	3.76	0.999915
2.27	0.988396	2.77	0.997197	3.27	0.999462	3.77	0.999918
2.28	0.988696	2.78	0.997282	3.28	0.999481	3.78	0.999922
2.29	0.988989	2.79	0.997365	3.29	0.999499	3.79	0.999925
2.3	0.989276	2.8	0.997445	3.3	0.999517	3.8	0.999928
2.31	0.989556	2.81	0.997523	3.31	0.999534	3.81	0.999931
2.32	0.98983	2.82	0.997599	3.32	0.99955	3.82	0.999933
2.33	0.990097	2.83	0.997673	3.33	0.999566	3.83	0.999936
2.34	0.990358	2.84	0.997744	3.34	0.999581	3.84	0.999938
2.35	0.990613	2.85	0.997814	3.35	0.999596	3.85	0.999941
2.36	0.990863	2.86	0.997882	3.36	0.99961	3.86	0.999943
2.37	0.991106	2.87	0.997948	3.37	0.999624	3.87	0.999946
2.38	0.991344	2.88	0.998012	3.38	0.999638	3.88	0.999948
2.39	0.991576	2.89	0.998074	3.39	0.999651	3.89	0.99995
2.4	0.991802	2.9	0.998134	3.4	0.999663	3.9	0.999952
2.41	0.992024	2.91	0.998193	3.41	0.999675	3.91	0.999954
2.42	0.99224	2.92	0.99825	3.42	0.999687	3.92	0.999956
2.43	0.992451	2.93	0.998305	3.43	0.999698	3.93	0.999958
2.44	0.992656	2.94	0.998359	3.44	0.999709	3.94	0.999959
2.45	0.992857	2.95	0.998411	3.45	0.99972	3.95	0.999961
2.46	0.993053	2.96	0.998462	3.46	0.99973	3.96	0.999963
2.47	0.993244	2.97	0.998511	3.47	0.99974	3.97	0.999964
2.48	0.993431	2.98	0.998559	3.48	0.999749	3.98	0.999966
2.49	0.993613	2.99	0.998605	3.49	0.999758	3.99	0.999967
2.5	0.99379	3.0	0.99865	3.5	0.999767	4.0	0.999968

Tabelle 1: (Forts.) Verteilungsfunktion der Standardnormalverteilung.

df	0.90	0.95	p 0.975	0.99	0.995
1	3.078	6.314	12.706	31.820	63.657
2	1.886	2.920	4.303	6.965	9.925
3	1.638	2.353	3.182	4.541	5.841
4	1.533	2.132	2.776	3.747	4.604
5	1.476	2.015	2.571	3.365	4.032
6	1.440	1.943	2.447	3.143	3.707
7	1.415	1.895	2.365	2.998	3.500
8	1.397	1.860	2.306	2.896	3.355
9	1.383	1.833	2.262	2.821	3.250
10	1.372	1.812	2.228	2.764	3.169
11	1.363	1.796	2.201	2.718	3.106
12	1.356	1.782	2.179	2.681	3.054
13	1.350	1.771	2.160	2.650	3.012
14	1.345	1.761	2.145	2.624	2.977
15	1.341	1.753	2.131	2.602	2.947
16	1.337	1.746	2.120	2.584	2.921
17	1.333	1.740	2.110	2.567	2.898
18	1.330	1.734	2.101	2.552	2.878
19	1.328	1.729	2.093	2.540	2.861
20	1.325	1.725	2.086	2.528	2.845
21	1.323	1.721	2.080	2.518	2.831
22	1.321	1.717	2.074	2.508	2.819
23	1.320	1.714	2.069	2.500	2.807
24	1.318	1.711	2.064	2.492	2.797
25	1.316	1.708	2.060	2.485	2.787
26	1.315	1.706	2.056	2.479	2.779
27	1.314	1.703	2.052	2.473	2.771
28	1.312	1.701	2.048	2.467	2.763
29	1.311	1.699	2.045	2.462	2.756
30	1.310	1.697	2.042	2.457	2.750

Tabelle 2: Quantile der t-Verteilung mit *df* Freiheitsgraden für die Wahrscheinlichkeiten p=0.90, 0.95, 0.975, 0.99, 0.995.

	p				
df	0.90	0.95	0.975	0.99	0.995
31	1.310	1.696	2.039	2.453	2.744
32	1.309	1.694	2.037	2.449	2.738
33	1.308	1.692	2.034	2.445	2.733
34	1.307	1.691	2.032	2.441	2.728
35	1.306	1.690	2.030	2.438	2.724
36	1.306	1.688	2.028	2.434	2.720
37	1.305	1.687	2.026	2.431	2.715
38	1.304	1.686	2.024	2.429	2.712
39	1.304	1.685	2.023	2.426	2.708
40	1.303	1.684	2.021	2.423	2.704
41	1.302	1.683	2.019	2.421	2.701
42	1.302	1.682	2.018	2.418	2.698
43	1.302	1.681	2.017	2.416	2.695
44	1.301	1.680	2.015	2.414	2.692
45	1.301	1.679	2.014	2.412	2.690
46	1.300	1.679	2.013	2.410	2.687
47	1.300	1.678	2.012	2.408	2.685
48	1.299	1.677	2.011	2.407	2.682
49	1.299	1.677	2.010	2.405	2.680
50	1.299	1.676	2.009	2.403	2.678
60	1.296	1.671	2.000	2.390	2.660
70	1.294	1.667	1.994	2.381	2.648
80	1.292	1.664	1.990	2.374	2.639
90	1.291	1.662	1.987	2.368	2.632
100	1.290	1.660	1.984	2.364	2.626
200	1.286	1.652	1.972	2.345	2.601
300	1.284	1.650	1.968	2.339	2.592
400	1.284	1.649	1.966	2.336	2.588
500	1.283	1.648	1.965	2.334	2.586
1000	1.282	1.646	1.962	2.330	2.581
∞	1.282	1.645	1.960	2.326	2.578

Tabelle 2: (Forts.) Quantile der t-Verteilung mit *df* Freiheitsgraden für die Wahrscheinlichkeiten p=0.90, 0.95, 0.975, 0.99, 0.995. Unter $df = \infty$ findet man Quantile der Standardnormalverteilung.

df	0.90	0.95	0.99
1	2.71	3.84	6.63
2	4.61	5.99	9.21
3	6.25	7.81	11.34
4	7.78	9.49	13.28
5	9.24	11.07	15.09
6	10.64	12.59	16.81
7	12.02	14.07	18.48
8	13.36	15.51	20.09
9	14.68	16.92	21.67
10	15.99	18.31	23.21
11	17.28	19.68	24.72
12	18.55	21.03	26.22
13	19.81	22.36	27.69
14	21.06	23.68	29.14
15	22.31	25.00	30.58
16	23.54	26.30	32.00
17	24.77	27.59	33.41
18	25.99	28.87	34.81
19	27.20	30.14	36.19
20	28.41	31.41	37.57
21	29.62	32.67	38.93
22	30.81	33.92	40.29
23	32.01	35.17	41.64
24	33.20	36.42	42.98
25	34.38	37.65	44.31
26	35.56	38.89	45.64
27	36.74	40.11	46.96
28	37.92	41.34	48.28
29	39.09	42.56	49.59
30	40.26	43.77	50.89

df	0.90	0.95	0.99
31	41.42	44.99	52.19
32	42.58	46.19	53.49
33	43.75	47.40	54.78
34	44.90	48.60	56.06
35	46.06	49.80	57.34
36	47.21	51.00	58.62
37	48.36	52.19	59.89
38	49.51	53.38	61.16
39	50.66	54.57	62.43
40	51.81	55.76	63.69
41	52.95	56.94	64.95
42	54.09	58.12	66.21
43	55.23	59.30	67.46
44	56.37	60.48	68.71
45	57.51	61.66	69.96
46	58.64	62.83	71.20
47	59.77	64.00	72.44
48	60.91	65.17	73.68
49	62.04	66.34	74.92
50	63.17	67.50	76.15
60	74.40	79.08	88.38
70	85.53	90.53	100.43
80	96.58	101.88	112.33
90	107.57	113.15	124.12
100	118.50	124.34	135.81
200	226.02	233.99	249.45

Tabelle 3: Quantile der χ^2-Verteilung mit *df* Freiheitsgraden für die Wahrscheinlichkeiten p=0.90, 0.95, 0.99.

0.90–Quantil										
	n_1									
n_2	1	2	3	4	5	6	7	8	9	10
1	39.86	49.50	53.59	55.83	57.24	58.20	58.91	59.44	59.86	60.19
2	8.53	9.00	9.16	9.24	9.29	9.33	9.35	9.37	9.38	9.39
3	5.54	5.46	5.39	5.34	5.31	5.28	5.27	5.25	5.24	5.23
4	4.54	4.32	4.19	4.11	4.05	4.01	3.98	3.95	3.94	3.92
5	4.06	3.78	3.62	3.52	3.45	3.40	3.37	3.34	3.32	3.30
6	3.78	3.46	3.29	3.18	3.11	3.05	3.01	2.98	2.96	2.94
7	3.59	3.26	3.07	2.96	2.88	2.83	2.78	2.75	2.72	2.70
8	3.46	3.11	2.92	2.81	2.73	2.67	2.62	2.59	2.56	2.54
9	3.36	3.01	2.81	2.69	2.61	2.55	2.51	2.47	2.44	2.42
10	3.29	2.92	2.73	2.61	2.52	2.46	2.41	2.38	2.35	2.32
11	3.23	2.86	2.66	2.54	2.45	2.39	2.34	2.30	2.27	2.25
12	3.18	2.81	2.61	2.48	2.39	2.33	2.28	2.24	2.21	2.19
13	3.14	2.76	2.56	2.43	2.35	2.28	2.23	2.20	2.16	2.14
14	3.10	2.73	2.52	2.39	2.31	2.24	2.19	2.15	2.12	2.10
15	3.07	2.70	2.49	2.36	2.27	2.21	2.16	2.12	2.09	2.06
16	3.05	2.67	2.46	2.33	2.24	2.18	2.13	2.09	2.06	2.03
17	3.03	2.64	2.44	2.31	2.22	2.15	2.10	2.06	2.03	2.00
18	3.01	2.62	2.42	2.29	2.20	2.13	2.08	2.04	2.00	1.98
19	2.99	2.61	2.40	2.27	2.18	2.11	2.06	2.02	1.98	1.96
20	2.97	2.59	2.38	2.25	2.16	2.09	2.04	2.00	1.96	1.94
25	2.92	2.53	2.32	2.18	2.09	2.02	1.97	1.93	1.89	1.87
30	2.88	2.49	2.28	2.14	2.05	1.98	1.93	1.88	1.85	1.82
35	2.85	2.46	2.25	2.11	2.02	1.95	1.90	1.85	1.82	1.79
40	2.84	2.44	2.23	2.09	2.00	1.93	1.87	1.83	1.79	1.76
45	2.82	2.42	2.21	2.07	1.98	1.91	1.85	1.81	1.77	1.74
50	2.81	2.41	2.20	2.06	1.97	1.90	1.84	1.80	1.76	1.73
55	2.80	2.40	2.19	2.05	1.95	1.88	1.83	1.78	1.75	1.72
60	2.79	2.39	2.18	2.04	1.95	1.87	1.82	1.77	1.74	1.71
65	2.78	2.39	2.17	2.03	1.94	1.87	1.81	1.77	1.73	1.70
70	2.78	2.38	2.16	2.03	1.93	1.86	1.80	1.76	1.72	1.69
75	2.77	2.37	2.16	2.02	1.93	1.85	1.80	1.75	1.72	1.69
80	2.77	2.37	2.15	2.02	1.92	1.85	1.79	1.75	1.71	1.68
85	2.77	2.37	2.15	2.01	1.92	1.84	1.79	1.74	1.71	1.67
90	2.76	2.36	2.15	2.01	1.91	1.84	1.78	1.74	1.70	1.67
95	2.76	2.36	2.14	2.00	1.91	1.84	1.78	1.74	1.70	1.67
100	2.76	2.36	2.14	2.00	1.91	1.83	1.78	1.73	1.69	1.66

Tabelle 4: Quantile $Q^{(F)}_{n_1,n_2}(0.90)$ der F-Verteilung mit n_1 (Zähler) und n_2 (Nenner) Freiheitsgraden.

0.95–Quantil										
	n_1									
n_2	1	2	3	4	5	6	7	8	9	10
1	161.5	199.5	215.7	224.6	230.2	234.0	236.8	238.9	240.5	241.9
2	18.51	19.00	19.16	19.25	19.30	19.33	19.35	19.37	19.38	19.40
3	10.13	9.55	9.28	9.12	9.01	8.94	8.89	8.85	8.81	8.79
4	7.71	6.94	6.59	6.39	6.26	6.16	6.09	6.04	6.00	5.96
5	6.61	5.79	5.41	5.19	5.05	4.95	4.88	4.82	4.77	4.74
6	5.99	5.14	4.76	4.53	4.39	4.28	4.21	4.15	4.10	4.06
7	5.59	4.74	4.35	4.12	3.97	3.87	3.79	3.73	3.68	3.64
8	5.32	4.46	4.07	3.84	3.69	3.58	3.50	3.44	3.39	3.35
9	5.12	4.26	3.86	3.63	3.48	3.37	3.29	3.23	3.18	3.14
10	4.96	4.10	3.71	3.48	3.33	3.22	3.14	3.07	3.02	2.98
11	4.84	3.98	3.59	3.36	3.20	3.09	3.01	2.95	2.90	2.85
12	4.75	3.89	3.49	3.26	3.11	3.00	2.91	2.85	2.80	2.75
13	4.67	3.81	3.41	3.18	3.03	2.92	2.83	2.77	2.71	2.67
14	4.60	3.74	3.34	3.11	2.96	2.85	2.76	2.70	2.65	2.60
15	4.54	3.68	3.29	3.06	2.90	2.79	2.71	2.64	2.59	2.54
16	4.49	3.63	3.24	3.01	2.85	2.74	2.66	2.59	2.54	2.49
17	4.45	3.59	3.20	2.96	2.81	2.70	2.61	2.55	2.49	2.45
18	4.41	3.55	3.16	2.93	2.77	2.66	2.58	2.51	2.46	2.41
19	4.38	3.52	3.13	2.90	2.74	2.63	2.54	2.48	2.42	2.38
20	4.35	3.49	3.10	2.87	2.71	2.60	2.51	2.45	2.39	2.35
25	4.24	3.39	2.99	2.76	2.60	2.49	2.40	2.34	2.28	2.24
30	4.17	3.32	2.92	2.69	2.53	2.42	2.33	2.27	2.21	2.16
35	4.12	3.27	2.87	2.64	2.49	2.37	2.29	2.22	2.16	2.11
40	4.08	3.23	2.84	2.61	2.45	2.34	2.25	2.18	2.12	2.08
45	4.06	3.20	2.81	2.58	2.42	2.31	2.22	2.15	2.10	2.05
50	4.03	3.18	2.79	2.56	2.40	2.29	2.20	2.13	2.07	2.03
55	4.02	3.16	2.77	2.54	2.38	2.27	2.18	2.11	2.06	2.01
60	4.00	3.15	2.76	2.53	2.37	2.25	2.17	2.10	2.04	1.99
65	3.99	3.14	2.75	2.51	2.36	2.24	2.15	2.08	2.03	1.98
70	3.98	3.13	2.74	2.50	2.35	2.23	2.14	2.07	2.02	1.97
75	3.97	3.12	2.73	2.49	2.34	2.22	2.13	2.06	2.01	1.96
80	3.96	3.11	2.72	2.49	2.33	2.21	2.13	2.06	2.00	1.95
85	3.95	3.10	2.71	2.48	2.32	2.21	2.12	2.05	1.99	1.94
90	3.95	3.10	2.71	2.47	2.32	2.20	2.11	2.04	1.99	1.94
95	3.94	3.09	2.70	2.47	2.31	2.20	2.11	2.04	1.98	1.93
100	3.94	3.09	2.70	2.46	2.31	2.19	2.10	2.03	1.97	1.93

Tabelle 4: Quantile $Q^{(F)}_{n_1,n_2}(0.95)$ der F-Verteilung mit n_1 (Zähler) und n_2 (Nenner) Freiheitsgraden.

0.975–Quantil										
	n_1									
n_2	1	2	3	4	5	6	7	8	9	10
1	647.8	799.5	864.1	899.6	921.9	937.1	948.2	956.7	963.3	968.6
2	38.51	39.00	39.17	39.25	39.30	39.33	39.36	39.37	39.39	39.40
3	17.44	16.04	15.44	15.10	14.88	14.73	14.62	14.54	14.47	14.42
4	12.22	10.65	9.98	9.60	9.36	9.20	9.07	8.98	8.90	8.84
5	10.01	8.43	7.76	7.39	7.15	6.98	6.85	6.76	6.68	6.62
6	8.81	7.26	6.60	6.23	5.99	5.82	5.70	5.60	5.52	5.46
7	8.07	6.54	5.89	5.52	5.29	5.12	4.99	4.90	4.82	4.76
8	7.57	6.06	5.42	5.05	4.82	4.65	4.53	4.43	4.36	4.30
9	7.21	5.71	5.08	4.72	4.48	4.32	4.20	4.10	4.03	3.96
10	6.94	5.46	4.83	4.47	4.24	4.07	3.95	3.85	3.78	3.72
11	6.72	5.26	4.63	4.28	4.04	3.88	3.76	3.66	3.59	3.53
12	6.55	5.10	4.47	4.12	3.89	3.73	3.61	3.51	3.44	3.37
13	6.41	4.97	4.35	4.00	3.77	3.60	3.48	3.39	3.31	3.25
14	6.30	4.86	4.24	3.89	3.66	3.50	3.38	3.29	3.21	3.15
15	6.20	4.77	4.15	3.80	3.58	3.41	3.29	3.20	3.12	3.06
16	6.12	4.69	4.08	3.73	3.50	3.34	3.22	3.12	3.05	2.99
17	6.04	4.62	4.01	3.66	3.44	3.28	3.16	3.06	2.98	2.92
18	5.98	4.56	3.95	3.61	3.38	3.22	3.10	3.01	2.93	2.87
19	5.92	4.51	3.90	3.56	3.33	3.17	3.05	2.96	2.88	2.82
20	5.87	4.46	3.86	3.51	3.29	3.13	3.01	2.91	2.84	2.77
25	5.69	4.29	3.69	3.35	3.13	2.97	2.85	2.75	2.68	2.61
30	5.57	4.18	3.59	3.25	3.03	2.87	2.75	2.65	2.57	2.51
35	5.48	4.11	3.52	3.18	2.96	2.80	2.68	2.58	2.50	2.44
40	5.42	4.05	3.46	3.13	2.90	2.74	2.62	2.53	2.45	2.39
45	5.38	4.01	3.42	3.09	2.86	2.70	2.58	2.49	2.41	2.35
50	5.34	3.97	3.39	3.05	2.83	2.67	2.55	2.46	2.38	2.32
55	5.31	3.95	3.36	3.03	2.81	2.65	2.53	2.43	2.36	2.29
60	5.29	3.93	3.34	3.01	2.79	2.63	2.51	2.41	2.33	2.27
65	5.26	3.91	3.32	2.99	2.77	2.61	2.49	2.39	2.32	2.25
70	5.25	3.89	3.31	2.97	2.75	2.59	2.47	2.38	2.30	2.24
75	5.23	3.88	3.30	2.96	2.74	2.58	2.46	2.37	2.29	2.22
80	5.22	3.86	3.28	2.95	2.73	2.57	2.45	2.35	2.28	2.21
85	5.21	3.85	3.27	2.94	2.72	2.56	2.44	2.35	2.27	2.20
90	5.20	3.84	3.26	2.93	2.71	2.55	2.43	2.34	2.26	2.19
95	5.19	3.84	3.26	2.92	2.70	2.54	2.42	2.33	2.25	2.19
100	5.18	3.83	3.25	2.92	2.70	2.54	2.42	2.32	2.24	2.18

Tabelle 4: Quantile $Q^{(F)}_{n_1,n_2}(0.975)$ der F-Verteilung mit n_1 (Zähler) und n_2 (Nenner) Freiheitsgraden.

0.99–Quantil										
	n_1									
n_2	1	2	3	4	5	6	7	8	9	10
1	4052	5000	5403	5625	5764	5859	5928	5981	6022	6056
2	98.50	99.00	99.17	99.25	99.30	99.33	99.36	99.37	99.39	99.40
3	34.12	30.82	29.46	28.71	28.24	27.91	27.67	27.49	27.35	27.23
4	21.20	18.00	16.69	15.98	15.52	15.21	14.98	14.80	14.66	14.55
5	16.26	13.27	12.06	11.39	10.97	10.67	10.46	10.29	10.16	10.05
6	13.75	10.92	9.78	9.15	8.75	8.47	8.26	8.10	7.98	7.87
7	12.25	9.55	8.45	7.85	7.46	7.19	6.99	6.84	6.72	6.62
8	11.26	8.65	7.59	7.01	6.63	6.37	6.18	6.03	5.91	5.81
9	10.56	8.02	6.99	6.42	6.06	5.80	5.61	5.47	5.35	5.26
10	10.04	7.56	6.55	5.99	5.64	5.39	5.20	5.06	4.94	4.85
11	9.65	7.21	6.22	5.67	5.32	5.07	4.89	4.74	4.63	4.54
12	9.33	6.93	5.95	5.41	5.06	4.82	4.64	4.50	4.39	4.30
13	9.07	6.70	5.74	5.21	4.86	4.62	4.44	4.30	4.19	4.10
14	8.86	6.51	5.56	5.04	4.69	4.46	4.28	4.14	4.03	3.94
15	8.68	6.36	5.42	4.89	4.56	4.32	4.14	4.00	3.89	3.80
16	8.53	6.23	5.29	4.77	4.44	4.20	4.03	3.89	3.78	3.69
17	8.40	6.11	5.18	4.67	4.34	4.10	3.93	3.79	3.68	3.59
18	8.29	6.01	5.09	4.58	4.25	4.01	3.84	3.71	3.60	3.51
19	8.18	5.93	5.01	4.50	4.17	3.94	3.77	3.63	3.52	3.43
20	8.10	5.85	4.94	4.43	4.10	3.87	3.70	3.56	3.46	3.37
25	7.77	5.57	4.68	4.18	3.85	3.63	3.46	3.32	3.22	3.13
30	7.56	5.39	4.51	4.02	3.70	3.47	3.30	3.17	3.07	2.98
35	7.42	5.27	4.40	3.91	3.59	3.37	3.20	3.07	2.96	2.88
40	7.31	5.18	4.31	3.83	3.51	3.29	3.12	2.99	2.89	2.80
45	7.23	5.11	4.25	3.77	3.45	3.23	3.07	2.94	2.83	2.74
50	7.17	5.06	4.20	3.72	3.41	3.19	3.02	2.89	2.78	2.70
55	7.12	5.01	4.16	3.68	3.37	3.15	2.98	2.85	2.75	2.66
60	7.08	4.98	4.13	3.65	3.34	3.12	2.95	2.82	2.72	2.63
65	7.04	4.95	4.10	3.62	3.31	3.09	2.93	2.80	2.69	2.61
70	7.01	4.92	4.07	3.60	3.29	3.07	2.91	2.78	2.67	2.59
75	6.99	4.90	4.05	3.58	3.27	3.05	2.89	2.76	2.65	2.57
80	6.96	4.88	4.04	3.56	3.26	3.04	2.87	2.74	2.64	2.55
85	6.94	4.86	4.02	3.55	3.24	3.02	2.86	2.73	2.62	2.54
90	6.93	4.85	4.01	3.53	3.23	3.01	2.84	2.72	2.61	2.52
95	6.91	4.84	3.99	3.52	3.22	3.00	2.83	2.70	2.60	2.51
100	6.90	4.82	3.98	3.51	3.21	2.99	2.82	2.69	2.59	2.50

Tabelle 4: Quantile $Q^{(F)}_{n_1,n_2}(0.99)$ der F-Verteilung mit n_1 (Zähler) und n_2 (Nenner) Freiheitsgraden.

	$k=1$		$k=2$	
n	d_L	d_U	d_L	d_U
15	0.95	1.23	0.83	1.40
16	0.98	1.24	0.86	1.40
17	1.01	1.25	0.90	1.40
18	1.03	1.26	0.93	1.40
19	1.06	1.28	0.96	1.41
20	1.08	1.28	0.99	1.41
21	1.10	1.30	1.01	1.41
22	1.12	1.31	1.04	1.42
23	1.14	1.32	1.06	1.42
24	1.16	1.33	1.08	1.43
25	1.18	1.34	1.10	1.43
26	1.19	1.35	1.12	1.44
27	1.21	1.36	1.13	1.44
28	1.22	1.37	1.15	1.45
29	1.24	1.38	1.17	1.45
30	1.25	1.38	1.18	1.46
31	1.26	1.39	1.20	1.47
32	1.27	1.40	1.21	1.47
33	1.28	1.41	1.22	1.48
34	1.29	1.41	1.24	1.48
35	1.30	1.42	1.25	1.48
36	1.31	1.43	1.26	1.49
37	1.32	1.43	1.27	1.49
38	1.33	1.44	1.28	1.50
39	1.34	1.44	1.29	1.50
40	1.35	1.45	1.30	1.51
45	1.39	1.48	1.34	1.53
50	1.42	1.50	1.38	1.54
55	1.45	1.52	1.41	1.56
60	1.47	1.54	1.44	1.57
65	1.49	1.55	1.46	1.59
70	1.51	1.57	1.48	1.60
75	1.53	1.58	1.50	1.61
80	1.54	1.59	1.52	1.62
85	1.56	1.60	1.53	1.63
90	1.57	1.61	1.55	1.64
95	1.58	1.62	1.56	1.65
100	1.59	1.63	1.57	1.65

Tabelle 5: Werte d_L und d_U für den Durbin-Watson Test mit $\alpha = 0.05$ und einer bzw. zwei erklärenden Variablen.

Index